ründe
Infos

① Der Norden

② Ostküste und Hinterland

③ Westküste und Westliches Bergland

④ Der Süden

Kleiner
Wanderführer

UNTERWEGS MIT THILO SCHEU

Warum Fuerteventura? Um ehrlich zu sein: Liebe auf den ersten Blick war es nicht. Schon bei meiner ersten Reise begeisterte mich zwar der kilometerlange Strand bei Corralejo mit seinen Dünen und seiner Weite oder das idyllische Pozo Negro – mit seinen urigen Fischrestaurants ist es bis heute einer meiner Lieblingsorte. Doch an die Kargheit Fuerteventuras musste ich mich erst gewöhnen: Im unbewohnten Hinterland kaum ein Baum, dafür reichlich Vulkangestein und manch störrisches Kakteengewächs.

Erst bei Wanderungen und Ausflügen an die wilde Westküste, über die Insel Lobos und auf den 807 Meter hohen Pico de la Zarza gewann ich ein Gefühl für die Landschaft und ihre Schönheit. Ein wohltuendes Gefühl – und der Beginn einer innigen Freundschaft zu Fuerteventura. Ob mit Familie, mit Freunden oder alleine, bei jeder neuen Tour genieße ich die wohltuende Ruhe, die Einsamkeit und die famosen Fernblicke. Zeit zur Pause vom Alltag. Zeit, um genauer hinzuschauen. Es lohnt sich: am Himmel kreisende Geier, am Wegesrand Pflanzen, die es nur hier gibt, und Tiere, die nur hier kreuchen und fleuchen.

Ich komme immer wieder gerne nach Fuerteventura, das meine Lieblingsinsel geworden ist. Und wenn ich genug habe von Sonne, Strand und Meer, nehme ich ein kühles Getränk im „Plan B" in La Pared oder stürze mich ins Nachtleben von Corralejo. Was immer Sie auf Fuerteventura entdecken, ich wünsche Ihnen eine gute und sichere Reise.

Text und Recherche: Thilo Scheu **Lektorat:** Horst Christoph **Redaktion und Layout:** Claudia Hutter **Karten:** Benedikt Neuwirth, Hans-Joachim Bode, Judit Ladik **Fotos:** s. Fotoverzeichnis S. 7 **Grafik S. 8/9:** Johannes Blendinger **Covergestaltung:** Karl Serwotka **Covermotive:** oben: Strand in Morro Jable © Thilo Scheu unten: Traditionelle Windmühle von Villaverde © mauritius images / Axel Ellerhorst gegenüberliegende Seite: Fischskulpturen in El Cotillo © Thilo Scheu

1. AUFLAGE 2018

FUERTEVENTURA

THILO SCHEU

Ostküste und Hinterland 90

Westküste und Westliches Bergland 150

Der Süden 178

Kleiner Wanderführer durch Fuerteventura 216

GPS Alle Wanderungen mittels GPS kartiert. Download der GPS-Tracks inkl. Waypoints unter: http://mmv.me/41353

Kartenverzeichnis

Zeichenerklärung für Karten und Pläne

Autobahn (im Bau)
Schnellstraße (vierspurig)
Hauptstraße (vierspurig)
sonstige Straße
Piste (nicht asphaltiert)
Wanderpfad
Wandertour mit Wegpunkt
episodischer Flusslauf
Fährlinie
Nationalpark
Naturpark/-denkmal
Militärzone
Flughafen
Fähr-/Fischereihafen
Parkplatz
Bushaltestelle
Taxi

Information
Ärztliche Versorgung
Post
Tankstelle
Einkaufsmöglichkeit
Pass
Brücke
Sehenswürdigkeit
Naturattraktion
Badestrand
Kloster
Kirche
Museum
Golfplatz
Leuchtturm
Windmühle/-rad
Turm

Berggipfel
Aussichtspunkt
Quelle
Höhle/Grotte
Steinbruch
Schild
Gebäude/Hotel
Einkehrmöglichkeit
Häuserruine/Gateras
Staudamm
Funk-/Strommast
Kläranlage
Gatter/Zaun
Steinmauer
Steinmännchen
Friedhof
Rastplatz

Was haben Sie entdeckt?

Haben Sie eine gemütliche Bar, ein empfehlenswertes Restaurant, eine schöne Wanderung oder ein nettes Hotel entdeckt? Wenn Sie Ergänzungen, Verbesserungen oder neue Tipps zum Buch haben, lassen Sie es uns bitte wissen!

Schreiben Sie an: Thilo Scheu, Stichwort „Fuerteventura" |
c/o Michael Müller Verlag GmbH | Gerberei 19, D – 91054 Erlangen |
thilo.scheu@michael-mueller-verlag.de

Fotonachweis Alle Fotos Thilo Scheu, außer: Copyright Patronato de Turismo de Fuerteventura S. 68.

Mit dem grünen Blatt haben unsere Autoren Betriebe hervorgehoben, die sich bemühen, regionalen und nachhaltig erzeugten Produkten den Vorzug zu geben.

Fuerteventura: Die Vorschau

Fuerteventura erleben

Fuerteventura, die zweitgrößte Insel der Kanaren, ist wegen ihrer vielfältigen Facetten – ob landschaftlich, sportlich oder kulturell – bei Individualreisenden aus gutem Grund beliebt. Auf dem nur rund 100 Kilometer von der afrikanischen Westküste entfernten, zu Spanien gehörenden Eiland fällt das ganze Jahr über kaum Niederschlag, die Temperaturen sind stets angenehm – ein perfektes Reiseziel für jede Jahreszeit also.

Endlose feinsandige Strände, wüstenartige und vulkanische Landschaften, dazu Sonne satt – das verbinden die meisten mit der geologisch gesehen ältesten Insel der Kanaren. Neben den gigantischen Dünenlandschaften und einsamen Felsküsten hat Fuerteventura aber viel mehr zu bieten: zum Beispiel Surfspots, die zu den besten der Welt zählen, geschichtsträchtige Orte sowie zahlreiche Möglichkeiten für Wander- und Radtouren. Über 255 Kilometer ausgeschilderte Wege führen durch unberührte Vulkanlandschaften, an menschenleere Strände und durch urwüchsige Naturparks mit einer einzigartigen Flora und Fauna. Teils einsame und wenig befahrene Straßen und ein stetig besser ausgebautes Radwegenetz sind Argumente, Fuerteventura auch mal auf einer Fahrradtour kennenzulernen. Und wem das nicht reicht: Die Kanareninsel wurde 2015 zur „Starlight Destination" gekürt – als ein Ort, an dem sich der nächtliche Sternenhimmel in seiner Schönheit besonders gut betrachten lässt.

Der Norden → S. 50 (1)

Das ultimative Ferienzentrum im Norden Fuerteventuras heißt Corralejo. Im Gegensatz zu seinen südlichen Pendants Costa Calma und Jandía war es Corralejo vergönnt, langsam zu wachsen und zu gedeihen. Corralejo hat eine charmante historische Altstadt, Bettenburgen sucht man weitgehend vergebens.

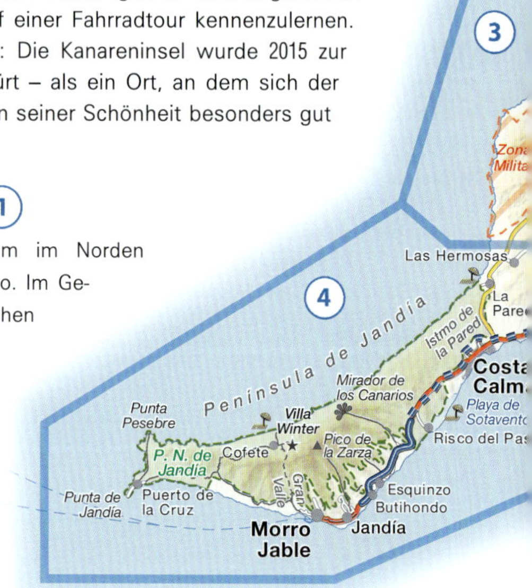

Für ein lebendiges Nachtleben, auf der Insel sonst eher recht unterbelichtet, sorgen Strandbars, Discos und ein oft junges Publikum. Im Nordosten erheben sich die schier endlosen Dünen von Corralejo, die einmal im Jahr die Kulisse für das kunterbunte und spektakuläre Drachenfestival sind. Ansonsten tummeln sich an den breiten, selten überfüllten Sandstränden Sonnenhungrige, Badebegeisterte und FKK-Freunde.

Fuerteventura: Die Vorschau

Nur rund 20 Minuten Bootsfahrt trennen Corralejo von der als Naturpark geschützten Insel Lobos, ein wunderbares vulkanisches Eiland mit kleinen Sandstränden und einem alten Leuchtturm; ein perfektes Ziel für einen Tagesausflug mit leichter Wanderung und entspannten Badefreuden.

Im Landesinneren führt die Straße über Lajares vorbei an mehreren Vulkanen nach El Cotillo an der nordwestlichen Küste – vielleicht der schönste Ort im Norden. El Cotillo ist ein altes Fischerdorf, in dem die Uhren langsamer ticken, wo Hektik ein Fremdwort ist und Surfer die Brandung lieben. Unbedingt sehenswert ist hier der nahe Faro de El Tostón mit dem angegliederten Fischereimuseum und den ringsum verstreuten hübschen Badebuchten. Etliche kulturelle und historische Highlights verspricht der nicht gerade anziehende Ort La Oliva. Dort stehen die Nuestra Señora de la Candelaria, eine der größten und bedeutendsten Kirchen Fuerteventuras, und die Casa de los Coroneles, die weit über 100 Jahre als Sitz der Militärregierung diente, auf der Besichtigungsagenda.

Ostküste und Hinterland → S. 90 (2)

An der Ostküste breitet sich Puerto del Rosario aus. Die „Hauptstadt" Fuerteventuras ist einen Tagesausflug wert und erfreut mit zwei sehenswerten Museen und einer mit Kunstwerken geschmückten Uferpromenade. Nur wenige Kilometer südlich findet sich der Flughafen und daran anschließend Caleta de Fuste, das Urlaubszentrum an der Ostküste. Besonders Familien schätzen die durch eine Mole geschützte Badebucht mit ihrem weißen Sandstrand. Abends bietet der Ort, den es in den frühen 70er Jahren noch nicht gab, das Repertoire für ein vergnügliches und kurzweiliges Nightlife.

Authentisch, mit spanischem Flair und wenigen Touristen zeigen sich dagegen die Küstenorte Gran Tarajal und Tarajalejo. Abgelegen, winzig und eben deshalb einen Abstecher wert sind die Fischerdörfer Pozo Negro und Giniginámar. Im hügeligen Hinterland finden sich ebenfalls eine Reihe interessanter Museen. Das Museum Los Molinos in Tiscamanita beispielsweise erzählt die Geschichte der mahlenden Windmühlen der Kanaren. Nicht verpassen sollte man auch den Oasis Park

bei La Lajita, hier kommen Freunde von Pflanzen und Tieren auf ihre Kosten.

Westküste und Westliches Bergland → S. 150 (3)

Kultursuchende machen sich auf den Weg nach Betancuria im Landesinneren. Der 1404 gegründete charmante Ort schmückte sich früher mit dem Titel „Inselhauptstadt", den er vierhundert Jahre später wieder verlor und an Puerto del Rosario abgeben musste. Von besonderem Interesse ist die unter Denkmalschutz stehende Altstadt mit der Kathedrale und den weißgetünchten Häusern, die heute Restaurants, Pensionen und Souvenirläden beherbergen. Ein archäologisches Museum versetzt den Besucher zurück in die Zeit um 1400, als die ersten Eroberer die Insel betraten.

Das Bergland mit seinen über 600 m hohen Gipfeln ist ein herrliches Betätigungsfeld für Wanderer. Ein Ausflugsziel ist der Mirador de Morro Velosa auf 675 m mit toller Aussicht und einem modernen Naturkundemuseum. Im nahen Vega de Río Palmas steht Fuerteventuras berühmteste Wallfahrtskirche. An der Westküste angelangt, ist der Ort Ajuy ein erstes Ziel. Die Hauptattraktion hier sind die ein paar Gehminuten vom Ortskern entfernten Höhlen

von Ajuy und die mehr als 100 Millionen Jahre alten Gesteinsablagerungen und Sedimentschichten.

Der Süden → S. 178 (4)

Die Halbinsel von Jandía nimmt fast den gesamten Süden ein. An ihrer schmalsten Stelle sind es von der Ostküste zur Westküste nur viereinhalb Kilometer. In der mit weitläufigen Sandstränden gesegneten Region erhebt sich der mit 807 Metern höchste Berg Fuerteventuras, der Pico de la Zarza, dessen Gipfel mit etwas Kondition erklommen werden kann. Jandía und Costa Calma – die größten Ferienorte mit zahllosen, teils riesigen Hotelanlagen und ausgeprägter touristischer Infrastruktur – liegen an der Ostküste. Publikumsmagneten sind hier vor allem die kilometerlangen Sandstrände und die hervorragenden Bedingungen für Surfer. Die Westküste von Jandía dagegen ist nahezu unbesiedelt und wegen der gefährlichen Strömungen zum Baden kaum geeignet. Einzig La Pared bietet ein paar Restaurants und Bars: Vor allem Surfer treffen sich hier. Und wer noch mehr Einsamkeit sucht, macht sich auf den Weg nach Covete und zur geheimnisumwitterten Villa Winter.

Sandkunst am Stadtstrand

Hintergründe & Infos

Mirador de los Canarios: grandioser Ausblick auf die Westküste mit der Playa de Barlovento, Cofete und der Villa Winter

Land und Leute

Vulkanismus und Landschaft

Die Kanarischen Inseln gehören zu den sogenannten Makaronesischen Inseln. Der aus neuerer Zeit stammende Name beschreibt die westlich von Afrika und Europa liegenden Inseln der Azoren, Madeira, Kanaren und Kapverden, die allesamt vulkanischen Ursprungs sind und zahlreiche Gemeinsamkeiten bei Flora und Fauna aufweisen.

Die Entstehung der ersten Kanarischen Inseln datiert die Wissenschaft auf das **Miozän**. Damals, vor rund 20 Millionen Jahren, trat aufgrund vulkanischer Aktivitäten zunächst Fuerteventura an die Erdoberfläche, nachdem über Jahrmillionen unter dem Meeresspiegel ein mächtiger Gebirgszug emporgewachsen war. Zuerst erschien der mittlere Teil Fuerteventuras, das heutige zentrale **Bergmassiv von Betancuria**, und erhob sich nach neuesten Erkenntnissen bis auf eine Höhe von etwa 3500 Metern! Die ältesten Gesteinsschichten auf Fuerteventura findet man am *Strand von Ajuy* an der Westküste. Die erosiven Kräfte von Wind und Wasser nagten in der folgenden Erdgeschichte langsam, aber stetig an dem vulkanischen Gebilde, sodass die Gipfel im Inselzentrum heute auf nur noch 600–700 m geschrumpft sind (Montaña Atalaya 724 m, südwestlich von Betancuria).

Der südliche Teil Fuerteventuras, die **Halbinsel Jandía**, entstand etwa 100.000 Jahren später, und brachte es auf eine Höhe von vermutlich rund 2500 m. Der dortige **Pico de la Zarza**, mit 807 m der höchste Berg Fuerteventuras, ist sozusagen ein mickriges Überbleibsel dieser Zeit – er gilt als Rest eines riesigen Vulkans aus dem ersten vulkanischen Zyklus, der über mehrere Millionen Jahre andauerte.

Die genannten zentralen und südlichen Gebiete Fuerteventuras waren einst zwei voneinander getrennte Inseln, erst viel später verbanden sie sich zu einer Einheit. Das Verbindungsstück zwischen diesen beiden Vulkankomplexen ist der heute zum Naturpark von Jandía zählende **Istmo de la Pared**, mit knapp vier Kilometern Länge die schmalste Stelle Fuerteventuras. Diese Landenge ist eine nur von Hügeln (Risco del Paso 257 m, Loma Negra 322 m) unterbrochene sandige Ebene. Während an der Ostküste der Istmo mit flachen, ausgedehnten Stränden aufwartet, zeigt der Westen eine von kleinen Sandbuchten aufgelockerte, ins Meer abfallende Felsküste.

Die gigantischen Sandmassen am Istmo de la Pared stammen, nicht wie manchmal zu lesen ist, aus der Sahara, sondern sind organischen Ursprungs. Sie entstanden zu einer Zeit, als hier noch *tropisches Klima* herrschte und die Lebensbedingungen in den flachen, warmen Gewässern rund um die aus dem Meer ragenden Inseln für Muscheln, Schnecken, Seeigel und andere kalkhaltige Organismen optimal waren. Nach dem Absterben lagerten sich die Knochenteile der Tiere am Meeresboden ab, wurden durch die Strömung zerkleinert und durch die Brandung zermahlen.

Auf diese Warmzeiten, die mit einem hohen Meeresspiegel einhergingen, folgten immer wieder Kaltzeiten, die wiederum gewaltige Mengen Wasser in Eis umwandelten und einen Rückgang des Meeresspiegels verursachten. So kam es, dass von Zeit zu Zeit die Sandmassen Fuerteventuras frei lagen und durch den Wind ins Landesinnere getragen werden konnte. Heute geht man davon aus, dass Fuerteventura mehrmals vollständig von Sand bedeckt war. Große Teile dieses Sandes verfestigten sich dann in Verbindung mit anderen Materialien zu festen, kalkhaltigen, hellen Böden, wie sie zum Beispiel an der Küste von Ajuy zu sehen sind.

Nach der ersten für Fuerteventura prägenden vulkanischen Aufbauphase gab es wohl lange, Millionen Jahre andauernde Ruhephasen, in denen es durch Erosion zu enormen Abtragungen kam.

Zu den jüngsten Gebieten Fuerteventuras – vermutet wird ein Alter von etwa 10.000 Jahren – gehört die *nördliche Region* mit dem Naturdenkmal des **Malpaís de La Arena**, dem gleichnamigen Vulkan und seinen Lavafeldern. Imposant ist auch die von Lajares bis Corralejo reichende und ebenfalls aus einer jüngeren vulkanischen Periode stammenden Bergkette mit den Gipfeln des *Hondo* und des *Bayuyo* und dem dazugehörigen **Malpaís de Bayuyo**.

Zu den einzigartigen Relikten der jüngeren Vulkanausbrüche gehört auch das **Malpaís Grande**, das „Große Schlechte Land“ zwischen Tuineje und Pozo Negro. Mehrere Vulkane, wie beispielsweise der *Arrabales* und der *Halcones*, förderten glühende Lavamassen zutage, die sich zu gewaltigen Strömen vereinten und in Richtung Meer flossen. Dieser meterdicke Lavastrom bzw. die daraus resultierende Gesteinsschicht ist im Bereich der FV-2 bei Pozo Negro großflächig erhalten und deutlich zu sehen. Die Bewohner gaben diesen Lava-Flächen den Namen „Malpaís“, „schlechtes Land“, da sie wegen ihrer scharfkantigen und harten Konsistenz für die Landwirtschaft oder auch zur Siedlungsgründung gänzlich ungeeignet sind.

Flora und Fauna

Welt der Pflanzen

Beim ersten Besuch Fuerteventuras, der größten der Kanarischen Inseln, und auf der Fahrt über das Eiland nahe Afrika sticht die karge Landschaft und die geringe Vegetation ins Auge. Grund für diese Kargheit ist zum einen das Klima, also die seltenen Niederschläge sowie die starke Sonneneinstrahlung und die Wärme. Zum anderen verhinderte die über Jahrhunderte betriebene intensive Beweidung durch Ziegen und anderes Vieh das Aufkommen von höherem Buschwerk und Bäumen. Achtet man bei Spaziergängen auf die Flora am Wegesrand, entdeckt man jedoch eine Fülle an in allen Farben blühenden Pflanzen, einige davon wachsen nur hier auf Fuerteventura bzw. auf den Kanaren, sie sind also seltene, schützenswerte „endemische" Arten.

Überraschend schön: In der kargen Landschaft gedeihen Pflanzen unterschiedlichster Form und Farbe

Darunter fällt das Wolfsmilchgewächs *Cardón de Jandía (Euphorbia handiensis)* auf, das ausschließlich auf einem kleinen Gebiet im Süden von Fuerteventura vorkommt. Häufiger anzutreffen ist die Wolfsmilchart *Tabaibas* sowie die, wie die Jandía-Wolfsmilch, einem Kaktus stark ähnelnde *Kandelaber-Wolfsmilch (Euphorbia canariensis)*, wobei die endemische, auf der „Roten Liste" für gefährdete Pflanzen stehende Jandía-Wolfsmilch kleiner und stacheliger ist.

Typisch für Fuerteventura sind die oft in schönen Hainen wachsenden Kanarenpalmen *(Phoenix canariensis)* und die weit verbreitete Kanarische Tamariske *(Tamarix canariensis)*. Letztere, auf Fuerteventura „Tarajal" genannt, war Namensgeber für die Ostküstenstadt Gran Tarajal (Große Tamariske). Früher deutlich häufiger vertreten war die kanarische Kiefer; wegen ihres harten Holzes nutzte man sie als Bauholz zum Beispiel für die Holzbalkone an den traditionellen Häusern. In der Nähe von Betancuria wurde ein größeres Areal dieser Kiefer aufgeforstet.

In Küstenbereichen wie auf der Insel Lobos im Norden oder auf den Salzwiesen von Jandía oder am Leuchtturm von El Cotillo im Süden wachsen vor allem salztolerierende Arten wie die Queller-Pflanze *Salicornieta fruticosae*, das Gänsefußgewächs Balancón *(Traganum moquinii)*, die Strandwolfsmilch *(Euphorbia paralias)* oder das Desfontaines-Jochblatt *(Zygophillum fontanesii)*, das sich durch sein im Blatt angesiedelte Wasserspeichergewebe an die salzige Umgebung angepasst hat. Eine Besonderheit ist der salztolerierende *Meerlavendel* aus der Familie der Bleiwurzgewächse *(Limonium ovalifolium ssp. canariensis)*, der weltweit einzig auf der Insel Lobos bestaunt werden kann.

Eine auffällige und nicht selten zu sehende Pflanze, zum Beispiel auf einer Wanderung auf den Escanfraga-Vulkan, ist die weiß blühende Kristall-Mittagsblume, von den Einheimischen *Barilla (Mesembryanthemum crystallinum)* genannt. Mit ihren im Sonnenlicht glitzernden Drüsenhaaren auf den fleischigen, rötlichen Blättern ist die Barilla kaum zu übersehen. Einst nutzte man das auch als „Eiskraut", „Eispflanze" oder „Sodapflanze" bekannte Gewächs für die Seifenherstellung – so lange, bis Seife industriell hergestellt wurde. Der Kristall-Mittagsblume sagt man zudem allerlei heilende Kräfte nach. Die von Georg Friedrich Most im Jahr 1843 verfasste „Encyklopädie der Volksmedicin" empfiehlt beispielsweise: „Einige gequetschte Eispflanzenblätter, mit einer kleinen Binde auf die Pulsgegend bei Fieberkranken (...) aufgebunden, ist ein beliebtes, nicht unwirksames Volksmittel."

Neben den einheimischen Pflanzen gedeihen auch viele „importierte" florale Spezies unter den klimatischen Bedingungen Fuerteventuras bestens. Überall auf der Insel macht sich die ursprünglich aus Mexiko stammende *Amerikanische Agave* mit ihrem teils bis zu acht Metern hohen Blütenschaft breit, deren Pflanzenteile bis Mitte des 20. Jahrhunderts zur Herstellung von Stricken und Matten genutzt wurden. Heute muss das Spargelgewächs hin und wieder als Ersatz für den auf Fuerteventura schwer zu bekommenden Weihnachtsbaum herhalten. Ebenfalls eine stattliche Höhe erreicht der meterhohe Strauchtabak oder „Blaugrüne Tabak" *(Nicotiana glauca)* mit seinen blaugrünen Blättern. Die mehrjährige Pflanze aus Südamerika mit ihren mehreren Zentimeter langen gelben und trichterförmigen Blättern, der ebenfalls Heilkräfte nachgesagt werden, fühlt sich zum Beispiel im Gran Valle (im Süden) oder im Barranco de las Peñitas (im Zentralmassiv) wohl.

Welt der Tiere

Hält man auf Fuerteventura Ausschau nach den Tieren, muss man oft genauer hinsehen, denn die auf der Insel am häufigsten vorkommenden Tiere gehören zu den wirbellosen Arten – am auffälligsten darunter sind die Insekten. Einfacher zu entdecken sind da die zahlreichen Vogelarten, die sich am Himmel oder durch ihr Gezwitscher bemerkbar machen.

Bekannt ist vor allem der weltweit nur auf Fuerteventura vorkommende Kanarenschmätzer *(Saxicola dacotiae)*, ein Sperlingsvogel, den man vorzugsweise in schluchtenartigen Barrancos aufspüren kann. Doch man braucht schon Glück, um den kleinen scheuen Singvogel, von dem nur noch einige hundert Exemplare existieren, erleben zu dürfen. Der Kanarenschmätzer ist mit dem europäischen Schwarz-und Braunkehlchen verwandt.

Ein ebenfalls sehr seltener und gefährdeter Vogel ist die Kragentrappe bzw. ihre Unterart *Chlamydotis undulata fuertaventurae.* Diese Vögel leben auf Fuerteventura und Lanzarote, bewegen sich meist laufend am Boden, fliegen selten auf und tarnen sich mit ihrem Gefieders hervorragend. Ebenfalls ein Glücksfall ist es, wenn Sie einen Schmutzgeier *(Neophron percnopterus majorensis)* aufspüren können. Ein Gebiet, wo der sogenannte *Guirre* manches Mal in der Ferne auftaucht, ist die Umgebung von Tiscamanita, östlich des Zentralmassivs von Betancuria. Der „Guirre" lebt als einzige Geierart auf den Kanarischen Inseln und gilt als der kleinste Aas fressende Raubvogel Europas. Auf Fuerteventura sollen noch rund 250 Exemplare durch die Lüfte gleiten.

Treuer Begleiter – der Majorero-Hund

Der Majorero Canario ist eine spanische Hunderasse. Der auch als Bardino oder Perro Majorero bezeichnete Vierbeiner geht auf die ersten Siedler zurück, die ihn als Hütehund für das Vieh nutzten. Aufgrund der weitverbreiteten Schaf- und Ziegenhaltung, einer der wichtigsten Wirtschaftszweige der Ureinwohner, kam dem Bardino eine wichtige Rolle im täglichen Überlebenskampf der Einwohner zu.

Dieser robuste, bis zu 40 Kilogramm schwere Hütehund mit einer Schulterhöhe von rund 60 cm hat ein eher kurzes und glattes, glänzendes Fell. Farblich zeigt sich der wachsame Spanier schwarz mit teils beige-grauen Variationen. Die Brust und die Pfoten können weiß sein.

Auf Fuerteventura leben heute nur noch wenige Exemplare dieses ruhigen und ausgeglichenen Hundes.

Nicht überraschend ist Fuerteventura ein Paradies für Seevögel. Einige dieser seeerprobten Flugkünstler wie der Gelbschnabel-Sturmtaucher *(Calonectris diomedea)* und der Seidenreiher *(Egretta garzeta)* sind beispielsweise im Norden im Vogelschutzgebiet auf der Insel Lobos anzutreffen; weitere Vogelschutzgebiete verteilen sich auf der gesamten Insel.

Wenig beachtet werden dagegen die zahlreichen *Reptilien*, obwohl es auch bei diesen Lebewesen endemische, also nur auf den Kanaren lebende Arten gibt, zum Beispiel im Bereich der Salzwiesen von Jandía. Zu nennen wären die Ostkanarische Eidechse *(Gallotia atlantica mahoratae)* und der Kanarische Mauergecko *(Tarentola angustimentalis)*, der auch auf Lanzarote heimisch ist.

Bitte nicht füttern: das Atlashörnchen

Schon fast eine Plage dagegen ist das sich überall auf der Insel ausbreitende Atlashörnchen *(Atlantoxerus getulus)* aus Nordafrika. Das scheinbar so possierliche Tierchen rottet sich besonders an beliebten Aussichtspunkten zusammen, wo es von „Tierfreunden" mit meist mit nicht artgerechtem Futter versorgt wird. Aufgrund der massiv zunehmenden Population dieser eingeführten Geschöpfe besteht die Gefahr, dass einheimische Flora und Fauna verdrängt und ihr größter Schaden zugefügt wird. Die Inselverwaltung ist deshalb dazu übergegangen, an vielen Orten Schilder aufzustellen, die auf das Fütterungsverbot für Atlashörnchen hinweisen.

Bei den Säugetieren stammen nur die Weißrandfledermaus *(Pipistrellus kuhlii)* und die Kanaren-Spitzmaus *(Crocidura canariensis)* aus der Region. Sämtliche anderen Säugetiere bzw. Haustiere wie Ziegen, Schafe, Esel und Dromedare wurden vom Menschen eingeführt.

Die Ureinwohner

Wann Fuerteventura von Menschen erstmals betreten wurde, ist nicht sicher zu datieren. Auch aus welchem Grund die Kanaren besiedelt wurden, liegt mehr oder weniger im Dunkel der Geschichte. Ziemlich sicher ist jedoch, dass die paradiesisch anmutenden „Elysischen Gefilde", die der griechische Dichter *Homer* in seiner „Odyssee" erwähnt, nicht mit den kanarischen Inseln gleichzusetzen sind und wohl ins Reich der Mythologien gehören. Die These, dass seefahrende **Phönizier** den Kanaren während ihrer Reisen entlang der nordafrikanischen Küste 600 Jahre vor Christus einen Besuch abstatteten, ist möglich, entbehrt aber jedweder Beweise.

Die Geschichtswissenschaft geht davon aus, dass **Berbervölker** aus Nordwestafrika nach 500 v. Chr. das nur rund 100 km vom afrikanischen Festland entfernte Fuerteventura erreichten und sich dauerhaft niederließen. Das legen archäologische Funde nahe, die Gemeinsamkeiten zwischen den vorgeschichtlichen altkanarischen Kulturen und nordafrikanischen Volksgruppen aufzeigen. Genannt werden in diesem Zusammenhang z. B. die als *Libyer* bezeichnete ursprüngliche Bevölkerung Nordafrikas sowie die *Zenatas*, ein im Rifgebirge lebender Berberstamm, sowie schließlich die sich oft als Bauern verdingenden *Ghomaras*.

Ferner deuten Ortsnamen wie Tuineje, Tiscamanita, Tetir, Tindaya oder Tefia, wie man sie vor allem im Landesinneren findet, laut Sprachforschern auf einen berberischen, nordafrikanischen Ursprung hin. Eine durchaus nachvollziehbare These, denkt man beispielsweise an Ortsnamen wie Tarfaya, Tiznit, Tafraoute, Tighmert oder Taidalt, wie sie im südlichen Marokko an der westafrikanischen Küste auftauchen.

Als Beweggrund für die Suche nach neuen Siedlungsräumen vermutet die Wissenschaft die Ausdehnung der Wüsten in der Libyerregion oder auch die aggressive Besatzungspolitik der Karthager und Römer in Nordafrika. Doch wie die als **Majos** oder **Maoheri** bezeichneten Ureinwohner Fuerteventuras auf die Insel gelangt sind, ob mit eigenen Booten oder zwangsweise auf römischen Schiffen, ist nicht eindeutig zu klären. Überreste von Schiffen wurden bisher nicht entdeckt. Einen Hinweis darauf, dass die Ureinwohner fähig waren, Boote zu bauen, gibt der im 16. Jahrhundert lebende Chronist *Leonardo Torriani*. Der von Philipp II., König von Kastilien, entsandte Festungsbaumeister lebte und arbeitete über 10 Jahre auf den Kanaren und verfasste ein umfassendes Werk über die Inselgruppe. Darin ist unter anderem zu lesen, dass die Ureinwohner Boote aus Drachenbaumstämmen herstellten und mit Rudern und Segeln aus Palmblättern ausstatteten.

Über die **Gesellschaftsstruktur und Kultur** der *Majos* aus der Zeit, bevor die spanischen Eroberer Anfang des 15. Jahrhunderts Fuerteventura einnahmen, gibt es kaum verlässliche Informationen. Das heute verfügbare Wissen stammt aus alten Chroniken und ist teilweise widersprüchlich. Auch die archäologischen Forschungen brachten bisher wenig Erhellendes über diese Kulturepoche und ihren Untergang zutage. Sicher ist, dass der normannische Adelige *Jean de Béthencourt* und seine Männer 1402 im Namen Kastiliens begannen, Fuerteventura zu erobern. Sie trafen auf ein Hirtenvolk, das hauptsächlich von der Schaf- und Ziegenhaltung lebte. Im Gegensatz zu heute gab es damals noch größere Wasserressourcen, die das Überleben der Menschen und ihrer Tiere sicherte. Um das kostbare Nass auffangen und nutzen zu können, bauten die Ureinwohner Speicherbecken wie die wasserdichten „Maretas“ sowie die häufig in sandigen Bachläufen ausgehobenen „Eres“, deren Wasser hauptsächlich zum Tränken des Viehs genutzt wurde.

Gewohnt haben die Majos in *Trockensteinhütten*. Diese ohne Mörtel nur aus Natursteinen errichtete ovale bis kreisförmige Häuser, auch „Casas Hondas“ genannt, errichtete man vornehmlich auf den *Malpaís* („Schlechtes Land“), den geologisch jungen erkalteten Lavaströmen. Die Behausungen hatten einen Durchmesser von bis zu 10 Metern, sehr dicke Mauern und ragten mit ihren wohl auf einem Holzgerüst ruhenden und möglicherweise mit Lehm und Tierfellen gedeckten Dächern nur geringfügig aus der Erde. Der größte Teil des Gebäudes lag unterhalb der Erdoberfläche, um eine optimalen Isolierung und Windschutz zu gewährleisten. Ein Vorteil der Lage im „Schlechten Land“ war die hohe Feuchtigkeitsspeicherfähigkeit des Lavagesteins und die damit erhöhte Fruchtbarkeit des Bodens.

Ein eindrucksvolles Beispiel für eine solche „Casa Honda“ befindet sich in der Nähe von Pozo Negro – im dortigen **Freilichtmuseum La Atalayita** sind zahlreiche dieser Steinhäuser zu besichtigen. Unter anderem entdeckte man bei den archäologischen Untersuchungen Reste von verzierten Tongefäßen, Schmuck aus Knochen und Muschelschalen sowie grobe Steinwerkzeuge. Da die Häuser auch nach der Eroberung durch Jean de Béthencourt noch lange Zeit genutzt wurden, ist es schwierig, eine exakte Grenze zwischen den Zeugnissen der prähistorischen Kultur der Ureinwohner und späteren Epochen zu ziehen. So lebten die Majos beispielsweise im Bereich der Lavafelder von La Arena bei Villaverde nicht nur in Häusern, sondern auch in Vulkanröhren. Doch waren Höhlen als Unterkünfte auf Fuerteventura eher selten.

In Bezug auf die Körpergröße der Majos sind aus der Frühzeit wahrlich sagenhafte Beschreibungen überliefert. Die seit Anfang des 15. Jahrhunderts von Begleitern Béthencourts erstellte Chronik „Le Canarien beschreibt einen weit über zwei Meter großen Majos-Krieger. Möglicherweise beruht darauf die Legende, dass am Fuße des Berges Cardón ein hünenhafter Ureinwohner namens Mahan begraben liegt. Doch die wenigen Knochenfunde zeigen ein etwas anderes Bild. So erreichten die Frauen vermutlich eine Größe von durchschnittlich knapp 1,60 m, während die Männer gut 10 cm größer wurden. Damit waren sie allerdings im Vergleich zu ihren Nachbarn auf den anderen kanarischen Inseln eindeutig größer.

Neben den erwähnten archäologischen Zeugnissen des täglichen Lebens hinterließen die Altkanarier wahrscheinlich zahlreiche *Felsbilder*. Bekannt sind vor allem die fußförmigen Gravuren auf dem Montaña Tindaya, die erst 1979 in den Blick der Wissenschaft rückten. Vermutlich haben sie, ähnlich wie vergleichbare Fundstücke in Nordafrika, magisch-religiösen Charakter. Aber auch mehrere hundert in Fels geritzte alphabetische Zeichen wurden auf Fuerteventura entdeckt – nach jüngsten Erkenntnissen sind sie einem neopunischen Alphabet zuzuordnen. Allerdings gibt es unter den Forschern keine Einhelligkeit darüber, wann die Felsbilder entstanden und ob sie überhaupt auf die Majos zurückzuführen sind ...

Die Statuen von König Ayoze und König Guize stehen in den Bergen bei Betancuria

Die Eroberer

Die Kanarischen Inseln standen lange Zeit nicht im Blickpunkt der Europäer, das Interesse an den Eilanden vor Afrikas Westküste war gering. Erst mit dem Genueser *Lancelotto Malocello*, der Anfang des 14. Jahrhunderts die später nach ihm benannte Insel Lanzarote ansteuerte und einige Jahre auf ihr verbrachte, wurden wirtschaftliche Begehrlichkeiten geweckt.

Um das Jahr 1350 setzten zahlreiche Seefahrer, Kaufleute und Sklavenhändler der iberischen Königreiche die Segel und steuerten die Kanaren an. Viele Einheimische wurden gefangengenommen, aufs Festland entführt und dort als Sklaven verkauft. Der Wettstreit insbesondere zwischen Portugal und Kastilien um die Kanaren war bald voll entbrannt. Zu dieser Zeit entsandte auch die Kirche erste Missionare und *Papst Clemens VI.* verlieh *Luis de la Cerda*, Spross der spanischen Königsfamilie, den Königstitel über die Inselgruppe.

Doch De la Cerda hatte kein allzu großes Interesse, die fernen atlantischen Inseln zu erobern. So kam es, dass *Jean de Béthencourt* und sein Partner *Gadifer de la Salle* im Auftrag der kastilischen Krone Anfang des 15. Jahrhunderts Fuerteventura eroberte. Während Béthencourt als Eroberer gefeiert wurde und die Herrschaft über die Kanaren übernahm, blieb De la Salle fast unbekannt; ist heute von der Eroberung Fuerteventuras die Rede, fällt als einziger der Name Béthencourt.

Als Béthencourt Expedition im Jahr 1402 auf Fuerteventura an Land ging, um die Bevölkerung zu unterwerfen, war die Insel in zwei Reiche geteilt: im Süden das von *König Ayoze* beherrschte **Königreich Jandía**, im Norden das von *König Guize* regierte **Königreich Maxorata**. Wo genau die Grenze zwischen den beiden Königreichen bestand, ist bis heute nicht geklärt.

Der gewaltsamen Eroberung Fuerteventuras konnten die Ureinwohner nicht lange standhalten – schon im Jahre 1404 gehörten die beiden Königreiche der Vergangenheit an. Guize und Ayoze ließen sich vermutlich nicht ganz freiwillig taufen und erhielten die christlichen Namen Luis bzw. Alfonso. Jean de Béthencourt gründet zu dieser Zeit die nach ihm benannte Inselhauptstadt im Inselinneren, um vor Piratenangriffen besser geschützt zu sein. Er selbst verlässt schon 1406 Fuerteventura für immer und überlässt das Regieren seinem Neffen *Maciot de Béthencourt*, der sein Amt jedoch nicht lange ausübte. In den nächsten Jahrzehnten bekundeten insbesondere Spanien und Portugal ihre Ansprüche an den atlantischen Inseln.

Erst mit dem 1479 in Kraft getretenen *Vertrag von Alcáçovas*, der den *Kastilischen Erbfolgekrieg* beendete, wurden die Besitzverhältnisse eindeutig geklärt. Die Kanarischen Inseln werden Spanien zugesprochen, Portugal erhält u. a. Guinea, die Kapverden und die Inseln vor Westafrika. Verwaltet und regiert wird Fuerteventura durch Adelige, die als Feudalherren von der Bevölkerung regelmäßig Abgaben eintreiben, dazu kommt der von der Kirche auf alle Erträge erhobene sogenannte Zehnt.

Eine der Haupteinnahmequellen der Zeit war der *Anbau von Getreide* und der *Handel mit Sklaven*. Diese menschliche Ware erbeuteten die Feudalherren im nahen Westafrika. Doch die Völker der Berber schworen Rache und schlugen immer öfter zurück – sie überfielen und brandschatzten Fuerteventura und verschleppten ihrerseits die Bewohner auf das afrikanische Festland. In die Geschichte eingegangen ist der erfolgreiche Überfall des berberischen Piraten *Morato Arráez*

Betancuria – die einstige Inselhauptstadt

im Jahre 1593, der die abgelegene Hauptstadt Betancuria ausfindig gemacht hatte, plünderte und viele Bewohner umbringen oder entführen ließ und den Ort schlussendlich in ein Flammenmeer verwandelte.

Auch nach dieser Katastrophe blieben die Zeiten unruhig. Neben den Berbern entdeckten auch die europäischen Korsaren das einträgliche Geschäft von Plünderung und Raub. Meist war die Gegenwehr der ländlichen und schlecht bewaffneten Bevölkerung vergeblich. Doch es kam das Jahr 1740, das mit einem bemerkenswerten Sieg über die Piraten endete. Im Oktober standen die Majoreros einer übermächtig scheinenden Schar englischer Freibeuter bei Gran Tarajal gegenüber, die sie mittels einer originellen Idee und einiger Kamele überraschend in die Flucht schlagen konnten. In Tuineje feiert man diesen Sieg alljährlich mit einer rauschenden Fiesta (mehr dazu im Ortskapitel Tuineje, Kastentext „Die Schlacht von Tamasite").

Galt Fuerteventura im 15. und 16. Jahrhundert noch als Kornkammer der Kanaren, die stets genügend Nahrung produzieren konnte, kam es ab dem 17. Jahrhundert aufgrund von Wasserknappheit sowie durch Rodung und Überweidung der nutzbaren Flächen zu regelmäßigen Hungersnöten. Das Ergebnis waren massive Auswanderungswellen, Elend und Tod eingeschlossen.

Ende des 17. Jahrhunderts verloren die spanischen Feudalherren allmählich das Interesse an Fuerteventura, der letzte Herr siedelte schließlich nach Teneriffa über. Die Herrschaft übernahmen nun die Militärs mit ihren *Coroneles*, die in La Oliva ihren Verwaltungssitz aufbauten (heute das als „La Casa de los Coroneles" bekannte Gebäude). Den erstmals seit Mitte des 18. Jahrhunderts vom spanischen König verliehenen, dann immer weiter vererbbaren Titel des „Coronel de la Isla" („Oberst der Insel") trug als Erster *Melchor de Cabrera Bethencourt*, ein Mitglied der einflussreichen Familie Sánchez Dumpiérrez y Cabrera. Als Letzter übte bis Mitte des 19. Jahrhunderts *Cristóbal Manrique de Lara y Cabrera* (1800–1870) das Amt des Coronel aus.

So wurde La Oliva 1835 für über 20 Jahre zur Hauptstadt Fuerteventuras, nachdem Antigua 1834 für ein Jahr diesen Titel für sich beanspruchte. Um 1855 erklärte die spanische **Königin Isabella II.** die Militärherrschaft in La Oliva für beendet und die Kanaren, um die Wirtschaft anzukurbeln, zur steuerlich begünstigten Freihandelszone. La Oliva verlor seinen Einfluss und musste 1860 den Status der Inselhauptstadt an Puerto de Cabras, das heutige Puerto del Rosario, abgeben.

Die jüngere Geschichte

Im Jahr 1912 teilte die spanische Regierung per Gesetz die Kanaren in neue Verwaltungsregionen ein. Während zuvor die gesamte Inselgruppe eine einzige Provinz war, installierte man nun auf jeder Insel ein sogenanntes *Cabildo*, eine Inselverwaltung. Diese steht heute über den Gemeindeverwaltungen, den *Ayuntamientos*. Fuerteventura wurde zu dieser Zeit zusammen mit Lanzarote und Gran Canaria der neuen Provinz Las Palmas de Gran Canaria zugeteilt. So erhielt Fuerteventura einen gewissen Grad an Selbstbestimmung bei politischen, wirtschaftlichen und sozialen Entscheidungen.

Während man sich auf Fuerteventura zu Beginn des 20. Jahrhunderts vor allem um wirtschaftliche Nöte kümmern musste, kam es auf dem spanischen Festland immer häufiger zu politischen Unruhen. Zunächst übernahm Anfang der 1920er Jahre *General Miguel Primo de Rivera* die Macht über das Land. Politische Gegner wurden mundtot gemacht und wie der Schriftsteller und Philosoph *Miguel de Unamuno* auf das entlegene Fuerteventura verbannt.

1931 löste die sogenannte „Zweite Republik" Riveras Militärregime ab und eine gewählte Regierung versuchte, der dringendsten Probleme Herr zu werden. Nur fünf Jahre später – 1936 – putschen sich die Militärs erneut an die Macht, diesmal unter *General Francisco Franco*. Es kommt zum blutigen Spanischen Bürgerkrieg, den Franco für sich entscheiden kann. Erst nach Francos Tod im Jahr 1975 werden durch *König Juan Carlos* erste demokratische Prozesse (in Spanien als „Transición bekannt) vorangetrieben, auf Fuerteventura macht der Tourismus die ersten Schritte. Im Zuge dieser tiefgreifenden politischen Umwälzungen gibt Spanien den Anspruch auf die seit 1884 zu dem Land gehörende Kolonie „Spanisch-Westsahara" auf. Die dort über lange Jahre stationierte Fremdenlegion wird in die Hauptstadt Fuerteventuras verlegt, die dort bis Ende der 1990er Jahre ihren Dienst tat und in der Bevölkerung nicht besonders angesehen war.

Wie erwähnt, hatte Fuerteventura schon seit Beginn des 20. Jahrhunderts gewisse Freiheiten, was die Politik der Insel betrifft. 1982 erhält die Inselregierung mit dem *Autonomiestatus* weitere Rechte zur eigenständigen Gestaltung von Politik und Gesellschaft. 1986 tritt Spanien der Europäischen Wirtschaftsgemeinschaft (EWG) bei, der Vorform der späteren Europäischen Gemeinschaft (EG), 2007 wird Spanien durch den *Vertrag von Lissabon* Vollmitglied der Europäischen Union (EU).

Seit Anfang der 80er Jahre kommt der Tourismus weiter in Schwung, Straßen werden geteert, große Hotels und manch andere Bausünde hingeklotzt. Mit hohen Subventionen und Unterstützung durch die EU forciert Fuerteventura seit den 90er Jahren den Ausbau der touristischen Infrastruktur, um diesen für die Insel inzwischen wichtigsten Wirtschaftszweig weiter auszubauen. Dabei helfen soll zusätzlich die Deklarierung Fuerteventuras zur *Sonderzone ZEC* („Zona Especial Canaria"), die die aufgrund der geographischen Abgeschiedenheit geringere Wirtschaftkraft im Vergleich zum Festland durch Steuererleichterungen ausgleichen soll.

Trotz all dieser Maßnahmen bleibt die wirtschaftliche Lage auf der zweitgrößten Kanarischen Insel schwierig, nicht zuletzt wegen der globalen Wirtschaftkrise Anfang 2010. Die Inselregierung versucht mit verschiedensten Maßnahmen dem entgegenzusteuern und den Tourismus weiter anzukurbeln. So wurde im Süden 2016 ein neuer Autobahnabschnitt eröffnet, der nördliche Teil ist im Bau.

Unterstützend wirkte 2009 die Erklärung Fuerteventuras zum **Biosphärenreservat**. Vielleicht war dies ein wichtiger Impuls, denn man begann, Alternativen zum reinen Strandurlaub, für den Fuerteventura jahrzehntelang bekannt war, zu entwickeln. Inzwischen werden Wander- und Fahrradwege angelegt, der ländliche Tourismus abseits der Ferienzentren wächst und immer mehr lokale Produzenten öffnen ihre Produktionsstätten für Touristen.

Aufgrund der sauberen, klaren Luft und der oft von keinerlei Lichtquellen gestörten Landschaft wächst auch das Angebot für Hobby-Astronomen, wie zum Beispiel der Bau des *Mirador Astronómico Sicasumbre*. Dazu passt, das Fuerteventura sich seit 2015 mit dem Titel **Starlight Destination** schmücken darf, schließlich sind die Bedingungen zur Beobachtung des Sternenhimmels auf der Insel exzellent.

Insgesamt zeichnet sich seit 2016 im Tourismussektor ein positiver Trend ab, nicht zuletzt auch angesichts der unsicheren politischen Lage in einigen nordafrikanischen Urlaubsländern sowie in der Türkei.

Die Fahrt mit dem öffentlichen Bus nach Cofete ist ein Erlebnis

Unterwegs auf Fuerteventura

Mit dem Bus

Busverbindungen: Fuerteventuras Busunternehmen „Tiadhe" betreibt 18 Buslinien, die fast alle größeren und wichtigen Ortschaften anfahren, z. T. jedoch nur ein- oder zweimal am Tag. Sehenswerte Dörfer wie Ajuy und Pozo Negro oder auch viele der etwas abseits liegenden Strände an der Ost- und Westküste erreicht man nur mit eigenem Auto. Auf den an den Haltestellen aushängenden Fahrplänen sind immer nur die Abfahrtszeiten vom Startpunkt der jeweiligen Linie aufgeführt. Dies erschwert die Planung, falls man von einem am Weg liegenden Haltepunkt starten will.

Die Busse sind modern, der Zielort und die gefahrene Linie werden auf einem Display am Bus gut erkennbar angezeigt. Das Busfahren selbst ist preiswert. Für die Strecke von Corralejo im Norden bis nach Morro Jable im Süden, rund 100 km, bezahlt man beim Fahrer 10 €. Eine Besonderheit und Neuheit ist der mehrmals täglich von *Morro Jable nach Cofete* und zurück pendelnde geländegängige Bus, der das Offroad-Terrain bestens meistert und an mehreren Stellen hält. Für die relativ kurze Strecke muss man jedoch knapp 9 € ausgeben, das Doppelte für hin und zurück. Doch die Investition lohnt sich, um diesen abgelegenen Teil im Süden Fuerteventuras kennenzulernen. Bahnstrecken jeder Art sind auf Fuerteventura nicht vorhanden.

BTF-Karte: Die aufladbare Karte, die man sich beim Fahrer kaufen kann, erleichtert Vielfahrern das Reisen – und spart 5 % des normalen Ticketpreises. Einheimische bekommen 30 % Rabatt. Die Plastikkarte kostet einmalig 2 € und muss mit einem Mindestbetrag von 10 € aufgeladen werden.

Informationen, auch auf Deutsch, über das gesamte Streckennetz von Tiadhe inkl. Abfahrtszeiten gibt es unter ✆ 928-855726, www.tiadhe.com. Auf der Website finden Sie die Fahrpläne aller Linien, einschließlich der Strecke von Morro Jable nach Cofete. Um keine negativen Überraschungen zu erleben, sollte man die Abfahrtszeiten online oder vor Ort überprüfen.

Mit Auto oder Motorrad

Die beste Möglichkeit, die Insel auf eigene Faust zu erkunden, ist es, sich ein Auto oder Motorrad zu mieten. Meistens die günstigste Möglichkeit ist die Buchung von Zuhause aus über eines der Mietwagenportale, die in Sachen Preis und Versicherungsumfang oft deutlich bessere Angebote haben als die Firmen vor Ort. Eine gute Übersicht bieten u. a. www.billiger-mietwagen.de oder www.check24.de. Beide Portale schnitten 2016 bei einem Vergleichstest der Stiftung Warentest von 16 Mietwagenportalen mit dem Urteil „sehr gut“ ab.

Wer spontan am Flughafen ein Auto mieten möchte, findet in der Ankunftshalle zahlreiche Schalter der gängigen Vermieter wie Hertz, Avis, Europcar. Die Öffnungszeiten im Flughafen sind meist täglich von 7–23 Uhr. Wer nur an einzelnen Tagen einen fahrbaren Untersatz benötigt, findet in fast jedem größeren Orten lokale Anbieter wie beispielsweise Cicar (www.cicar.com).

Achten Sie immer darauf, welche Versicherungen, Teil- oder Vollkasko, mit oder ohne Selbstbeteiligung im Angebot enthalten sind. Denken Sie daran, dass das Befahren von Sand- und Schotterpisten mit Mietwagen nahezu immer verboten ist bzw. im Schadensfall die Versicherung nicht zahlt. Fragen Sie hierzu den Vermieter und lesen Sie das Kleingedruckte im Vertrag.

Motorrad: Immer mehr Firmen spezialisieren sich auf Motorradfahrer oder haben ihr Portfolio mit guten Zweirädern bestückt. So kann man z. B. in Jandía oder Caleta de Fuste eine Harley-Davidson ausleihen. Die Inselregierung reagiert auf die wachsende Zahl von Motorradfahrern mit der Installation spezieller Leitplanken, die die Verletzungsgefahr bei einem Sturz reduzieren sollen.

Mit dem Taxi

Am Flughafen und in größeren Orten gibt es ausreichend Taxistände. An vielen der Haltestellen sind Preistafeln zu den gefragtesten Zielen angebracht, dabei handelt es sich jedoch meist um weiter entfernte Orte. Wird kein Festpreis vereinbart, sollte das Taxameter eingeschaltet werden.

Taxi-Rufnummern findet man an den Taxiständen, in kostenlos ausliegenden Zeitungen wie dem Fuerteventura-Magazin *Hoy* oder in den Touristbüros. Preisbeispiele: Vom Flughafen nach Jandía 95 €, vom Flughafen nach Caleta de Fuste 12 €.

Taxi

- Puerto del Rosario: ✆ 928-850216 und ✆ 928-855432
- Gran Tarajal: ✆ 928-870059
- Pjara (auch Jandía): ✆ 928-541257
- Caleta de Fuste: ✆ 928-163004
- Morro Jable: ✆ 928-161428
- Corralejo: ✆ 928-866108

Touranbieter

Eine andere Möglichkeit, die Insel zu erkunden, ist die Buchung einer organisierten Tour mit Jeep, Quad oder einem anderen Vehikel. Diese meist ins Hinterland führenden Ausflüge werden überall auf der Insel von verschiedensten Firmen angeboten und vor Ort durch Flyer und Aushänge beworben (genaue Infos dazu in den Ortskapiteln unter „Aktivitäten“).

Tourpause am Salzmuseum in Las Salinas del Carmen

Sport und Aktivitäten

Fahrradfahren, Mountainbiken

Fuerteventura wird bei Radlern immer beliebter. Dies liegt zum einen daran, dass die Insel in weiten Teilen sehr dünn besiedelt ist. Viele der Nebenstraßen werden wenig befahren, und die Inselverwaltung baut das Radwegenetz immer weiter aus. Beispielsweise gibt es bei Las Playitas eine beliebte Trainingsregion für Triathleten und bei Caleta de Fuste mehrere Kilometer gut ausgebaute Fahrradwege. Zusätzlich informieren überall auf der Insel aufgestellte Tafeln, wie bei Pozo Negro oder Majanicho, über mögliche Zweiradtouren auf befestigten oder unbefestigten Strecken.

Der Norden um Corralejo, El Cotillo und La Oliva eignet sich für Radler, die flachere Passagen bevorzugen und lange steile Anstiege vermeiden wollen. Sportlichen mit guter Kondition seien die Bergstraßen im Landesinneren rund um Betancuria ans Herz gelegt. Offroad-Freunden bietet Fuerteventura unendlich viele Trails, für Anfänger ebenso wie für Mountainbike-Virtuosen.

Um die empfindliche Natur zu schonen, sollte man mit seinem geländegängigen Velo die einzigartige Landschaft möglichst nur auf ausgewiesenen Strecken erkunden. Für lange Touren empfehlen sich die Monate Februar bis Mai und September bis November, denn im Sommer steigen die Temperaturen mitunter auf 30 Grad, während in den Wintermonaten die Wahrscheinlichkeit eines Regenschauers etwas höher ist. *Fahrradvermietungen* und *Touranbieter* gibt es in den größeren Ortschaften.

Easy Riders. Fahrradvermietung: Hauptbüro am Atlantis Suite Hotel. Das Angebot reicht von Mountainbikes, Kinderfahrrädern und Stadträdern bis hin zu Rennrädern. Auch geführte Touren. Calle Las Dunas s/n, Local 2, 35660 Corralejo, ✆ 637-408233 und ✆ 928-867005, www.easyriders-bikecenter.com.

Caleta Cycles: Jeff verleiht Fahrräder für Touren auf eigene Faust. Auch geführte Touren sind im Angebot. Beim Hotel Los Geranios Suite, Local 3, 35610 Caleta de Fuste. ✆ 676-600190, www.caletacycles.com.

Gerätetauchen und Freitauchen

Das glasklare und saubere Wasser vor Fuerteventura bietet sich geradezu an, auf Tauchstation zu gehen. Die Tauchreviere gehören zu den besten der kanarischen Inseln. Sehr beliebt wegen ihrer reichen Unterwasserwelt – hin und wieder kreuzt ein Hammerhai den Weg – ist die nur knapp über 10 m tiefe Meerenge zwischen der *Insel Lobos* und *Corralejo*. Die vielfältige marine Flora und Fauna mit Eidechsenfischen, Kugelfischen, Barracudas, Zackenbarschen, Anemonen, Muränen oder Rochen lässt sich ebenso gut vor *Jandía, Caleta de Fuste, Las Salinas, Costa Calma* erleben. Je nach Tauchschule gibt es dort neben den klassischen Ausbildungskursen auch spezielle Angebote zum Beispiel für Unterwasserausflüge in der Nacht. Wer einmal das Freediving, also das Tieftauchen bzw. Freitauchen ohne Gerät, ausprobieren möchte, hat diese Möglichkeit ebenfalls. Grundsätzlich ist ein ärztliches Gesundheitszeugnis Voraussetzung für die Teilnahme an Tauchkursen.

Tauchschule Werner Lau: Tauchbasis auf dem Gelände des Aldiana Clubs in Jandía. Im Angebot sind vielfältige Dive-Kurse sowie die Möglichkeit, das Freediving/Freitauchen zu erlernen. Sämtliches Equipment kann ausgeliehen werden. Tauchbasis Aldiana, Jandía. ✆ 928-542107 und ✆ 649-224826. www.wernerlau.com

Tauchcenter Ocean World: Kurs SSI Open Water Diver, Nachttauchen und Tieftauchen. Schnuppertauchen im Meer. Calle Gran Canaria 8, 35626 Esquinzo. ✆ 928-544327, www.tauchen-fuerteventura.com.

Golfen

Das Golfspiel hat sich auf Fuerteventura in den letzten Jahren immer mehr etabliert. Neue Golfplätze wurden errichtet oder sind geplant, zahlreiche europaweit beachtete Turniere locken Sportler und Zuschauer an. In Caleta de Fuste kann man auf zwei Plätzen abschlagen, weitere Möglichkeiten, sein Handikap zu verbessern, gibt es in Jandía und Las Playitas.

Fuerteventura Golf Club: Der erste Golfplatz auf Fuerteventura wurde 2002 eröffnet. Der 70-Par-Platz verfügt über Seen, Bunker und Palmen und bietet eine schöne Aussicht auf den Atlantik. Beim Golf Club Salinas de Antigua, Ctra. Jandía, Km 11, 35610 Caleta de Fuste. ✆ 928-160034, www.fuerteventuragolfclub.com.

Jandía Golf: 2014 eröffneter 18-Loch-Golfplatz. Barranco Vinamar, 35625 Jandía. ✆ 928-871979, www.jandiagolf.com.

Golf Club Salinas de Antigua: 18-Loch-Platz bei den Elba Hotels und dem Sheraton Hotel, mit Driving Range und Übungsplatz. Geplant wurde der Platz vom Golfweltmeister Manolo Piñeiro. Ctra. Jandía, Km 12, 35610 Caleta de Fuste. ✆ 928-877272, www.salinasgolf.com.

Playitas Golf: 18-Loch-Platz mit Seen- und Hügellandschaft. Den 67-Par-Kurs kreierte der schottische Architekt John Chilver-Stainer. Driving Range, Putting Green. Urb. Las Playitas, 35629 Las Playitas. ✆ 928-860400, www.playitas.net.

Klettern

Denkt man an Sport auf Fuerteventura, denkt man zunächst nicht ans Klettern am Fels oder an raffinierte Boulderpassagen, sondern an Surfen, Kiten, Wellenreiten. Doch einige weitgehend unberührte Regionen mit ihrer einzigartigen Natur bieten gute Möglichkeiten, seine Kletterkünste auszubauen oder erste Erfahrungen mit Seil und Karabiner zu sammeln. Die ein oder andere Tour (Klettern und Bouldern) findet sich beispielsweise nahe der Westküste bei Buen Paso im *Barranco de las*

Penas, wo Szenen des Hollywoodstreifens „Exodus" gedreht wurde. Hier kann man an rund 30 Routen mit verschiedenen Schwierigkeitsgraden ausgiebig klettern. Die längste Route beträgt etwa 40 m.

Des Öfteren war schon das Kletterfestival „Fuertebloque" hier in diesem auch landschaftlich reizvollen Gebiet zu Gast. Weitere Spots gibt es bei Cardón und Betancuria im Inselinneren. *Kletterkurse* bietet folgende Schule im Westen bei Buen Paso an:

Climbing Fuerteventura: Kletterschule an der Westküste in Las Hermosas bei La Pared. Inhaber Steffen Grade-Schrödl und sein professionelles Team nehmen Gäste, Anfänger sowie Fortgeschrittene mit auf Kletter- und Bergwandertouren. Las Hermosas 11, 35627 Las Hermosas. ✆ 670-715154. www.climbing-fuerteventura.com.

Quad, Buggy, Segway, Motorrad

Etliche Gäste wollen die Gegend nicht nur beim Wandern oder Radeln erkunden, sondern auf Vehikeln, die für abenteuerliche Offroad-Fahrten konstruiert wurden oder eine Tour auf gut ausgebauten Bergstraßen zu einem speziellen Erlebnis machen. Mit dem Quad, dem Buggy oder der Enduro geht es in unwegsames Gelände, während man mit dem zweirädrigen Segway eher die Uferpromenade und die Stadt aufrechtstehend erfährt.

Vinscross: Geführte halb- oder ganztägige Enduro-Touren sowie mehrstündige Quad-Safaris. Schutzausrüstung wird gestellt. Calle Anguila 4, 35660 Corralejo. ✆ 648-222392 und ✆ 697-900355, www.vinscross.com.

Reiten

Reiten auf Fuerteventura hat seinen ganz eigenen Reiz, denn in Europa gibt es nicht mehr viele Orte, an denen man an einsamen Stränden im Galopp über den Sand reiten darf. Gerade an der rauen, wilden und meist einsamen Westküste sind Ausritte für Geübte ein Genuss. Je nach Anbieter stehen auch geführte Touren in die Berge auf dem Programm. Im *Reithof Granja Tara* in El Roque bei El Cotillo (→ Kapitel „Der Norden") können die Kleinen beim Ponyreiten erste Erfahrungen auf dem Rücken der Tiere sammeln.

Verteilt über die Insel findet jeder, ob Anfänger oder Fortgeschrittener, auf einem der Reithöfe sein ganz persönliches Reitvergnügen. In Triquivijate gibt es sogar die Möglichkeit, an einer Pferdetherapie durch einen ausgebildeten Pferdetherapeuten teilzunehmen (→ Kapitel „Der Osten").

Eine andere Möglichkeit auf einem herrschaftlichen Vierbeiner zu reiten, besteht in La Lajita, im Oasis Park (→ „Der Osten"). Auch an anderer Stelle wie bei Lajares (→ „Der Norden") sind Ausflüge mit Pferden möglich.

Reiten Finca Crines del Viento: Reitunterricht und -ausflüge für Anfänger und Fortgeschrittene. Triquivijate 119, 35639 Triquivijate. ✆ 678-213108, www.crinesdelviento.com.

Reiterhof Rancho Barranco de los Caballos: Reitausflüge für Fortgeschrittene. Puerto Nuevo, 35627 La Pared. ✆ 928-174151 und ✆ 619-275389, www.reiten-fuerte.de.

Granja Tara: Verschiedenste Reitausflüge im Angebot. Ponyreiten. An der Mühle bei El Roque. C. C. Atlantic Sol 5. ✆ 607-552661 oder ✆ 687-216503, www.reitstall-fuerteventura.de.

Segeln und Landsegeln

An der Ostküste sieht man sie oft über das Wasser flitzen, die schnellen und wendigen Katamarane. Die größeren Exemplare werden gern für Ausflüge an der Küste entlang oder hinaus aufs Meer genutzt und können auch von Einzelpersonen für eine Tour mit Gleichgesinnten gebucht werden. Wer des Segelns mächtig ist, kann einen solchen Katamaran beispielsweise in Jandía oder Caleta de Fuste mieten, für Anfänger empfiehlt sich zunächst ein Kurs.

Wem das Meer zu nass oder zu tief ist, kann sich an einer anderen Art des Segelns versuchen, dem Land- oder Strandsegeln. Auf drei Rädern geht es, je nach Windverhältnissen, recht flott über sandiges Terrain. Angeboten wird diese Sportart im Bereich des Dünenstrandes von Corralejo.

Surfers Island Kite- und Surfschule: Die seit 1985 bestehende Surfschule, direkt am Strand von Jandía unterhalb des Hotels Aldiana, bietet Kurse im Katamaran-Segeln an. Calle Melindraga 2, 35625 Jandía. ✆ 928-166349, www.surfers-island.de.

Wandern → „Kleiner Wanderführer" am Ende des Buchs

Windsurfen, Kiten, Wellenreiten, SUP

Fuerteventura ist ein Paradies für Wasserenthusiasten. Die Bedingungen für das Windsurfen, Wellenreiten, Kiten oder das Stand-Up-Paddeling (SUP) könnten kaum besser sein. Je nach Küstenregion, Jahreszeit und den damit verbundenen Windverhältnissen bietet die älteste Insel der Kanaren optimale bis nahezu perfekte Voraussetzungen für diese Sportarten.

Norden: Für *Surfer* und *Windsurfer* hat die Küste im Norden zwischen El Cotillo und Corralejo einige Angebote zur Auswahl. Erprobte Windsurfer toben sich am nicht ganz einfachen Spot *Mejillones* westlich von Corralejo aus, Surfer reiten die

Beste Bedingungen für Kite-Surfer – am Strand von Corralejo

Welle bei *El Hierro* unweit von Majanicho. Am südlich von El Cotillo gelegenen Sandstrand kommen bei Flut alle außer die SUPs auf ihre Kosten. Im nördlichen Bereich des kilometerlangen *Dünenstrandes von Corralejo* gibt es ein extra für Wassersportler ausgewiesenes Areal (Flag Beach), das bei jedem Wasserstand für Spaß sorgt. Wenige Kilometer nördlich der Hauptstadt Puerto del Rosario liegt der *Puerto-Lajas-Strand*, der für alle genannten Sportarten geeignet ist, jedoch nur im Sommer mit genügend Wind aufwartet.

Westen: An der wilden, einsamen Westküste ist es schwierig, sich mit dem Surfbrett auf das Wasser zu wagen. Für Wellenreiter sind die *Playa de las Mujeras* bei los Molinos, die *Playa de Garcey* bei Pájara und der *Strand von La Pared* mit teils mächtigen Wellen ein Besuch wert. Alle anderen, Windsurfer, Kiter und SUP-ler, gehen hier leer aus.

Süden: Der absolute Hotspot, insbesondere im Sommer, ist für Windsurfer und Kitesurfer die südlich von Costa Calma gelegene, mehrere Kilometer lange, feinsandige *Playa Sotavento* mit ihren professionellen Surfschulen. Ganzjährig finden Anfänger wie Fortgeschrittene hier untadelige Bedingungen, und während der im Sommer fast hundertprozentig wehenden Winde treffen sich Sportler aus aller Welt, um beim alljährlichen Weltcup ihre Kräfte zu messen.

Surfers-Map: Die überall erhältliche, kostenlose Surfers-Map und die Website www.surfermap.com informiert über alle Spots auf Fuerteventura und im Rest der Welt.

Hier eine Auswahl von Schulen, Details in den Ortsbeschreibungen:

FSchWaterExperiences: Surfschule und Camp. Im Angebot Kurse in Surfen, Windsurfen, Kitesurfen, Stand-Up-Paddle. Calle Grandes Playas s/n, 35660 **Corralejo**. ✆ 630-345560, www.fuerteventurasurfschool.es.

Surfschule FreshSurf: ISA-lizenzierte Surfschule, die zahlreiche Kurse anbietet und auch Material verleiht. Calle Hermanas del Castillo 4, 35650 **El Cotillo**. ✆ 639-492123, www.freshsurf.de.

Surfcenter ION Club: Ein zertifiziertes internationales Team kümmert sich um Anfänger und Fortgeschrittene, die Wind- oder Kitesurfen möchten. Am Strand von Risco del Paso, Playa de Sotavento. ✆ 667-796688, www.ionclubfuerte.com.

Wind- und Kitesurfschule René Egli by Meliá: Seit über 30 Jahren an diesem Standort bestehende Surfschule, direkt am Worldcup-Surfspot und der Lagune gelegen. Hotel Meliã Gorriones, Playa de Sotavento. ✆ 928-547483, www.rene-egli.com.

Yoga und Meditation

Fuerteventura mit seiner weitläufigen, weitestgehend kargen und in vielen Teilen dünn besiedelten Landschaft lädt ein, den alltäglichen Stress hinter sich zu lassen und bei einem Yoga- oder Meditationskurs neue Kräfte zu tanken und etwas für seine Gesundheit zu tun. Diese Art der Urlaubsgestaltung ist auf der Insel noch nicht allzu verbreitet, doch wer auf Aushänge zum Beispiel in Corralejo oder anderen größeren Orten achtet, stößt immer wieder auf gute, professionelle Angebote. Wer des Spanischen mächtig ist, dem stehen auch Kurse in den örtlichen Kultur-Zentren, wie in Llanos de la Concepción, offen.

YogaFriends Fuerteventura: Private Einzelstunden und einwöchige Yoga-Retreats sind im Angebot. Calle Juanita 34, 35650 Lajares. ✆ 634-558869, www.yogafriends.eu.

Yoga: Jeden Dienstag um 20.30 Uhr Yoga in Llanos de la Concepción, im Kulturzentrum (Centro Cultural) des Ortes. Yogastunden auch für Kinder (6–10 Jahre). ✆ 617-308597, Avlosllanos@hotmail.com.

Wissenswertes von A bis Z

Anreise

Mit dem Flugzeug: Die überwiegende Zahl der Besucher reist mit dem Flugzeug an. Der Flughafen liegt an der Ostküste wenige Kilometer von der Hauptstadt Puerto del Rosario und dem Ferienort Caleta de Fuste entfernt. Am bequemsten ist ein Direktflug, der von Deutschland, Österreich oder der Schweiz etwa vier Stunden dauert. Viele Fluggesellschaften legen jedoch einen Zwischenstopp ein, und so ist man schnell sechs und mehr Stunden unterwegs. Je nach Zielort auf Fuerteventura muss man noch die Transferzeit bei der Reiseplanung mitrechnen. Ab dem Flughafen weiterreisen kann man mit dem Taxi, dem öffentlichen Bus oder natürlich mit dem Mietwagen, den man auch kurzfristig am Flughafen buchen kann. Bei pauschal gebuchtem Hotel und Flug ist der Transfer zum Hotel und wieder zurück zum Flughafen meist eingeschlossen.

Unsere Zeit- und Kilometerangaben beziehen sich auf die Weiterreise per Mietwagen:

Vom Flughafen nach ...

- Corralejo (im Norden): ca. 40 Minuten/38 km
- Caleta de Fuste (im Süden): ca. 10 Minuten/7,5 km
- Costa Calma (im Süden): ca. 1 Stunde/65 km
- Jandía/Morro Jable (im Süden): ca. 1 Stunde/88 km
- Betancuria (Landesinneres): ca. 40 Minuten/33 km

Die Fischer bringen ihren Fang in den Hafen

Mit der Fähre: Fuerteventura ist durch verschiedene Fährlinien mit einigen der Kanarischen Inseln verbunden. Direktverbindungen bietet z. B. Fred Olsen zweimal täglich *von Gran Canaria* nach Morro Jable. Die einfache Fahrt dauert ca. 2½ Stunden und kostet ab 49 €. *Von Lanzarote* nach Corralejo gibt es täglich zahlreiche Verbindungen diverser Reedereien wie *Lineas Maritimas Romero* oder *Naviera Armas* (✆ 902-456500, www.naviera armas.com) oder *Fred Olsen* (✆ 902-100107, www.fred olsen.es). Fred Olsen fährt die Strecke Lanzarote – Corralejo sechsmal am Tag in 25 Minuten (28 €).

Ärztliche Versorgung

Im **medizinischen Notfall** wählt man ✆ 112.

Ansonsten hat man verschiedene Möglichkeiten, sich auf Fuerteventura medizinische Versorgung angedeihen zu lassen. Wer Mitglied einer gesetzlichen Krankenkasse ist, muss vor Reiseantritt *keine* separate *europäische Auslandskrankenversicherungskarte* (EHIC – European Health Insurence Card) beantragen, da diese auf der Rückseite der mit Lichtbild und Chip versehenen Gesundheitskarte aufgedruckt ist. Mit der EHIC kann man sich bei Unfall und akuten Beschwerden innerhalb des öffentlichen Gesundheitssystems kostenlos beraten und ambulant oder stationär behandeln lassen. Die kostenlose Versorgung deckt jedoch nur unmittelbar erforderliche Maßnahmen ab. Gerade bei der Behandlung chronischer Erkrankungen sollte man zuvor mit der Krankenkasse abklären, ob die Kosten übernommen werden.

Centro de Salud: Erste mögliche Anlaufstelle bei Beschwerden ist das in jeder Gemeinde vorhandene Gesundheitszentrum. Von dort wird man gegebenenfalls an einen Facharzt überwiesen. Ob ein Arzt oder das Personal Englisch oder gar Deutsch spricht, ist nicht garantiert.

Arztpraxen: In den größeren Ferienzentren kann man sich in einer der vielen privaten Arztpraxen behandeln lassen. Dort stehen, teils rund um die Uhr, auch deutschsprachige Arzte und Zahnärzte bereit. Die Kosten für diese Behandlungen werden von den gesetzlichen Krankenkassen *nicht* übernommen. Grundsätzlich ist daher der Abschluss einer **Reisekrankenversicherung**, die das finanzielle Risiko in solchen Fällen absichert und gegebenenfalls die Kosten für einen Rücktransport übernimmt, zu empfehlen. Der Jahresbeitrag einer solchen Versicherung beträgt etwa 10 €.

Krankenhaus: Das (einzige) Krankenhaus von Fuerteventura – *Hospital General de Fuerteventura* – befindet sich in der Hauptstadt Puerto de Rosario und liegt an der FV-2 im Bereich der Playa Blanca. Carretera del aeropuerto Km 1, 35600 Puerto del Rosario. Die Zentrale erreicht man über ✆ 928-862000.

Apotheke *(farmacia):* Benötigt man ein Medikament, stehen in nahezu jedem größeren Ort eine oder mehrere *farmacias* zur Verfügung. Zu erkennen sind sie an einem grünen Kreuz auf weißem Grund. Da die spanischen Medikamente oft andere Namen als in Deutschland, der Schweiz oder Österreich haben, ist es von Vorteil, den benötigten Wirkstoff zu wissen. Das Mitnehmen eines Beipackzettels kann dafür gute Dienste leisten. Die Preise sind oft deutlich niedriger als zuhause. Die Öffnungszeiten variieren stark. Manche Apotheke hat bis in die späten Abendstunden oder gar am Wochenende geöffnet.

Baden

Fuerteventura gilt als wunderbare Badeinsel, obwohl dies den vielfältigen Facetten der Insel nicht gerecht wird. Doch die schönsten, längsten, fein- und hellsandigsten Strände, die sich zum Schwimmen und Baden am besten eignen, liegen an der *Ost- und Südostküste*. Aber auch die Nordwestküste und der Westen bieten eindrucksvolle Strände mit hohem Badespaßpotenzial. Die Wassertemperaturen bewegen sich je nach Jahreszeit zwischen 18 °C und 23 °C, wobei normalerweise im Februar/März das Meer am kältesten und im September/Oktober am wärmsten ist.

Nordküste: Im Bereich des *Dünen-Naturparks von Corralejo* erstreckt sich ein kilometerlanger und Dutzende von Metern breiter Badestrand. Wegen des langsam und flach ins Meer abfallenden feinsandigen Terrains und der guten Infrastruktur im Bereich der beiden dortigen Hotels besuchen Familien mit Kindern diesen südlich von Corralejo liegenden Strand gerne. Der Abschnitt um die Hotels zeigt sich familienfreundlich, der nördliche Bereich dagegen ist für Wassersportler reserviert, und die relative Einsamkeit im Süden, dort, wo Strand und Meer häufiger von Felsen durchsetzt sind, wird für FKK genutzt.

Nördlich von El Cotillo: Herrliche, mit feinstem, hellem Sand verwöhnte Badebuchten gibt es an der Westküste nördlich von El Cotillo, dessen raue Küste eher für grandiose Surfspots bekannt ist. Die Strände von El Cotillo landeten bei Umfragen großer Bewertungsportale unter den Top 4 der besten 25 Strände Europas.

Davon abgesehen, bietet der Norden eine Vielzahl weiterer, teils sehr abgelegener Strände, die besonders an der Westküste je nach Wetterlage nicht immer ein gefahrloses Baden zulassen und meist unbewacht sind.

Insel Lobos: Die Insel im Norden bietet die Möglichkeit, zum Beispiel nach einem Spaziergang rund um das Eiland einen Badesstopp an den attraktiven hellsandigen Stränden wie der *Playa de la Concha* einzulegen.

Ostküste/Caleta de Fuste: Für Familien ebenfalls bestens geeignet ist der helle Sandstrand in der Bucht von Caleta de Fuste südlich des Flughafens. Der direkt am Ort liegende großzügige und flach ins Meer laufende Badeplatz verfügt über Liegen, Sonnenschirme, Volleyballplätze und aufgrund seiner Lage über kaum Wellengang.

Südlich von Caleta de Fuste reihen sich Dutzende von mehr oder weniger idyllischen dunklen Stränden aneinander, die, teils durch Buchten geschützt, sehr gut zum Baden geeignet sind.

Der kilometerlange Traumstrand bei Jandía

Einer der idyllischsten und abgelegensten Strände mit oben genannten Eigenschaften und dazu noch empfehlenswerter Gastronomie schmiegt sich in die *Bucht von Pozo Negro*. Besucher und Einheimische genießen die Abgeschiedenheit und die oft ruhige See.

Weitere empfehlenswerte, weil kaum überfüllte und eher von Einheimischen genutzte Strände verstecken sich bei den etwas abseits der von Norden nach Süden verlaufenden FV-2 gelegenen Ortschaften **Las Playitas, Gran Tarajal, Giniginámar** und **Tarajalejo**. Auch in der Stadt **La Lajita** kurz vor der Jandía-Halbinsel gibt es einen besuchenswerten schwarzen Sandstrand.

Westküste: An der Westküste lockt besonders **Ajuy** mit einem von Felsklippen schön eingerahmten, fein- und vulkansandigen Strand. Restaurants und Bars mit Meerblick vervollständigen die Attraktivität dieser Badelocation.

Doch seien Sie besonders an der Westküste vorsichtig, wenn Sie das marine Terrain nicht kennen, und achtsam beim Schwimmen im Meer. Vom Baden an der endlosen *Playa de Cofete* und, etwas weiter nördlich, der *Playa de Barlovento* raten wir dringend ab! Sollten Sie die unsichtbaren Strömungen nicht kennen und sich am Strand keine Rettungsschwimmer aufhalten, die Sie nach der Risikolage befragen können, empfehlen wir, auf das Baden zu verzichten.

Südküste: Einzigartig und ein Augenschmaus sind die Strände *südlich von Costa Calma* sowie die kilometerlange *Playa de Sotavento*. Im Fokus stehen hier bei *Risco del Paso* und bei *Los Gorriones* mit der Playa Barca jedoch nicht der Badespaß, sondern die fürs Surfen und Kiten oft perfekten Windverhältnisse.

Die *Playa del Matorral*, ein ausgedehnter, kilometerlanger Badestrand mit hellem und feinem Sand, findet man im Süden bei **Jandía**. Selbst in der Hochsaison liegt man hier nicht dicht an dicht, in einigen Zonen gibt es einen Sonnenschirm- und Liegenverleih, ein paar Bars bieten Erfrischungen und Speisen an.

Weitere feinsandige, manchmal mit dunklem Lavagestein durchsetzte und kleiner dimensionierte helle Badestrände liegen direkt bei der Ortschaft **Costa Calma** und an der südlichen Westküste in **La Pared**.

Einkaufen

In den großen Ferienzentren im Norden und Süden haben sich die Geschäfte mit ihrem Angebot ganz auf Touristen eingestellt. Mode-Boutiquen verkaufen kanarische, spanische und international bekannte Labels. Die Bandbreite bei Kleidung, Taschen, Uhren und Schmuck ist riesig und reicht von billiger Massenware bis zu Luxusprodukten fast aller Nobelmarken. Weit verbreitet sind, vor allem in Corralejo, Costa Calma, Jandía und Caleta de Fuste die sogenannten *„Centro Commercial"* (abgekürzt C. C.), also Einkaufszentren mit Geschäften, Bars und Restaurants.

Selbstversorger finden in den meisten Orten einen gut sortierten Supermarkt (HiperDino, Mercadona, Padilla). Besonders günstig sind oft die auf den ersten Blick schon durch ihre Größe auffallende Filialen, die sich an der Peripherie der Orte oder an Hauptverkehrsstraßen etabliert haben. Supermärkte haben meist von morgens bis spät abends (8–22 Uhr) durchgehend geöffnet, teils sogar am Sonntag.

Beliebt sind auch lokalen **Märkte**. Das Angebot hier ist teilweise sehr unterschiedlich. Neben den klassischen Märkten mit günstiger Kleidung und erschwinglichen Modeaccessoires sind besonders die Märkte zu empfehlen, die lokale Produkte anbieten.

Die Preise in Geschäften und Supermärkten entsprechen weitgehend mitteleuropäischem Standard, einige Produkte sind jedoch günstiger, denn Fuerteventura gehört zur *Sonderzone ZEC* (Zona Especial Canaria). Wegen der geographischen Randlage der Kanarischen Inseln und der damit verbundenen geringeren Wettbewerbsfähigkeit gibt es Unterschiede in der Besteuerung von Waren. Die Kanarischen Inseln, also auch Fuerteventura, erheben keine Mehrwertsteuer, sondern eine lokale Steuer, die IGIC (Impuesto General Indirecto de Canarias), die bei 7 % liegt, sowie die AIEM (Arbitrio sobre Importaciones y Entregas de Mercancías en las Islas Canarias). Die AIEM samt einigen Sonderregeln erlaubt es den geographisch zu Afrika gehörenden Inseln, lokal hergestellte Erzeugnisse ganz oder teilweise von der Steuer zu befreien, um die Konkurrenzfähigkeit zu fördern. Tabakerzeugnisse beispielsweise sind um 25 % günstiger.

Handwerksmärkte (Auswahl)

- **La Oliva**: Di und Do 10–14 Uhr, an der Casa Coronel
- **Lajares**: Sa 10–14 Uhr, am Hauptplatz
- **Corralejo**: Do und So 10–14 Uhr, im C. C. El Campanario

Einreisebestimmungen

Deutsche, Österreicher und Schweizer benötigen einen gültigen Reisepass oder Personalausweis. Kindereinträge im Reisepass eines Elternteils sind nicht gültig. Jedes Kind benötigt ein eigenes Ausweisdokument. Reisen Minderjährige alleine, benötigen sie zusätzlich zum Personalausweis die elterliche Erlaubnis.

Einreisevorschriften mit Haustieren

- Das Tier muss durch einen implantierten Mikrochip oder eine Tätowierung eindeutig identifiziert werden können.
- Jedes Haustier muss über ein tierärztliches Zertifikat auf Spanisch sowie über einen Heimtierausweis verfügen.
- Es muss eine gültige Tollwutimpfung bestehen, bei einer Erstimpfung ist die Einreise erst 21 Tage nach der Impfung möglich.
- Hunde und Katzen, die jünger als drei Monate sind, dürfen nicht einreisen.

Essen & Trinken

Die Kulinarik auf Fuerteventura umfasst ein breites Spektrum an internationalen Speisen, wobei insbesondere in den ländlichen Gebieten die klassisch kanarische Küche vorherrscht – bzw. die Küche, die sich auf Fuerteventura im Laufe der Zeit entwickelt hat. In den großen Ferienzentren Jandía, Costa Calma und Corralejo „buhlen" Restaurants aller Art um die Gunst der Gäste. Es gibt Italiener, Chinesen, Inder, das Kartoffelhaus, die Currywurstbude sowie in großem Umfang Lokale, die frischen Fisch und Meerestiere in Töpfen und Pfannen zubereiten. In jüngster Zeit öffneten auch immer mehr auf vegetarische und vegane Speisen ausgerichtete „Gourmettempel" ihre Pforten, z. B. in Corralejo.

Fisch: Liebhaber frischer Fischgerichte sollten die Restaurants der Fischereivereinigung „Cofradia de Pescadores“ ausprobieren, diese gibt es in den Häfen von Morro Jable, Corralejo und Gran Tarajal. Einen Probierversuch ist beispielsweise die *Zarzuela*, der Kanarische Fischeintopf, wert.

Wer als Selbstversorger unterwegs ist und seinen Fisch eigenhändig zubereiten will, erhält im Laden der „Cofradia de Pescadores der Gran Tarajal“ garantiert frische Ware zum günstigen Preis.

Damit Sie beim Restaurantbesuch, im Supermarkt oder im kleinen Fischgeschäft um die Ecke den gewünschten Fisch erstehen und ordern können, hier nachfolgend eine Auswahl der auf Fuerteventura erhältlichen Arten, die je nach Saison variieren.

Vieja: Papageienfisch	**Cabrilla**: Ziegenbarsch
Dorada: Goldbrasse	**Pulpo**: Oktopus
Morena Pintada: Muräne	**Cherne**: Wrackbarsch
Mero: Zackenbarsch	**Pejeverde**: Meerpfau
Caballa: Makrele	**Gallo Gris**: Drückerfisch
Atún: Thunfisch	**Sargo Blanco**: Geißbrasse
Boquerón: Sardelle	**Pejerrey**: Blaubarsch

Tapas: Eine überall auf Fuerteventura in Bars und Restaurants erhältliche Köstlichkeit sind die bekannten spanischen Tapas, herzhafte Kleinigkeiten, mal Fisch, mal Fleisch, mal vegetarisch.

Typisch kanarisch sind die **Papas arrugadas**, in reichlich gesalzenem Wasser gekochte kleine Kartoffeln, die nach dem Abgießen mit grobem Salz bestreut und mit roter und grüner Mojo-Soße serviert werden. Wobei die pikante *rote Mojo* im Großen und Ganzen aus Essig, Öl, Kreuzkümmel, Chilis, Paprika, Knoblauch und

Frisch zubereitet: ein köstlicher Fischeintopf

Ruta de la Tapa – die Tapas-Route

Seit 2013 findet in der Gemeinde La Oliva alljährlich ein Wettbewerb statt, an dem sich Bars und Restaurants beteiligen dürfen: die „Ruta de la Tapa". Während mehrerer Wochen, meist beginnend im April, können kulinarisch Interessierte in Corralejo, aber auch in den Nachbarorten El Cotillo, Villaverde, La Oliva oder Tindaya Tapas und seit 2015 auch Desserts *(postres)* probieren und begutachten.

Für 2,50 € erhält man entweder einen *Tapa caliente* oder einen *Tapa fria* (heiße und kalte Tapas) und bei Bestellung eines zweiten Tapas ein Getränk kostenlos dazu. Nachdem man die Gerichte auf ihren Geschmack hin geprüft hat, lässt man sich in einer kostenlos erhältlichen Broschüre den Restaurantbesuch durch einen Stempel bestätigen und bewertet den Geschmack auf einer Skala von 1 bis 5. Die Bewertung kann man im Tourismusbüro abgeben, und am Ende des Wettbewerbs wird durch eine Jury der Sieger ermittelt.

Mehrfacher Gewinner in der Kategorie „Tapa fria" war das *Restaurant Azzurro Chill out* in El Cotillo, bei den „Tapa caliente" erhielt 2015 das *Restaurant Casa Vieja* in La Oliva den ersten Preis. Und die *Pastelería Las Folie des Delices* in Corralejo ergatterte die Trophäe für das beste Dessert.

Salz und Pfeffer zubereitet wird, vielfältige Variationen bei den Gewürzen sind möglich. Die *grüne Mojo* erhält ihre Farbe und Milde durch Petersilie, Koriander, Kreuzkümmel und die Grundingredienzien Öl und Essig. Knoblauch darf natürlich nicht fehlen.

Weitere Tapas sind beispielsweise: *Sardines* (Sardinen), *Tortilla* (spanischer „Kartoffelkuchen"), *Pimientos del Padrón* (frittierte kleine grüne Paprika mit grobem Salz) oder *Mejillones* (Miesmuscheln).

In Villaverde im Restaurant Casa Marcos bekommt man neben zahlreichen kanarischen Köstlichkeiten eine auf Fuerteventura wohl einzigartige Tapas-Spezialität

Unbedingt probieren: luftgetrockneter Ziegenschinken, ...

aufgetischt. Es handelt sich dabei um einen geräucherten und mehrere Monate luftgetrockneten Schinken vom Fleisch der Küstenziege.

Ziegenfleisch: Gerichte mit Ziegenfleisch sind auf Fuerteventura weit verbreitet – seit Jahrhunderten steht die Ziege auf dem Speiseplan der Ureinwohner, der Majoreros, und Ziegenhaltung ist bis heute ein wichtiger Wirtschaftszweig auf der Insel. Auf der Speisekarte findet man unter anderem *Carne de Cabra*, eine Art Eintopfgericht mit Ziegenfleisch, oder *Cabrito frito*, gebratenes Zicklein.

Ziegenkäse ist eine weitere Spezialität, die auf Fuerteventura weit verbreitet und hoch angesehen ist. Viele lokale Produzenten, teils im kleinsten Dorf, stellen qualitativ hochwertige Käsesorten und ausgefallenes wie Ziegenmilchlikör her. „Maxorata", der größte Käsehersteller, gewann auf internationalen Käsewettbewerben sogar mehrere Plätze auf den vorderen Rängen.

Gofio: Wer auf Fuerteventura unterwegs ist, stößt irgendwann auf das aus geröstetem Getreide gemahlene Mehl. Schon die Majos kannten dieses nährstoffreiche Lebensmittel, das bei der Ernährung in den vergangenen Jahrhunderten eine wichtige Rolle übernahm. Ziegenhirten nahmen früher etwas Gofio mit in die Berge, mischten es dort mit Wasser oder Ziegenmilch, und schon war eine gesunde und sättigende Mahlzeit fertig.

Fast jedes der traditionellen kanarischen Küche zugewandte Restaurant bereitet Gofio-Gerichte zu. Manches Mal vermengt man Gofio mit Fischbrühe, ein anderes Mal kreiert man süße, mit Rum, Mandeln und Honig verfeinerte Gofio-Kugeln. Hobbyköchinnen und Hobbyköchen sei ein Besuch der *Molina de La Asomada*, empfohlen. Dort kann man beim Gofio-Mahlen zusehen und frisches Gofio für ein paar Euro erstehen.

Getränke: Zu den deftigen kanarischen Gerichten passt übrigens vorzüglich ein kühles „Tropical", eines der auf Fuerteventura gebrauten *Biere*. Da es auf der größten kanarischen Insel nur wenige *Weinbauern* gibt, die ohnehin vorwiegend für den Eigengebrauch „winzern", genießt man zu einem Essen durchaus veritable Tropfen beispielsweise von der Nachbarinsel Lanzarote.

... aromatischer Ziegenkäse und Gofio-Kugeln mit Rum, Mandeln und Honig

Geld

Fuerteventura gehört zu Spanien, somit zur europäischen Währungsunion, daher wird mit dem Euro bezahlt.

Geldautomaten: Es gibt sie überall, in jedem größeren Ort und am Flughafen. An den mit dem *Maestro*-Logo versehenen Automaten kann man mittels Giro- oder Kreditkarte Geld abheben. Dazu benötigen Sie bekanntlich Ihre persönliche PIN-Nummer. Der abgehobene Betrag samt Gebühr wird dann von Ihrem Konto abgebucht.

Die gängigen Kreditkarten wie Mastercard oder Visa etc. werden in Banken und an Automaten meist anstandslos akzeptiert. Erkundigen Sie sich vor der Reise nach den Gebühren für das Geldabheben. Natürlich können Sie auch am Schalter einer Bank-Filiale Bargeld bekommen.

Sperr-Telefonnummer für Kreditkarten: Sollten Sie Ihre Karte(n) verlieren, lassen Sie diese unbedingt sofort sperren.

Zentrale Sperr-Telefonnummer für Bank- und Kreditkarten ist ✆ **0049-116-116**.

Reiseschecks oder **Travellerchecks** (z. B. von American Express) verlieren beim Zahlungsverkehr auf Reisen immer mehr an Bedeutung bzw. werden von vielen Banken gar nicht mehr ausgegeben. Besitzer bereits gekaufter Checks können diese weiterhin einlösen. Erkundigen Sie sich vor der Reise bei einer Bank, welche Reiseschecks noch im Umlauf sind und wie die Akzeptanz dieses Zahlungsmittels auf Fuerteventura einzuschätzen ist.

Information

Prospekte, Broschüren und Auskünfte erhält man bei den folgenden Touristinformationen:

Spanisches Fremdenverkehrsamt in ...

- **Berlin**: Lietzenburger Str. 99, 10707 Berlin. Öffnungszeiten Mo–Fr 10–14 Uhr. Information und Prospektbestellung: ✆ 030-8826543, berlin@tourspain.es.
- **Berlin**: Über Vertretung Spanisches Fremdenverkehrsamt in Berlin (Adresse s. o.). ✆ 030-8826543 und ✆ 030-8826661, deutschland@visitfuerteventura.es, www.visitfuerteventura.es.
- **Frankfurt/Main**: Myliusstr. 14, 60323 Frankfurt. Mo–Fr 10–14 Uhr. Information und Prospektbestellung: ✆ 069-725033, frankfurt@tourspain.es.
- **München**: Postfach 151940, 80051 München. Kein Publikumsverkehr. Die Informationsabteilung steht Interessierten Mo–Fr von 9–13 Uhr für telefonische Auskünfte zur Verfügung. ✆ 089-53074611 und ✆ 089-53074612, munich@tourspain.es.
- **Wien**: Walfischg 8/14A, Wien. Kein Publikumsverkehr. Information und Prospektbestellung: ✆ 43-1-5129580-11, viena@tourspain.es.
- **Zürich**: Seefeldstrasse 19, Zürich. Mo–Fr 9–17 Uhr. Information und Prospektbestellung: ✆ 41-44-2536050, zurich@tourspain.es.

Auf Fuerteventura: In Puerto del Rosario und am Flughafen gibt es ein Tourismusamt, das für die gesamte Insel zuständig ist:

Tourismusbüro Fuerteventura Puerto del Rosario: Almirante Lallermand 1, 35600 Puerto del Rosario. Mo–Fr 8–15 Uhr. ✆ 928-530844 und ✆ 928-852016, www.visitfuerteventura.es.

Touristeninformationsschalter am Flughafen: Mo, Mi, Do 8–21 Uhr, Di, Sa, So 10–17 Uhr. ✆ 928-860604, www.visitfuerteventura.es.

Lokale Tourismusämter für die jeweilige Region sind in vielen größeren Orten zu finden, z. B. in Corralejo, Costa Calma, Jandía, Gran Tarajal. Leider sind in manchen Orten, wie in Antigua oder Caleta de Fuste, die Informationshäuschen oft oder gar für längere Zeit geschlossen.

Kleidung

Fuerteventura ist ein Ganzjahresreiseziel mit **Durchschnittstemperaturen über 20 °C.** *Im Juli und August* steigt die Quecksilbersäule auch mal Richtung 30 °C. Von daher benötigt man hauptsächlich Sommerkleidung. Dennoch sollte man beim Packen auf Wärmendes nicht ganz verzichten: In den Bergen, bei stärkerem Wind oder wenn sich ein paar Wolken vor die Sonne geschoben haben, kann es kühl werden. Dann ist man froh, wenn man eine Wind- oder Fleecejacke oder einen kuscheligen Pullover zur Hand hat.

Reist man *im Frühling, Herbst und Winter* sollte man auf keinen Fall nur T-Shirts, Rock und kurze Hose dabeihaben, denn dann wird es auch tagsüber hin und wieder frisch oder ein Regenschauer erfreut die Vegetation.

Für **Wanderungen** abseits vom Strand sollte man mindestens feste Turnschuhe, besser Wanderschuhe, sowie einen Sonnenschutz für den Kopf mitnehmen.

Klima und Reisezeit

Auf Fuerteventura sind **3000 Sonnenstunden** im Jahr keine Seltenheit. Zum Vergleich: Deutschland hatte 2015 „nur“ 1723 Sonnenstunden zu bieten. Die Temperaturschwankungen sind, über das Jahr verteilt, gering. Im Durchschnitt misst man im Januar 17,6 °C, im Mai 20,7 °C, im August, dem heißesten Monat, 24,7 °C und im November 20,8 °C.

Niederschläge: Es herrscht ein ausgeprägt arides, das heißt sehr trockenes Klima: Aufgrund der meist geringen Höhe der Berge ziehen die Passatwinde über die Insel in der Regel ungehindert hinweg. Rund um den 807 Meter hohen *Pico de la Zarza* auf der Halbinsel Jandía und im Bereich des Betancuria-Höhenzugs erlebt man jedoch des Öfteren Wolkenbildung und damit verbunden Regen.

Während von Mai bis Ende August kaum mit Niederschlag zu rechnen ist, regnet es im Dezember mit 33 mm nicht übermäßig viel. Deutschland liegt im Dezember mit einem Mittelwert von 70 mm deutlich darüber. Die überall sichtbare Dürre wird verstärkt durch die *Calima*, trockene und heiße Winde, die aufgrund der Nähe zu Afrika vermehrt auf den östlichen Kanarischen Inseln auftreten.

Wassertemperatur: Auf Fuerteventura ist Baden ganzjährig möglich, die Wassertemperatur schwankt zwischen 18 und 23°C.

Reisezeit: Die optimale Reisezeit hängt naturgemäß von den Vorlieben des Einzelnen ab. Wer Sonne, warme bis heiße Temperaturen und trockenes Wetter liebt, reist am besten zwischen Mai und August. Wobei es im Juli und August aufgrund der Ferien am vollsten und teuersten ist.

Sportlich Aktive meiden den Sommer und genießen die moderaten Temperaturen im Frühling und Herbst. Urlauber, die dem Winter in Deutschland entfliehen wollen, finden in der dunklen Jahreszeit auf Fuerteventura immer noch Höchsttemperaturen von um die 20 °C, bei Tiefsttemperaturen um 14°C.

Notfall/Konsulat

Bei einem Notfall ist die **Telefonnummer 112** die Nummer der Wahl.

Unter der 112 erreicht man schnelle medizinische Hilfe, die Feuerwehr und die Polizei. In nahezu jedem größeren Ort gibt es zudem eine lokale Polizeistation, an die man sich wenden kann. *Das einzige Krankenhaus* befindet sich in Puerto del Rosario (s. o. → „Ärztliche Versorgung").

Bei Verlust des Ausweises oder Passes wendet man sich zunächst an die nächste Polizeidienststelle und danach an das Konsulat, um ein Ersatzdokument für die Rückreise zu erhalten. Auch in anderen Notfällen, zum Beispiel bei einem Todesfall, hilft das Konsulat oder der Honorarkonsul weiter.

Konsulat der Bundesrepublik Deutschland auf Gran Canaria: Calle Albareda 3-2, 35007 Las Palmas de Gran Canaria, ✆ 928-491880. Das Konsulat ist telefonisch erreichbar: tägl. 8–16 Uhr, freitags bis 13.30 Uhr. Nur für dringende Notfälle außerhalb der Öffnungszeiten gilt die ✆ 659-517600. www.spanien.diplo.de.

Honorarkonsul der Bundesrepublik Deutschland für Lanzarote und Fuerteventura: Dr. Roland Mager, Honorarkonsul. Avenida de la Llegada/el Varadero 30, 35580 Playa Blanca (Lanzarote). Mo und Do 10–13 Uhr. ✆ 928-519231, www.spanien.diplo.de.

Honorarkonsulat von Österreich in Las Palmas de Gran Canaria. Hotel Escorial, Avenida de Italia 6, Las Palmas de Gran Canaria. Mo–Fr 10–13 Uhr. ✆ 34-928-76135, consuladodeaustria@gmail.com, www.bmeia.gv.at/botschaft/madrid.

Schweiz: Es gibt keine konsularische Schweizer Vertretung auf den Kanaren. Die offizielle Helpline EDA mit Sitz in Bern gilt als zentrale Anlaufstelle für Fragen zu konsularischen Dienstleistungen. Effingerstrasse 27, ✆ 41-800-247365 und ✆ 41-58-4653333, helpline@eda.admin.ch, www.eda.admin.ch.

Sicherheit

Fuerteventura ist ein sicheres Reiseziel. Natürlich gibt es überall auf der Welt Langfinger, die Touristen um Geldbörse, Schmuck oder den Fotoapparat erleichtern möchten. Beachtet man einige Vorsichtsmaßnahmen, die auch für zu Hause selbstverständlich sind, ist für einen unbeschwerten Aufenthalt gesorgt: Lassen Sie keine Wertgegenstände sichtbar im Auto liegen, egal, ob Sie nur kurz einkaufen oder eine längere Wanderung vor sich haben. An vollen Stränden sollten Sie immer ein Auge auf Ihr Hab und Gut haben oder, besser noch, Wertsachen im Safe des Hotels einschließen.

Sollte man dennoch bestohlen worden sein, wendet man sich an die örtliche Polizei (Guardia Civil), um dort eine Anzeige zu machen. Dies ist notwendig, um gegenüber der Versicherung einen Nachweis in der Hand zu haben oder beim Konsulat ein neues Ausweisdokument zu beantragen (s. o. → „Notfall/Konsulat").

Telefonieren

Möchte man von Deutschland, Österreich oder der Schweiz nach Fuerteventura telefonieren, wählt man die Vorwahl 0034, danach die gesamte Teilnehmernummer. Von Fuerteventura nach Deutschland lautet die Vorwahl 0049, nach Österreich 0043, in die Schweiz 0041. Anschließend jeweils die Ortsvorwahl ohne 0 wählen, danach die gewünschte Rufnummer.

Auf Fuerteventura gibt es öffentliche Telefone, die mit Telefonkarten *(tarjeta telefónica)*, erhältlich in Kiosken, Tabakläden und der Post, genutzt werden können. Nächtliches Telefonieren ist günstiger.

Beim Telefonieren mit dem Mobiltelefon sollte man auf die individuellen Vertragsregelungen achten. Seit 2017 gibt es in der EU keine Roaminggebühren mehr, soweit man in seinem Heimatland entsprechende Internet- und Telefonflats abgeschlossen hat. Bei einem Langzeitaufenthalt gegebenenfalls auf eine wiederaufladbare spanische Prepaid-Karte *(tarjeta prepago)* zurückgreifen.

Übernachten

Knapp zwei Millionen Touristen kamen 2015 nach Fuerteventura. Die meisten Urlauber reisen pauschal, d. h. sie buchen von Zuhause aus ein Komplettpaket aus Flug, Transfer und Unterkunft. Alle großen Reiseveranstalter haben die Kanaren und explizit Fuerteventura in ihrem Angebot. Bei den Unterkünften überwiegen Häuser von spanischen und internationalen Hotelketten wie beispielsweise Barceló Hotels & Resorts, Lopesan Hotels & Resorts, SBH Hotels & Resorts oder Sheraton Hotels & Resorts.

Zusätzlich bietet Fuerteventura, besonders in den **Ferienzentren Costa Calma, Caleta de Fuste, Jandía** und **Corralejo**, Tausende von Betten in Apartmentanlagen an. Hotels mit nur ein paar Dutzend Zimmern sind eher selten, jedoch durchaus zu finden; eine Reihe von Investoren legt in jüngster Zeit den Fokus auf individuellere Möglichkeiten der Übernachtung. Dieser Trend zeigt sich auch in den großen Hotelanlagen mit teils mehreren hundert oder gar über 1000 Betten: Hier richtet man zunehmend *exklusive Bereiche* ein, also vom Rest des Hotels räumlich getrennte Zimmer, Pools, Restaurants und Bars, die für deutlich weniger Gäste konzipiert sind, um dem Wunsch nach mehr Privatsphäre zu entsprechen.

Wer aber nicht pauschal buchen möchte, dem stehen alle Möglichkeiten offen, dies individuell zu bewerkstelligen. Nahezu alle Hotels sind über die eigenen Websites oder über die einschlägigen **Buchungsportale** (z. B. www.booking.com, www.trivago.de, www.hrs.de, www.hotels.com) zu buchen. Wobei die Preise der Buchungsportale nicht grundsätzlich unter denen der **Hotelportale** liegen.

Sollte sich bei der Recherche im Internet ergeben, dass im Wunschquartier kein Bett mehr verfügbar ist, lohnt sich u. U. eine Anfrage per Telefon oder E-Mail direkt bei der Unterkunft, da viele Hotels möglicherweise einige Zimmer aufgrund von Stornierungen noch vergeben können.

In kleinen Dörfern, die oft nur aus einer Handvoll Häusern bestehen, gibt es meist überhaupt keine Übernachtungsmöglichkeiten, die über Hotelportale vermarktet werden. Die ländlichen **Ferienwohnungen oder Ferienhäuser** mit oft fantastischer Lage werden über klassische Vermietportale wie www.fewo-direkt.de, www.casamundo.dem, www.atraveo.de oder www.traum-ferienwohnungen.de angeboten.

Eine Möglichkeit, in ländlicher Umgebung die Ferien zu verbringen, ist die Buchung einer sogenannten **Casa Rural**. Dies sind restaurierte, typische kanarische Landhäuser für zwei und mehr Personen mit teils wunderschönen Innenhöfen und viel Platz zum Grillen, Sonnen und Entspannen in ruhiger Atmosphäre. Wobei Eselgeschrei und ein krähender Hahn manches Mal dazugehört. Buchbar zum Beispiel bei www.smartfuerteventura.com oder www.toprural.com.

Zeit

Auf den Kanaren ist es, auch während der deutschen Sommerzeit, immer eine Stunde früher als bei uns daheim.

Zeitungen, Zeitschriften

Aus Deutschland bekannte Zeitschriften und Zeitungen sind in den Ferienzentren in großer Auswahl erhältlich. Tageszeitungen gelangen mindestens einen Tag später als in Deutschland, Österreich oder der Schweiz in den Verkauf.

Auf Fuerteventura gibt es diverse **Zeitungen und Magazine**, die kostenlos ausliegen und in mehreren Sprachen, auch auf Deutsch, u. a. Inselnachrichten, Restauranttipps, den aktuellen Gezeitenkalender sowie den Busfahrplan enthalten. Monatlich erscheint das *Fuerteventura Magazine*, alle zwei Wochen die *Fuerteventura Zeitung* und halbjährlich das Magazin *Spirit of Fuerteventura.*

Zoll

Die Kanarischen Inseln haben den Status eines steuerlich bevorrechtigten Sondergebiets. Deshalb dürfen *von Fuerteventura aus* nur folgende Warenmengen für den persönlichen Ge- und Verbrauch abgabefrei nach Deutschland, Österreich und in die Schweiz eingeführt werden. Die Freimengen unterscheiden sich teilweise deutlich von den gewohnten Freimengen für Reisen zwischen EU-Ländern.

Tabakwaren, wenn der Reisende **mindestens 17 Jahre** alt ist: 200 Zigaretten **oder** 100 Zigarillos **oder** 50 Zigarren **oder** 250 Gramm Rauchtabak **oder** eine anteilige Zusammenstellung dieser Waren.

Alkohol und alkoholhaltige Getränke, wenn der Reisende mindestens 17 Jahre alt ist: 1 Liter Spirituosen mit einem Alkoholgehalt von mehr als 22 % Alkohol **oder** 2 Liter Alkohol und alkoholische Getränke mit einem Alkoholgehalt von höchstens 22 % Alkohol **oder** eine anteilige Zusammenstellung dieser Waren **und** 4 Liter nicht schäumende Weine **und** 16 Liter Bier.

Andere Waren bei Flug- bzw. Seereisen bis zu einem Warenwert von insgesamt 430 €, bei Reisenden unter 15 Jahren bis zu einem Warenwert von insgesamt 175 €.

Mehr Infos unter www.zoll.de (Deutschland), www.bmf.gv.at (Österreich) und www.ezv.admin.ch (Schweiz).

Der traumhafte Strand und die Dünen von Risco del Paso

Was haben Sie entdeckt? Haben Sie eine gemütliche Bar, ein empfehlenswertes Restaurant, eine schöne Wanderung oder ein nettes Hotel entdeckt?

Wenn Sie Ergänzungen, Verbesserungen oder neue Tipps zum Buch haben, lassen Sie es uns bitte wissen!

Schreiben Sie an: Thilo Scheu, Stichwort „Fuerteventura“
c/o Michael Müller Verlag GmbH
Gerberei 19, D – 91054 Erlangen
thilo.scheu@michael-mueller-verlag.de

Strand bei Costa Calma

Reiseziele auf Fuerteventura

Promenade mit Fisch-Kunstwerk in Corralejo

Der Norden

Geologisch gesehen ist der Norden von Fuerteventura mit seinen Ortschaften Corralejo, Lajares, Villaverde, La Oliva und El Cotillo der jüngste Teil der Insel. Charakteristisch sind weite Lavaflächen aus dem Quartär, die Malpaís genannt werden. Dazu gehört zum Beispiel das Malpaís de Bayuyo rund um den gleichnamigen Vulkan unweit von Corralejo, dem mit rund 17.000 Einwohnern wichtigsten und größten Ort des Inselnordens.

Ein weiteres Lavafeld erstreckt sich nördlich von La Oliva und ist als *Naturpark Malpaís de la Arena* ausgewiesen (→ Wanderung 7: „Von La Oliva zum Vulkan Montaña de la Arena"). Eindrucksvolle vulkanische Zeugen aus dieser Epoche sind neben dem 271 m hohen *Bayuyo* die Vulkane *Montaña la Mancha* (156 m), *Montaña Lomo Blanco* (146 m), *Montaña San Rafael* (117 m), *Calderon Hondo* (278 m) und der heilige Berg *Montaña Tindaya* mit seinen geheimnisvollen Felszeichnungen, die in einem Museum in Tindaya präsentiert werden.

Allgemein ist der Norden bekannt für seine archäologischen Schätze. Bei *Villaverde* kamen in einer Wohnhöhle der Ureinwohner Reste von Alltagsgegenständen ans Licht; im Bereich des *Lavafeldes von La Arena* wurden Begräbnisstätten und aus Stein und Knochen gefertigte Utensilien zu Tage befördert. Ein weiteres Charakteristikum dieser „jungen" Gegend sind die eindrucksvollen riesigen *Dünenfelder an der nördlichen Ostküste*, die direkt an das Stadtgebiet von Corralejo grenzen und durch Sandanschwemmung aus dem Meer entstanden sind. Heute sind diese kilometerlangen feinsandigen und breiten Strände mit ihren im Hinterland aufragenden Dünen eine der beliebtesten Urlaubsziele Fuerteventuras.

Corralejo

17.000 Einwohner

Das noch in den 1960er-Jahren verträumte Fischerdorf im äußersten Norden ist heute das Touristenzentrum der Gemeinde La Oliva. Das erste Hotel eröffnete 1967. In dieser Zeit begann der Ausbau der touristischen Infrastruktur.

Heute ist Corralejo mit seiner charmanten Altstadt, dem lebendigen Hafen und den verstreuten kleinen Läden für seine weiten hellen Strände und die einzigartige wüstenähnliche Dünenlandschaft *El Jable* berühmt. Bettenburgen gibt es im Zentrum von Corralejo zum Glück keine.

Wegen der oft kräftigen und beständig wehenden Passatwinde und der reichen Unterwasserfauna ist Corralejo auch ein Paradies für Surfer und Taucher. Selbst kleine Hammerhaie sind in den klaren Gewässern vor Corralejo und rund um die Insel Lobos, mit etwas Glück sogar bei einer Glasbodenbootstour, zu erspähen.

Corralejo hat sich in den letzten Jahren gewandelt, man besinnt sich auf seine eigenen Werte und Stärken. Der Pauschaltourismus mit seinen austauschbaren Angeboten steht nicht mehr ausschließlich im Fokus. Immer mehr junges und jung gebliebenes internationales Publikum entdeckt Corralejo, kleine Cafés, Restaurants und individuelle, kreative Läden mit nicht alltäglichen und oft selbst hergestellten Produkten haben eröffnet. Ein schönes Beispiel dafür sind die Läden und Restaurants in der *Calle Anzuelo* (→ Essen und Trinken).

Der erste Eindruck bei der Anfahrt über die vierspurige, kilometerlange und zur Altstadt führende Avenida Nuestra Señora del Carmen dämpft aber erst einmal die Vorfreude: links und rechts Souvenirläden ohne Ende, Boutiquen, Bars, Discos, Tankstellen, Banken, Einkaufszentren, Autovermieter, und, und, und.

Doch das inzwischen zum Städtchen gewachsene Corralejo ist für einen längeren Aufenthalt bestens geeignet. Der quirlige Ort punktet mit einem Jacht- und Fischerhafen samt bunter Kunstwerke, einer an diversen Stränden und Buchten entlangführenden Uferpromenade und einer autofreien Altstadt rund um die Calle La Iglesia mit viel ursprünglichem Charme. Mehrere restaurierte Windmühlen im Stadtbild erinnern an die landwirtschaftliche Tradition.

Um Corralejo und die Umgebung zu erkunden, ist das Fahrrad eine gute Möglichkeit. In den letzten Jahren wurden der Ausbau von Radwegen und die Sanierung älterer Trassen vorangetrieben, auch um den Einheimischen eine umweltfreundliche Alternative zum Auto aufzuzeigen. Der Radweg entlang der Avenida del Carmen wird gerne auch von Skateboardfahrern genutzt. Auch gesundheitspolitisch tut sich einiges. So wurde 2014 z. B. die Tagesklinik „Josefina Plá" offiziell eröffnet, die Patienten mit leichter Demenz betreut und damit auf die Bedürfnisse einer auch auf Fuerteventura immer älter werdenden Bevölkerung reagiert.

Ortsgeschichte

Die Anfänge von Corralejo beginnen im 17. Jahrhundert. Damals sollen sich Bewohner des benachbarten Lanzarote mit Booten in Richtung der bis dahin eher unbekannten Insel Fuerteventura aufgemacht haben. Ein reger Handel zwischen den beiden Eilanden entwickelte sich, ein winziger Hafen entstand, der Schmuggel von Tieren wie Ziegen florierte, so wie auch mancher Getreidesack steuerfrei den Weg an Bord fand. In größerem Rahmen sesshaft wurden die Menschen zu dieser Zeit jedoch noch nicht. Vereinzelt lebte man vom Fischfang, hauptsächlich wurde Landwirtschaft und Viehzucht betrieben.

Erst Ende des 19. Jh. berichten Reisende über eine kärgliche Siedlung mit rund einem Dutzend bewohnten Häusern, es dominierte die Fischerei, Corralejo war ein Fischerdörfchen geworden. Bis in die 1950er-Jahre wuchs die Zahl der Bewohner auf rund 200 an. Und es sollte noch 20 Jahre dauern, bis die ersten Investoren das touristische Potenzial der Region entdeckten und die Gunst der Stunde nutzten, um günstige Grundstücke zu erwerben. Wie oben erwähnt, wurde in Corralejo in den 1960ern das erste kleine Hotel am Strand errichtet. In den Dünenarealen etwas außerhalb war es aufgrund der laxen Bauvorschriften noch möglich, dass in den 1970ern die Hotels *Tres Islas* und *Olivia Beach* an exponierter Stelle hingeklotzt werden konnten. Einige Jahre später wurde der gesamte Bereich Naturschutzgebiet, der Bau in der empfindlichen Dünenlandschaft mit ihrer Flora und Fauna wurde gestoppt. Die nächsten Jahrzehnte brachten eine rasante touristische Entwicklung, so dass die Stadt heute über mehr als 20.000 Gästebetten verfügt.

Wanderung 2: Von Corralejo zum Gipfel des Bayuyo-Vulkans → S. 225
Halbtagestour entlang 50.000 Jahre alter Vulkane

Sehenswertes

Hafen: Das Hafenviertel mit seinen Fischerbooten und Jachten zeigt sich bunt, voller Leben und authentischem Fair. Von hier aus fahren noch Fischer aufs Meer hinaus und zahlreiche Fähren verbinden Fuerteventura mit den Inseln Lobos und Lanzarote. *La Lonia*, das Restaurant der Fischerei-Gesellschaft und das einzige Lokal am Hafen, serviert frischen Fisch. Im Fährgebäude ist eine Tourist-

information untergebracht. An der Kaimauer, am Fußweg mit dem Holzgeländer, kann man sich an einer Informationstafel über Wale und Delfine informieren.

Seit 2015 schmücken zahlreiche farbintensive Plastiken diese Ecke der Stadt: bunte Zackenbarsche *(Los meros)*, geschaffen von den Künstlern Nuria Matilla Sánchez, Joan Marc Moltó Gutiérrez und vielen anderen. Ein weiteres Kunstwerk, das *Monumento al Marinero*, steht unübersehbar an der Mole nahe der Touristinformation. Die 2002 aufgestellte Skulptur ist eine Hommage an die Männer und Frauen des Meeres und ihre Familien, die die Entwicklung der Stadt geprägt haben. Die zahlreichen dicht an dicht aufgebauten Stände verschiedenster Veranstalter und Firmen sind auch die erste Adresse, um Tickets für Fährfahrten oder Angel-, Tauch-, Katamaran- und Jetski-Touren zu buchen. Und wer vor seiner Tour seine Angelausrüstung noch fit machen möchte, kann dies in der Nähe im gut ausgestatteten Laden für Fischereizubehör „Distrimar“ tun.

Altstadt: Das verkehrsberuhigte Zentrum rund um die *Calle Iglesia* lädt zum Schlendern, Schauen und Einkehren ein. Hier an der „Kirchenstraße“ reihen sich in landestypischen Häusern schmucke Bars und Restaurants aneinander. Ein angenehmer Ort, um einen Drink zu genießen. Wer genau hinschaut, entdeckt manch interessantes Detail, zum Beispiel das Haus, an dem eine Tafel an *Doña Maria Santana Figuera* erinnert, die durch ihre Hilfe für Mütter und Kinder den Ehrentitel „Mutter von Corralejo“ erhielt.

Kaum zu übersehen dagegen sind die 25 mitten in die gepflasterte Calle Iglesias eingelassenen glasartigen, quadratischen Platten, die die Sicht auf allerlei Strandgut freigeben. Am Ende der Straße in nördlicher Richtung steht die zu Ehren der Schutzheiligen der Fischer erbaute kleine Dorfkirche *Nuestra Señora del Carmen*. In dem Anfang der 1980er-Jahre errichteten Gotteshaus findet sich ein Abbild der Schutzpatronin.

Spaziert man weiter landeinwärts durch das Viertel, trifft man auf Supermärkte, zum Ausruhen einladende Plätze wie die *Plaza Pública de Corralejo*, Friseur- und Spielzeuggeschäfte und manch interessantes Lokal – ein Viertel gelebter spanischer „Normalität". Zwischendrin zeigen sich auf kleinen Plätzen restaurierte Mühlen in ganzer Pracht, wie die *Molino de Domingo Estévez* und die *Molino de Juan Morera* (s. Abschnitt „Windmühlen").

Kunst in der Stadt: Neben den Kunstwerken am Hafen und an der Uferpromenade ist die allein ihrer Größe wegen eindrucksvolle Skulptur am Einkaufszentrum „El Campanario" sehenswert. Die 3,15 m hohe, 3,08 m breite und auf einer im Durchmesser vier Meter großen Plattform ruhende *Mamandyou* ist ein interaktives Objekt, das dazu anregen will, sich auf das Kunstwerk zu legen und das Gefühl zu genießen, wie im Schoß der Mutter geborgen zu sein. Die 2015 aufgestellte Skulptur ist Teil des Skulpturenparks der Provinz La Oliva und entstand beim zweiten *Bildhauersymposium* der Stadt. *Lixber Reguera*, der Künstler, wurde 1964 in der früheren Kolonie Spanisch-Sahara (spanisch „Sahara Español") in Nordwest-Afrika geboren. Seine ursprünglich von den Kanaren stammende Familie kehrte auf die Kanaren zurück, als er sechs Jahre alt war.

Windmühlen: Überall auf Fuerteventura trifft man auf Windmühlen unterschiedlichen Alters und unterschiedlicher Bauart. Die ersten „Molinos" entstanden im 18. Jahrhundert und waren für den Lebensunterhalt ungemein wichtig, denn hier wurde das damalige Hauptnahrungsmittel „Gofio" gemahlen.

Zwei dieser Exemplare finden sich im Zentrum von Corralejo. Mit der **Windmühle Juan Morera** an der gleichnamigen Plaza mit ihren vier hölzernen Flügeln wurde früher, wie überall üblich, Mais, Getreide und Hülsenfrüchte zu Mehl bzw. Gofio verarbeitet. Die aus den 1940er-Jahren stammende Produktionsstätte ist eine „weibliche Mühle", eine Molina: Der Sockel der Konstruktion ist rechteckig und aus Stein errichtet. „Männliche" Mühlen, „Molino Macho" genannt, die ursprüng-

Die Wanderdünen von Corralejo

lich aus Kastilien stammten, haben einen runden, konisch zulaufenden, gemauerten Corpus mit einem meist hölzernen Spitzdach. Eine solche „Molino Macho“ steht, für rund 170.000 Euro frisch restauriert, seit 2015 an der Calle Radio Ecca: Die **Molino de Domingo Estévez** stammt laut Informationstafel aus dem Jahr 1898. Die Kosten für die Restaurierung übernahm die Inselverwaltung.

Wanderung 3: Durch die Dünen von Corralejo → S. 228
Längere Barfußtour am Strand mit Beachbars und Baden

Die Wanderdünen von Corralejo

Nur rund 3 km vom Stadtzentrum entfernt trifft man auf eine der eindrucksvollsten Landschaften der Insel, das Dünen- und Strandgebiet El Jable von Corralejo. Das über 2500 Hektar große Naturschutzgebiet, der *Parque Natural de las Dunas de Corralejo*, umfasst vegetationslose, fast weiße Dünenberge, dunkle Lavafelder und Vulkankegel wie den 312 m hohen *Montaña Roja* ganz im Süden.

Für einen Teil des 1982 unter Naturschutz gestellten Areals gilt: Betreten verboten. Zu empfindlich ist die Vegetation, die sich an diesem anscheinend lebensfeindlichen Ort behauptet hat. Hier gedeihen zum Beispiel Exemplare des gefährdeten, oft mächtigen blaugrünen Dünenstrauchs Balancón *(Traganum moquinii)*, der von März bis April blühende Wurmblättrige Salzmede *(Suaeda vermiculata)* oder das Erbsen-Jochblatt *(Zygophyllum fontanesii)* mit seinen aufgeblasen aussehenden Blättern und roten Weintrauben ähnelnden Früchten. Zudem ist der Naturpark das Rückzugsgebiet der kanarischen Kragentrappe *(Clamydotis undulata macqueenii)*, ein Laufvogel, der bis zu 50 cm hoch wird.

Die Zone zwischen Meer und der Straße FV-1 darf zu Fuß erkundet und zum Sonnenbaden genutzt werden. Wer durch den hauptsächlich aus Schalen von Meeresgetier bestehenden Dünensand läuft, fühlt sich mitunter in eine Wüstenlandschaft versetzt.

Rund um die großen Hotelkomplexe RIU Palace Tres Islas und RIU Oliva Beach, die auch mit dem Bus angefahren werden, finden sich Strandabschnitte mit kostenpflichtigen Liegen und Sonnenschirmen, einem Strandkiosk und dem Restaurant „La Tasca“. Nördlich der Hotels ist der Strand ein Sportbereich; hier, im „Sector Deportivo SD-3 Las Lajas de Punta Priesta“, gibt es Zonen für Kitesurfen, Windsurfen, Wellenreiten und Schwimmen. Nach der Schwimmzone beginnt das Hotelareal mit sehr guten Bademöglichkeiten, auch für Familien mit Kindern.

Einige hundert Meter weiter südlich enden die Liegen dann vollständig, es wird ruhiger und die Gästezahl weniger, die FKK-Freunde dagegen mehr. Teilweise zeigt sich der Strand im weiteren Verlauf sehr steinig und es finden sich mehr und mehr runde Steinwälle, die beim Sonnenbaden vor Wind schützen.

Um zum Strand zu kommen, parkt man auf dem Seitenstreifen an der Straße FV-1 oder an den beiden RIU-Hotels. An den RIU-Hotels hält auch der Bus der Linie 6 aus Corralejo, der in Richtung Puerto del Rosario weiterfährt.

Basis-Infos

Information **Touristbüros** gibt es an der Uferpromenade, an der Playa Muelle Chioco und an der Mole. Muelle Chico/Av. Maritima 2, weitere Informationsstelle im Hafengebäude. Mo–Fr 8–18.30, Sa/So 9–15 Uhr. ✆ 928-866235, www.corralejograndes playas.com.

Hin & Weg Der **Flughafen** ist ca. 38 km entfernt. Fahrzeit mit Taxi oder Auto über die FV-1 nach Corralejo ca. 35 Min.

Bus: Nach Corralejo fahren die Linien Nr. 6 (Puerto del Rosario–Corralejo) und Nr. 8 (El Cotillo–Corralejo). Hauptbusstation an der Av. Juan Carlos I., etwa auf Höhe der Straße Playa Cho Leon. Die Busse halten auch in der Stadt, zum Beispiel an der Hauptstraße.

Fähren nach Lanzarote: Mit der *Gesellschaft Naviera Armas* von Corralejo nach Lanzarote (Playa Blanca). 5-mal tägl. ab 7 Uhr von Corralejo nach Lanzarote, zurück 5-mal tägl. ab 8 Uhr. Fahrzeit 35 Min. Hin/zurück pro Person 52 €. ✆ 902-456500, www.navieraarmas.com.

Mit dem *Fred.Olsen Express* von Corralejo nach Lanzarote (Playa Blanca). Mind. 5-mal tägl. nach Lanzarote und zurück, zwischen 6.30 (außer So) und 17 Uhr, Fr & So auch bis 19 Uhr, letzte Rückfahrt 18 Uhr, Fr & So zudem um 20 Uhr. Fahrzeit 25 Min. Hin/zurück pro Person 56 €. ✆ 902-100107, www.fred olsen.es.

Fähren nach Lobos: 20-minütige Fahrt mit einer *Personenfähre* (normales oder Glasbodenboot); Tickets bekommt man an einem der Tickethäuschen am Hafen. Hin- und Rückfahrten je nach Saison zwischen 10 und 18 Uhr. Bei der Fahrt mit dem Glasbodenboot kann man mit etwas Glück sogar kleine Hammerhaie sehen. Fahrradmitnahme möglich. Return-Ticket ab ca. 18 €. Schneller zur Insel kommt man mit dem sogenannten *Wassertaxi*, einem mit zwei starken Motoren angetriebenen Schlauchboot. Toni und seine Crew bringen die Gäste in rasanten 10 Minuten nach Lobos. Bei Wellengang ein vergnügliches Abenteuer mit Auf und Abs und Sprüngen über die Wellen. Buchbar am Hafen bei Aboardcanaris, Hin- und Rückfahrt 15 €, inkl. Schnorchelequipment. ✆ 608-494758, www.aboard canaris.com. Mehr über Lobos im Reise- und Wanderteil → S. 63 und S. 222.

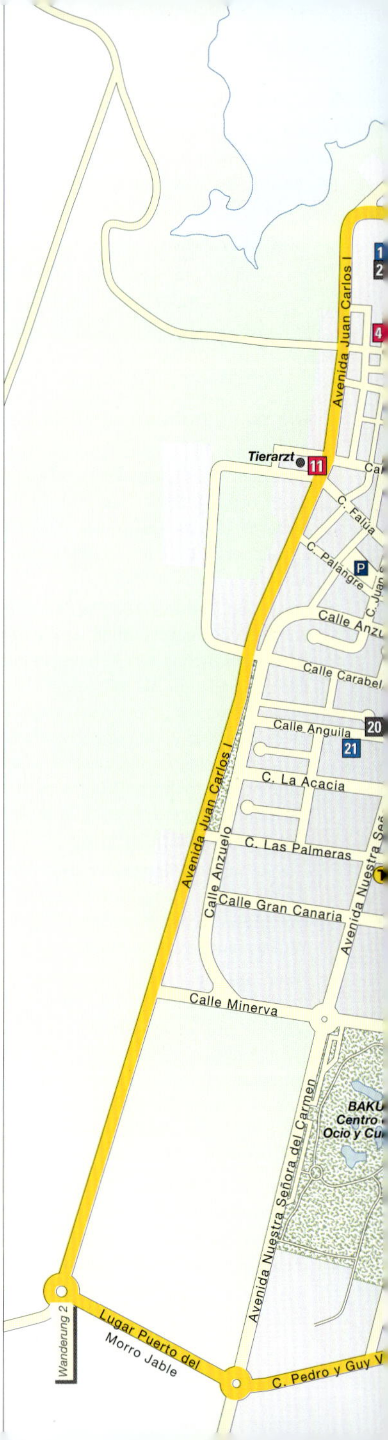

Übernachten
1 Surfing Colors Appartements
9 Apartamentos Principado
13 Avanti Hotel
21 Apapartements Fuentepark
22 Barceló Corralejo Bay
24 Gran Hotel Atlantis Bahía Real
Essen & Trinken
3 La Lonja
4 La Arrocería
5 Blanco Café
6 Chill Cocktail Bar
7 Soul Bar Café
8 Zazamira Bar
11 La Folie des Délices
12 La Cremería
14 Sanus Restaurant
15 Surf-Café Citrus
17 Waikiki Beach Club
18 Gin Bahía
Nachtleben
19 Spectrum Disco und Bar
Einkaufen
10 Pulaumi Boutique
Sonstiges
2 CSS - Corralejo Surf School
16 Billabong (Surf)
20 Vinscross (Quad)
23 Easy Riders (Fahrrad)
Paseo Marítimo
Bristol
Calle La Atalaya
C. La Caleta
C. Marajo
C. El Charco
C. Ntra. Sra. del Pino
Calle Galicia
Prim
Señora del Carmen
C. Bajo Amarillo
Calle Poril
Calle Malpaís
Calle Arena
Cho León
TAXI
Polizei
Avda. Ntra. Sra. del Carmen
Calle La Red
Avenida Corralejo Grandes Playas
Calle Marcelino Camacho Abad
Calle Gran Canaria
Centro Comercial "El Campanario"
Mamandyou
Calle Minerva
C. Clavellina
Calle El Pozo
Calle Aulaga
Avenida Fuerteventura
Calle El Medano
Calle El Hierro
Calle Lanzarote
Calle La Gomera
Calle La Palma
Calle El Moro
Calle La Graciosa
Calle El Roque
Calle Pedro y Guy Vandaele
Wanderung 3
150 m
Corralejo

Taxistand am Hafengebäude bei der Fährabfahrtsstelle. An der Hauptstraße gibt es etliche Stände, zudem am Einkaufszentrum „El Camanario". ✆ 928-866108.

Apotheke Neben Zahnarztpraxis Dr. Jürgen Scharping. Avenida Nuestra Senora del Carmen 46.

Arzt Deutschsprachige **Allgemeinarztpraxis** Dr. med. Kerstin Werner. Hotelbesuche möglich. Mo–Fr 10–13 und 18–20, Sa 10–13 Uhr. Calle Acorazado España 2, ✆ 928-537474, auch außerhalb der Sprechzeiten.

Kirche Nuestra Señora del Carmen. Messe Do und Sa 19.30 Uhr, So 10 Uhr, auf Englisch So 18.30 Uhr. Calle La Iglesia.

Polizei Calle Cervera, unmittelbar von der Uferpromenade abgehend. ✆ 928-866107.

Post **Correos**, Calle Garcia Morato.

Tankstellen In der Nähe der Altstadt an der Calle la Galera und an der Hauptstraße Avenida del Carmen.

Tierarzt **Clínica Veterinaria Corralejo**, Klinik und Shop. Es wird Englisch gesprochen. Calle Francisco Navarro Artiles 3. ✆ 928-535738, im Notfall ✆ 628-020666, www.clinicaveterinariacorralejo.com.

Zahnarzt **Dr. Jürgen Scharping**, deutsche Praxis. Mo, Mi, Do, Fr ab 9 Uhr. Di und Do 16–20 Uhr. Avenida Nuestra Senora del Carmen 46, ✆ 928-535174.

Aktivitäten

→ Karte S. 56/57

Fahrrad **Fahrradvermietung Easy Riders** **23**, Head Office am Atlantis Suite Hotel. Das Angebot reicht von MTBs, Kinderfahrrädern und Stadträdern bis zu Rennrädern. Neben der Zweirad-Ausleihe kann man sich geführten Touren (von 15 bis 80 km) anschließen. Kinderrad ab 8 €, Rad für Erw. ab 10 €. Mo–So 9–13 und 17–20 Uhr. Calle Las Dunas s/n; Local 2, ✆ 637-408233 und ✆ 928-867005, www.easyriders-bikecenter.com.

Eine flotte Sache:
Strandsegler in Corralejo

Quad **Vinscross** **20**, geführte Enduro-Touren (halb- oder ganztags) und mehrstündige Quad-Safaris. Schutzausrüstung wird gestellt. Calle Anguila 4, ✆ 648-222392 und ✆ 697-900355, rentcross@gmail.com.

Schnorcheln/Kajak **Lobos Jetrent**, Water-Sport-Center, am Hafen; organisiert werden Schnorchel-Trips zur Insel Lobos (25 €/Pers. inkl. Material). Vermietung von Kajaks (ab 10 €/Std.) und Booten. Am Hafen bei den Ticketschaltern, ✆ 639-992181.

Schwimmen **Acua Wasser-Park**, Vergnügungspark mit vielen Wasserrutschen, lang, steil, schnell, langsam und anderen spaßigen Attraktionen für jedes Alter. Eintritt pro Tag: Erw. 25 €, Kind 4–11 J. und Pers. ab 60 J. 19 €., Anfang Juni bis Anfang Sept. tägl. 10–18 Uhr. Nebensaison: Mi & Do geschlossen, Fr–Di 10.30–17.30 Uhr. Dez.–März ganz geschlossen. Avenida del Carmen 41, ✆ 928-537034, www.acuafunpark.com.

Surfen **BillaBong** **16**, Surfschule und Camp, am Strand, beim Waikiki Beach Club. 4 Std. Surfkurs 45 €. Calle La Red 11, ✆ 639-501777 und ✆ 928-866207, www.billabongsurfcamp.com.

CSS – Corralejo Surf School **2**, neben den Surfing Colors Apartments. Auch Paketangebote inkl. Unterkunft und Kurs.

Beispiel: 7 Nächte und 4 Tage Surfkurs in der Hochsaison ab 420 €. Tageskurs Surfen 4 Std. 45 € für Anfänger, Fortgeschrittene und Könner ab 8 Jahre. Calle Pejin 2, ✆ 928-535094, www.corralejosurfschool.com.

FSch Water Experiences, Surfschule und Camp. Im Angebot: Surfen, Windsurfen, Kitesurfen, Stand-Up-Paddle. Alles Material inklusive Bodyboard kann unabhängig von Kursen gemietet werden. Wer auf dem Trockenen bleiben und trotzdem etwas Besonderes erleben möchte, mietet sich für 15 €/ Tag ein Electric Skate. Surfkurs 45 €/4 Std. Calle Grandes Playas s/n. ✆ 630-345560, www.fuerteventurasurfschool.es.

Wandern **Wanderung von Corralejo nach La Oliva auf dem GR 131**, die lange Wanderung führt zunächst durch Corralejo und verläuft dann in Richtung Süden durch traditionelle Anbaugebiete und vulkanische Gebiete rund um die Vulkankessel Rebanada und Hondo bis nach La Oliva. Länge 25,9 km, Gehzeit 8 Std. Infotafel an der Calle la Milagrosa.

Der Norden → Karte S. 53

Einkaufen

→ Karte S. 56/57

Die meisten Geschäfte und Einkaufszentren reihen sich an der Hauptstraße, an der Avenida Nuestra Señora del Carmen. Hier findet man alles, was man braucht und nicht braucht: Boutiquen, Juweliere, Banken, Apotheken, Restaurants, Bars und mehr. Wir erwähnen hier nur ein paar spezielle Läden, die sich im Ort verteilen.

Die großen Einkaufszentren wie das **La Palmera** (Avenida Nuestra Señora del Carmen, 70) mit Supermarkt, Cafés und Geschäften haben meist auch sonntags und lange geöffnet.

Pulaumi Boutique 10, in der Altstadt, etwas versteckt nahe der Uferpromenade und der Touristinformation; wenige Quadratmeter großer Laden mit ausgefallenen T-Shirts, Sweatshirts, Kinderklamotten und nicht alltäglichen Accessoires. „Pulaumi" ist ein unabhängiges Label, das Mischa und Ila ins Leben gerufen haben. In einem alten Fischerhaus eröffneten die beiden Frauen aus Italien und Slowenien den Laden Ende 2013. Das Design und die Motive der nach den Standards des Fair-Wear-Siegels hergestellten Kleidung sind selbst entworfen und von ausgezeichneter Qualität. Der Name des Geschäfts setzt sich aus Palau (Indonesisch für Insel) und den Initialen der Gründerinnen zusammen. Verkauf der Produkte auch im Protest Surfshop Corralejo. C. C. Oasis Papagayo, Avendida Islas Canarias s/n. Mo–Sa 10–14 und 17–21 Uhr, So geschlossen. Calle la Pinta 3, ✆ 633-585740. E-Shop: www.pulaumi.com.

Soy Feliz, beliebter und gutsortierter Laden für Kinderkleidung und Holzspielzeug, Puppen und andere Dinge für die Kids. Mo–Sa 10–14 und 16.30–20 Uhr. Calle Almirante Nelson 8 (Plaza Patricio Calero), ✆ 928-537566.

Blanc du Nil, in diesem Geschäft wird nur helle, meist rein weiße Kleidung aus 100 % Leinen und Baumwolle verkauft. Hemden, Hosen und Kleider für Frau, Mann und Kind. Avenida del Carmen 37.

Fiestas/Veranstaltungen

→ Karte S. 56/57

Februar/März **Fiesta de Carnaval**, während der ausgelassenen Tage wird in Corralejo mit viel Musik und bunten Kostümen gefeiert – und jedes Jahr unter einem anderen Motto. 2016 lautete es „Die Welt der Spielzeuge". Ort vieler Veranstaltungen ist das Sportstadion Pabellón José Perdomo Umpiérrez an der Calle La Iglesia s/n.

Juli **Fiesta de Nuestra Señora del Carmen**, alljährlich im Sommer findet der Umzug zu Ehren der Schutzpatronin „Señora del Carmen", der Schutzheiligen der Fischer, statt. Es ist eines der bedeutendsten Feste im Jahr und erfreut sich großer Beliebtheit. Feierlich geschmückte Boote und Flöße geben sich bei der Prozession ein Stelldichein, und Menschen nicht nur aus der Gemeinde „La Oliva" tanzen, hören Folkmusik und überreichen ihre Opfergaben.

Oktober **Travesia a Nado Isla de Lobos**, 2018 zum 20. Mal stattfindendes Schwimmevent von der Insel Lobos nach Corralejo. Rund 200 Sportler kämpfen auf der 3400 m langen Etappe um Sieg und Ehre, wobei der Spaß für Zuschauer und Akteure nicht auf der Strecke bleibt.

Oktober/November **Internationaler Halbmarathon**, „Dunas de Fuerteventura", sowie der 8 km Lauf „El Quintillo". Die Wettkämpfe finden meistens im Herzen des Dünen-Naturparks von Corralejo statt. Frühzeitige Anmeldung empfohlen, da das Teilnehmerfeld auf mehrere hundert Sportler begrenzt ist. Anmeldegebühr: Halbmarathon 35 €, „El Quintillo" 20 €.

November **Festival Internacional de Cometas**, das mehrere Tage andauende internationale Drachenfestival lockt hunderte Enthusiasten aus aller Welt an, um ihre neuesten Konstruktionen durch den Passatwind in die Lüfte schweben zu lassen. Seit 1987 findet das farbenfrohe Spektakel am Strand der *Playa del Burro* im Bereich der Dünen von Corralejo statt.

Dezember **Rainbow Festival**, 2011 ins Leben gerufenes Multi-Kultur-Festival, das ein Zeichen setzen möchte für Gastfreundschaft und Toleranz nicht nur Schwulen und Lesben gegenüber. An mehreren Tagen gibt es überall in der Stadt Shows, Auftritte von DJ, Künstlern und Drag-Queen, Konzerte, Pool-Partys und bunte Paraden.

Übernachten

→ Karte S. 56/57

››› Mein Tipp: **Avanti Hotel** 13, an der Uferpromenade; das stylische und in Weiß-Blau gehaltene Boutique-Hotel mit 14 Zimmern und einem Studio empfängt nur erwachsene Gäste bzw. Gäste über 16 Jahre. Einige der fast ganz in Weiß gestalteten Zimmer begeistern durch einen Balkon und freien Blick auf das nur wenige Meter entfernte Meer. Das Hotel in Familienbesitz, eines der ersten Hotels der Stadt, wurde 2013 renoviert und beherbergt ein empfehlenswertes *Restaurant.* Auf der Dachterrasse finden sich Whirlpool, Liegen und eine Bar. DZ inkl. Frühstück ab ca. 110 €. Calle Delfin 1, ✆ 928-867523, www.avanti hotelboutique.com. ‹‹‹

Molino de Domingo Estévez aus dem Jahr 1898 in der Altstadt

Surfing Colors Apartments 1, Appartementanlage, wenige Minuten Fußweg von Altstadt und Hafen entfernt, in wenig befahrener Straße. Die günstigsten der 95 Appartements (28–45 m²) liegen zur Straße hin, die anderen bieten einen Blick auf die beiden Pools. Sehr gutes Preis-Leistungsverhältnis. Die zweckmäßig und farbenfroh eingerichteten Apts. und Studios verfügen über Bad und Balkon, teils über ein separates Schlafzimmer und immer über eine Küchenzeile mit Geschirr, Kochfeld und Mikrowelle. Großer Supermarkt an der parallel verlaufenden Calle Pizarro, für Gäste die sich selbst verpflegen möchten. Im Bereich der Pools mit Außenduschen finden sich Liegen und Sonnenschirme, Billardtische und eine Bar. Fahrradverleih an der Rezeption. Surfschule gleich nebenan. Preis für ein Studio ab 35 €/Nacht. Calle Pejin 2, ✆ 670-777189 und ✆ 928-535094, www.surfingcolors.com.

Barceló Corralejo Bay 22, unweit der Haupteinkaufstraße Avenida del Carmen, etwa 100 m vom Galera-Strand entfernt; die Dünenstrände von Corralejo sind nach rund 2 km erreicht. Das Hotel nur für Erwachsene verfügt über 231 hochwertig gestaltete Zimmer, einen großen, neu gestalteten Spa-Bereich, Außenpools und beispielsweise das Hauptrestaurant Tindaya (mit Terrasse). DZ inkl. Frühstück ab ca. 120 €. Avenida Grandes Playas 12, ✆ 928-536050, www.barcelo.com.

Appartements Fuentepark 21, zentral, aber ruhig gelegene zweistöckige Anlage mit 76 Apts. und gutem Preis-Leistungsverhältnis. Apt. gut 55 m² groß, mit gut ausgestatteter Küche und Balkon oder Terrasse. Übernachtung ab 50 € auf Selbstversorgerbasis. Pool mit Liegen und Sonnenschirmen vorhanden. Ein hoteleigenes Restaurant für Frühstück oder Abendessen gibt es nicht. Das Zentrum von Corralejo mit Einkaufsmöglichkeiten aller Art liegt nur ein paar Schritte entfernt und auch der nächste Strand (Galera Beach) ist in wenigen Minuten, ein Supermarkt (8–22 Uhr) zu Fuß in 3 Min. erreicht. Calle Anguila 1, ✆ 928-535310, www.fuentepark.com.

Apartamentos Principado 9, zentral gelegen, in der verkehrsberuhigten Altstadt, zum nächsten Stadtstrand und zum Hafen nur wenige Gehminuten. Helle, mit modernen Möbeln eingerichtete, einfache Appartements mit einem 1 oder 2 Schlafzimmern, Kochzeile und Kühlschrank. Die gefliesten Wohnungen sind ca. 45 bis 60 m² groß. Nacht ab ca. 50 €. Jesús Machín Santana 2. Buchbar über verschiedene Onlineportale.

Gran Hotel Atlantis Bahía Real 24, luxuriöses 5-Sterne-Haus unmittelbar an einem kleinen Sandstrand, etwas abseits des Zentrums, mit herrlichem Blick auf die Insel Lobos und den Atlantik. 242 Zimmer und Suiten, 3000 m² großes Wellnesscenter und Spa. Zwei Pools, vier Restaurants. DZ inkl. Frühstück. ab etwa 200 €. Avenida Grandes Playas, ✆ 928-537153, www.atlantisbahiareal.com.

Essen & Trinken

→ Karte S. 56/57

La Lonja 3, sehr gut besuchtes Restaurant (typisch kanarische Küche) und Bar mit Blick auf den Hafen. In dem einfachen Lokal mit Terrasse isst man frischen Frisch und Meeresfrüchte, die Qualität ist gut, die Preise sind angemessen. Muelle de Corralejo 1, ✆ 617-523588.

Surf-Café Citrus 15, modernes Lokal mit Biergarten in einer von der Hauptstraße abgehenden Seitenstraße; hier gibt's in lockerer Atmosphäre frische Speisen, gesunde Säfte, Smoothies. Thai-Curry 7,90 €, Gemüse-Lasagne 6,90 €. Dienstags Livemusik. Freitags Grillabend 10 €. Tägl. 9–24 Uhr. Calle Anzuelo 1, ✆ 928-535499, www.citrus-surfcafe.com.

Sanus 14, Restaurant in einer von der Hauptstraße abgehenden Seitenstraße; modern und ohne Schnickschnack in hellen Farben eingerichtet, mit vegane und vegetarische Gerichte. Die italienischen Besitzer Roberto und Antonio und ihr Team haben sich ganz der gesunden Ernährung verschrieben. Der Lokalnamen „Sanus" bedeutet im Lateinischen Gesundheit. Nur 100 % glutenfreie Speisen kommen auf den Teller. Auch Terrasse. Gerichte 6–12,50 €. Mo–Sa 18–23 Uhr, So Ruhetag. Calle Anzuelo 2, ✆ 928-536585 und ✆ 646-146483, www.sanusfuerteventura.com.

››› Mein Tipp: **Restaurant La Arroceria 4**, Anna und ihr Mann José Miguel betreiben seit 2014 dieses auf Paella spezialisierte Restaurant etwas abseits der Touristenströme. Auf der Karte findet sich neben klassischen Paella-Varianten auch eine vegetarische. Für die köstlichen Gerichte verwendet Anna nur hochwertigen Reis, z. B. die spanische Reissorte Bomba aus Calasparra. Der Arroz Bomba wird nur noch selten angebaut und ist wegen der aufwendigen Kultivierung auch teuer. Kilosäcke der aromatischen und für die Paella bestens geeigneten Sorte erhält man im Restaurant. Die Räumlichkeiten sind gemütlich eingerichtet, die Farbgebung ist größtenteils in Weiß und Blau gehalten. Individuelle Möbelkonstrukte, farbenfrohe Accessoires und 25 Kilo-Reissäcke lockern das Ambiente geschmackvoll auf. Als Vorspeisen gibt es Kürbiscreme mit Frischkäse oder iberischen Bellota-Schinken. Paella 13–20 € pro Person, Bestellminimum zwei Personen. Mo und Mi–Fr 19–22.30, Sa/So 13.30–15.30 und 19–22.30 Uhr. Calle Pejin, 10 bajo. Reservierung unter ✆ 928-535291 oder ✆ 618-807115. ‹‹‹

La Cremeria 12, der beliebte, kleine, eher unscheinbare Eisladen bietet seit 1996 vorzügliches selbstgemachtes Eis an. Ein paar Sitzgelegenheiten und Bänke vor der Tür. Di–So 12–23 Uhr, Mo Ruhetag. Calle Lepanto 17/Ecke Calle Isaac Peral, 35660 Corralejo.

Waikiki Beach Club 17, alteingesessene Lokalität, sehr schön direkt am Strand gelegen mit Blick auf die Insel Lobos. Restaurant,

Cocktail-Bar und Disco. Restaurant tägl. 9.30–23.30 Uhr. Calle Aristides Hernandez Moran 11, ✆ 928-535697, www.waikikibeach club.es.

Gin Bahia 18, Bar in der Nähe von Strand und Waikiki Beach Club, mit einer beeindruckenden Auswahl an Gin-Sorten – ein Muss für Gin-Liebhaber! Zudem gibt es Cocktails und diverse Tapas. Die Lokalität besitzt einen überschaubaren Innenbereich und eine kleine überdachte Terrasse mit Rattanmöbeln. Di–So 11.30–15.00 und 18–1 Uhr. Mo Ruhetag. Calle Arístides Hernández Morán 4, ✆ 695 736073.

Soul Bar Café 7, in der Altstadt an einem Platz, an dem abends Kleinkünstler gern Musik machen oder Kunststücke zeigen. Die seit 2011 bestehende Bar hat rund 200 Sorten Gin im Repertoire, Besitzer Maurizio und sein Team behalten den Überblick über die Ginflaschen aus aller Welt. Iron Balls, der exquisiteste Tropfen, kostet knapp 40 €, ein Hendriks kommt auf 7 €, The Duke 10 €, City of London 11 €, Fahrenheit 9 € – jeweils für gut 4 cl. Dazu werden diverse Tonic-Water kredenzt. Dazu Cocktails und die üblichen Getränke plus Frühstücksangebot. Livemusik jede Nacht. Tägl. ab 9 Uhr bis spät. Plaza Estevez, Soulbarcafe@yahoo.es.

Relaxen in der Zazamira-Bar

Zazamira Bar 8, farbenfrohe Reggae-Bar und Shop mit allerlei Accessoires rund um das Lebensgefühl Reggae. Vor dem Laden lädt eine liebevoll arrangierte Terrasse mit Bänken, Stühlen und niedrigen Tischen zum Chillen ein. Serviert werden Sandwiches, frische Säfte, jamaikanischer Kaffee, Tee, Bier und Cocktails. Calle La Iglesia 7, ✆ 679-887104.

Blanco Café 5, charmante Cocktailbar in der Altstadt an der Calle Iglesia, in einem alten Fischergebäude und mit viel Geschmack eingerichtet und restauriert. Gemütliche Sitzecken, ein winziger Biergarten und freundliche Farben, kombiniert mit weißen Wänden und Decken, sorgen für Wohlgefühl. Bloody Mary 6 €. Singapore Sling 6 €, Gin Tonic 5 €. Tägl. 18–2 Uhr, Mo/Di geschlossen. Calle la Iglesia 27.

Chill Cocktail Bar 6, auf dieser Seite der Calle Iglesias kann man, wenn die Sonne untergeht, noch die letzten Strahlen auf chilligen Sitzmöbeln genießen. Ein Cocktail gehört natürlich dazu, Ginliebhaber finden eine gut sortierte Auswahl. Dazu werden Sandwiches, Salate und Snacks gereicht. Tägl. 18–2 Uhr. Calle La Iglesia 16.

La Folie des Délices 11, Bäckerei, Konditorei und Café, hier gibt es weit über Corralejo hinaus begehrte Köstlichkeiten aus der Hand des französischen Konditormeisters Philippe Laurent. 2015 war das La-Folie-des-Délices Gewinner der kulinarischen Veranstaltung „Ruta de la Tapa" in der Kategorie Dessert, an der zahlreiche Gastronomiebetriebe in Corralejo teilgenommen hatten. Wer den Weg ins La Folie findet, kann sich auf französische Croissants, Gebäck, Quiches und allerlei anderes Backwerk wie eine Moelleux au Chocolat freuen. Gerne wird hier auch gefrühstückt. Wenige Sitzmöglichkeiten vor dem Geschäft. Mo–Fr 7.30–14 und 17–20, Sa 7.30–14 Uhr, So Ruhetag. Av. Juan Carlos 1, ✆ 928-866089.

Nachtleben

→ Karte S. 56/57

In Corralejo gibt es unzählige Bars (→ Essen & Trinken), in denen man bis in die Nacht trinken, essen und teils auch tanzen kann. Nachfolgend zwei Locations, die vorwiegend zum Tanzen einladen.

Spectrum 19, Disco und Bar. Musik der 80er und 90er, Dance, Reggae, Pop und Salsa. Mo–Do 21–2.30 Uhr, Fr/Sa 21–3.30 Uhr. Avenida Nuestra Senora del Carmen 66.

Waikiki Beach Club 17, eine der bekanntesten Discos der Stadt. Zusätzlich Restaurant und Kneipe. Direkt am Strand. Siehe auch Essen & Trinken.

Angekommen – auf der idyllischen Insel Lobos

Isla de Lobos

Die Insel Lobos tauchte im Jungpleistozän aus dem Wasser auf, zu einer Zeit, als die Vulkane rund um den nahen Bayuyo begannen, sich zu erheben und Feuer zu speien. Auf Lobos ist der begehbare Vulkankegel La Caldera mit 127 m die höchste Erhebung und ein herrlicher Aussichtspunkt.

Die rund zwei Kilometer vor der Küste gelegene Insel ist seit den 1980er-Jahren offiziell ein Naturpark. Der Name „Lobos" geht auf die einst stattliche Zahl von Mönchsrobben (span. *Lobos Marinos*) zurück, die nach der Eroberung der Normannen im 15. Jahrhundert wegen ihres Fells so lange gejagt wurden, bis sie ausgerottet waren. Heute leben im Naturpark Lobos und den ausgewiesenen Vogelschutzgebieten eindrucksvolle Seevögel wie der Gelbschnabel-Sturmtaucher oder der Bulwer-Sturmtaucher. Das Eiland begeistert nicht nur mit seinen Naturgegebenheiten, sondern ist durch die rund 2000 Jahre alten römischen Fundstücke und die Salinen bei der Playa de la Concha auch kulturell ein lohnenswertes Ausflugsziel.

Wanderung rund um das Eiland: die beste Möglichkeit, die Insel in ihrer Schönheit mit all ihren Buchten, Stränden, Salzwiesen und vulkanischen Hinterlassenschaften kennenzulernen. Wobei man die Wanderung auch als längeren Spaziergang bezeichnen kann, da es kaum Höhenunterschiede gibt und die Wege breit und gut erkennbar angelegt sind. Einzig für den Weg hinauf zum Vulkankegel braucht man ein wenig Kondition. Ein Teil des Wegenetzes gehört zum GR-131, der wiederum ein Teil des europäischen Fernwanderwegenetzes ist und Lobos von Nord nach Süd durchquert, um anschließend bis ganz in den Süden von Fuerteventura zu führen.

El Puertito: Die einzige Ansiedlung auf Lobos liegt im Südosten und besteht aus einigen einfachen Häusern, die während des Sommers von Fischern genutzt werden. Auch ein *Restaurant* gibt es, in dem auf Vorbestellung klassische kanarische Küche serviert wird.

Wie bei einer Atlantikinsel zu erwarten, wachsen auf Lobos überwiegend Pflanzen, die das Salzwasser und die salzhaltige Luft gut vertragen. Erwähnenswert aus der Welt der Flora ist die nur auf der Insel gedeihende, also endemische *Immortelle (Limonium bollei)*; sie zählt zur Vegetation der als *Las Lagunitas* bezeichneten Salzwiese nördlich von El Puertito. Hier steht auch ein einfacher Kalkofen, ein sogenannter *Caleras*. Die Kalkindustrie war auf Fuerteventura ein wichtiger Wirtschaftszweig, deren Anfänge bis ins 15. Jahrhundert zurückreichen. Ende des 19. bis Mitte des 20. Jahrhunderts war die Blütezeit des Kalkbrennens. Der auf Lobos hergestellte Kalkstein wurde nicht exportiert, sondern z. B. für den Bau des Leuchtturms oder den Bau von Wasserspeichern genutzt.

Leuchtturm von Martiño: Der am 30. Juli 1865 in Betrieb genommene Leuchtturm steht auf einem Hügel an der nördlichsten Spitze der Insel. Ganze fünf Jahre brauchte es, um das von Ingenieur Juan León y Castillo konzipierte Bauwerk zu errichten. Zahlreiche Leuchtturmwärter wohnten hier nebst ihren Familien und taten ihren Dienst, einige erlangten in späteren Tagen Ruhm. *José Rial Vázquez* beispielsweise, der 1913–1916 im Faro de Martiño arbeitete, publizierte im Jahr 1926 als Reisejournalist und Romancier seinen Roman „Isla de Lobos". Wer mit der Fähre an der steinernen Mole angekommen ist, trifft wenige Meter von dieser entfernt auf eine rechts des Weges aufgestellte Büste zu Ehren von *Josefina Plá*, die Anfang des 20. Jahrhunderts als Tochter des damals stellvertretenden Turmwärters im Leuchtturm zur Welt kam. Plá wanderte nach Paraguay aus und wurde eine bekannte Schriftstellerin. Als letzter Torrero, bevor der Faro de Martiño automatisiert wurde, trat *Antoñito el Farero* 1936 seinen Dienst an. Auch er wohnte hier mit Frau und Kindern.

Literatin Josefina Plá

Bei einem Lobos-Besuch dürfen Badeutensilien und gegebenenfalls Surf-Equipment natürlich nicht fehlen. An der hellsandigen **Playa de la Concha** lässt es sich bei Sonnenschein herrlich entspannen und im türkisblauen, glasklaren Wasser schwimmen. Eine besondere Überraschung hält Lobos für Surfer bereit. An der Südwestküste soll sich die längste Welle der Kanarischen Inseln – mit einer Länge von 300 bis 500 Metern – bilden. Die besten Bedingungen, um die einzigartige „Derecha de Lobos" sportlich auskosten zu können, bestehen von Oktober bis März.

Wanderung 1: Rund um die Insel Lobos → S. 222
Leichte Tour am Meer mit der Möglichkeit, den Vulkan zu besteigen

Salinen del Marrajo: Der Bau der Salinen mit ihren über 20 Becken zur Salzkristallisierung unweit der *Playa de la Concha* war ein Versuch der Inselbewohner in den 1950er-Jahren, sich neben dem Fischfang eine weitere, dringend nötige Einnahmequelle zu verschaffen. Doch die Zeit der Meerwassersalinen war im Grunde schon vorbei – neue Techniken zur Konservierung und Kühlung von Lebensmitteln machten die traditionellen Verfahren überflüssig. So wurden die Salinen von Lobos niemals gänzlich fertiggestellt. Heute sind sie ein wichtiges Kulturgut, das kommenden Generationen die handwerklichen Traditionen der Vorfahren anschaulich vor Augen führt.

An der Mole informiert eine sehenswerte *Ausstellung auf Schautafeln* über wichtige und interessante Aspekte rund um Tier, Pflanze, Mensch und Landschaft. Ein Modell der Insel veranschaulicht die Topographie und ist eventuell für Wanderer aufschlussreich. Auch über die archäologischen Funde des Jahres 2012 wird informiert.

Hin & Weg **Boot**: Tickets für die 20-minütige Fahrt mit der Personenfähre (normales oder Glasbodenboot) gibt es an einem der Tickethäuschen am Hafen. Hin- und Rückfahrt je nach Saison zwischen 10 und 18 Uhr. Bei einer Fahrt mit dem Glasbodenboot sieht man mit etwas Glück sogar kleine Hammerhaie. Fahrradmitnahme möglich. Return-Ticket ab ca. 15 €. Schneller zur Insel kommt man mit dem sog. **Wassertaxi**, ein mit Außenbordmotoren angetriebenes Schlauchboot. Toni und seine Crew bringen die Gäste in rasanten 10 Minuten nach zur Insel Lobos. Bei Wellengang ein vergnügliches Abenteuer mit Auf und Abs und Sprüngen über die Wellen. Buchbar *am Hafen bei Aboardcanaris*, Hin- und Rückfahrt inkl. Schnorchelequipment 15 €. ✆ 608 494758, www.aboardcanaris.com.

Essen & Trinken **Restaurant Isla de Lobos**, nahe der Anlegestelle der Fährboote; Mittagessen zwischen 11 und 13 Uhr, jedoch nur nach Vorbestellung vor Ort. Paella 7 €, frischer Fisch 9 €. El Puertito.

Steil hinauf auf den höchsten Berg der Insel Lobos ▲

Offizielle Markierung für den Wanderweg GR 131 ▼

Ein typischer Inselbewohner ▼▼

Eine „männliche" Mühle wird als Molino bezeichnet (→ S. 68)

Lajares

ca. 1000 Einwohner

Lajares' Einwohner lebten noch vor ein paar Jahrzehnten vor allem von Kamelen, Vieh- und Landwirtschaft. Seitdem hat sich das Städtchen von einem winzigen Ort mit Staubpiste zu einer bei Individualreisenden beliebten Oase abseits des touristischen Mainstreams entwickelt.

Auf den ersten Blick ist Lajares ein unauffälliger Durchgangsort auf dem Weg von Süden zu den herausragenden Surfstränden des Nordens rund um El Cotillo und Corralejo. Doch lohnt es, in der ein paar Kilometer vom Meer entfernten Ansiedlung anzuhalten und hier einige Stunden zu verbringen – oder sogar ein paar Tage.

Die Umgebung prägen vor etwa 10.000 Jahren entstandene Lavafelder und einige Vulkanberge, die erwandert werden können. Wer Lajares im Auto erreicht, sieht zunächst ein paar niedrige weiße Häuser mit Bars und Shops am Straßenrand vorbeiziehen. Die Ortsmitte bildet ein Dorfplatz, es gibt eine schmucke Kapelle und zwei landestypische Windmühlen.

Der auch als Marktplatz genutzte Dorfplatz markiert mehr oder weniger den Mittelpunkt der Ansiedlung, die inoffiziell die Bezeichnung „Surf-City" trägt, seit ein paar wellenbegeisterte Kids den Namen am Ortseingang auf die Mauer pinselten. So oder ähnlich jedenfalls geht eine der vielen Geschichten, die man sich bei einem Cortado oder einem Espresso in den Bars und Restaurants erzählt.

Einst weltberühmte Top-Surfer fertigen hier Boards in höchster Qualität, eine Umweltorganisation zur Rettung der Ozeane wurde in Lajares gegründet und hat heute noch hier ihren Hauptsitz. Viele Menschen aus Spanien und dem Rest der Welt haben in Lajares einen Ort gefunden, um hier ihre Ideen zu verwirklichen: Wo sonst gibt es Taschen oder Smartphone-Hüllen aus recycelten Kitesurf-Schirmen oder Lampen aus alten Holzpaletten oder originale US-amerikanische Vintagekleider aus den 1950er-Jahren?

Sportbegeisterte treffen sich besonders an Wochenenden oder Feiertagen im 1990 erbauten Fußballstadion am Ortseingang von Corralejo auf der FV-109 kommend. Andere erfreuen sich an der in der eigenen Arena veranstalteten „Lucha Canaria“ (→ Kastentext), eine auf den Kanaren populäre Art des Ringkampfs. Bekannt ist Lajares auch für die Tradition des *Parranderos,* ein musikalisches Erlebnis mit Gesang und Timple, einem typischen Saiteninstrument der Kanaren, das einer Ukulele ähnelt. Die aus dem Ort stammende Musikgruppe „Parranderos de Lajares“ tritt immer wieder auf Festen und Feiern auf der Insel auf.

Früher galt Lajares als das Stickereizentrum von Fuerteventura. Auch heute leben wieder einige von dem wiederbelebten Kunsthandwerk. Die Berühmteste ihrer Zunft ist *Natividad Hernandez López,* eine engagierte Frau, die in ihrer Heimatstadt Lajares in den 1950ern eine Stickereischule gründete, um die „Bordado“, eine Reliefstickerei, und die exquisitere „Calado“, eine Art Hohlsaumstickerei, zu bewahren. Diese Schule, die **Escuela de Artesania Canaria**, findet sich an der Hauptstraße, und mit etwas Glück trifft man hier auch Stickerinnen bei der Arbeit an.

Die vor allem in Heimarbeit liebevoll hergestellten Produkte sind käuflich zu erwerben und ermöglichen einigen Frauen ein zusätzliches Einkommen. Heute unterstützt die Inselregierung mit Workshops für Kinder, Jugendliche und Erwachsene dieses Kunsthandwerk, um die Tradition vor dem Vergessen zu bewahren. Und wer nicht vom „Calado“ oder vom Tourismus lebt, bestreitet seinen Lebensunterhalt mit Ziegenhaltung oder Reittouren mit Kamelen.

Die zahlreichen Ziegen streifen unübersehbar in der kargen Umgebung über Stock und Stein, und beim Fahren an den nahen *Strand von Majanicho* sollte man sie im Blick haben, da die Vierbeiner gerne geruhsam die Fahrbahn queren.

Sehenswertes

Ermita de San Antonio: Die Wallfahrtskapelle des heiligen Antonius von Padua wird 1792 schriftlich erwähnt, man geht daher davon aus, dass das weiße Gotteshaus mit seinem aus schwarzem Lavastein erbauten Glockenturm im 18. Jahrhundert errichtet wurde. Die hölzerne Statue des Heiligen steht auf der linken Seite im Altarbereich; in seiner linken Hand hält Antonius ein aufgeschlagenes Buch mit dem darauf sitzenden Jesuskind, in der Rechten erkennt man eine kleine Schwertlilie, die als Symbol für die Reinheit Marias gilt. Seit 1985 zählt die Kapelle zum „Kulturgut von besonderem Interesse“ (Bien de Interés Cultural).

Anfahrt: Über die von der Durchgangsstraße FV-109 nach Süden abzweigende Calle Central, dann bis zur links abbiegenden Calle San Antonio fahren. In der Nähe der Ermita stehen auch die beiden Windmühlen von Lajares (s. u.).

Wanderung 4: Von Lajares auf den Hondo-Vulkan → S. 231
Kurze Tour mit knackigen Steigungen und tollem Kraterblick

Der Norden → Karte S. 53

Schon die Jugend übt sich

Lucha Canaria – der kanarische Ringkampf

Die Wettkämpfe der typisch kanarischen Sportart werden an vielen Orten der Insel ausgetragen. Auf Fuerteventura gibt es fünf Teams aus den Orten Tetir, Tarajalejo, Morro Jable, Puerto del Rosario und Antigua.

An einem Ringkampftag treten zwei Mannschaften mit jeweils 12 Ringern, den *Luchadores*, gegeneinander an, nachdem die Kämpfer beim Betreten der Sportstätte ritualmäßig einmal in den Sand gegriffen haben.

Beginnt der Wettbewerb, stehen sich in der sandigen Arena zwei Kontrahenten gegenüber. Eine Runde, eine *Agarrada*, dauert eine Minute und 30 Sekunden. In dieser Zeit versuchen sich die Kontrahenten durch Griffe und Wurftechniken, die Bezeichnungen tragen wie Burra, Culona, Cadera oder Cango, aus dem Gleichgewicht zu bringen. Gern nutzen die barfüßigen Kämpfer dabei die traditionelle kurze Hose, deren umgekrempelter Saum sich gut greifen lässt. Wer fällt, hat verloren – konkret: wer mit einem Körperteil oberhalb des Fußes den Sand zuerst berührt hat.

Wer einen Ringkampf live erleben will, achtet auf die Aushänge in den Ortschaften, fragt im Touristbüro nach oder informiert sich im Hotel. Einen Vorgeschmack auf die Lucha Canaria bekommt man z. B. auf der Seite von La Television del Deporte Majorero, ein Internetportal, das sich auf kanarische Sportarten spezialisiert hat: www.tibiabin.tv.

Windmühlen von Lajares: Auch die beiden Windmühlen von Lajares neben der Ermita de San Antonio sind als „erhaltenswertes Kulturgut“ klassifiziert. Es handelt sich dabei um eine „männliche Mühle“, eine sogenannte „El Molino“ mit nach oben hin schmaler werdendem, steinernem Rundbau mit aufgesetztem Holzdach und Mühlenflügeln. Zum anderen sieht man ein schönes Exemplar einer „weiblichen Mühle“,

eine „La Molina“. Die nicht ganz so eindrucksvolle Mühlenart stammt aus dem 19. Jahrhundert, ist jedoch technisch weiter entwickelt als ihr männliches Pendant und kann feiner mahlen. „La Molina“ setzte man vornehmlich zum Mahlen des Gofios, des gerösteten Getreides ein – ein bedeutender Wirtschaftszweig vergangener Tage. Daran will auch die von der Inselregierung ins Leben gerufene „Ruta de los Molinos“ (Mühlenstraße) erinnern, zu der die beiden Mühlen von Lajares gehören.
Calle Central, bei der Ermita de San Antonio.

Der Norden → Karte S. 53

Basis-Infos

Hin & Weg Bus: Die Linie 8 fährt zwischen Corralejo und El Cotillo (über Villaverde, La Oliva, Lajares).

Parken Um den Dorfplatz einige kostenlose Parkplätze. Ansonsten parkt man entlang der Straße.

Apotheke **Farmacia Lajares**, Calle Principal, am Ortsende Richtung El Cotillo. Mo–Fr 9–13.30 und 17–20.30, Sa 9.30–13.30 Uhr. Im Aushang der Apotheke erfährt man Namen und Telefonnummern der aktuell im 24-Stunden-Dienst befindlichen Notfallärzte in der Region La Oliva.

Fiestas Auf den Dorffesten sind einheimische Musik, traditionelle Trachten und Tänze zu sehen. **Mitte Juni** wird *die Fiesta of San Antonio*, **Ende November** die *Fiesta of La Milagrosa* gefeiert.

Markt **Kunsthandwerkermarkt** jeden Samstag auf dem Dorfplatz. Bücher usw. 10–14 Uhr.

Surfen **Magma Kitesurf-Schule**, professionelle Kitesurf-Kurse ab 12 Jahre, maximal 4 Teilnehmer pro Lehrer. Zweitägiger Anfängerkurs (8 Std.) 240 €. Wer mag, kann einen einwöchigen Kitekurs mit einem Spanischkurs verbinden. SUP-Kurs (2 Std.) 49 €. Calle Redonda 1, ✆ 928-868288, www.magma-kiteschool.com.

Witchcraft Windsurfing, hier bekommt man Witchcraftboards aus erster Hand, direkt aus der Werkstatt, neu und gebraucht. Dazu passende Segel und anderes Material. Das Equipment kann getestet und geliehen werden. Mo–Sa 10–14.30 und 19–21 Uhr. Calle Coronel Gonzalez del Hierro 82, ✆ 660-382646, ✆ 928-861586, www.witchcraft.nu.

Wandern, Exkursionen **Fuertescout**, der von der Kanarischen Regierung lizensierte Reiseführer Andreas Caliman bietet geführte Wanderungen und Exkursionen über die Insel an. In Gruppen mit max. 8 Personen zeigt er auf den Touren die eher unbekannten und doch so schönen Seiten Fuerteventuras. Touren ab 40 €. Calle Coronel Gonzalez del Hierro 62 c, ✆ 686-088493, www.fuertescout.com.

Yoga **YogaFriends Fuerteventura**, wer private, individuell ausgerichtete Yogastunden nehmen möchte, kann dies in der neu eröffneten Casa unter fundierter Anleitung von Annette und Miguel tun. Auch Unterricht im Hotel oder der Ferienwohnung möglich. 60 Min. 45 €, 3-mal 60 Min. 125 €. Angeboten werden auch einwöchige Yoga-Retreats (Sa–Sa, maximal 8 Personen, im DZ ab 979 €/Pers.) in der luxuriös ausgestatteten Casa Yogafriends mit Pool, inklusive gesunden Mahlzeiten, geführten Wanderungen und Fahrrädern. Casa Yogafriends, Calle Juanita 34. ✆ 634-558869, www.yogafriends.eu.

Surfer und Biker fühlen sich wohl in Lajares

Einkaufen

Die meisten Geschäfte finden sich entlang der Durchgangsstraße (Calle Prinzipal, auch Calle General González del Hierro genannt) und um den Dorfplatz. Viele Geschäfte unterstützen die von der in Lajares ansässigen Organisation „CleanOcean Projekt" ins Leben gerufene Aktion „Tienda sin Bolsas de Plastico – Shop ohne Plastiktüten"; ein Aufkleber am Laden tut die Unterstützung dieses Projekts kund.

Dylan's Vintage Clothes, Schuhe von s'Avam und Island Steps an der Hauptstraße. In dem wenige Quadratmeter großen Laden finden Freunde von Vintage-Klamotten, Sandalen und Flipflops ein großes Angebot. Christian aus Wales, einer der Inhaber, offeriert nun schon seit dem Jahr 2000 einen einzigartigen Fundus von Kleidungsstücken aus vergangenen Tagen. Unter den aus England und den USA stammenden Einzelstücken findet sich schon mal ein grünes Cocktailkleid von 1950 oder ein langes Cat-Suite-Stück in schrillen Farben aus dem 1980ern. Die Preise sind moderat. Tägl. 10–14.30 und 16.30–20 Uhr. Calle Principal, ✆ 685-244383.

Escuela de Artesania Canaria, berühmte Stickereischule, ins Leben gerufen von Natividad Hernandez López. Mit etwas Glück kann man eine Kunsthandwerkerin bei der Arbeit beobachten. Neben hochwertigen einheimischen Stickereiarbeiten unterschiedlichster Größe und Form gibt es auch Souvenirs aller Art. Gesticktes Taschentuch 10 €, größere Tischdecken rund 70 €, je nach Größe und Aufwand auch teurer. Tägl. 10–20 Uhr. Calle Principal, neben der Apotheke. ✆ 928-868300.

North Shore – Surfboards-Shop & Factory, Ute und Jürgen Hönscheid betreiben seit rund 20 Jahren ihr Geschäft für Surfkleidung und -boards. Während Ute für den Verkauf zuständig ist, stellt der weltbekannte Ex-Surfprofi Jürgen in seiner Werkstatt hochwertige Boards her. Mo–Sa 10–14 Uhr, So geschlossen. Avda. Coronel González del Hierro 68, ✆ 928-868321 und ✆ 928-866647, www.northshore-fuerte.com.

Bio-Supermarkt, ART-Supermarkt OBVIO, an der Hauptstraße; Jason aus England betreibt seit 2014 den großen Laden mit einer reichen Auswahl an Bio-Produkten, darunter frischer Tofu, Gemüse, Gewürze sowie Produkte aus der Region wie Mojo Canario, Ziegenkäse und Kaktussaft. Zudem bieten Künstler im ART-Supermarkt ihre Werke an; in Holzkisten werden kleinformatige Arbeiten wie Fotografien oder Zeichnungen präsentiert, dazwischen steht manche Skulptur, die Wände schmücken auf Leinwand gemalte Bilder. Mo–Fr 10–14 und 17–20, Sa 10.30–14.30 Uhr. Calle Principal 12, ✆ 928-861532 und ✆ 685-644166.

››› Mein Tipp: **Taschenladen Stitchcraft**, Gereon, einer der drei Besitzer, hat sich das

Einige typische Produkte der Kanaren

Nähen mittels „learning by doing" beigebracht. Als gelernter Ergotherapeut kam er vor vielen Jahren auf die Insel, um eine Pause vom Arbeitsalltag einzulegen. Der Wind und das Surfen begeisterten ihn, er blieb. Alle Produkte sind selbst entworfen und meist Einzelstücke. Allgemein achtet er darauf, dass bei der Herstellung kein Müll entsteht. Heute nähen er und seine Mitstreiter aus recycelten und ausgedienten Kite- und Segelmaterialen wunderbare, farbenfrohe Taschen, Handyhüllen oder Kulturbeutel. Der auf den strapazierfähigen Stücken fast überall sichtbare Zickzackstich ist übrigens ein gewolltes Detail, da auch auf Kite- und Windsurfsegeln diese Nähtechnik angewandt wird. Unter der Eigenmarke „Gusty", was so viel heißt wie „Windböe", verkauft die kreative Truppe auch Mützen und Pullover. Fast alle Artikel sind nur im Geschäft in Lajares käuflich zu erwerben. Produziert wird in der im Laden befindlichen Werkstatt, in der Jahre zuvor nur Reparaturen von Surf-Equipment durchgeführt wurden. Kulturbeutel ca. 45 €, große Taschen ab 200 €, normale Taschen 50–60 €, Handyhülle 19 €. Mo–Fr 9–20, Sa/So 9–17 Uhr. Calle Principal 29, ✆ 622-023323 und ✆ 622-230517, www.stitchcraft.eu und www.gusty.eu. «‹

Otro Mar Art Studio, heller, freundlicher Laden mit einer Auswahl an kunsthandwerklichen und dekorativen Keramikprodukten: z. B. Schalen, Wandschmuck, Tische, Spiegel, Halsketten und andere meist farbenfrohe Dinge. Androniki Kapodistria und ihr Mann führen das Geschäft seit 2014. Wer ähnlich schöne Kunstwerke selbst fertigen möchte, nimmt an einem der Kurse teil, die für Gruppen oder im Einzelunterricht angeboten werden. Einzelunterricht inkl. Material und Brennen 20 €/Std. Mo–Sa 10–13.30 und 15.30–19 Uhr. Calle Prinzipal 48 d, ✆ 928-864334 und ✆ 608-404312, www.otromar ceramics.com.

Cabracadabra, im Laden von Lidia Nuñez und Bernhard Glauser gibt es seit 2011 von Hand hergestellte Kunstwerke aus Seide und edlen Metallen. Hier haben sich zwei Kunstbegeisterte zusammengetan, um gemeinsam dieses Projekt zu verwirklichen. Lidia ist Seidenmalerin und erschafft modische Accessoires und einzigartige Kleidungsstücke, Goldschmied Bernhard fertigt im Raum nebenan schmucke Unikate aus Silber und Gold. Ebenfalls käuflich zu erwerben sind Keramiken von Macu Hernandez und traumhafte edle Messer der Gebrüder Garcia Medina. Handgefertigte Schuhe von „Pisaverde" ergänzen das außergewöhnliche Angebot. Mo–Fr 10–14 und 15.30–20, Sa 10–14 Uhr. Calle Cancela 8, am Dorfplatz. Lidia Nuñez. ✆ 651-889929, www.sedarte.es. Bernhard Glauser, ✆ 659-373653, www.bernhardglauser.com.

Übernachten

Im Ort selbst gibt es nur wenige Möglichkeiten, neben dem einzigen Hotel werden vor allem Ferienwohnungen angeboten.

Hotel El Patio de Lajares, Landhaus mit sechs komfortablen Zimmern, geführt wird das Haus von dem Deutschen Rainer Feuchter. Ein Pool mit Sonnenterasse, ein andalusischer Innenhof und ein Garten ergänzen das gepflegte Anwesen. DZ mit Frühstück und Gourmet-Menü inklusive Aperitif, Wein, Wasser und Kaffee 220 €. Das empfehlenswerte Restaurant ist nicht nur für Hotelgäste offen. Reservierung ratsam. Lammfilet, Rosmarinsauce und sautierte Kartoffeln 22 €, deutsche Kartoffelsuppe 7,35 €. Restaurant Mi–So 13–15 und 19–22 Uhr, Mo/Di geschlossen. Calle la Cerca 9, ✆ 650-134030, www.patio-lajares.com.

Ferienwohnungen in Lajares findet man beispielsweise unter www.fuerteventura-alternativ.de.

Essen & Trinken

Café El Arco, Surf-Café an der Durchgangsstraße, mit Außenbereich und offener Küche hinter der mit Barhockern bestückten Edelstahltheke. Sehr beliebte Spezialität des Hauses sind die vor den Augen der Gäste zubereiteten Burger, auch ein vegetarisches Exemplar ist im Angebot. Daneben gibt es Bocadillos, Salate und frisch gepresste Säfte. Restaurantbetreiber Michel aus Belgien steuert selbstgebackene Kuchen zum Speiseplan bei, die in der gläsernen Auslage präsentiert werden. Burger

Der Norden → Karte S. 53

3,60–4,50 €, Salate ab 5 €. Tägl. 9–18 Uhr. Calle Prinzipal, gegenüber dem Dorfplatz, ✆ 928-864153.

Deutsche Bäckerei & Café La Olá, Panaderia Alemana, freundliche, helle Wände, gefliester Boden, eine breite Holztheke mit Auslage, ein Kronleuchter an der Decke, ein paar Sitzplätze und ein üppiges Angebot an Backwaren und Brotsorten finden sich in dem 2012 geöffneten La Olá. Die Backwaren wie das Albtaler und das Berliner Brot werden in der Dependance in Corralejo hergestellt und jeden Tag frisch nach Lajares geliefert. Tägl. 8–13 Uhr. Calle Prinzipal, neben der Apotheke, ✆ 928-537576.

Französische Bäckerei El Goloso, seit 2005 bestehende äußerst beliebte Bäckerei mit einer weiteren Filiale in El Cotillo. Selten findet man noch einen freien Platz auf den beiden Bänken vor der Tür. Über den Ladentisch gehen Quiches, süße Küchlein (ca. 2 €), Croissants (Mandel 1,20 €, Schoko 0,90 €, natur 0,85 €) und leckere, mit Ziegenkäse, Tomate und anderem belegte Baguettes (halbes Baguette 1,55 €). Cappuccino & Co. gibt's natürlich auch. Tägl. 7–20 Uhr. Calle Prinzipal (Durchgangsstraße), ✆ 928-861515.

Mana Café, Weiß und Blau dominieren das Innenleben des gemütlichen, mit viel Holz ausstaffierten Cafés. Den hausgemachten Kuchen und Kaffee kann man sich auch auf die Terrasse mit ihren drei Tischen bringen lassen, Palmen und Grünpflanzen spenden Schatten und erfreuen das Auge. Ansonsten gibt es noch Crêpes, Salat, Tapas, frisch gepresste Säfte und ein ordentliches Frühstücksangebot. Tägl. 8–18 Uhr. Calle Prinzipal 17, ✆ 928-538806.

Return-Bar und Restaurant, hierher kommt man zum Biertrinken, Musikhören, um eine Kleinigkeit zu essen oder dem ein oder anderen Live-Konzert beizuwohnen. Rock und Reggae sind die favorisierten Musikrichtungen. Mit Biergarten. Für den Hunger zwischendurch gibt es Pizza, Burritos (ab 4,40 €), Bocadillos, Salate (ab 4,50 €). Übertragung von Fußballspielen. Di–So 17–1 Uhr, Mo Ruhetag. Aus Richtung Corralejo kommend kurz vor Ortsbeginn, vor dem ersten Kreisverkehr links abbiegen. Los Quemados, ✆ 928-861599.

Rojo Tomate, behaglich mit Holzmöbeln eingerichtetes italienisches Restaurant mit nicht allzu vielen Sitzplätzen. Auf jeden Fall sollte man hier eine Pizza ordern, diese sind hier wahrlich zu empfehlen. Dazu gibt es eine gute Weinauswahl und natürlich Pasta und leckere Fleisch- und Fischgerichte. Di–So 18–23 Uhr. Mo Ruhetag. Calle La Cancela 8, ✆ 928-861513.

Restaurant Pizzeria La Cancela, im Steinofen gebackene Pizzen, dazu eine reiche Auswahl an Salaten und Pasta. Behagliches Ambiente in einem alten Landhaus. Pizza ab 6,40 €. Tägl. außer Di 17–23 Uhr. Calle Prinzipal 2, ✆ 928-868568, www.pizzeria-lacancela.com.

Umgebung von Lajares

Majanicho: Ganz in der Nähe von Lajares versteckt sich in einer geschützten Bucht der winzige Fischerort, der über eine asphaltierte Straße zu erreichen ist und ansonsten jegliche touristische Infrastruktur vermissen lässt. Ein Infoschild weist auf die Möglichkeit von Radtouren in diesem Küstenbereich hin.

El Hierro: Über eine nach links abbiegende Piste gelangt man von Majanicho zu diesem Surf-Spot, wo die Welt für die Meister des Wellenreitens noch ganz und gar in Ordnung ist: Hier „läuft" die wohl beste und berühmteste Welle der Insel. Vielleicht ist sie nicht immer die höchste und anspruchsvollste, doch wegen ihrer Beständigkeit kommen besonders zwischen September und Mai bei Flut zahlreiche Wellenfreunde, um ihre Boards ausgiebig zu testen – dann herrschen beste Surfbedingungen.

Origo Mare Village Club by Pierre et Vacances, Ferienanlage nicht nur für Familien auf einem großzügigen Areal bei Majanicho, mit hellen, freundlich eingerichteten Villen (ab 37 m², mind. 97 m² große Terrasse/Garten) und Studios (37 m² plus Garten/Terrasse). Gut ausgestattete Küche. (Standard-Studio 2 Pers. rund 70 €). Neben Selbstversorgung kann auch Frühstück, Halbpension oder All-inclusive gebucht werden. Frühstück 12 €, Halbpension 24 €. Büffet-Restaurant „Mauna Loa" mit Terrasse und Show-Cooking und À-la-carte-Restaurant „Chimborazo". Auf 5000 m² sorgt ein Wasserpark mit Rutschen, Wasserfällen, Pools und Platz für Sonnenliegen für familienfreundlichen Spaß. Das Sportangebot reicht von Tennis, Tischtennis über Billard und Boccia bis hin zu Fahrradverleih und Fitnesscenter. Vier Animationsclubs halten Kinder unterschiedlichsten Alters in Schach. Ctra. Majanicho 100, 35650 Lajares. ✆ 928-456002, www.origomarefuerteventura.com.

El Cotillo

ca. 1000 Einwohner

Der Norden → Karte S. 53

Im Nordwesten, unmittelbar an der Küste, liegt das ruhige, vom Massentourismus noch weitgehend unberührte Fischerdorf. Hauptsächlich Individualreisende „verirren" sich bewusst in diese Ecke von Fuerteventura.

Die Atmosphäre ist angenehm unaufgeregt und eher sportlicher Natur. Kaum ein Souvenirladen mischt sich unter die zahlreichen Restaurants und Bars mit herrlichem Blick auf den Atlantik. Hier im Bereich des alten und neuen Hafens treffen sich Surfer und Wassersportbegeisterte aus aller Welt – oder einfach Leute, die sich die Meeresbrise gern ohne Trubel um die Nase wehen lassen.

Die Wellenreitbedingungen mit im Winter haushohen Wellen gehören zu den besten der Welt, die Region trägt nicht umsonst den inoffiziellen Titel „Hawaii Europas". Im Ort zieren teils von Gastronomen gesponserte riesige Fotoplakate mit spektakulären Surfszenen und Idolen wie dem 1993 in El Cotillo aufgewachsenen Bodyboard-Star *Octavio González* die Häuserwände. Und auch die Fischerei ist ein zentrales Thema der Großfotographien. In den späten Nachmittagsstunden trocknen Neoprenanzüge und Schwimmutensilien auf Terrassen und Balkonen, während in den Stunden zuvor die Wellen nahe des Ortes für manche surferische Herausforderung gut sind.

Und auch immer mehr Nicht-Surfer entdecken das sympathische El Cotillo mit seinen geschützten Badebuchten und feinsandigen, hellen Stränden, wie der breite,

Blick auf einen Kalkofen und den Festungsturm Castillo de El Tostón (links)

feinsandige und für Familien geeignete *La-Concha-Strand* samt Strandbar. Ebenfalls sehenswert und von kleinen, geschützten Buchten umgeben zeigt sich der *Leuchtturm Faro de Tostón* mit seinem *Fischereimuseum*.

Große Bettenburgen und ein ausuferndes Nachtleben gibt es nicht. Dafür gruppieren sich rund um den *alten Hafen* gemütliche Fischrestaurants mit blau-weiß-kariert gedeckten Holztischen, teils mit windgeschützter Terrasse und Blick auf Bucht und Meer. Daneben offerieren Bars Cocktails und Sangria bis weit nach Mitternacht, während die Skulptur zweier Fischer, die ein Boot schieben, an die harte Arbeit dieses früher weitverbreitenden Berufszweigs erinnert.

Heute nutzen Fischer wie Segler den größeren, vor hoher Brandung geschützten *neuen Hafen* weiter südlich, in der Nähe des Festungsturmes Castillo de El Tostón. Ein wenig oberhalb, an einer ruhigen Straße, reihen sich einfache Bars und Restaurants – mit wunderbarer Sicht auf die ein- und ausfahrenden Boote.

Am Ortseingang, neben dem großen Supermarkt und einigen weiteren Geschäften, befindet sich das Fußballstadion. Hier wehte während der Dreharbeiten zum US-amerikanisch-britischen Bibelfilm „Exodus" von Ridley Scott, der ab 2014 über die Leinwände flimmerte, ein Hauch von Hollywood. Neben dem Stadion hatte sich die Filmcrew mit zahlreichen Containern, Trucks sowie etlichen Pferden und Ziegen breitgemacht. Gedreht wurde auch am Leuchtturm Tostón, wenige Kilometer vom Zentrum entfernt. Hier teilte Mose, gespielt vom Briten Christian Bale, für sein Volk das Meer – der Atlantik als Filmkulisse für das Rote Meer. Weitere Drehorte auf Fuerteventura waren Cofete, Punta de Jandía im Süden, die Dünenlandschaft bei Corralejo, der Fischerort Ajuy sowie der „heilige" Berg Tindaya.

Wanderung 5: Von El Cotillo zur Playa de Esquinzo → S. 232
Tour entlang der Küste, stets den Atlantik vor Augen

El Cotillo, früher El Tostón oder El Roque genannt, existiert seit dem 16. Jahrhundert und gehört zur Gemeinde La Oliva. Damals war das Dorf ein Umschlagplatz und Hafen für den Warenexport auf die kanarischen Nachbarinseln. In den „Bäuchen" der Lastensegler fanden sich hauptsächlich Getreide und der hier auf der Insel gebrannte Kalk. Einige dieser alten kreisrunden Kalköfen erheben sich als steinerne Zeitzeugen am neuen Hafen, in Sichtweite des Festungsturms Castillo de El Tostón. Bereits im späten 16. Jahrhundert erwähnten Reisende wie der italienische, von König Philipp II. von Spanien geschickte Ingenieur Leonardo Torriani den Hafen von El Tostón. Torriani sollte im Auftrag der spanischen Krone Befestigungsanlagen auf Fuerteventura planen.

Sehenswertes

Festungsturm Castillo de El Tostón: Der zweistöckige runde Wehrturm steht am südlichen Ende von El Cotillo an einer steilen Klippe. Das 1741 fertiggestellte Bauwerk sollte den Ort und die Schiffe im Hafen vor Piratenüberfällen schützen. Bis zu 12 Soldaten taten in dem aus schwarzem Vulkangestein errichteten Turm ihren Dienst, drei Eisenkanonen standen auf der oberen Plattform zur Verteidigung bereit. Wegen seiner kreisrunden Form bezeichnet man die Architektur des Turms als „Quesera"-Typ (Käseformtyp). Über eine Steintreppe und eine mit mächtigen Eisenketten versehene Zugbrücke gelangen Besucher ins Innere des Turms. Links

Skelett eines 5,75 m langen Cuvier-Schnabelwals

nach Eintritt in das Gebäude führen Treppen steil hinab ins frühere Schießpulverlager, das heute als Ausstellungsraum für zeitgenössische Künstler dient. Die Treppe rechts führt auf die Plattform mit einer herrlichen Rundumsicht. Ein weiterer Innenraum dient als Souvenirladen und als Touristbüro.

Mo–Fr 9–16, Sa/So 9–15 Uhr. Von 1. Juli bis 30. September schließt der Turm eine Stunde früher. Eintritt 1,50 €, Kind unter 12 J. frei.

Walskelett am Festungsturm: Wenige Meter vom Festungsturm Castillo de El Tostón in Richtung Süden ist das Skelett eines 5,75 m langen Cuvier-Schnabelwals *(Ziphius cavirostris)* auf einem Gestell montiert. Eine Infotafel erzählt die Geschichte rund um das auf Fuerteventura tot entdeckte Tier. Das Walweibchen strandete im Juli 2004 an der Ostküste bei Majanicho. Als Ursache für das tragische Unglück vermutet man ein im gleichen Jahr vor der Küste durchgeführtes Militärmanöver. Fast zur selben Zeit strandeten drei Cuvier-Schnabelwale, zwei vor Fuerteventura, einer vor Lanzarote. Wer über die Insel reist, trifft immer wieder auf solche präparierten Originalskelette, die im Rahmen des Projekts „Senda de los Cetáceos" („Pfad der Meeressäuger") z. B. auch in Jandía, Corralejo, Gran Tarajal und Las Salinas aufgestellt wurden.

Leuchtturm El Tostón mit Fischereimuseum: Rund 4 km nördlich von El Cotillo erhebt sich der sehenswerte Faro de El Tostón gen Himmel. Dabei handelt es sich bei genauem Betrachten um drei Leuchttürme unterschiedlicher Höhe. Das angrenzende Gebäude diente früher dem Leuchtturmwärter als Wohnung. Das 1897 aus dem Kalkstein eines nahen Steinbruchs erbaute Gebäude mit seinem nur sechs Meter hohen Turm beherbergt heute ein modernes Fischereimuseum, das *Museo de la Pesca Tradicional*. Bei einem Rundgang durch die Räumlichkeiten erfährt der Besucher vieles über das Fischereihandwerk, die Bräuche der Fischer und über die Entwicklung der Fangflotte auf Fuerteventura. Erst in den 1960er-Jahren baute man den etwas höheren Turm an die Gebäudeaußenseite an, dessen Aussichtsplattform über 62 Treppen erreicht werden kann und von dem aus sich ein herrliches Panorama über die Küste bietet. Der auffällig rot-weiß angestrichene dritte Leuchtturm hat eine Höhe von 37 m, stammt aus dem Jahre 1985 und ist nicht zu besichtigen.

Di–Sa 10–18 Uhr, So und Mo geschlossen. Besichtigung des Leuchtturms 1,50 €, Museum 3 €. Es dürfen gleichzeitig nur maximal 6 Personen auf den Turm. ✆ 639-438319.

Lehrpfad am El-Tostón-Leuchtturm: Unmittelbar am Leuchtturm beginnt ein knapp 1 km langer Lehrpfad mit fünf Informationspunkten, für den man rund 30 Minuten einplanen sollte. Auf dem Spaziergang lernt man, dass die feinsandigen Strände aus organischem Material bestehen. Betrachtet man eine Handvoll Sand näher, erkennt man die Überbleibsel von einst deutlich größeren Muscheln. Um Relikte ganz anderer Art handelt es sich bei den sogenannten „Jallos". Der von den Einheimischen geprägte Begriff bedeutet so viel wie „Geschenke des Meeres" und meint die an die Küste gespülten Strandgüter, die früher für die Bewohner dieser an Rohstoffen armen Insel sehr wertvoll waren. So freute man sich über Holzbalken, die für den Bau von Häusern und Booten genutzt wurden, oder man fand noch intakte Seile oder andere Gebrauchsgegenstände, die von vorbeifahrenden Schiffen verloren wurden. Diese und andere Themen, z. B. die Wasserversorgung des Leuchtturms mit einer Zisterne oder die hier lebenden See- und Küstenvogelarten, werden ebenfalls auf den Infotafeln erläutert.

Ermita de Nuestra Señora del Buen Viaje: Das unscheinbare winzige Gotteshaus steht abseits des Zentrums in der Nähe des Hotels „Cotillo Beach" an der Calle de la Iglesia/Ecke Calle Faro. Seit 1984 zählt die Ermita zum „schützenswerten Kulturgut" der Insel. Das Kirchlein besteht aus nur einem Schiff und einer links aufgesetzten Glocke, wie dies bei vielen Kapellen auf Fuerteventura der Fall ist. Das Innere der 1680 von dem Offizier Sebastián Trujillo Ruíz gestifteten und Mitte des 19. Jahrhunderts erweiterten Kapelle schmückt die Statue der örtlichen Schutzpatronin *Nuestra Señora del Buen Viaje*. Die „Jungfrau der Guten Reise" wird alljährlich mit einer eindrucksvollen Prozession geehrt, und an der hochaufragenden Felswand am alten Hafen verkündet das ganze Jahr über eine weiße Inschrift: „Viva la Virgin del Buen Viaje".

Basis-Infos

Information Touristbüro im Castillo de El Tostón unmittelbar am neuen Hafen. Mo–Fr 9–16, Sa/So 9–15 Uhr. Vom 1. Juli bis 30. Sept. schließt der Turm eine Stunde früher. Eintritt 1,50 €, Kind unter 12 J. frei. ✆ + 34 928-866235. Weiter Infos über La Oliva unter www.corralejograndesplayas.com.

Hin & Weg Folgende **Buslinien** halten in El Cotillo: Linie 7 fährt von Puerto del Rosario nach El Cotillo, Linie 8 fährt von Corralejo nach El Cotillo, nur wenige Fahrten am Tag. Großer neuer Busbahnhof in der Nähe des Castillo de El Tostón.

Der **Flughafen** ist 45 km entfernt. Fahrzeit mit dem Auto ca. 45 Min. nach El Cotillo.

Einkaufen **El Cotillo T-Shirt Km 37** 13, neuer Laden mit ausgefallenen, handbedruckten T-Shirts, Sweatshirts und Hemden für Männer, Frauen, Kinder. Tägl. 10.30–13.30 und 16–19 Uhr. Calle 3 de Abril de 1979.

West Coast Tattoo 14, Piercing und Tattoos. Tägl. 10.30–13 und 17–20, So 17–20 Uhr. Calle 3 de Abril de 1979, ✆ 928-538582, www.tattoofuerteventura.es.

Fiestas/Veranstaltungen **Ende August**: *Fiesta Nuestra Señora del Buen Viaje* in der letzten Augustwoche zu Ehren der Schutzpatronin von El Cotillo. Die Fiesta mit Festumzug gehört zu den schönsten auf der Insel. Besonders am Wochenende gibt es viele musikalische und kulturelle Veranstaltungen. Einer der Höhepunkte ist die sonst verbotene „Trasmallo", eine von den Fischern früher praktizierte Fangtechnik, bei der mittels eines großen Netzes die Fische eingeschlossen werden. Der frische Fang wird gleich gegrillt und unter die Leute gebracht. Alle zwei Jahre wird die Heiligenfigur feierlich von El Cotillo ins rund 1 km entfernte El Roque getragen.

Anfang Juli: *Strandfestival Fuerteventura en Música (FEM)*, das 2-tägige Musikfestival am Strand von La Concha hat sich seit über 10 Jahren seit seiner Gründung zu einem über die Kanaren hinaus bekannten und beliebten Event entwickelt. Auf der Bühne stehen neben Künstlern von Fuerteventura und den Kanaren auch etablierte Musiker vom spanischen Festland.

Leuchtturm El Tostón, Museum (4 km)
Übernachten
3 Hotel Cotillo Beach
5 Laif Hotel
Essen & Trinken
1 Ocean Deli
2 Restaurant Sottovento
4 Eisdiele La Puntilla
6 Restaurant und Pub Ferret's Dinner
7 Restaurant Bar Café Central
8 Restaurant La Vaca Azul
9 Bar Pika Surf
10 Restaurant El Mirador
Einkaufen
13 El Cotillo T-Shirt Km 37
Sonstiges
11 Kite- und Surfschule Tarpons Bay
12 Kite- und Surfschule Tarpons Bay
14 West Coast Tattoo
15 Surfschule FreshSurf
Avenida Los Lagos
Calle Gran Canaria
Calle Faro
Nuestra Señora del Buen Viaje
Calle León y Castillo
Calle Punta Aguda
Calle P. Cabrera Saavedra
C. San Rafael
Calle de Marfolín
C. San Pedro
Calle Benito Pérez Galdos
C. Pepito El Torrero
C. Cesáreo Saavedra G.
Alter Hafen
Calle Hilario Marrero
Calle Hermanas del Castillo Carreras
Calle Guillermo Gutiérrez
C. 3 de Abril de 1979
El Roque, Reiterhof (1 km)
Calle 3 de Abril de 1979
Calle Mallorquín
Calle Roque del Mar
Calle de la Constitución
Calle del Castillo
C. Castillo del Rico Roque
BUS
Castillo de El Tostón
Walskelett
El Cotillo
75 m

Aktivitäten

→ Karte S. 77

Baden Die **Playa La Concho** mit ihrem feinen, hellen Sandstrand gehört zu den schönsten Badestränden von El Cotillo. In der Hauptsaison von Juni bis Ende Sept. wird sie von 10 bis 18 Uhr bewacht. Für Familien mit Kindern ein entspannter Platz, um den Tag am Meer zu verbringen. Die *Beach-Bar Torino* und das nahe Restaurant *Azzurro* kümmern sich darum, dass niemand hungrig oder durstig bleibt.

Im Bereich des Leuchtturms gibt es einige **kleine geschützte Buchten**, die sich ebenfalls für ein Bad im kristallklaren Wasser eignen.

Je nach Witterung und Windverhältnissen sind u. U. auch die langen und breiten Sandstrände südlich des Orts (**Playa del Castillo** u. a.) zum Baden geeignet; im Großen und Ganzen sind sie jedoch das Eldorado für Surfer.

Surfen **Surfschule FreshSurf** **15**, von Fesurf und ISA lizenzierte Surfschule, die viele Kurse anbietet und auch Material verleiht. Auf einen Lehrer kommen normalerweise max. 5 Schüler. Surfkurs 3 Std. inkl. Equipment 50 €, Surfboard 10 €/Tag. Calle Hermanas del Castillo 4, ✆ 639 492123, www.freshsurf.de.

Kite-/Surfschule Tarpons Bay **11** und **12**, Surf-Shop gegenüber dem Fußballstadion; hier gibt es alles rund ums Surfen und Kiten. Zahlreiche Kursangebote, Material wird verliehen, verkauft und repariert; auch Verleih von „Fat Bikes", eine Art Mountainbike mit extrem breiten Reifen für Sand- und Strandpisten. Kitesurf-Kurs jeweils mit Ausrüstung: halber Tag 50 €, 1 Tag 90 €. 10–15 und 17.30–19 Uhr, Do geschlossen. Edificio El Carmen, Avenida Hermanas del Castillo, Local 12. ✆ 620 075137 und ✆ 928-538736, www.fuerteventurakitesurfschool.com.

Übernachten

→ Karte S. 77

Das Hotelangebot ist klein, es gibt jedoch zahlreiche Ferienappartements, die über die klassischen Portale im Internet buchbar sind.

Laif Hotel **5** (ehemals Hotel Soul Surfer), im Ortszentrum, unweit des Strandes. Das hauptsächlich von Surfern gebuchte Haus hat eine chillige Dachterrasse mit winzigem Pool und zahlreichen Liegen. Die 18 Zimmer sind farbenfroh und ansprechend eingerichtet. Gemeinschaftsküche und Bar vorhanden. EZ ab 58 €, DZ ab 65 €, Frühstück 6 €/Pers. Auch Kurse werden angeboten: Surfen, Kitesurfen, Standup Paddle, Tauchen, Reiten, Mountainbiken. Calle San Pedro 2, ✆ 928-538598 oder ✆ 699-947008, www.laifhotel.com. Auch über die Surfschule FreshSurf buchbar (s. o.).

Appartements Juan Benitez, Familienbetrieb am neuen Hafen, in der Nähe von Restaurants und Bars. 10 Apts. mit Meerblick und kleinem Gemeinschaftspool. Apt. ab 45 € pro Tag. Calle La Caleta 4, ✆ 928-538503 und ✆ 629-176348, www.apartamentos-juanbenitez.com sowie über Hotelportale buchbar.

Hotel El Cotillo Beach **3**, das größte Haus im Ort. Zu den Annehmlichkeiten gehören ein großer Pool, Minimarkt und Kinderspielplatz. DZ inkl. Frühstück ab ca. 60 €. Ctra. Los Lagos, ✆ 928-538848, www.hotelcotillobeach.com.

Essen & Trinken

→ Karte S. 77

Die meisten Restaurants und Bars finden sich in der Gegend am alten Hafen an der Calle del Muelle de Pescadores und am neuen Hafen in der Nähe des Castillo de El Tostón.

››› Mein Tipp: **Restaurant Bar Café Central** **7**, am alten Hafen in schöner Lage, von Familie Ascanio seit 2011 geführter Betrieb. An den weiß-blau-kariert gedeckten Außentischen werden frisch zubereitete und köstliche Tapas serviert. Durch die offene Durchreiche lassen sich Köchin Alejanda und ihre Kolleginnen bei der Arbeit zusehen, auch einen Blick in die Töpfe und Pfannen quittieren die gutgelaunten Damen mit einem Lächeln. Calle Muelle de los Pescadores 6, ✆ 609-551596. ‹‹‹

La Vaca Azul („Die blaue Kuh") **8**, auf Fisch spezialisiertes, in Weiß-Blau gehaltenes, schönes Restaurant etwas oberhalb des alten Hafens. Das beliebte Lokal offeriert neben schmackhaften Fischgerichten auch Meeresfrüchte und mehrere vegetarische Gerichte. Von der Terrasse öffnet sich ein herrlicher Blick auf den Atlantik und den Ort. Frisches Tunfisch-Filet 16 €, Meeresfrüchte-Paella für 2 Pers. 28 €, gegrilltes Gemüse 14 €. Umfangreiche Weinkarte. Calle Requena 9, ✆ 928-538685.

Sottovento 2, Restaurant direkt am Meer, im gemütlichen Innenraum mit breiter Fensterfront zum Meer stehen knapp ein Dutzend Tische. Die Küche serviert italienische Speisen mit Fisch, Fleisch und Pasta. Spaghetti Bolognese 7 €, frische Taglioni mit Lachs 11 €, Tintenfisch gegrillt 14 €, Lammkotelett 13 €, Cocktails ab 5 €. Tägl. 13–22 Uhr. Calle Gran Canaraia, ✆ 928-538777.

Azzurro, außerhalb von El Cotillo, fast direkt am Strand „La Concha". Italienisches Restaurant mit Außenterrasse und Blick aufs Meer, stimmungsvoller Sonnenuntergang inklusive. Eine gute Adresse zum Entspannen. In den Jahren 2013, 2014 und 2015 Gewinner der „Ruta de la Tapa" in der Kategorie „Kalte Tapas". Tägl. 12.30–22 Uhr, Mo Ruhetag. Av. los Lagos 1, ✆ 928-175360.

El Goloso de El Cotillo, französische Cafeteria, Bäckerei und Konditorei, manchmal noch als Geheimtipp gehandelt, aber meist sehr gut besucht. Neben diversen Leckerbissen köstliche Croissants, angeblich die Besten der Insel; auch die Mandelcroissants *(Croissants de almendra)* sind zu empfehlen. Große Auswahl an belegten Baguettes und süßen Törtchen. Guter Kaffee, selbstgemachte Eiscreme – eine gute Adresse für ein ausgiebiges Frühstück. Eine *kleinere Filiale* gibt es in Lajares an der Hauptstraße. Mo–So 7.30–20.30 Uhr. Calle Pedro Cabrera Saavedra 1, ✆ 928-538668.

Eisdiele La Puntilla 4, seit rund 10 Jahren betreiben Ulla und Jürgen dieses Kleinod, wobei Ulla für die Herstellung der Eissorten zuständig ist, während Jürgen das Interieur entwarf und zimmerte, inklusive eines übergroßen Eishörnchens, das Kundschaft anlocken soll. Im Angebot sind stets frische acht Sorten, wobei die Geschmacksrichtungen wechseln, insgesamt hat Ulla rund 30 Rezepte auf Lager. Einige Sorten ohne Milch oder Sahne machen auch Veganer glücklich. Neben den gängigen Sorten ist z. B. Limonette beliebt, ein Geschmackskitzel aus Zitrone und Minze. Und wenn der Surf-Fan Jürgen Eis verkauft, hat er stets einen Blick auf das Meer, besser gesagt auf die Wellen seines Lieblingsriffs, das Surfer in El Cotillo unter dem Namen „La Puntilla" kennen – damit wäre auch die Entstehung des Ladennamens geklärt. Eiskugel ab 80 Cent, frischer Orangensaft 2 €. Tägl. ab 13 Uhr, Mo/Di geschlossen. Calle San Andres/ Ecke Calle Pedro Cabrera Saavedra.

Restaurant und Pub Ferret's Dinner 6, Schweizer Lokal abseits des Strandes, des alten Fischerhafens und des klassischen Touristenrundgangs. Hier lässt sich unter der Sonne Fuerteventuras ein Käsefondue (9,50 €) oder ein Raclette genießen; auch Veganes, Vegetarisches und Fleisch stehen auf der Karte. Süße Naschkatzen ordern ein Schoko-Fondue. Nicht nur bei Jazzklängen gibt es dazu Cocktails, Bier, Wein und Longdrinks. Tägl. 17–2 Uhr, Küche bis 0.30 Uhr. Calle Santiago Apostol 7, ✆ 928-538761.

Bar Pika Surf 9, helles, mit Surfutensilien aufgehübschtes Restaurant mit einigen Tischen im Freien. Das freundliche Team serviert Tapas, Bocadillos und Pizza. Tapas 3,50 €, Tagesgericht (z. B. Zucchini-Lasagne) 7 €. Tägl. 12–22 Uhr, Di Ruhetag. Calle Guillermo Gutiérrez 22, ✆ 928-538487.

Ocean Deli 1, im Norden von El Cotillo fast unmittelbar am Strand; kleines Restaurant in einem nicht sehr einladenden Gebäude mit großem Außenbereich. Doch das Essen ist bestens, das Angebot übersichtlich und neben Smoothies und auf Wunsch Kaffee mit Sojamilch gibt es auch vegane und vegetarische Speisen. Salate, Wraps und Tipps zum Surfen ergänzen das Portfolio. Avenida de Los Lagos 44, Edificio Marfolin, Local 1, ✆ 928-538705.

El Mirador 10, am alten Hafen; schlichtes Restaurant auf zwei Etagen mit zahlreichen Tischen an der Promenade. Von der Terrasse im 1. Stock schöner Blick auf den Atlantik. Das El Mirador ist spezialisiert Fisch und Meeresfrüchte. Paella mit Fisch und Meeresfrüchten 26 € (mind. 2 Pers.), Fischpfanne 13 €, Riesengarnelen gegrillt oder in Salz gebacken 14 €. Tapas-Menü für 2 Pers. mit acht Tapas und einer Flasche Wein 25 €. Im unteren Teil des Lokals kann man dem Koch bei der Arbeit zuschauen oder an der Bar einen Aperitif einnehmen. Tägl. 12–22 Uhr. Calle Muelle de Pescadores 19, ✆ 928-538838 und ✆ 687-968903.

Der Norden → Karte S. 53

Auf Fuerteventura werden Reittouren angeboten, wie hier in El Roque

Umgebung von El Cotillo

El Roque: In dem rund einen Kilometer von El Cotillo entfernten Nest mit seinen schmalen Gassen und wenigen Häusern gibt es kaum etwas zu entdecken. Kein Strand, keine Restaurants, nur einige Ferienwohnungen und die moderne Kapelle San Martín de Porres, die in den 1980er-Jahren dem Heiligen gleichen Namens geweiht wurde (Calle San Martín de Porres). Jeden 3. Samstag im Monat wird hier um 18 Uhr ein Gottesdienst gefeiert. In der Nähe, nur über die Straße FV-10, bietet der *Reithof Granja Tara* Kurse und Ausritte an.

Granja Tara, diverse Reitausflüge und Ponyreiten im Angebot. An der Mühle bei El Roque an der FV-10. C. C Atlantic Sol 5. ✆ 607-552661 oder ✆ 687-216503, www.reitstall-fuerteventura.de.

Villaverde

Zwei stattliche „männliche" Windmühlen auf einem Hügelkamm sind die deutlichsten Landmarken, die Villaverde aufzuweisen hat. Das langgezogene, fast nahtlos an La Oliva angrenzende Straßendorf bietet weder historische noch touristische Glanzlichter. Viele der Bewohner arbeiten in den nahen Tourismuszentren wie Corralejo.

Besucher halten hier vor allem wegen des ortsnahen Lavatunnels *Cueva del Llano* mit angeschlossenem Museum oder um hier gut zu essen oder zu übernachten – der ansonsten eher unattraktive Ort begeistert mit einigen ausgezeichneten Lokalen und zwei gemütlichen Landhotels.

Die *Ermita de San Vicente Ferrer* aus dem 18. Jh., ein Sportplatz, eine Schule, ein Weinbauer und ein Reiterhof gehören zu den weiteren Angeboten des Orts. Ein

Pluspunkt ist auch die zentrale Lage im Norden Fuerteventuras. Von hier aus ist Corralejo mit seinen Dünen, El Cotillo, Lajares, der heilige Berg Tindaya und auch das Landschaftsschutzgebiet rund um das Tal von Vallebrón zügig zu erreichen.

Sehenswertes

Centro de Interpretación de la Cueva del Llano: Unweit der Ortsmitte trifft man auf die *Höhle von Llano* und das angeschlossene Museum. Die vulkanische Höhle entstand beim Ausbruch des nahen, rund 800.000 Jahre alten Vulkans Escanfraga, sie hat eine Länge von gut 600 m. Wissenschaftler fanden in dieser Röhre zahlreiche Fossilien längst ausgestorbener Tierarten, darunter die noch vor einigen tausend Jahren häufig anzutreffende *Kanarische Lavamaus*. In jüngerer Zeit entdeckten Zoologen im hinteren Bereich eine nur hier vorkommende Spezies, den wirbellosen Weberknecht *Maiorerus randoi*. Um den vom Aussterben bedrohten Vielfüßler zu schützen, dürfen die letzten 200 m der Höhle nicht mehr betreten werden. Da jedoch die gesamte Höhle bis auf weiteres wegen Einsturzgefahr geschlossen ist, besteht aktuell keine Gefahr für seltene Kreaturen in der Cueva del Llano. Wer sich dennoch über diesen spannenden Naturraum informieren möchte, dem sei das Museum empfohlen.

Centro de Interpretación: Mi & Do 10–15, Sa 15–18 Uhr. Mo, Di, Fr, So geschlossen. Das Centro ist ausgeschildert. ✆ 928-175928.

Wanderung 6: Von Villaverde auf den Montaña de Escanfraga → S. 235
Kurze Tour mit moderaten Steigungen und tollen Ausblicken

Basis-Infos

Hin & Weg Bus: Die Linie 8 fährt zwischen Corralejo und El Cotillo (über Villaverde, La Oliva, Lajares).

Einkaufen Bäckerei/Konditorei Mi Dulce Hogar, „Mein süßes Zuhause" lockt mit frischen Broten, selbstgemachten Kuchen und Torten, Sandwiches und Kaffee auf der wenige Quadratmeter großen Terrasse – hier kommt man schnell mit Einheimischen ins Gespräch. Tägl. 7–21, Sa & So 7–15 Uhr. Calle Comandante Felix Gonzalez, ✆ 928-868346.

SOL@mente – Wohnungs-Accessoires und Möbel, Gabriela, die seit 18 Jahren auf Fuerteventura lebt, eröffnete 2009 ihr heute auf zwei Etagen bestehendes Einrichtungsgeschäft, nachdem sie zuvor schon einen Kinderladen in Corralejo betrieben hatte. Oben werden Stoffe, Tapeten, Kissen, Hängematten, Bilder, Küchenutensilien, Uhren und allerlei anderer farbenfroher Kleinkram verkauft, unten findet man in einer Art riesiger Garage manch ausgefallen-schönes Möbelstück: Betten aus Holz, Esstische für die ganze Familie, manch Sessel, der an die siebziger Jahre erinnert, Lampen in unterschiedlichsten Farben und Formen ... Neben dem Verkauf berät Gabriela und ihr Partner bei der Innenausstattung von Wohnungen und Häusern. Di–Fr 11–14 und 18–20, Sa/So 11–14 Uhr. An der Hauptstraße beim Restaurant El Horno. Carretera General 66, ✆ 928-868732

Käserei Quesos Guriamen, 1996 gegründete Genossenschaft, die Käse ausschließlich aus Ziegenmilch herstellt. Verkauft werden Frischkäse, mittelreife *(semicurado)* und reife Sorten *(curado)* mit Paprika und Gofio. Zahlreiche Käse wurden in den letzten Jahren ausgezeichnet. Mo–Sa 8–15 Uhr. Calle Las Huertas 47, ✆ 648-075168 und ✆ 617-578731.

Fiesta Anfang April mehrere Tage dauernde Fiesta zu Ehren des Schutzpatrons *San Vicente Ferrer*.

Der Norden → Karte S. 53

Wandern **Wandertouren mit Hannelore von der Twer**, Hannelore lebt seit rund 30 Jahren auf Fuerteventura und ist eine Pionierin in Sachen Wandern. Viele ihrer Routen, die sich meist an den alten Wegen der Majoreros, den *Camino Reales* (Königswege), orientieren, hat sie selbst ausfindig gemacht und war maßgeblich an der Entstehung des heutigen Wandernetzes auf Fuerteventura beteiligt. Vor 25 Jahren gründete sie ihre Wanderfirma und ist immer unterwegs, um neue Touren auszuarbeiten und für Gäste zu markieren. Hannelore ist zertifizierte Reiseleiterin für Fuerteventura und Lanzarote, sie und ihr Team sind meist in Gruppen von maximal 8 Personen unterwegs und über Land und Leute bestens informiert. Aktuell bietet sie 23 geführte Wanderungen an. Für ihr Engagement rund um das Wandern wurde sie 2014 von der Industrie- und Handelskammer mit dem Preis „Aloe 2014" ausgezeichnet. Auch Vermittlung von offiziellen Unterkünften *(Casa Rurals)* auf dem Land. Wandertour inkl. Transport, Reiseleitung, Picknick ab 42 €/ Pers. Villa Volcana, Calle La Berlina 11, 35640 Villaverde. ✆ 608-928380, www.caminosano.eu.

Wanderung auf den Montaña de Escanfraga, den fast eine Million Jahre alten „Hausberg" von Villaverde. Die rund 2-stündige Tour bietet vortreffliche Eindrücke und Panoramen von der West- und Ostküste (→ „Kleiner Wanderführer", Wanderung 6).

Wanderung zum Naturdenkmal Malpaís de la Arena, von La Oliva oder von Villaverde ausgehende Rundwanderung durch das „Schlechte Land von la Arena" um den 421 m hohen Montaña de la Arena (→ „Kleiner Wanderführer", Wanderung 7).

Übernachten/Essen & Trinken

Übernachten **Hotel Rural Mahoh**, das ländliche Anwesen gehört zu den ältesten seiner Art auf Fuerteventura und ist immer noch einen Besuch und mindestens eine Übernachtung wert. Die 9 gemütlichen und stilvoll mit antiken und rustikalen Möbeln ausgestatteten Zimmer sind auf dem großzügigen Gelände verteilt. Zum Gebäude-Ensemble aus den Anfängen des 19. Jh. gehören ein überdachbarer Pool, ein Garten mit zahlreichen Kakteen und ein Restaurant (→ Essen), das auch gern von Nicht-Hotelgästen und Einheimischen frequentiert wird. DZ 120–180 € inkl. Frühstück. Sitio de Juan Bello, ✆ 928-868050, www.mahoh.com.

Essen & Trinken **Casa Marcos**, seit 2005 verwöhnt Marcos Gutiérrez in dem in einem typisch kanarischen Haus untergebrachten Restaurant fernab des Ferienrummels seine Gäste mit kanarischen Spezialitäten. Der vom Guide Michelin 2016 mit „Bib Gourmand" für gute und preiswerte Küche ausgezeichnete Familienbetrieb ist bekannt für seinen Ziegenschinken, den man in dieser Art kein zweites Mal auf Fuerteventura findet. Über sein altes Rezept verriet Marcos folgendes: Zunächst wird das Fleisch der Küstenziege (diese hat mehr Muskelfleisch als andere Tiere) 4 bis 5 Tage in Salz aus der Saline bei Caleta de Fuste eingelegt. Danach verbringt der sogenannte Ceniceta-Schinken vier Stunden in heißem Rauch und trocknet anschließend 7 Monate lang. Fein aufgeschnitten und auf einem großen Kakteenblatt serviert, ist er eine Delikatesse (halbe Portion, als Vorspeise ausreichend, 7 €). Viele Zutaten, z. B. die Tomaten, stammen aus Eigenanbau. Empfehlenswert ist auch mit Zwiebelscheiben serviertes und mit Fischsuppe hergestelltes Gofio oder die ebenfalls nach altem Rezept gekochte Maissuppe. Mit Rum, Mandeln und Honig verfeinerte Gofiokugeln runden das Menü ab. Gebratenes Zicklein 14,75 €. Tägl. 12.30–23, So 12.30–16.30 Uhr, Mo/Di geschlossen. Carretera General del Centro de Villaverde 94. ✆ 928-868285.

Rural Mahoh, rustikal und historisch eingerichtetes Restaurant mit ausgezeichneten Fisch- und Fleischgerichten nach kanarischer Rezeptur. Gäste dürfen den Köchen beim Zubereiten der Speisen auf dem glühenden Grill über die Schulter schauen. Großer Innen- und Terrassenbereich. Tägl. 12.30–23 Uhr. Sitio de Juan Bello. Reservierung unter ✆ 661-388066, www.mahoh.com.

El Horno, das von Marcos Gutiérrez' Bruder (s. o. Casa Marcos) geführte Restaurant bringt typisch Kanarisches auf den Tisch. Spezialität des Hauses sind, wie der Name sagt, frisch im Ofen zubereitete Gerichte, wie Zicklein oder Lamm (jeweils 18 €). Tägl. 12.30–23 Uhr. Carretera General del Centro de Villaverde 44. ✆ 928-868671, Rest.elhorno@hotmail.es.

La Casa de los Coroneles und ein stattlicher Vulkan

La Oliva

Der Hauptort der gleichnamigen Gemeinde im Landesinneren glänzt nicht gerade durch Schönheit. Die Durchgangsstraße säumen einige wenige Restaurants und Geschäfte, ausgefallene oder gar besonders sehenswerte Läden gibt es nicht.

Die Verwaltungsstadt für den Norden Fuerteventuras besitzt andere Vorzüge, vor allem sind sie historischer und künstlerischer Natur. Auf der im Zentrum verlaufenden „Ruta de los Coroneles“ ziehen die Besucher von Sehenswürdigkeit zu Sehenswürdigkeit. Dabei stehen u. a. ein eindrucksvolles Herrenhaus, eine der größten Kirchen Fuerteventuras, eine sehenswerte Kunstausstellung und ein bunter Markt mit inseltypischem Warenangebot auf dem Besichtigungsprogramm.

Bunte Fische, bunte Ziegen

Wer auf Fuerteventura unterwegs ist, hat sie wahrscheinlich schon entdeckt: farbenfrohe Ziegen, die unvermittelt am Straßenrand auftauchen, oder bunte Barsche, die an der Uferpromenade auf dem Trockenen schwimmen. Die kunstvoll bemalten Skulpturen aus glasfaserverstärktem Kunststoff gibt es unter anderem auch in Corralejo, Villaverde oder Vallebrón. Das Projekt initiierte die Gemeinde La Oliva, in Anlehnung an das Schweizer Konzept der Cow-Parade aus dem Jahr 1998, bei der es um die Förderung von Kunst im öffentlichen Raum ging. Seit dieser Zeit haben dutzende Städte weltweit die eidgenössische Cow-Idee adaptiert. Doch während in Zürich Kühe als Vorlage für die Kunstkreationen dienten, wählte die Gemeinde La Oliva inseltypische Fauna wie Zackenbarsch und Ziege. Ausgewählte Künstler durften dann im Rahmen des Wettbewerbs „Zwischen Meer und Land“ die zur Verfügung gestellten „Tierrohlinge“ individuell bemalen und gestalten.

Sehenswertes

Die Sehenswürdigkeiten in La Oliva sind fast alle Teil der ausgeschilderten „Ruta de los Coroneles".

Nuestra Señora de la Candelaria: Die Kirche ist eine der größten und bedeutendsten Fuerteventuras und neben der in Betancuria der einzige dreischiffige Sakralbau. Steht man vor dem mächtigen Haupttor mit steinernem Rundbogen und dem Giebelabschluss in Form eines Dreiecks, sieht man gut die weißen Fassaden der Kirchenschiffe mit ihren Spitzdächern. Das genaue Entstehungsdatum des Gotteshauses ist unbekannt, man geht davon aus, dass mit dem Bau Ende des 16. Jahrhunderts begonnen wurde. Der aus dunklem Naturstein erbaute gewaltige quadratische Glockenturm diente zugleich als Wach- und Aussichtsturm, um nahende Feinde frühzeitig entdecken und die Bevölkerung mittels Glockengeläut warnen zu können.

Den Bereich des Hochaltars schmücken fünf Ölgemälde von *Juan de Miranda*; der Künstler erblickte 1723 das Licht der Welt, im 18. Jahrhundert galt er als der bedeutendste Barockmaler der Kanarischen Inseln. Die Bilder, auf denen San José, Jesus am Kreuz oder der Evangelist San Juan dargestellt sind, malte der Spanier um das Jahr 1774. Im 18. Jahrhundert fanden in dem Gotteshaus Adelige ihre letzte Ruhestätte, der siebte und letzte Oberst von Fuerteventura, Don Cristobal Manrique de Lara y Cabrera (1800-1870), trat hier vor den Traualtar. Ab dem 19. Jahrhundert verlor die Kirche zunehmend an Bedeutung, 1993 wurde sie als „Kulturell interessantes Denkmal" (Bien de Interés Cultural) klassifiziert.

Museo de la Cilla: Das einstöckige, mit einem Satteldach versehene Steingebäude aus dem Jahr 1819 nahe der Kirche ist heute ein Museum. „Cillas" waren Kornspeicher, die in der Regel vom Klerus für die Aufbewahrung der erwirtschafteten Erträge und die Abgaben aus dem Zehnt verwendet wurden. Der Kirchenzehnt war seit dem 6. Jahrhundert die Steuer, die die Gläubigen (meist einmal im Jahr) an die Kirche leisten mussten. Der „Zehnt" (etwa ein Zehntel des Ertrags) wurde erst Mitte des 19. Jahrhundert aufgehoben. Cillas gab es auf Fuerteventura z. B. in Betancuria, Tindaya oder Tiscamanita.
Nach der kirchlichen Nutzung ging das Haus um 1840 in Privatbesitz über, es wurde jedoch weiter als Kornspeicher genutzt. Im Laufe der Jahrzehnte verfiel das Gebäude zusehends, so dass die Inselregierung „La Cilla" aufkaufte und 1997 in ein Getreidemuseum umwandelte. In dem liebevoll hergerichteten Bau sind heute Gerätschaften rund um die Geschichte des Ackerbaus und der Getreidegewinnung ausgestellt. Historische Fotografien ergänzen die Exponate und vermitteln einen Eindruck über das ländliche Leben in früheren Jahrzehnten.
Di 10–15 und 16–18, Fr 10–15, Sa 10–14 Uhr. Calle La Orilla. ✆ 928-868729.

La Casa de los Coroneles: Das feudale, zweistöckige Gebäude mit zinnenbewehrten Türmen zählt zu Fuerteventuras bedeutendsten historischen Denkmälern – weit über 100 Jahre diente es als Sitz der Militärregierung. Als um das Jahr 1700 das erste Milizregiment auf der Insel gegründet worden war, gewann das Militär auch politisch und wirtschaftlich immer mehr an Einfluss. Zuvor hatte der in Betancuria regierende Feudalherr seine Machtstellung vernachlässigt und zog es vor, wohl aus Bequemlichkeitsgründen, nach Teneriffa überzusiedeln. Nun war der Weg frei für die Coronels und ihre Regentschaft über Fuerteventura. Den vom spanischen König Mitte des 18. Jahrhunderts verliehenen und vererbbaren Titel des *Coronel* (Oberst) *de la Isla* trug als Erster *Melchor de Cabrera Béthencourt*ein Mitglied der einflussreichen Familie Sánchez Dumpiérrez y Cabrera. Als Letzter übte bis Mitte des 19. Jahrhunderts *Cristóbal Manrique de Lara y Cabrera* (1800-1870) das Amt des

Ostküste und Hinterland

Puerto del Rosario

ca. 40.000 Einwohner

Das Ostküstenstädtchen ist wahrlich nicht mondän, jedoch ein Ort authentischen spanischen Alltags. Puerto del Rosario ist die Hauptstadt Fuerteventuras und Verwaltungssitz der Insel.

Aus der Ferne zeigt sich die Stadt mit ihren Gewerbeflächen, Fuerteventuras größter Entsalzungsanlage und einer nicht immer vorteilhaften urbanen Architektur nicht besonders anziehend. Doch lohnt es, sein Feriendomizil zu verlassen und einen Tag in Puerto del Rosario zu verbringen.

Nähert man sich auf der zum Meer hin abfallenden Hauptstraße *Calle Leon y Castillo* von Westen dem Zentrum, ändert sich das Bild auf angenehme Weise. In den letzten Jahren hat sich einiges getan in Sachen Stadtverschönerung. Palmen säumen den Weg, das ein oder andere historische Bauwerk, wie die *Iglesia Nuestra Señora del Rosario*, taucht auf, und am Ende, am Atlantik, trifft man auf den Hafen, eine Anlegestelle für Kreuzfahrtschiffe und eine kilometerlange, mit Kunstwerken, Restaurants und Stränden ausgestattete Uferpromenade.

Auch *historischen Kalköfen* begegnet man bei einem ausgedehnten Stadtspaziergang, und die erwähnten Kunstwerke unterschiedlichster Art verteilen sich über die gesamte Stadt – mehr als 100 Skulpturen verschiedener Künstler sowie rund ein Dutzend Fassadenmalereien sind es, die den Ort zu einer Art Freilichtmuseum machen. Freunden der Kunst und Literatur sei das *Juan Ismael Zentrum für Gegenwartskunst* und das *Museum über den Schriftsteller Miguel de Unamuno* empfohlen. Neben Kultur bietet das Handelszentrum der Insel eine Vielzahl von

Einkaufs- und ein reiches Angebot an Ausgehmöglichkeiten. Für den Kaffee für zwischendurch oder ein Stück Pizza eignen sich die teils als Fußgängerzone hergerichtete *Avenida 1er de Mayo* und die parallel dazu verlaufende *Avenida Secundino Alonso.*

Stadtgeschichte: Bis Ende des 18. Jahrhunderts war Puerto del Rosario ein unbedeutendes Nest in einer kaum besiedelten Landschaft; ein wasserführender Barranco diente den Hirten dazu, ihre Tiere, vorwiegend Ziegen, mit Wasser zu versorgen. Da hatte eine geschäftstüchtige Frau die Idee, eine Bar für die Hirten zu eröffnen. So nannte man die Ansiedlung zunächst „Ziegenhafen“, *Puerto Cabras*, erst 1956 kam der Ort mit damals rund 5000 Einwohnern zu seinem heutigen Namen.

Bis zum Beginn des 20. Jahrhunderts lebten etwa 500 Hirten und Fischer auf diesem Fleckchen Erde an der Ostküste Fuerteventuras, doch die Bevölkerung wuchs nach und nach. Gründe dafür waren der windgeschützte Freihafen und die seit Mitte des 18. Jahrhunderts ausbleibenden Piratenüberfälle. Der Handel mit Waren wie Kalk, Getreide und dem Salzstrauch blühte, der auch unter dem Namen Eiskraut bzw. „Barrilla“ bekannt ist. Die Samen dieser Pflanze verarbeitete die Landbevölkerung in schlechten Zeiten zu Mehl und streckte damit das teure, aus geröstetem Getreide hergestellte Gofio-Mehl. Durch das Verbrennen der „Barrilla“ erhielt man Soda, eine alkalihaltige Asche, die, wenn man sie mit Tierfett vermischte, als Seife nutzen konnte.

Bis Mitte des 19. Jahrhunderts gewann der „Ziegenhafen“ an wirtschaftlicher und politischer Bedeutung, 1860 wurde „Puerto Cabras“ zur Inselhauptstadt erklärt. Weitere Wachstumsimpulse brachte die Ende des 19. Jahrhunderts gegründete Dampfschifffahrtsgesellschaft *Companía de Vapores Interinsulares*, die die Kanarischen Inseln miteinander verband und den Passagierverkehr wie den Handel vorantrieb.

Das Aufkommen der Elektrizität in den 1930er Jahren legte die Grundlage für eine moderne Stadtentwicklung. In den 1960er Jahren bekam die Stadt und damit auch die Insel ihr erstes Gymnasium. Mitte der 1970er Jahre kam es nochmals zu einem Schub im Bevölkerungswachstum, als etwa 3000 Fremdenlegionäre mit ihren Familien angesiedelt wurden, die bis 1975 in der (nun nicht mehr existierenden) spanischen Kolonie „Spanisch-Sahara“ in Nordwest-Afrika stationiert waren. In den letzten Jahren investierte die Inselregierung viel Geld, um der meist als unattraktiv geltenden „Hauptstadt“ zu etwas Glanz zu verhelfen.

Sehenswertes

Juan Ismael Zentrum für Gegenwartskunst: Namensgeber für das aus Ausstellungsräumen, Konferenzsaal und Dokumentationszentrum bestehende Haus ist der 1907 auf Fuerteventura geborene und 1981 verstorbene malende und dichtende Surrealist *Juan Ismael Mora*. In Wechselausstellungen ist hier Gegenwartskunst lokaler und internationaler Künstler zu sehen. Dabei setzt das Museum auf unterschiedlichste mediale Formen. Anfang 2017 beispielsweise wurden dort spanische Animationsfilme der letzten 100 Jahre gezeigt.

Di–Do 10–13 und 17–21 Uhr. Eintritt frei. Nordöstlich des Hafens, im Stadtteil El Charco, Calle Almirante Lallermand 30. ✆ 928-859751, www.cabildofuer.es.

Casa Museo Unamuno: Das Museum ist dem 1864 in Bilbao geborenen Schriftsteller und Philosophen *Miguel de Unamuno* gewidmet. Seine im 2006 von Emiliano Hernández Garcia geschaffene Bronzestatue steht vor dem Museum. Unamuno

zählt zu den großen spanischen Intellektuellen, studierte Philosophie und wurde mit nur 36 Jahren Rektor der Universität Salamanca. Zeitlebens mischte er sich in die gesellschaftlichen und politischen Themen der Zeit ein und wurde nie müde, seine teils sozialistisch geprägten Überzeugungen vehement zu vertreten und gegen Korruption, Feudalismus und Großgrundbesitz mutig Flagge zu zeigen. Als er Anfang der 1920er Jahre auch seine Stimme gegen die Militärdiktatur von *General Miguel Primo de Rivera* erhob, verbannte man ihn 1924 auf das entlegene Fuerteventura.

Spaziergang entlang der Uferpromenade

Am Handelshafen mit seinen Lagerhallen und dem Containerterminal führt die Uferpromenade am Meer entlang nach Süden in Richtung *Playa Blanca*. Schon auf den ersten Metern fallen die mit bunten Mosaikstücken verzierten hübschen Sitzbänke ins Auge, eine gute Möglichkeit, von hier aus dem Treiben im Hafen zuzuschauen. Das Grün der Palmen und anderer Bäume lockert die urbane Atmosphäre auf und rückt die angrenzende Straße etwas in den Hintergrund.

Unmittelbar an der Mole ist eine der über 100 Figuren des Skulpturenparks von Puerto del Rosario installiert: Die Bronzeskulptur *El Vigía* („Die Wache“, 2003), ein Werk von *Emiliano G. Hernández*, zeigt einen Fischer, der Ausschau nach einem eben zurückkommenden Boot hält. Ein paar Meter weiter, zwischen Meer und Promenade, ziehen vier mächtige Meeresschnecken die Blicke auf sich; die Skulptur mit dem Namen *Caracolas* (1999) ist ein Werk von *Juan Bordes*.

Auf unserem Spaziergang nach Süden treffen wir auf die Touristinformation und einen Kreisverkehr, dessen Mitte ein Brunnen schmückt. Der *Fuente de la Explanada* („Brunnen des Vorplatzes“) thematisiert das Leben der Inseleinwohner und ihre Arbeit. Ein Fitnessparcours, der fleißig genutzt wird, schließt sich an sowie ein weiteres Kunstwerk: Das von *Úrculo* geschaffene bronzene *Equipaje de ultramar* („Überseegepäck“, 2000) erinnert an die Zeit der nach Übersee ausgewanderten Majoreros.

Wenig später passieren wir die Anlegestellen für Kreuzfahrtschiffe, die hier hier einen Zwischenstopp einlegen. Der Kreuzfahrttourismus ist auch für Fuerteventura ein immer wichtigerer Wirtschaftszweig. Sobald die schwimmenden Riesen am Kai liegen, werden an der Uferpromenade zahlreiche Stände aufgebaut, die kanarische Produkte feilbieten, eine gute Gelegenheit, ein inseltypisches Souvenir zu erstehen.

Vorbei an einigen Restaurants gelangen wir zu einer ins Meer reichenden Mole, deren Ende ein präpariertes *Wal-Skelett* ziert. Dabei handelt es sich um einen Brydewal, der zur Familie der Furchenwale gehört und bis zu 14 Meter lang und bis zu 10 Tonnen schwer werden kann. Das Skelett stammt von einem jungen,

Das imposante Skelett eines Brydewals

sechs Tonnen schweren weiblichen Wal, der tot vor der Küste Fuerteventuras entdeckt wurde.

Die abends beleuchtete Mole mit ihren nach Süden, der Sonne zugewandten Steinbänken und der direkt angrenzenden **Playa de los Pozos** ist ein beliebter Treffpunkt nicht nur der Jugend. Der breite feinsandige Strand, auf Karten auch als „Playa Chica" eingezeichnet, wird von Juni bis Oktober von vormittags bis abends bewacht. Pläne sehen vor, den Stadtstrand bis zur Kongresshalle auszuweiten, die Bauarbeiten dazu haben begonnen.

Nur wenige Meter entfernt an der Uferpromenade öffnet sich ein hübsch gepflasterter Bereich rund um die **historischen Kalköfen** mit Holzbänken und Kakteen und einem schönen Blick zurück zum Ausgangspunkt unseres Spaziergangs. Die Kalköfen sind Zeugnis für die Bedeutung von Puerto als Rosario als Hafen zum Verschiffen von Kalk. Die bestens wieder hergerichteten Öfen wurden 1930 errichtet. Bis in die 70er Jahre wurde der hier gebrannte Kalk vor allem nach Teneriffa exportiert; Infotafeln informieren im Detail über das Thema.

Zwischendurch stoßen wir direkt am Meer immer wieder auf größere **Salzwiesen** *(saladar)*. Dieses von Vögeln als Rückzugsgebiet genutzte, regelmäßig von Meerwasser überspülte Ökosystem ist Lebensraum für salzliebende Pflanzen aus der Familie der Gänsefußgewächse.

Unser Spaziergang führt schließlich in den neu gestalteten Bereich der **Kongresshalle** und des öffentlichen **Schwimmbads** (Mo–Fr 7–23, Sa 10–22 und So 10–14 Uhr). Eine weitere Skulptur namens *Ofrenda al Mar* („Gabe an das Meer"), die eine durchgeschnittene Meeresschnecke darstellt, verschönt das Areal. Einst nutzten die Bewohner der Kanaren die Meeresschnecke als Mittel zur Kommunikation; durch Hineinblasen in das Schneckenhaus erzeugte man weithin hörbare Töne, die für Eingeweihte als Nachricht zu identifizieren waren.

Kurz danach, weiter nach Süden hin, treffen wir noch einmal auf einen Kalkofen – damit endet unser Spaziergang entlang der Uferpromenade.

Kunst und Kommerz: Blick von der Promenade auf die Hafenanlage

Hier legen die Kreuzfahrtschiffe in Puerto del Rosario an

Nur vier Monate dauerte sein Aufenthalt auf dem Eiland; er wohnte damals im Hotel Fuerteventura, einem Gasthaus, das heute das Museum beherbergt. In den vom Künstler bewohnten Räumlichkeiten sind heute sein Schreibtisch und persönliche Gegenstände ausgestellt. Ergänzt werden diese Zeugnisse von Fotografien und aus seiner Feder stammenden Texten. Das Gebäude selbst stammt wohl aus der zweiten Hälfte des 19. Jahrhunderts und ist ein Beispiel für ein Haus der damaligen Oberschicht.

Bereits im Juli 1924 verließ Unamuno Fuerteventura wieder und ging erneut ins Exil, diesmal nach Paris, worüber er in seinem 1925 entstandenen Werk „De Fuerteventura a Paris schreibt. Erst nach dem Ende der Diktatur von General Primo de Rivera im Jahre 1930 kehrte Unamuno nach Spanien zurück. Er starb am 31. Dezember 1936 in Salamanca.

Mo–Fr 9–14 Uhr. Eintritt frei. Calle Virgin del Rosario 11, gegenüber der Kirche Nuestra Señora del Rosario. ✆ 928-8623 76.

La Iglesia de Nuestra Señora del Rosario: Mit dem Bau der Kirche der „Rosenkranz-Madonna" wurde im Jahr 1824 begonnen, wahrscheinlich war es eine Erweiterung einer Anfang des 19. Jahrhunderts schon existierenden Kapelle; vollendet wurde das Gotteshaus erst 1930 mit Fertigstellung des Kirchturms. Die eher schlichte Kirche zeigt eine Mudéjar-Holzdecke und einen sehenswerten Altar.

Plaza de la Iglesia, an der Fußgängerzone im Bereich der Calle Primero de Mayo.

Städtische Wandmalereien: Rund ein Dutzend teils ganze Häuserwände bedeckende bunte Kunstwerke verteilen sich über das Stadtgebiet. Eines dieser mehrstöckigen Werke an der Calle Doctor Fleming zeigt den New Yorker Times Square mit seinen schrillen Reklametafeln und den typischen gelben Taxis unter strahlend blauem Himmel. Geschaffen wurde das Bild 2014 von dem aus Fuerteventura stammenden Künstler *Motts VS Crew*.

In der Touristinformation gibt es eine dreisprachige Broschüre, die eine Tour zu den großflächigen Wandmalereien in der Stadt beschreibt.

Basis-Infos

Information für Fuerteventura Mo–Fr 8–15 Uhr. Almirante Lallermand 1, 35600 Puerto del Rosario, ✆ 928-530844, www.visitfuerteventura.es.

Information für Puerto del Rosario Mo–Fr 9–14 und Sa 10–13 Uhr. Avenida Marítima, 35600 Puerto del Rosario, ✆ 928-850110 und ✆ 618-527668, www.puertodelrosario.org.

Hin & Weg Bus: Die Linie 1 fährt zwischen Puerto del Rosario und Morro Jable. **Linie 2** fährt zwischen Puerto del Rosario und Vega de Río Palmas. **Linie 3** verbindet Puerto del Rosario, Caleta de Fuste und Las Salinas. **Linie 6** verbindet Puerto del Rosario und Corralejo. **Linie 7** fährt zwischen Puerto del Rosario und El Cotillo. **Linie 10** fährt zwischen Puerto del Rosario und Morro Jable.

Der **Flughafen** ist 6 km entfernt. Fahrzeit in die Stadt mit Auto oder Taxi ca. 7 Min.

Ärztliche Versorgung Hospital General de Fuerteventura: Das städtische Krankenhaus liegt an der FV-2 im Bereich der *Playa Blanca*. Carretera del aeropuerto, Km 1, 35600 Puerto del Rosario. Die Zentrale erreicht man über ✆ 928-862000.

Gesundheitszentrum Centro de Salud, Mo–Fr 8–21, Sa 8–17 Uhr. Calle Primero de Mayo 73, ✆ 928-859550.

Apotheken D. Juan Luis Sánchez Hernández, Calle Secundino Alonso 49, ✆ 928-850676. D. José Herrero Portillo, Calle León y Castillo 77, ✆ 928-530655.

Polizei ✆ 928-850635.

Post/Correos Mo–Fr 8.30–20.30 und Sa 9.30–13 Uhr. Calle Canalejas 2, ✆ 902-197197, www.correos.es.

Tankstellen Gibt es beispielweise an der Avenida Juan Béthencourt.

Taxi Mehrere Taxistände u. a. an der Uferstraße nahe der Touristinformation und an der Ausfallstraße Calle Leon y Castillo. 24-Std.-Service. ✆ 928-850216.

Aktivitäten

Baden Puerto del Rosario bietetmehrere Strände. Unmittelbar im Zentrum südlich der Anlegestelle für Kreuzfahrtschiffe erstreckt sich die feinsandige, teils bewachte und für einen Stadtstrand sehr angenehme **Playa de los Pozos**, die nach den Plänen der Gemeinde bis zur Kongresshalle vergrößert werden soll und dann eine stattliche Länge von 400 m haben wird.

Weiter südlich am Ende der Promenade, rund 3 km vom Hafen entfernt, erstreckt sich die fast 1 km lange hellsandige **Playa Blanca**, die gern von Familien besucht wird und für verschiedenste Wassersportaktivitäten genutzt werden kann. Wer ein Fahrrad hat, kann auf der ausgeschilderten **Radroute Ruta 17** zu diesem Strand radeln. Künftig wird man auf der verlängerten Uferpromenade entspannt bis zur Playa Blanca spazieren können.

Begibt man sich 3 km vom Stadtviertel El Charco nach Norden, erreicht man den dunklen Sandstrand **Playa de Lajas**, mit „Strandleben pur": Es gibt weder eine Bar, sanitäre Einrichtungen oder gar Rettungsschwimmer.

Einkaufen **Las Rotondas Shopping Center**, Puerto del Rosarios wohl größtes Einkaufszentrum in der Innenstadt. Auf vier Stockwerken findet man hier nahezu alles, was man braucht und nicht braucht. Im Erdgeschoss über ein Dutzend internationale Modeketten, die man meist auch aus der heimischen Fußgängerzone kennt. Ein Stockwerk höher werben Optiker, Apotheken, Tabakgeschäfte, Parfümerien und ein Supermarkt um die Gunst der Kunden. Weitere Mode-, Schuh- und Schmuckläden öffnen ihre Türen im 2. Stock; zwischendrin Handyshops – und leere Geschäfte, die provisorisch für eine Kunstausstellung genutzt werden. In der obersten Etage teilen sich Restaurants und Fastfood-Ketten die Fläche. Parkplätze natürlich vorhanden.

Riesige Kunstwerke verschönern die Hauptstadt

Nur noch wenige Fischer fahren mit solch winzigen Booten aufs Meer

Doch die Zukunft für des riesigen Shoppingcenters ist möglicherweise ungewiss: Ein großer Teil des Gebäudes soll illegal erbaut worden sein, ein angeblich erwirkter Gerichtsbeschluss könnte einen partiellen Abriss zur Folge haben. Geschäfte Mo–Sa 9/10–22 Uhr, Restaurants Mo–So 12–24 Uhr. Calle Francisco Pi y Arsuaga, www.lasrotondascentrocomercial.com.

Fiestas **Februar/März**: Ausgelassene Tage rund um den *Karneval*.

Juli: Feierlichkeiten mit Musik, Tanz und Festschmaus zum Gedenken an die Stadtpatronin *Nuestra Señora der Carmen*.

Ende Sept./Anfang Oktober: Eines der größten und eindrucksvollsten Feste der Insel mit prächtiger Prozession zu Ehren der *Nuestra Senora der Rosario*. Ein mehrtägiges Fest mit zahlreichen Veranstaltungen.

Kultur **Palacio de Formación y Congresos**, neues, in Teilen seit 2015 eröffnetes Kulturzentrum. Der fünfstöckige „Palast" mit einem vom katalanischen Stararchitekten für Gebäudeakustik Higini Arau mitentwickelten, ca. 1200 Besucher fassenden Konzertsaal soll einmal Platz für die Musik- und Kunstschule, ein Bibliothekszentrum, Gastronomie und das neue Auditorium bieten. Bisher gab es bereits regelmäßig Konzerte, z. B. 2017 im Rahmen des Festival International de Música de Canarias. Calle Eliseo Gomez Ordoñez 3, ✆ 928-862496, www.cabildofuer.es/cabildo/el-cabildo/palacio-de-formacion-y-congresos.

Auditorio Insular, Saal mit über 570 Sitzplätzen für klassisches Ballett, Theater, Rock- und Popkonzerte sowie andere kulturelle Events. Calle Ramiro de Maeztu 1, ✆ 928-532186.

Schwimmbad **Piscina Municipal**, neben der neuen Kongresshalle; das öffentliche Schwimmbad mit integriertem Fitnesscenter erreicht man über die Uferpromenade Richtung Süden. Mo–Fr 7–23, Sa 10–22, So 10–14 Uhr. Calle Europa 3, ✆ 928-532300.

Ostküste und Hinterland → Karte S. 93

Übernachten

→ Karte S. 97

Die Hoteldichte in Puerto del Rosario ist dünn, 4- oder 5-Sterne-Häuser sucht man vergebens. Zwei Hotels und ein Hostal (Pension) liegen wenige Meter auseinander in der Nähe des Hafens und sind als Ausgangspunkt für Tages- und Nachtausflüge gut geeignet – viele Bars, Restaurants, Discos und Clubs befinden sich in der Umgebung.

Tamasite **3**, 2-Sterne-Hotel in einem blauen Hochhaus, wenige Meter von der Uferpromenade. 22 sehr einfache, spartanisch eingerichtete Zimmer mit Bad und teils mit Balkon. Von der Sonnenterrasse schöner Blick auf Meer und Hafen. Gutes

Preis-Leistungs-Verhältnis. DZ ab ca. 40 €/Nacht. Kein Frühstück. Leon y Castillo 9. ✆ 649 445460 und ✆ 928-531494, www.hoteltamasite.com.

JM Puerto Rosario 1, 3-Sterne-Hotel unmittelbar an der Uferstraße, das gern von Geschäftsleuten und den wenigen Urlaubern genutzt wird. Gute Lage, um die Stadt zu erkunden. Auf neun Etagen sind 88 zweckmäßig eingerichtete Zimmer, teils mit Balkon, verteilt. Drei Suiten mit großer Terrasse. DZ mit Frühstück ab ca. 70 €. Av. Ruperto González Negrín 9, ✆ 928-859464, www.hoteljmpuertodelrosario.com.

Hostal Roquemar 2, zwischen Hotel JM Puerto Rosario und Hotel Tamasite und ebenfalls in Hafennähe. Empfehlenswertes Haus mit 10 sauberen und gemütlichen Zimmern mit Bad. Belen, die Chefin, zeigt die Zimmer gern und steht auch sonst mit Rat und Tat zur Verfügung. Im Haus befindet sich die gleichnamige *Cafeteria*, in der man frühstücken kann. DZ ab 30 € ohne Frühstück. Calle Ruperto González Negrín 1, ✆ 928-531547 und ✆ 686 448487.

Essen & Trinken

→ Karte S. 97

In vielen Lokalen in dem Städtchen ist die Verständigung meist nur auf Spanisch möglich.

Trattoria Da Sandro 7, das italienische Restaurant abseits der Uferpromenade ist aufgrund seiner auffällig gelben Fassade nicht zu übersehen; hier kommen seit über 10 Jahren leckere Pizzen aus dem Ofen (ab 6 €); zudem Pasta, Salate, Suppen und Fleisch und Fisch. Vegetarische Cannelloni 7 €. Gutes Preis-/Leistungsverhältnis. Tägl. 13–16 und 20–0 Uhr, Mi Ruhetag. Calle Duero 23, ✆ 928-852567.

Casa Toño 4, empfehlenswertes und sympathisches Lokal, bei Urlaubern eines der beliebtesten Restaurants der Stadt. Es gibt z. B. leckeres Steak, gut zubereiteten Fisch und eine große Auswahl an unterschiedlichen Gin-Sorten. Mo–Sa 12–16 und 20–24 Uhr, So Ruhetag. Calle Alcalde Alonso Patallo 8, eine kleine, von der Avenida 1er de Mayo zum Meer hin abbiegende Gasse. ✆ 928-344736.

Restaurant Mar y Monte 9, eines von drei nebeneinanderliegenden Restaurants an der Uferstraße im Bereich der *Playa Chica*. Vom Innenbereich mit großer Glasfront kann man das Treiben auf der Uferpromenade und die vorbeifahrenden Schiffe beobachten. Deftige Fleischgerichte und frischer Fisch, je nach Fang des Tages, z. B. Kabeljaufilet vom Grill mit gebratenem Knoblauch und Chili 14,50 €, Zicklein 15 €, warmer Ziegenkäse-Salat 9 €. Tägl. 11–16.30 und 18.30–24 Uhr. Carretera a Los Pozos, ✆ 928-851969.

Panadería & Pastelería La Francesa 5, französische Bäckerei, die der aus der Normandie stammende Samuel Pattier betreibt. Hausgemachte Süßwaren und Brot. Die bunten Macarons, die auch die Auslagen zieren, sind nicht immer vorrätig, können aber vorbestellt werden. Helles, freundliches Ambiente samt Bild vom Eiffelturm, auch einige Tische sind vorhanden. Mo–Fr 8–21, Sa 8–15.30 Uhr, So geschlossen. Calle Maestro Falle 28.

Deutsche Bäckerei Mike's Canasta del Pan 6, die Auslage mit der Aufschrift „Panadería Alemana" ist mit deutschen Brotsorten und einem reichen Sortiment an Kuchen, Gebäck und Torten bestückt. Michael und seine Frau stellen feine Leckereien her, nach deutschen Originalrezepten und oft in Bio-Qualität. Mo–Fr 7.30–13.30 und 17–20, Sa 8–13 Uhr, So geschlossen. Calle Hermanos Machado 11, eine Seitenstraße parallel zur Avenida 1er de Mayo, ✆ 928-532650.

El Abuelo Camilo IV. 8, seit 1989 bestehende Bar und Restaurant mit großer, windgeschützter Terrasse an der Straße, beliebt bei den Einheimischen. Serviert werden Tapas wie *Papas Arrugadas*, *Queso Majorero* und *Tortilla Española*, aber auch Hamburger und Sandwiches kommen auf den Teller. Spezialitäten des Hauses sind Tintenfisch mit Vinaigrette oder Ziegengerichte mit Tieren von Farmen aus der Umgebung. Tägl. 6–1 Uhr nachts. Calle Secundino Alonso 88, ✆ 928-530325.

Was haben Sie entdeckt? Haben Sie eine gemütliche Bar, ein empfehlenswertes Restaurant, eine schöne Wanderung oder ein nettes Hotel entdeckt?
Wenn Sie Ergänzungen, Verbesserungen oder neue Tipps zum Buch haben, lassen Sie es uns bitte wissen!

Schreiben Sie an:
Thilo Scheu, Stichwort „Fuerteventura“
c/o Michael Müller Verlag GmbH
Gerberei 19, D – 91054 Erlangen
thilo.scheu@michael-mueller-verlag.de

Historische Kalköfen an der Promenade von Puerto del Rosario

Hinterland von Puerto del Rosario

La Asomada

Unscheinbarer Ort nur wenige Kilometer von der Ostküste entfernt, zwischen Puerto del Rosario und Tetir. Eigentlich gibt es hier nichts Erwähnenswertes, außer einem Restaurant, der **Ermita Nuestra Señora de Fátima** (Fiesta der heiligen Fatima am 13. Mai) und einer besuchenswerten Sehenswürdigkeit, die gut ausgeschil-

In der Gofio-Mühle

In der Molina de La Asomada erlebt man mit etwas Glück ein besonderes Schauspiel, und zwar dann, wenn der zertifizierte Müller Cabrera Oramas Francisco seine Molina in Gang setzt – eine der wenigen, die noch voll funktionstüchtig sind. Dazu zwängt er sich über eine schmale Treppe hinauf auf das Dach zum hölzernen Windrad. Mit spanischer Radiomusik im Hintergrund beginnt er, die sechs Flügel der Molina mit Segeltuch zu bespannen. Kein leichtes Unterfangen bei dem meist kräftig wehenden Wind. Konzentration, Erfahrung, Geschick und Kraft sind bei dieser vorbereitenden Prozedur vonnöten.

Sobald alle Segel gesetzt und alle Schnüre festgezurrt sind, ein Gebet gesprochen und die letzte Feststellbremse gelöst ist, beginnt sich das Windrad zu drehen, schneller und schneller. Als Besucher wird man nun gebeten, Abstand zur Mühle zu wahren oder sich im Inneren aufzuhalten. Hier läuft das Mühlrad inzwischen auf Hochtouren – bei der sogenannten „weiblichen“ Molina, die technisch ausge-

Gleich wird gemahlen. Der Müller bespannt die Flügel seiner Molina mit Segeltuch

dert ist: eine einstöckige, rechteckige, sogenannte „weibliche" Molina mit einem sechsflügeligen Windrad, die 1804 erbaut und 2011 wieder funktionstüchtig gemacht wurde.

Los Cazadores, Casa Mariano, Restaurant mit großem Außenbereich am Ortseingang, nahe der Durchgangsstraße. Rustikal eingerichteter Innenbereich; die Vielzahl der ausgestellten Pokale wurden, wie der Lokalname vermuten lässt, erfolgreichen Jägern verliehen. Fleisch- und Fischgerichte; mittlere Portion 6 €. Billardtisch. Tägl. 6–23 Uhr. Calle La Asomada, Los Estancos 16, ✆ 928-530393.

feilter ist als ihr historisch älteres, „männliches" Pendant, dreht es sich äußerst schnell und kann die Körner somit feiner vermahlen.

Im Erdgeschoss kontrolliert derweil Don Francisco das frischgemahlene Gofiomehl auf seine Konsistenz und Feinheit und justiert, falls nötig, den Mahlgrad neu. Und während das ganze Gebäude vibriert und ächzt unter dem sich schnell drehenden Windrad, können Gäste das frische Mehl gleich probieren.

Im Innenraum rund um das mächtige steinerne Mahlrad informieren historische Fotos und Werkzeuge über die Geschichte des Müller-Handwerks. Im angeschlossenen Laden kann man das aus geröstetem Getreide hergestellte frische Gofiomehl erstehen. Verarbeitet mit Fischbrühe oder süßen Zutaten wie Mandeln und Honig ergibt es eine leckere Mahlzeit.

Besichtigungszeiten Mo–Sa 9–15 Uhr. Erw. 2 €, Kind 6–12 J. 1,50 €. Auch geführte Rundgänge sind möglich, Buchung mindestens 7 Tage im Voraus: ✆ 639-752848. An der Mühle stehen einige Tische, es gibt kleine Erfrischungen.

Für gute Qualität ist Kontrolle wichtig

Dominant im Zentrum – die Iglesia de Santo Domingo de Guzmán

Tetir

Den schmucken Ort erreicht man von Norden aus Tindaya kommend über die FV-10 nach rund 10 km oder aus Osten von Puerto del Rosario kommend. Aus südlicher Richtung führt die FV-225 in das in einem fruchtbaren Tal liegende 1000-Einwohner-Dorf, das schon wegen des mächtigen Kirchturms der Iglesia Santo Domingo de Guzmán auffällt. Die Pfarrkirche aus dem 18. und 19. Jahrhundert ist wegen des prächtigen Barockaltars einen Besuch wert. Den weitläufigen Kirchplatz, die Plaza Juan Rodriguez, säumen Restaurants, Bars und einige ansehnliche Häuser. Während nahe der Kirche ein Denkmal mit einem nicht näher bezeichneten, sitzenden Mann mit schwarzem Hut auffällt, steht vor dem städtischen Bürgerhaus und der Gemeindebibliothek eine kleinere Büste von *Juan Rodriguez y Gonzalez*. Die 1825 in Tetir geborene und 1893 verstorbene lokale Berühmtheit hatte sich um das kanarische Bankenwesen verdient gemacht.

Die vielen ertragreichen Getreidefelder rund um Tetir brachten dem Ort einst einen gewissen Wohlstand, der sich bis heute in den gepflegten Gebäuden widerspiegelt. Seit einigen Jahren investiert die Inselregierung rund um das Dorf in die Wiederherstellung der alten Terrassenfelder, die sogenannten *Gavias*, um die Agrarkultur Fuerteventuras wiederzubeleben.

Sehenswertes

Iglesia de Santo Domingo de Guzmán: Der Bau der Pfarrkirche begann 1750 und wurde bis 1777 um den Altarraum bzw. die Hauptkapelle erweitert. Der mächtige Turm erhielt seine Gestalt zwischen 1882 und 1887. Im Inneren des an der Plaza Juan Rodriguez stehenden sakralen Bauwerks fällt der vergoldete barocke Altar besonders ins Auge.

Ermita de San Andrés: Die dem heiligen Andrés geweihte Kapelle etwas außerhalb von Tetir ist der älteste katholische Sakralbau der Region. Das von den Einwohnern gestiftete Gebäude mit dem mittig positionierten Glockengiebel wurde 1652 fertiggestellt. Alljährlich am 30. November feiert das Dorf eine Fiesta samt Prozession zu Ehren des Heiligen. Man erreicht die Kapelle vom Ortszentrum aus über die in Richtung Tesjuate führende FV-225 und eine nach rechts abbiegende Straße Richtung La Sargenta.

Basis-Infos

Hin & Weg **Bus**: Linie 7 fährt zwischen Puerto del Rosario und El Cotillo. Ab Puerto del Rosario 3-mal tägl. um 10, 14.15, 19 Uhr. Ab El Cotillo tägl. um 6.30, 12, 17 Uhr.

Der **Flughafen** ist 16 km entfernt. Fahrzeit mit Auto oder Taxi von dort ca. 15 Min.

Einkaufen **Queso de Tetir**, Käserei von María Jesus und ihrem Mann Juan Bernardo; erreichbar über eine kurze Zufahrt abgehend von der FV-207. Während viele Käsereien nur die klassischen Ziegenkäsesorten (*Queso Fresco, Queso Tierno, Queso Semicurado* und *Queso Curado*) anbieten, zeigt María eine erstaunliche Kreativität in der Entwicklung neuer Produkte aus der Milch ihrer rund 400 Ziegen, die täglich etwa 300 Liter produzieren. Von den ausgefallenen Köstlichkeiten in den Regalen des Ladenlokals unbedingt probieren sollte man den mit dem Saft der Kaktusfrucht *(Tuno Indio)* verfeinerten und dadurch außen rötlich gefärbten Ziegenkäse. Wahrscheinlich einzigartig sind auch die wie Weingummis aussehenden und auch ähnlich schmeckenden *Gominolas:* süß und mit einem Hauch Ziegengeschmack. Weitere Kreationen sind mit Schokolade oder *Tuno Indio* produzierter Ricottakäse, ein 15 %iger Ziegenmilchlikör, Ziegenkäse mit Paprika sowie Gofio. Natürlich geben die beiden Inhaber gern Auskunft über den Herstellungsprozess ihrer Produkte; dabei erfährt man zum Beispiel, dass aus sieben Litern Ziegenmilch etwa ein Kilogramm Käse entsteht. Ziegenmilchlikör 0,7 l 10 €, kleiner Ziegenkäse 4 €, Schale Gominolas 3 €. Mo–Sa 8.30–15 und 17–20.30, So 9–15 Uhr. Calle Tetir 28. ✆ 928-865127, www.quesostetir.com.

Fiestas/Veranstaltungen **Alljährlich am 2. Sonntag im März, Juni, September** und Dezember kommt Leben in das Örtchen: Dann findet jeweils ein bis in den frühen Nachmittag dauernder *Kunsthandwerkermarkt* statt. Man kann lokale Produkte probieren und kaufen und inseltypische Musik- und Tanzgruppen erleben. Besonders in Tetir haben sich in den letzten Jahren Folkloregruppen etabliert, die die alten Traditionen pflegen und für ihre Tänze, Gesänge und Kostüme bereits mit Preisen ausgezeichnet wurden.

Eine dieser Traditionen geht zurück auf die Franziskaner-Mönche. Ende des 15. Jh. sollen sich die sogenannten „Ranchos de Ánimas", eine singende und betende Gemeinschaft, zusammengefunden haben, um mit ihren Gesängen für die Seelen der Verstorbenen zu bitten. Deren „Nachfahren" ziehen heute rund um die Feierlichkeiten zu Allerseelen singend von Haus zu Haus, um Spenden für Messen für die Verstorbenen zu sammeln.

Wandern **Von Tetir nach Tefía**: Von Tetir kann man auf dem Wanderweg PR-FV-15 über Casillas del Ángel nach Tefía laufen. Für die knapp 12 km lange Tour sollte man rund 4 Std. reine Gehzeit einplanen. Unterwegs kommt man am rötlichen *Montaña Bermeja* vorbei, dessen Lavaströme sich nach Westen in Richtung Los Molinos ausbreiteten.

Übernachten/Essen & Trinken

Übernachten **Casa Rural Asuncionita**, typisches, aufwendig restauriertes Landhaus mit Garten, Pool und ruhiger Umgebung. 2 Pers. 76 €/Nacht, Mindestaufenthalt 2 Nächte. Camino La Ampuyentilla 56, 35613 Tetir. ✆ 630 466370, www.casarural asuncionita.es.

Essen & Trinken **Casa Fausto**, an der Kirche. Das von außen unscheinbare Restaurant empfängt den Gast mit einem

Ostküste und Hinterland → Karte S. 93

liebevoll in Ockerfarben gestrichenen und zahlreichen historischen Fotos dekorierten Innenraum. Fausto, der Chef, serviert an den wenigen Tischen gute kanarische Küche, z. B. *Carne Cortina* oder *Papas Arrugadas*. Portion ca. 8 €; zudem gibt's *Bocadillos* und Hamburger in den Größen Normal, Super und „Fausto". Tägl. 8–23 Uhr. Plaza Domingo Jorge Manrique 14, ✆ 928-865148.

Bar La Fanega, hinter der Kirche; hier gibt es in rustikalem Ambiente Tapas und kanarische Hausmannskost. ✆ 628-015034.

Umgebung von Tetir

Cerro de Temejereque: Wer von oben auf die Ebene rund um Tetir und in die Berge zum nördlich angrenzenden Tal von Vallebrón blicken möchte, kann eine schmale, nicht allzu gute Schotterpiste, die am nördlichen Ortseingang abzweigt, mit dem Auto oder dem Mountainbike hinauffahren. So gelangt man auf den 511 m hohen Berg *Temejereque* und kann die Blicke in alle Himmelsrichtungen auskosten.

El Time und Casa de Felipito-Museum: Wer zwischen Tetir und Puerto del Rosario von der FV-10 auf die FV-219 abzweigt, gelangt zu dem Weiler **El Time** (das altkanarische Wort für Felsklippe). Die alte Ansiedlung gibt es seit dem 16. Jahrhundert, und wie in Tetir lebte man hier hauptsächlich vom Getreideanbau. Die *Ermita de Nuestra Señora de la Merced* wurde 1674 fertiggestellt. Sehenswert sind einige Heiligenbilder aus dem 18. Jahrhundert und der schöne Altaraufsatz. Einst war dieses Gotteshaus der Ort des Glaubens für die Bruderschaft *La Merced*, einer katholischen Ordensgemeinschaft, die im 13. Jahrhundert gegründet worden war. Am 24. September wird das Fest der Schutzpatronin gefeiert.

Casa de Felipito: Auf einem mit einer Mauer umfriedeten, beeindruckend großen Gelände hat die Inselverwaltung einen alten Gutshof wieder instandgesetzt, zum Museum umfunktioniert und zahlreiche Picknick- und Grillplätze neu angelegt, die vor allem an Wochenenden von Familien oder Gruppen genutzt werden. Zu anderen Zeiten wirkt der Ort in dieser abgelegenen und nicht allzu reizvollen Landschaft meist verlassen.

Auf einem Rundgang bekommt man anhand der rekonstruierten Bewässerungsgräben samt traditioneller Feldstrukturen (Gavias) einen Eindruck davon, wie der damalige Besitzer Felipito dem kargen Land dank ausgefeilter Techniken gute Ernten

Museum Casa de Felipito bei El Time

abrang. Das einfache Bauernhaus mit seinen drei Zimmern, in denen Felipito und seine Eltern wohnten, ist verschlossen. Ist ein Museumswärter vor Ort, wird er gern aufschließen, damit man einen Blick in die Räumlichkeiten werfen kann.

Di–Sa 10–18 Uhr. ✆ 928-858998 und 928-852889, www.artesaniaymuseosdefuerteventura.org. Von El Time weist ein Schild auf das 2,2 km entfernte Ausflugsziel hin. Anfahrt weitgehend über eine unasphaltierte Straße.

La Matilla

Das Dorf mit seinem Dutzend weißen Häusern liegt an der FV-10 zwischen Tindaya und Tetir. Die ersten Siedler kultivierten die fruchtbare Region schon zu dem Beginn des 16. Jahrhunderts. Auffälligstes Gebäude ist das mit internationalen Flaggen geschmückte Restaurant direkt an der Straße. Doch Gäste aus aller Welt verirren sich selten in die Bar, die ein paar kanarische Gerichte anbietet und vor allem von Einheimischen frequentiert wird. Wer jedoch nach der Wanderung zu den Quellen beim nahen *Montaña de la Muda* (→ „Kleiner Wanderführer“, Wanderung 8) Hunger und Durst stillen will, findet hier die erste Anlaufstelle. Einen Abstecher wert ist auch die Ermita des Ortes – ein guter Platz, um Pause zu machen und die ländliche Ruhe zu genießen.

Ermita Nuestra Señora del Socorro: Fern des Trubels präsentiert sich an der Plaza Inés Gómez Ortega die mit einem großzügigen Vorplatz und einigen Palmen versehene Einsiedelei von La Matilla. Das ländliche Gotteshaus stammt aus den Anfängen des 18. Jahrhunderts, musste aufgrund des minderwertigen Holzes, das man für den Dachstuhl verwendete, jedoch schon zwischen 1724 und 1733 generalüberholt werden. Den Innenraum schmückt ein um 1782 aus Holz gefertigtes Retabel, ein Altaraufsatz mit Heiligenbildern u. a. der Señora del Socorro. Alljährlich am 7. August feiert man in La Matilla die Fiesta zu Ehren der Schutzpatronin.

Bar La Matilla, an der Bar sitzen gerne ein paar Einheimische, um einen Cortado zu trinken oder Tapas zu essen. Im Speiseraum mit seinen 6 Tischen und der breiten Glasfront lässt es sich bei einem herrlichen Blick in die Gegend gut und preiswert speisen. *Carne de Cabra* (Ziege) 10 €, halbe Portion 5 €, spanische Tortilla ab 2,50 €, Salat des Hauses 5 €. Tägl. 8.30–16 und 18–23.30 Uhr, Mo Ruhetag. Calle La Matilla, ✆ 692 548134.

Wanderung 8: Von La Matilla zu den Chupadero-Quellen → S. 240
Tour mit grandiosem Panoramablick über den Norden

Tefía

Tefía liegt in einer weiten, sich nach Westen ausbreitenden Ebene, im Osten erheben sich einige Vulkane wie der 595 m hohe *Pico de la Fortaleza*. Der Ort zwischen Tindaya und den weiter südlich liegenden Orten Antigua und Betancuria wird meist wegen des Ökomuseums besucht.

Auch Jugendgruppen und Schulklassen trifft man in Tefía des Öfteren an. Denn in einem Haus aus den 1940er Jahren, das früher zum ersten Flughafen der Insel gehörte und später als Gefängnis diente, ist heute die *Albergue de Tefía* untergebracht. Auf dem Gelände, das sich in der Nähe des *Ökomuseums* und einer schön restaurierten Molino befindet, wurde auch eine moderne *Sternwarte* installiert.

Ostküste und Hinterland → Karte S. 93

Mit etwas Glück gibt es gerade eine öffentliche Veranstaltung und man kommt in den Genuss, die Milchstraße zu bestaunen, die am Himmel von Fuerteventura in faszinierender Klarheit strahlt.

Informationen zu aktuellen Veranstaltungen findet man ggf. auf Aushängen/Plakaten in der Region oder man fragt im Ecomuseo nach.

Ecomuseo de La Alcogida: Das sich links und rechts der Durchgangsstraße FV-207 ausbreitende riesige Museumsgelände umfasst sieben ländliche Häuser und gehört zum 1995 von der Inselregierung ins Leben gerufenen Museumsnetz, das mit seinen Einrichtungen das kulturelle Erbe von Fuerteventura vermitteln und bewahren möchte.

Auf dem Freigelände, das selbstständig erkundet werden kann, bekommen Besucher eine Ahnung davon, wie die Landbevölkerung ihr Leben, nicht selten unter harten Bedingungen, meisterte. Das zu besichtigende *Haus von Seña Herminia* ist ein einfaches Bauernhaus, das im Wesentlichen aus drei nebeneinanderliegenden Hauptzimmern besteht und mit derben, funktionalen Holzmöbeln eingerichtet ist. Die Mauern wurden aus Stein und Lehm errichtet und teilweise mit Kalk und Sand verputzt. Im Innenhof wuchsen Koriander, Minze und andere Küchenkräuter.

Beim Rundgang trifft man in den Häusern hier und da auf Menschen, die traditionelles Kunsthandwerk vorführen. Isabel Hernández Robayna ist zum Beispiel Fachfrau in punkto Sticken, wobei die Lochstickerei früher einer der wichtigsten Wirtschaftszweige auf den Kanarischen Inseln war. Früher verdienten viele Frauen auf Fuerteventura damit ihren Lebensunterhalt, indem sie ihre filigran und mit Ausdauer gefertigten Arbeiten auf dem spanischen Festland verkaufen ließen. Vor Ort kann man diese feinen Kunstwerke für einen angemessenen Preis erwerben. Auch geflochtene Körbe oder getöpferte Schalen werden hier im Museum gefertigt und verkauft.

Tägl. 10–18 Uhr, So & Mo geschlossen. Eintritt 5 €. ✆ 928-175434, www.artesaniaymuseosdefuerteventura.org.

Ermita de San Agustín: Die weiß getünchte Kapelle mit ihrem links aufgesetzten Glockengiebel öffnete ihr schwarz-braunes Eingangstor für die Gläubigen erstmals im Jahr 1714. Eine Besonderheit ist die den Altarbereich überspannende weiße Kuppel. Auch die seltenen floralen Wandmalereien sind einen Blick wert.

Bus: Linie 2 fährt zwischen Puerto del Rosario und Vega de Río Palmas (über Tefía und Betancuria, teilweise über Antigua).

Auch dies ist Fuerteventura: bunte Blütenpracht

Llanos de la Concepcíon mit Blick auf den Mirador del Velossa

Ostküste und Hinterland → Karte S. 93

Llanos de la Concepción

Das 300-Einwohner-Dorf in dieser zentralen, eher flachen Region von Fuerteventura liegt an der FV-30 und wird auf dem Weg von Norden nach Antigua oder Betancuria meist links liegen gelassen. Aber wer in der dortigen schön restaurierten Unterkunft wohnt, die Ermita aus dem 18. Jahrhundert oder die einzige Bar des Dorfs besucht, wird die Ruhe und ländliche Atmosphäre schätzen lernen. Die Bewohner lebten Jahrhunderte von Landwirtschaft und Viehzucht und erst 1798 erhielt die Siedlung ihren heutigen Namen, nachdem sie früher als „Los Llanos del Otro Valle" bekannt war.

Folgt man bei Llanos de la Concepción dem Abzweig Richtung Aquas Verdes Club und **Playa del Valle**, erwartet den Reisenden eine knapp 8 km lange, teils sehr kurvige Straße hinunter zur Westküste. Fast am Ende der Strecke, nachdem man eine Ziegenfarm passiert hat, trifft man auf eine abgelegene Hotel- bzw. Apartmentanlage, die einige die Abgeschiedenheit liebende Gäste beherbergt. Den von hier aus zu sehenden kleinen Steinstrand erreicht man über eine Piste. Aufgrund der schwer einzuschätzenden Meeresströmung ist das Baden nur eingeschränkt zu empfehlen.

Ermita de Nuestra Señora de la Concepción: Die Kapelle mit dem typischen Glockengiebel wurde zwischen 1784 und 1796 errichtet. Finanziert und instandgehalten werden musste die Ermita, wie notariell festgehalten war, von den Einwohnern des Orts. Das Kircheninnere zeigt eine einfache polychrome Holzkanzel und einen Beichtstuhl, den unprätentiösen geschnitzten Altaraufsatz schmückt die Figur der Nuestra Señora de la Concepción.

Yoga Wird im *Centro Cultural* des Ortes angeboten, jeden Dienstag 20.30 Uhr. Yogastunden auch für Kinder von 6–10 J. ✆ 617-308597, Avlosllanos@hotmail.com.

Übernachten Casa Abuelo Rafael (Casa Rural), das wunderschön gelegene und liebevoll von Ramón und seiner Frau restaurierte Landhaus mit 3 Zimmern bietet Platz für max. 6 Personen; 2 der 3 Zimmer teilen sich ein Badezimmer. Große Küche mit stattlichem, hölzernem Esstisch und angrenzendem Wohnbereich. Mit Blumen geschmückter und mit Tagesbett, Whirlpool, Außendusche, Sonnenliegen, Grillplatz und überdachtem Essbereich ausgestatteter Patio. Nachts kann man die Sterne zählen, tagsüber z. B. den einige Kilometer entfernten *Mirador del Velossa* besuchen. WiFi vorhanden. Bei Belegung mit 2 Pers. 80 €/Tag., weitere Person 10 €. Llanos de la Concepción 66, ✆ 630-391405, www.casa-rural-abuelo-rafael.com.

Essen Trinken **Bar Restaurant García**, an der Durchgangsstraße; einfache Bar mit windgeschütztem Außenbereich, neben Kaffee, Bier, Wein und anderen hoch- und niedrigprozentigen Getränken wird kanarische Küche serviert. Gerichte mit Ziegenfleisch *(Carne de Cabra)*, mit Schweinefleisch *(Carne Cochino)* oder Zicklein *(Cabrito)*. Küche tägl. 12–16 Uhr, Bar 8–21 Uhr. Llanos de la Concepción, ✆ 928-657193.

Casillas del Ángel

Das Dorf rund 10 km westlich von Puerto del Rosario, an der FV-20 gelegen, wird auf dem Weg nach Antigua oder Betancuria zwar oft durchfahren, aber selten beachtet. Dabei ist die Ortschaft in der zentralen Ebene durchaus einen Stopp wert. Namensgeber des Dorfs war die früher „Ángel de la Guarda“ genannte Kapelle. Während ein bis in die Abendstunden geöffneter Tante-Emma-Laden an der Straße und die winzige Bar Santa Ana mit Wursttheke und Sitzbänken vor der Tür nicht gerade touristische Höhepunkte sind, ist die *Kirche Santa Ana* mit ihrem neugestalteten Vorplatz sehenswert; die Skulptur einer huttragenden Bäuerin mit Kartoffelsack erinnert an den weiblichen Teil der hart arbeitenden Landbevölkerung.

Iglesia de Santa Ana: Die 1781 fertiggestellte Pfarrkirche fällt mit ihrer aus schwarzem Vulkanstein gestalteten Fassade ins Auge. Aus dem gleichen Material erbaute man den mehrstöckigen Giebel, in dem zwei Glocken schwingen. Das Kircheninnere schmücken einige bedeutende, mehrere hundert Jahre alte Holzskulpturen, Gemälde und die Figur der Santa Ana.

Iglesia de Santa Ana

Casa de los Rugama: Das etwas abseits des Dorfes gelegene (an der FV-20 in Richtung Puerto del Rosario) rund 200 Jahre alte herrschaftliche Haus mit großem Innenhof zeigt einen typischen Holzbalkon. Das liebevoll und mit großem Aufwand Ende der 1990er restaurierte Anwesen wurde zu einem ländlichen Hotel mit Swimmingpool umgebaut und empfing jahrelang Gäste aus aller Welt. Zurzeit ist die Casa geschlossen. Ob oder wann eine Wiedereröffnung ansteht, ist nicht bekannt. Ein neuer Betreiber für das Hotel wird von der Inselverwaltung gesucht.

Queseria Felipa La Montañeta, verkauft wird Ziegenkäse naturbelassen oder verfeinert mit Paprika und Gofio, wie üblich in den Reifegraden frisch, halbreif und reif. Mo–Sa 8–14 und 17–20, So 8–14 Uhr. Casillas del Ángel 60 b, ✆ 660-329584.

Umgebung von Casillas del Ángel

Tesjuate: Das Dorf mit seinen knapp über 200 Einwohnern liegt an der FV-20, rund 7 km landeinwärts von Puerto del Rosario entfernt. In früherer Zeit lebten die Menschen hier vorwiegend von der Viehzucht. In dem Gebiet gab es durch die Quellen der Rio-Cabras-Schlucht überdurchschnittlich viel Wasser, so konnte man die Ziegenherden gut versorgen. Auch einige Gerbereien siedelten sich deshalb hier an.

Der ansonsten verschlafene Ort erwacht alljährlich am 2. Mai zum Leben, dann wird der feierliche **Tag des Kreuzes** begangen. Besucht man das winzige Dorf, entdeckt man an der von der FV-20 ins Zentrum führenden Straße zwei auf runden Steinfundamenten nah beieinander stehende Kreuze; sie erinnern an einen Priester und seinen Messdiener, die vor mehr als hundert Jahren bei der Querung der Rio-Cabras-Schlucht von einem reißenden Sturzbach davongerissen wurden und ertranken. Rund um den 2. Mai finden zum Gedenken an dieses Unglück mehrtägige Feierlichkeiten statt, bei der die „Cruces de Tesjuate" mit Blumen geschmückt werden.

La Ampuyenta

Das 200-Einwohner-Dorf in der zentralen Ebene, 6 km von Antigua entfernt, lädt mit seinem Museum für den Mediziner Dr. Mena, einem Informationszentrum über die Kapellen Fuerteventuras, einer mit hübschen Malereien geschmückten Ermita und dem Geburtshaus des Franziskanermönchs *Fray Andresito* zum Besuch ein. Bei einem Rundgang durch das Museumsdorf sind jahrhundertealte, heute bestens restaurierte Gebäude zu besichtigen.

Sehenswertes

Wer die Sehenswürdigkeiten von La Ampuyenta besichtigen möchte, kann an einer geführten, kostenlosen Tour teilnehmen, die Dienstag bis Samstag jeweils um 10.30, 12.30, 14.30 und 16.30 Uhr angeboten wird. Dabei wird die Kapelle San Pedro de Alcántara, das Geburtshaus von Fray Andresito, das Geburtshaus und Museum von Dr. Mena und das Informationszentrum für die Kapellen von Fuerteventura besucht.

Arzt und Wohltäter: Doctor Mena

Casa de Doctor Mena: 1802 erblickte *Tomás Antonio Mena y Mesa* in La Ampuyenta das Licht der Welt. In jungen Jahren verließ er Fuerteventura und ging nach Cuba, um in Havanna Medizin zu studieren. Sein medizinisches Wissen vertiefte er an der Sorbonne in Paris, bevor er wieder nach Fuerteventura zurückkehrte. Besonders die Armen schlossen den wohlhabenden Arzt in ihr Herz, da er sie oft kostenlos be-

Hospital de Caridad de San Gaspar y San Conrado

handelte. Geld für seine medizinischen Dienste nahm er meist nur von den Reichen der Insel. Auf seine Idee und seine Finanzierung geht der Bau des Hospitals de Caridad de San Gaspar y San Conrado (s. u.) zurück. Im Geburtshaus des 1868 verstorbenen Arztes sind heute persönliche Gegenstände aus dem Besitz von Dr. Mena ausgestellt. Die Einrichtung mit Mobiliar aus dem 19. Jahrhundert gibt einen Einblick in die Lebensweise der gut situierten Landbevölkerung der damaligen Zeit.

Eintritt frei. Kostenlose Führungen um 10.30, 12.30, 14.30, 16.30 Uhr. Informationen dazu im Hospital.

Hospital de Caridad de San Gaspar y San Conrado: Der testamentarische Wunsch von Dr. Mena nach dem Bau eines Krankenhauses in La Ampuyenta wurde erst lange nach seinem Tod erfüllt. 1891 vollendete man das stattliche Gebäude nach den Entwürfen des örtlichen Architekten Antonio Pintor Ocete. Kranke und gebrechliche Personen wurden hier jedoch nie behandelt. Einer der Gründe dafür war die Intervention der damaligen Inselverwaltung, die neben dem Krankenhaus in Puerto del Rosario keine medizinische Konkurrenz dulden wollte.

Heute ist hier das *Centro de Interpretación de las Ermitas de Fuerteventura* untergebracht. In den Räumlichkeiten sind Madonnenstatuen und prachtvoll verzierte Prozessionsbarken zu sehen, beispielsweise die Prunkbarke der heiligen Felsmadonna aus Vega de Río Palmas, ein Werk des aus La Palma stammenden Künstlern *Joseph Ximénes* aus dem Jahr 1750; erklärende Tafeln auf Englisch und Spanisch vorhanden.

Di–Sa 10–18 Uhr, So & Mo geschlossen. Eintritt frei. Carretera General. ✆ 928-858998, www.artesaniaymuseosdefuerteventura.org.

Casa de Fray Andresito: Schlichtes Haus in der Nähe der Casa de Doctor Mena, in dem der spätere Franziskanermönch *Fray Andresito* im Jahr 1800 auf die Welt kam. Schon als junger Bauernbursche sang er Loblieder auf die Jungfrau Maria und interessierte sich für Jesus Christus. Mit 33 Jahren wanderte er nach Südamerika aus und widmete sein Leben seiner religiösen Überzeugung und dem Franziskanerorden. Er sorgte sich selbstlos um die Armen und Kranken. 1853 starb er in Chile, wo er, wie auch auf Fuerteventura, bis in die heutige Zeit wegen seiner Güte verehrt wird.

Eintritt frei. Kostenlose Führungen um 10.30, 12.30, 14.30, 16.30 Uhr. Informationen im Hospital.

Ermita de San Pedro de Alcántara: Die von einer Steinmauer umfriedete Kapelle wurde Ende des 17. Jahrhunderts errichtet. Das zunächst nur aus einem Raum bestehende und mit einem Satteldach versehene Gebäude wurde im 18. Jahrhundert vergrößert. Eine Besonderheit des Gotteshauses ist der an der linken Seite angefügte Glockengiebel mit drei Glockenräumen (üblicherweise findet sich der Glockengiebel bei den Ermitas auf Fuerteventura frontal an der Fassadenseite). Die Kanzel, der Chor und einiges andere Mobiliar stammen aus dem 18. Jahrhundert, ebenso wie die prachtvolle Ausschmückung mit Gemälden, die von einheimischen Künstlern geschaffen wurden.

Eintritt frei. Kostenlose Führungen um 10.30, 12.30, 14.30, 16.30 Uhr. Informationen im Hospital.

Hin & Weg Bus: Linie 1 fährt zwischen Puerto del Rosario und Morro Jable (über Antigua, Gran Tarajal, Costa Calma, teilweise auch über Triquivijate, Los Gorriones und Las Playitas).

Essen & Trinken Bar Restaurant Fidel, am Ortseingang, von Antigua kommend. Gern von Einheimischen und den Mitarbeitern des Museums besuchtes Lokal mit fünf Tischen auf der Terrasse. Spezialität des Hauses sind Fleischgerichte, z. B. *Carne Cabra, Carne Cochino*, auch *Bocadillos* werden serviert. Hauptgericht ab 7 €. Großer Parkplatz vor dem Restaurant. Mo–Sa 6–22 Uhr. Lugar Aldea la Ampuyenta 49, ✆ 928-175250.

Fabiola, feines Restaurant mit entsprechenden, angemessenen Preisen am Ortseingang gegenüber dem Restaurant Fidel. Im liebevoll bepflanzten Garten und im stilvollen Innenbereich wird man mit köstlichen Speisen und einer guten Weinauswahl verwöhnt. Reservierung empfehlenswert. Nur Barzahlung. Do–Sa ab 20.30, So 13.30–15.30 Uhr. Calle Real 1, ✆ 928-174605 und ✆ 646-425279.

Antigua

Abseits der Durchgangsstraße FV-20 zeigt Antigua seine wahre Schönheit. Im Zentrum der eher verschlafenen „Hauptstadt“ der Großgemeinde erhebt sich die sehenswerte Kirche *Nuestra Señora de la Antigua* samt hübsch gestaltetem Platz mit Palmen und einladenden Holzbänken für eine Siesta im Schatten. Daneben steht das imposante *Rathaus* mit Flaggengalerie auf dem Dach, etwas zurückversetzt erfreut die in einem schön restaurierten historischen Gebäudeensemble untergebrachte öffentliche Bibliothek das Auge.

Antigua ist ein Ort der Ruhe und Erholung, unspektakulär, untouristisch und dörflich. In den Bars rund um das Zentrum trinkt man seinen Kaffee oder Hochprozentiges, in einem der wenigen Geschäfte findet man Kunst und Schmuck fern von touristischer Massenware. Am Ortsausgang zeigt ein eisernes Kunstwerk zwei große Hände – ein Hinweis auf den sehenswerten, einmal im Jahr stattfindenden *Kunsthandwerksmarkt*, auf dem Händler aller Kanarischen Inseln ihre Produkte verkaufen.

Antigua liegt nahezu im geografischen Mittelpunkt der Insel und blickt – auf Fuerteventura eher eine Seltenheit – auf eine lange Geschichte zurück: Die 254 Meter über dem Meer erbaute Siedlung ist eine der ältesten der Insel. Gegründet wurde Antigua im 15. Jahrhundert von andalusischen und normannischen Familien, die in der bis heute fruchtbaren Region Ackerbau und Viehzucht betreiben

Ostküste und Hinterland → Karte S. 93

Schöner Ort zum Innehalten: der Platz um die Nuestra Señora de la Antigua

wollten. 1785 trennte sich Antigua von der Mutterpfarrei in Betancuria und wurde unabhängig. Im 19. Jahrhundert, 1835, war Antigua für ein Jahr stolze Inselhauptstadt. Einige auffallend schöne Herrenhäuser, wie die von der Durchgangsstraße gut zu sehende blau-weiße Jugendstilvilla, die zurzeit nicht genutzt wird, sowie eine Windmühle zeugen von der früheren Größe des Orts. Rund um Antigua gibt es noch einige bewirtschaftete *Gavias*, traditionelle von einem Wall umschlossene Felder, und sogenannte Chicago-Windräder, die als Wasserpumpen fungieren.

Iglesia Nuestra Señora de Antigua: An der Stelle einer Kapelle aus dem 16. Jahrhundert, die der Jungfrau von Antigua geweiht war, steht heute die Kirche aus dem 18. Jahrhundert mit ihrem Glockenturm und der abschließenden runden weißen Kuppel. Die Sakristei entstand Anfang des 17. Jahrhunderts, die letzten Erweiterungen und Umbauten erfolgten Ende des 18. Jahrhunderts.

Sehenswert sind der farbig bemalte, aus Kalkstein geschaffene Altar aus dem 18. Jahrhundert und die im Mudéjar-Stil gestaltete Holzdecke. Im Bereich des aufwendig gestalteten Altars erkennt man drei von marmorierten steinernen Säulen begrenzte Nischen, in denen jeweils eine Heiligenskulptur zu sehen ist. In der mittleren Nische steht die Figur der Heiligen Jungfrau von Antigua. Rechts eine Skulptur des Heiligen San Juan Bautista, links das Abbild von San José. Den Übergang vom Kirchenschiff zum Chor begrenzen zwei tuffsteinerne Säulen, in deren unterem Bereich sich jeweils ein Weihwasserbecken befindet.

Tägl. 9.30–14 Uhr, die Öffnungszeiten variieren u. U. stark, je nach Verfügbarkeit von Aufsichtspersonal. Gelegentlich gibt es in der Kirche Konzerte, aktuelle Infos hierzu erhält man in der Galeria de Recuerdos am Platz. Plaza Central.

Biblioteca Municipal: Untergebracht in einem schön restaurierten kanarischen Gebäudeensemble mit großem Innenhof und altem Baumbestand. Wenn das Gebäude geöffnet ist, lohnt es sich, einen Blick in die Räumlichkeiten zu werfen.

Museo del Queso Majorero – das Museum des Käses

Das moderne und informative Museum (früher *Museo Molino de Antigua*) bringt nicht nur Wissen über den Käse an Frau, Mann und Kind, sondern vermittelt auf anschauliche Weise auch allgemeine Informationen zu Fuerteventura.

Der Rundgang beginnt in *Saal 1*, der sich mit Fuerteventura und den Kanaren beschäftigt. Hier werden Themen wie „Das Wetter" oder „Das Inselrelief" auf Schautafeln erläutert. Zum Einstieg begrüßt ein großes Inselmodell den Besucher, wunderbare Fotos in einer Art Diashow machen Lust auf eine Entdeckungsreise über das Eiland mit seinen vielfältigen Facetten. Diverse Theorien über die geologische Entstehung Fuerteventuras und der Kanaren werden dargestellt. Flora- und Faunaliebhaber treffen in Raum 1 auf große multifunktionale Bildschirme, an denen Vogel- und Pflanzenarten abgerufen werden können.

Über den Museumsplatz gelangt man zu *Saal 2*, der sich den Themen „Majorero-Käse", „Majorero-Ziege" und den damit zusammenhängenden Traditionen widmet. Die Vielfalt der Ziegenarten wird bildlich dargestellt, zahlreiche Arten wie „Blanca", „Rubia", Capirota" oder „Loba" werden präsentiert. Und dann darf sich der Besucher ganz handfest im Melken versuchen – auf einem Schemel an einem Ziegenmodell sitzend, samt Plastikzitzen; nach einiger Übung klappt das meist auch bei Städtern und landwirtschaftlichen Anfängern einigermaßen. *Saal 3* widmet sich schließlich der Geschichte, dem traditionellen Handel und der Herstellung des Ziegenkäses.

Nach dem Museumsbesuch kann man sich auf dem schönen, großzügigen Platz im Inneren des Gebäudeensembles eine Pause gönnen. Getränke und Snacks und natürlich diverse Käsesorten gibt es im Museumsladen.

Auch der riesige Garten des Museums lohnt einen Besuch. Hier auf dem Außengelände wachsen Kakteen und Palmen aus aller Welt, hier dreht sich auch eine restaurierte Windmühle. Vom terrassenartigen Obergeschoss des Museums kann man das weite Gelände und die Landschaft gut überblicken.

Di–Sa 10–18 Uhr. So & Mo geschlossen. Schautafeln auf Englisch und Spanisch, oft auch Infozettel auf Deutsch. Eintritt 2 €, Kind bis 12 J. frei. Das Museum liegt wenige hundert Meter außerhalb von Antigua an der FV-20 in Richtung Norden. ✆ 928-858998, www.artesaniaymuseosdefuerteventura.org.

Alles Käse – ein interessantes Museum für die ganze Familie

Basis-Infos

Information Das Infobüro am Kirchplatz ist seit langem geschlossen.

Hin & Weg **Bus**: Linie 16 (Gran Tarajal nach Puerto del Rosario)

Der **Flughafen** ist 22 km entfernt. Fahrzeit nach Antigua mit Auto oder Taxi ca. 25 Min.

Einkaufen **Galería de Recuerdos**, ein paar Meter vom Kirchplatz entfernt. Petra Simon, die Inhaberin und selbst Malerin, verkauft in ihrem besuchenswerten Laden seit rund 10 Jahren vor allem kanarische Handwerkskunst. So stellt hier der in 1966 in Madrid geborene, heute in Tiscamanita arbeitende Keramikkünstler *Pau Valverde* seine in traditionellen Techniken gefertigten Werke aus, zu entdecken sind Schmuck-Unikate und Bilder von bekannten Künstlern der Insel. Eine Besonderheit sind die T-Shirts, Pullover und Mützen einer Frau aus Antigua, die ihre auch bei Einheimischen beliebte Modemarke „Est e vida" („Das ist das Leben") nur hier und in Gran Tarajal verkauft. Mo–Fr 10.30–14 und 16.30–19.30, Sa/So 11–14 Uhr. Calle Virgen de Antigua 4, ✆ 928-549632.

Ahulago, Kioskladen mit Zeitschriften, Getränken, Eis, Lotto. Am Kirchplatz, Calle Virgin de Antigua.

El Colmado, kleiner Supermarkt an der Durchgangsstraße Calle Real.

Fiestas/Veranstaltungen **Anfang des Jahres** und andere Termine: *Lucha Canaria* – Kanarische Ringkämpfe im Stadion des Ortes, in dem der Club C. L. Unión Antigua zuhause ist. Nach Aushängen Ausschau halten oder Einheimische nach aktuellen Terminen fragen.

Februar/März: Der *Carnaval de Antigua* wird mehrere Tage mit großem Umzug und zahlreichen Musikgruppen gefeiert.

Mai: Großer *Kunsthandwerksmarkt* (Feria Insular de Artesanía). Seit fast 30 Jahren stattfindender Markt mit über 20.000 Besuchern. An drei Tagen können Einheimische und Gäste kunstvoll hergestellte Waren der Kanaren bestaunen und erwerben. An den Ständen findet man u. a. Lederwaren, Stickereien, Keramik und andere inseltypische Erzeugnisse. Aufgelockert wird der Markt durch Musik- und Tanzeinlagen. Veranstaltungsort ist nicht mehr der „pabellóndeportivo", sondern der große Parkplatz neben dem Käsemuseum.

8./9. September: Fest zu Ehren der *Nuestra Señora de la Antigua.*

Ganzjährig: Zu unterschiedlichen Terminen verwandelt sich der Dorfplatz an der Kirche in einen *Konzertsaal unter freiem Himmel.* Zu hören sind dann ortsbekannte Gruppen wie „Kandela" oder „Tamarindos".

Polizei Policía Localde Antigua. Tägl. 7–23.30 Uhr. Calle Marcos Trujillo 1, ✆ 928-878024 und ✆ 609-774323.

Rathaus **Ayuntamiento de Antigua**, Mo–Fr 8.30–14.30 Uhr. Calle Marcos Trujillo 1, ✆ 928-878004, www.ayto-antigua.es.

Wandern **Von Antigua nach Betancuria**: Am Dorfplatz startet eine 5,5 km lange Wanderung nach Betancuria über Degollada del Marrubia. Interessant bei dieser Tour sind vor allem die Be- und Entwässerungssysteme mit ihren vielen Gräben, die das Regenwasser auffangen, um z. B. Hülsenfrüchte oder Mais anbauen zu können. Auf Fuerteventura bezeichnet man diese Wassersysteme als „Rosa". Ansonsten beeindruckt das Bergmassiv von Betancuria mit seinen unzähligen Farbnuancen. Gehzeit ca. 2½ Std. Infotafel im Ort vorhanden; der Beschilderung des „Caminos Natural" folgen.

Übernachten/Essen & Trinken

Übernachten **Hotels** gibt es keine. Das lange Jahre existierende Hotel Rural Era de la Corte ist zurzeit geschlossen. Vielleicht finden sich neue Investoren für dieses schöne Anwesen. Ebenfalls derzeit geschlossen ist das Hostal El Artesano mit Bar an der Durchgangsstraße Calle Real 13.

Ferienwohnungen werden über die bekannten Vermietportale angeboten (→ Kapitel Übernachten S. 45).

Essen & Trinken **Todo Bueno**, großes Restaurant neben der Cafeteria El Tiempo (s. u.); hier werden drinnen und draußen inseltypische Gerichte wie *Carne de Cabra, Carne de Cochina,* aber auch italienische

Spezialitäten serviert. Tägl. 10–22 Uhr. Calle Alcade Montesdeoca Cabrera/Ecke Calle San Jose, ✆ 928-878756.

Café-Bar La Noria, unscheinbare klassische spanische Bar, etwas abseits vom Hauptplatz. Chefin Inma serviert Tapas und andere Spezialitäten oder auch einfach einen Cortado für die hauptsächlich einheimischen Gäste. Eine Holzbank vor der Tür sorgt für sonnige Sitzplätze im Freien. Tägl. 6.30–14 und 18.30–23 Uhr. Calle Tinguaro 3, ✆ 610 830751.

Cafeteria El Tiempo, wenige Meter von Kirche und Rathaus entfernt. In der mit hellen Fliesen, bunten Holzmöbeln und weißer Kuchentheke eingerichteten Cafeteria gibt es diverse Sorten Kaffee, selbstgemachte Kuchen, aber auch vegetarische oder mit Schinken und Käse belegte Bocadillos. Schmucke Ventilatoren und originelle Lampenschirme setzen weitere angenehme Akzente. Mo–Fr 8–14 und 17–21, Sa 9–14 und 18–21 Uhr, So Ruhetag. Calle Alcade Montesdeoca Cabrera 13, ✆ 678-656659.

Bar Plaza Casa Juan, am Kirchplatz; einfache Bar mit ein paar Tischen, im Angebot sind Tapas und Kontakt zur einheimischen Bevölkerung. Tägl. ca. 7–14.30/15 Uhr. Calle Marcos Trujillo.

Bar Los Girasoles („Sonnenblumen"), rustikale Bar mit ein paar Stühlen und Tischen vor der Tür, die mit einer blau-weißen Markise vor zu viel Sonne geschützt sind. An der Durchgangsstraße FV-20, Calle Real 31 b, ✆ 696-683290.

Umgebung von Antigua

Vogelschutzgebiet El Jarde *(Reserva El Jarde):* Die Inselverwaltung von Fuerteventura *(Cabildo)* erforscht seit einigen Jahren inseltypische ökologische Sachverhalte. Ziel ist es, die empfindliche Inselflora und -fauna für die Zukunft zu erhalten. Hier östlich von Antigua, im geschützten, 200 Hektar großen Steppengebiet El Jarde liegt der Fokus auf der Ornithologie, der Vogelkunde, da sich hierher sehr gern Steppen- und Wandervögel zurückziehen und somit gut beobachtet werden können.

Damit Interessierte die Vogelarten erkennen und bestimmen können, wurden in dem auch als „Los Alares" bekannten Schutzgebiet 2016 Informationstafeln aufgestellt. Diese erleichtern es dem Besucher mit Hilfe von Bildern und Texten, beispielsweise den hier lebenden Kanarenschmätzer oder Kanarenpieper zu identifizieren. Ziel der von der EU geförderten und zum Macaro-Aves-Projekt gehörenden Initiative, die von der Spanischen Gesellschaft für Vogelkunde koordiniert wird, ist es, den Natur-Tourismus auf Fuerteventura zu fördern.

Anfahrt: Das Vogelschutzgebiet ist von Antigua aus über die FV-50 Richtung Südosten zu erreichen.

Das Team des Macaro-Aves-Projekts (www.macaroaves.blogspot.de) bzw. die Spanischen Gesellschaft für Vogelkunde SEO/BirdLife organisiert hin und wieder auch im Reserva El Jarde vogelkundliche Tagesexkursionen. Infos dazu gibt es z. B. auf der Webseite https://www.seo.org/reserva-de-el-jarde-fuerteventura.

Triquivijate

Das kaum von Urlaubern frequentierte 1000-Einwohner-Dorf breitet sich an der FV-430, 5 km von Antigua entfernt, in einer Ebene aus. Der ruhige Ort bietet ein paar schöne Wohnhäuser, mehrere Landhäuser zum Übernachten, eine typische Kapelle und ein nicht alltägliches Restaurant. In der kargen Umgebung ragen einige wenige Berge aus der Landschaft, wie nördlich der 401 m hohe *Montaña de la Rosa* sowie der knapp 600 m hohe *Rosa del Taro* etwas weiter östlich.

Ermita de San Isidro: Die San Isidro Labrador geweihte Einsiedelei wurde 1715 errichtet. In der mitten im Ort an der FV-430 stehenden Kapelle ist ein Gemälde aus

Ostküste und Hinterland → Karte S. 93

dem 18. Jahrhundert sehenswert, das Episoden aus dem Leben des Heiligen zeigt. Der geräumige Platz um die Ermita ist von einer Wehrmauer und Palmen umgeben, das Eingangstor ist meist geschlossen. Das Fest für den heiligen Isidro wird alljährlich um den 12. August gefeiert.

Basis-Infos

Information **Centro Cultural**, hier gibt es Veranstaltungshinweise, Auskünfte und einen Internetservice. Mo–Fr 17–21 Uhr. Calle Luis San Pío Herrera 5, 35639 Triquivijate, ✆ 928-878319.

Reiten **Finca Crines del Viento**, Reitunterricht und -ausflüge für Anfänger und Fortgeschrittene. Auch Therapie mit Pferden und einem ausgebildeten Therapeuten wird angeboten; gearbeitet wird z. B. mit Kindern, die an ADHS leiden. Carlos Rivero Gonzalez, der Leiter des Reiterhofs, ließ sich von der Iberoamerikanischen Vereinigung in Madrid zum Pferdetherapeuten ausbilden. Auch 2- bis 3-tägige Ausritte mit Übernachtung(en) in der Wildnis werden organisiert. Triquivijate 119, ✆ 678-213108, www.crinesdelviento.com.

Übernachten/Essen & Trinken

Übernachten **Casa Rural La Rosa del Taro, Casa La Atalaya**, Silvero López Márquez vermietet ruhige Ferienhäuser auf dem Land, unweit von Triquivijate am Vulkan Rosa del Taro gelegen. Die für jeweils 2 Pers. geeigneten Unterkünfte bieten eine wunderbare Aussicht über die Gegend. Neben dem Schlafzimmer gibt es eine gut ausgestattete Küche, Wohnzimmer, Bad und eine eigene Terrasse. Zum Frühstück kommen Eier der Hühner vom Hof und frische Produkte aus dem Garten auf den Tisch. Töpferkurs vor Ort möglich. Mindestaufenthalt 3 Tage. Übernachtung 50 €/Tag, 1 Woche 45 €/Tag. Atalaya de la Rosa del Taro 92, 35630 Triquivijate. ✆ 928-175108 und ✆ 619-835684, www.fuerterural.com.

So wie die Ermita de San Isidro sehen fast alle Ermitas auf Fuerteventura aus

Villa Rosa del Taro, Ferienhaus am Rande von Triquivijate mit Pool und ausreichend Platz für bis zu 6 Personen. 3 Schlafzimmer, gut ausgestattete Küche, Spülmaschine, Kühl- und Gefrierschrank. Große Terrasse mit Sonnenliegen. Las Casa Canarias, Buchung (deutschsprachig) tägl. 9–18 Uhr. ✆ 928-580030, www.lascasascanarias.com.

Essen & Trinken **Restaurant Antonia**, um in Antonias stilvollem Restaurant mit Genuss zu essen, muss man etwas vorausplanen, denn bei Antonia kann man nicht spontan vorbeischauen, um einen Tisch zu ergattern. Gekocht wird nur nach Vorbestellung, aufgedeckt wird an sieben Tagen die Woche. Piedra Blanca 126, ✆ 644-147157, www.antoniatriquivijate.com.

La Cruzada, Restaurant an der Hauptstraße mit ein paar Tischen im überdachten Außenbereich. Als Spezialität steht u. a. *Carne de Cabra* auf der Karte, aber auch Tortillas, Hamburger und der Eintopf *Ropa Vieja* wird serviert, in den neben Kartoffeln, Kichererbsen, Gemüse je nach Laune des Kochs auch Fisch oder verschiedene Fleischsorten wandern. Triquivijate 27.

Valles de Ortega

Valles de Ortega liegt in der zentralen Ebene, rund 3 km südlich von Antigua an der FV-20 bzw. an der FV-415, am Rande des westlich beginnenden Betancuria-Massivs. Fast unmittelbar an der FV-20, am Abzweig nach Cassillas de Morales, lässt sich ein schönes Exemplar einer „La Molina", einer „Weiblichen Mühle" besichtigen. Biegt man also hier ab und fährt an der links stehenden Molina vorbei, erreicht man über die nächste, nach rechts abzweigende Straße eine weitere Mühle, diesmal ein rundes, mehrstöckiges, „männliches" Mühlenexemplar.

Für einen kulinarischen Stopp mit inseltypischen Speisen ist das *Restaurant Casa Matoso* an der FV-415 eine gute Option – ein Ort fernab touristischer Massenverpflegung.

››› Mein Tipp: **Casa Matoso**, Restaurant in einem typischen einfachen, einstöckigen Steinhaus mit einigen Stühlen auf dem schmalen Gehweg und einer überdachten Terrasse. Im Inneren großzügige Räumlichkeiten. Historische Fotos und Bilder, die den Ringer der Lucha Canaria zeigen, erinnern daran, dass Matoso, der Gründer und Namensgeber des seit Generationen bestehenden Restaurants, einst ein bekannter und erfolgreicher „luchador" war. Das (kanarische) Essen ist frisch und sehr schmackhaft, manche Politprominenz der Insel ist im „Matoso" Stammgast. Tagesgericht ab 7 €. Tägl. 12–16 und 19–24 Uhr, Mo Ruhetag. An der FV-415, Calle Gairía 9, 35638 Valles de Ortega, ✆ 928-878567. ‹‹‹

Umgebung von Valles de Ortega

Casillas de Morales: Vom Ortskern in Valles de Ortega führt eine Landstraße nach Süden zu dem aus ein paar Häusern bestehenden Dorf. Sehenswürdigkeit hier ist die dem Schutzheiligen Roque geweihte **Ermita de San Roque** aus der ersten Hälfte des 18. Jahrhunderts mit ihrem aus dunklem Stein gemauerten Glockengiebel, in dem drei Glocken schwingen. Wer einen Blick in's Innere wirft, entdeckt eine farbig gefasste Holzskulptur des Pestheiligen Rochus sowie den in Öl verewigten heiligen Johannes.

Tiscamanita

Das 400-Einwohner-Dorf, das bereits zur Gemeinde Tuineje zählt, wäre an sich keinen Besuch wert, wären da nicht das sehenswerte *Mühlenmuseum*, die *Kapelle de San Marcos* aus dem 17. Jahrhundert und das auf kanarische Speisen spezialisierte *Restaurant Casa Luis*. Und mit einer weiteren, wenig bekannten Attraktion lockt das verschlafene Tiscamanita: Ein paar hundert Meter abseits der Ortsmitte gibt es die Möglichkeit, dem seltenen Schmutzgeier, dem „Guirre", nachzuspüren (→ Kastentext „Auf Geier-Pirsch").

Historische Windmühlen überall

Während sich westlich der auf 240 m liegenden Ansiedlung über 700 m hohe Berge, wie der *Gran Montaña*, in die Wolken strecken, breitet sich nach Osten eine eher flache Landschaft aus, die nach einigen Kilometern auf die *Lavafelder Malpaís Chico* und *Malpaís Grande*, letzteres ein Landschaftsschutzgebiet, stößt.

Sehenswertes

Ermita de San Marcos: Die von Franziskanern errichtete Kapelle mit rotem Ziegeldach und zwei unterschiedlich hohen Glockentürmen wurde, wie eine Inschrift am Gebäude kundtut, „von Pablo Sánchez de Carmona im Jahr 1699 gebaut". Das von vier Fenstern erhellte Innere schmückt eine Holzdecke, die geschnitzte Figur des heiligen Marcos, des Dorfpatrons, der in der Linken ein offenes Buch trägt und in der Rechten eine Feder, während ihm ein Löwe zu Füßen liegt, sowie die Skulptur des Santo Domingo, der ein Kirchenmodell trägt und zu dessen Füßen das mit weißer Tunika gekleidete Jesuskind sitzt.

Auf Geier-Pirsch

Unweit von Tiscamanita kann man den Schmutzgeier (span. „Guirre") aus der Ferne beobachten – mit ein wenig Glück bekommt man hier eines dieser seltenen Tiere zu Gesicht, die in der Ebene rund um eine künstlich geschaffene Futterstelle gelegentlich auftauchen.

Der „Guirre" ist die einzige Geierart, die auf den Kanarischen Inseln lebt, und gilt als der kleinste aasfressende Raubvogel Europas. In früheren Zeiten, als noch weit mehr Ziegen samt Zicklein durch das weite Land zogen und dort auch starben, gab es für Schmutzgeier, die ein ausgeprägtes Sozialverhalten zeigen, genug an Aas, um zu überleben. Heute ist für die verbliebenen 250 Exemplare, darunter knapp 30 Paare, die Nahrungssuche schwierig geworden. Die meisten Ziegen leben heute in

Geier nutzen in Ermangelung hoher Bäume Strommasten als Aussichts- und Treffpunkt

Los Molinos – Centro de Interpretacion: Das Mühlenmuseum in einem schön restaurierten Gebäude informiert anschaulich rund um das Thema „Mühlen, ihre Entwicklung und kulturelle Bedeutung". So wird beispielsweise gezeigt, dass die Ureinwohner, die Majos, noch mit einfachen Mörsern und Handmühlen *(Molinos de Mano)* arbeiteten. Später kamen tierbetriebene Mühlen und erst in jüngerer Vergangenheit die technisch ausgefeilten Windmühlen zum Einsatz.

In einem der Ausstellungsräume sind unterschiedlichste kanarische Mühlen und andere Mahlwerkzeuge zu sehen. So findet man eine hölzerne Kaffeemühle oder eine steinerne Mühle aus La Gomera. Wer den Unterschied zwischen einer „männlichen" und „weiblichen" Mühle, also einer „El Molino" (bzw. „Macho") und einer „La Molina" vor Augen geführt haben möchte, erfährt das in einem anderen Raum. Auf dem liebevoll gestalteten Museumsgelände steht auch ein restauriertes Exemplar einer „männlichen" Windmühle, die auf mehreren Etagen besichtigt werden kann.

Di–Sa 10–18 Uhr, So & Mo geschlossen. Erw. 2 €, Kind bis 12 J. frei. Calle de la Cruz, ✆ 928-164275.

Farmen und sind aufgrund ihres wirtschaftlichen Wertes als Nutztier gut versorgt, sodass nur noch wenige kranke Tiere in der offenen Landschaft verenden.

Daher beschloss die Inselverwaltung, einen (öffentlich nicht ausgeschilderten) Futterplatz einzurichten, um dem „Guirre" das Überleben zu erleichtern. Der *Neophron percnopterus*, so sein lateinischer Name, hat ganz besondere Fähigkeiten, wie man bei der Beobachtung herausfand. Zum Beispiel benutzt er Steine als Werkzeug, um ein Straußenei zu öffnen. Dazu nimmt er dieses in den Schnabel und malträtiert das Ei so lange, bis er an das nahrhafte Innere gelangt. Versuche mit auf der Insel geborenen Schmutzgeiern brachten weiteres Erstaunliche zutage. Obwohl die Tiere auf Fuerteventura noch nie ein Straußenei gesehen haben konnten, war es für sie eine Selbstverständlichkeit, das Ei mittels Steinwurf zu zerstören.

Der bis knapp 70 Zentimeter groß werdende, in Höhlen, Felsnischen und auf Bäumen nistende und schlafende Greifvogel zeigt als Jungtier eine überwiegend schwarzbraune Färbung. Im Erwachsenenalter präsentiert er sich, ausgenommen die schwarzen Flugfedern, großflächig schmutzigweiß gefärbt, wobei Gesicht und Schnabel ein kräftiges und auffälliges Gelb aufweisen. Da auf Fuerteventura bekanntlich kaum Baumvegetation und noch weniger solche von hohem Wuchs existiert, haben die rund um Tiscamanita lebenden Geier eine Alternative für ihre Nachtruhe ausfindig gemacht: Oft nächtigen sie mit mehreren Gleichaltrigen auf hohen Strommasten, die in der kargen und flachen Landschaft häufig die einzigen Erhebungen sind.

Wenn Sie das Glück haben, eines der scheuen Tiere zu entdecken: Verhalten Sie sich bitte ruhig und halten Sie genügend Abstand. Das Aufsuchen der Futterstelle ist zum Wohle der „Guirre" selbstverständlich zu unterlassen. Genießen Sie den Anblick dieser nicht nur auf Fuerteventura bedrohten Tierart aus der Ferne und erleben Sie bei Sonnenuntergang die in wunderschöne Farben getauchte Landschaft rund um den *Vulkan La Gairía*.

Anfahrt: Von Süden kommend von der Hauptstraße FV-20 im Ort in die Calle Manuel Velázquez Cabrera nach rechts abbiegen und dieser für einige hundert Meter folgen. Dann die asphaltierte Straße nach links verlassen, um auf eine Schotterpiste zu gelangen. Im Bereich der quer zur Piste verlaufenden Strommasten können Sie Ihr Glück versuchen. Tipp: Sofern vorhanden, Fernglas nicht vergessen!

Basis-Infos

Hin & Weg Bus: Linie 1 fährt von Puerto del Rosario nach Morro Jable, über Antigua. **Linie 16** fährt von Puerto del Rosario über Caleta de Fuste nach Gran Tarajal.

Einkaufen **Panaderia Tiscamanita**, die Bäckerei von Isidro Hernandez (neben dem Restaurant Casa Luis) ist wegen ihrer vorzüglichen Brote über die Grenzen des kleinen Tiscamanita hinaus bekannt und geschätzt. Unbedingt probieren sollte man das Anis-Brot. Mo–Sa tägl. 8–21.30 Uhr. Hauptstraße, Calle Principal, ✆ 609-707615.

Käserei Julián Díaz, in der dritten Generation betreibt Julián mit zwei Mitarbeitern die kleine Käserei in Tiscamanita. Neben den Sorten mit Paprika, Gofio oder Natur stellt der Betrieb auch Joghurt aus der Milch der eigenen 400 Ziegen her. Alle Produkte können im Verkaufsraum erworben werden. 1 kg Ziegenkäse 10–13 €. Mo–Fr 8–14 und 16–20, Sa 8–14 Uhr, So geschlossen. Calle San Marcos, ✆ 928-164062.

Fiesta An jedem 3. Sonntag im August wird die **Fiesta de San Marcos** gefeiert.

Übernachten/Essen & Trinken

Übernachten **Casa Rural La Gayría**, schön hergerichtete, großzügige Hofanlage aus dem 18. Jh. mit Außenpool, Garten und Grillplatz, nur wenige hundert Meter außerhalb des Ortszentrums. Zur Verfügung stehen drei Landhäuser für jeweils vier Gäste, jeweils ausgestattet mit einer Küche. Übernachtung bei 2 Pers. 50 €. Calle Inmaculada 9, ✆ 605-606135, www.agroturismolagayria.com.

Essen & Trinken **La Parada**, Restaurant an der Hauptstraße mit Bar. Im Innenbereich und auf der mit Plastikstühlen bestückten Terrasse werden Ziegen- und andere Fleischspezialitäten, aber auch Pizza und Fisch serviert. Pizza Margherita 4,50 €, vegetarische Pizza 6,50 €. Ziegengericht 9 €. Tägl. 9–23 Uhr. Hauptstraße, Calle Principal, ✆ 638-734941.

››› Mein Tipp: **Casa Luis**, das Restaurant in einem alten Steinhaus bietet sehr gute einheimische Küche. Luis und seine Frau Carmen betreiben das gutbesuchte Lokal seit etwa 25 Jahren. Eine Speisekarte gibt es nicht, Luis erläutert den Gästen das wechselnde Angebot. Während Carmen die Speisen zubereitet, serviert Luis insbesondere Ziege und Fisch oder trinkt mit den Gästen an der Theke einen nach eigenem Rezept kreierten Kaffee Cortado mit Milch, etwas Schnaps, Zitrone und einem Hauch Zimt. Das Interieur besteht hauptsächlich aus landwirtschaftlichen Gerätschaften und anderen kanarischen Utensilien. Wer am Wochenende einen Platz an einem der knapp ein Dutzend Holztische ergattern will, sollte reservieren. Mo–Sa 11.30–16.30 und 20–1 Uhr. Hauptstraße, Calle Principal, ✆ 928-164179. ‹‹‹

Umgebung von Tiscamanita

Agua de Bueyes: In dem aus ein paar Wohnhäusern bestehenden Nest, 2,5 km nördlich von Tiscamanita, erbaute Mitte des 17. Jahrhunderts María Gutiérrez die einfache **Ermita de Guadalupe**. Geweiht wurde sie der Virgin de Guadelupe, heute trägt sie den Namen Virgin de la Lluvia, Jungfrau des Regens. Die Umbenennung geht auf ein Ereignis zurück, das sich vor mehr als 200 Jahren zugetragen haben soll. Damals wurde die Insel von einer schlimmen Trockenheit heimgesucht, die Bewohner sahen ihre Ernte auf den Feldern verdorren. In ihrer Verzweiflung suchten sie Hilfe im Glauben; sie trugen die Figur der Virgin de Guadelupe hinaus auf den Acker und beteten unter dem Himmelszelt für ergiebigen Niederschlag. Das Wunder geschah, es begann kräftig zu regnen und die Ernte war gerettet. Seit dieser Zeit trägt die Madonnenstatue den Namen Virgin de la Lluvia. Jedes Jahr am 28. Februar wird das wundersame Ereignis im Rahmen der *Fiesta de Agua* ausgiebig gefeiert.

Fast wie in Ägypten – inklusive kleiner „Pyramide“

Im Dorf, rund 400 m südwestlich von der Ermita de Guadalupe entfernt, trifft man auf ein herrschaftliches, gepflegtes Gebäude aus dem 18. Jahrhundert, den Sitz des **Aloe-Vera-Betriebs „Vidaloe“** von Daniel und Imma. Das Ehepaar und seine Angestellten stellen hier seit 2014 aus rund 10.000 Pflanzen Aloe-Vera-Produkte nach ökologischen Gesichtspunkten her. Auf einem Rundgang durch die Produktion werden die Verarbeitungsschritte erläutert, man kann die Konsistenz der Bestandteile der Pflanze mit eigenen Fingern erspüren. Auf dem Gelände dreht sich übrigens ein historisches hölzernes Wasserrad, das eines der ältesten seiner Art auf Fuerteventura sein soll.

Mo–Fr 9–17 Uhr. Agua de Bueyes 30. Führungen nach telef. Vereinbarung: ✆ 674-712489, www.vidaloe.es.

Montaña Gairía: Der 463 m hohe Berg östlich des Dorfs ist eines der sechs großen Naturdenkmäler Fuerteventuras. Der auch *Caldera de Gairía* genannte Vulkankegel ist wegen seiner an die Trockenheit angepassten Vegetation und seiner geologischen bzw. vulkanischen Entwicklung (er eruptierte als einer der letzten Vulkane auf Fuerteventura) nicht nur für Wissenschaftler interessant – nicht zuletzt wegen der gemachten archäologischen Funde. Die Stelle, an der sich die Lavaströme des 10 Quadratkilometer großen *Malpaís Chico* und des *Malpaís Grande* trafen, trägt heute den Namen „La Laguna de las Mujeres“, Lagune der Frauen. Wer will, kann den Montaña Gairía von Tiscamanita aus auch zu Fuß umrunden.

AVISA Aloe-Vera-Fabrik: Etwa 1 km südlich von Tiscamanita, direkt an der FV-20, kann man die nach eigenen Angaben älteste Aloe-Vera-Fabrik Europas besuchen und sich vor Ort ein Bild machen, wie die Pflanzen, von denen hier Abertausende wachsen, biologisch angebaut und verarbeitet werden. Im Shop kann man verschiedenste kosmetische Produkte ohne chemische Konservierungsstoffe, ohne Farbstoffe oder künstliche Aromen aus der Heilpflanze Aloe Vera probieren und erwerben.

Carretera General del Sur, Km 30, 35638 Tiscamanita. ✆ 928-164240, www.aloetiscamanita.com.

Ostküste und Hinterland → Karte S. 93

Tuineje

Der Ort mit dem Verwaltungssitz für die gleichnamige Großgemeinde liegt 3 km südlich von Tiscamanita an der FV-20 und FV-30. Rund um die Kirche samt Dorfplatz mit Lorbeerbäumen und Kiefern sowie entlang der Hauptstraße treffen sich Einheimische und Gäste. Dort, in der Paulita-Bar, den Restaurants oder unter freiem Himmel auf einer der Steinbänke findet der Alltag statt, hier plauscht man, tauscht neueste Neuheiten aus oder genießt die Ruhe und die Sonnenstrahlen.

Historisch interessant und nicht zu übersehen ist das an der Straße vor der Kirche platzierte lebensgroße Dromedar mit seiner überraschend roten Farbgebung, eine Anspielung auf die Schlacht von Tamasite (→ siehe Kastentext „Die Schlacht von Tamasite"). Grund für diese Farbe ist das Material, aus dem das tierische Denkmal besteht. Es stammt von dem rund drei Millionen Jahre alten *Vulkan Bermeja*, der sich unweit des winzigen Ortes *Llanos de la Concepción* (von Tuineje aus knapp 20 km nördlich) erhebt. Dort wird sein auffällig rotes Gestein abgebaut und überall auf der Insel vorzugsweise als Material für Kunstwerke, wie hier in Tuineje, verwendet. Daneben verfügt die „Gemeindehauptstadt" immerhin über einen Fußballplatz und ist Austragungsort für die „Lucha Canaria", die kanarischen Ringkämpfe.

Die Schlacht von Tamasite

Oktober im Jahre 1740. In der Bucht von Gran Tarajal landen 53 englische Korsaren, um ins Landesinnere vorzudringen und das Örtchen Tuineje auszuplündern. Doch haben sie die Rechnung ohne die kämpferischen Bauern gemacht, die sich mit Steinen und Stöcken bewaffnet den militärtechnisch überlegenen Gegnern entgegenwerfen.

Als letztlich siegbringend erweist sich ihre Idee, eine eindrucksvolle Herde von Kamelen mit in die Schlacht ziehen zu lassen. Die Vierbeiner bildeten eine furchteinflößende erste „Phalanx", hinter der sich die Einwohner mit ihren primitiven Waffen verschanzen konnten. Nach einem ersten Kugelhagel durch die Engländer gelang es den Majoreros, einen Großteil der Angreifer zu töten. Der Rest von ihnen trat die Flucht nach hinten an.

Hin & Weg **Bus**: Linie 9 fährt zwischen Pájara und Morro Jable (über Toto, Tuineje, Gran Tarajal, Costa Calma).

Fiesta **Jurada de San Miguel Arcángel/ Die Schlacht von Tamasite**, großes Fest alljährlich im Oktober, in Erinnerung an den Sieg der Majoreros über die englischen Freibeuter im Jahre 1740. Während der Fiesta mit Musik, Tanz erwecken (friedliche) Darsteller in historischen Uniformen die „Schlacht von Tamasite" für einige Stunden wieder zum Leben.

Übernachten **Casa Rural Tamasite**, über 200 Jahre alte Finca mit vier separaten Wohnungen, alle mit Küche ausgestattet. Kleiner Pool. Übernachtung bei 2 Pers. ab 60 €. Calle Tamasite 9, 35629 Tuineje, ✆ 605-606135 und ✆ 928-164991, www.casatamasite.com.

Essen & Trinken **La Cabra Nostra**, Restaurant etwas abseits der Durchgangsstraße, unmittelbar an der Kirche, mit Terrasse. Neben kanarischen Spezialitäten werden hausgemachte Hamburger (ab 2,50 €), Salate serviert, dazu kredenzt man kanarische Weine. Kanarische Kartoffeln ab 2 €, gebratener Ziegenkäse mit Honig ab 4 €, geschmortes Ziegenfleisch 7 €. Di–So 12–16 und 19–23 Uhr. Calle Melin Diaz Hernandez, ✆ 928-164372.

Schön gestaltet – der Hafen von Caleta de Fuste

Ostküste südlich von Puerto del Rosario

Caleta de Fuste

Den ersten Eindruck von Caleta bekommt man beim Anflug auf Fuerteventura. Aus der Luft ist der breite, helle Sandstrand und die Struktur des 6,5 km südlich des internationalen Flughafens liegenden Ortes gut zu sehen.

Caleta de Fuste, mitunter auch El Castillo oder Costa Caleta genannt, ist ein Ferienzentrum ohne wesentliche historische Sehenswürdigkeiten. Der Ort punktet mit einer großen Auswahl an Feriensiedlungen, Hotels, Einkaufszentren und perfekter touristischer Infrastruktur, inklusive einiger Lokalitäten für Nachtschwärmer.

Neben dem Jachthafen- und dem Strandareal zeigt sich das am Reißbrett entworfene restliche Ortszentrum weitgehend als Konglomerat von Einkaufszentren. Dabei verstärkt sich der Trend zu speziell für Engländer geschaffenen Lokalen und Einrichtungen, es gibt zahlreiche Pubs mit English Breakfast und Sportbars mit Übertragung englischer Fußballspiele. Für Liebhaber des Golfsports sind die großzügigen Club-Anlagen in der Nähe des Zentrums von Interesse. Ein Pluspunkt ist auch die zentrale Lage an der Ostküste – eine gute Basis also für Ausflüge über die gesamte Insel.

Empfehlenswert ist ein Spaziergang entlang der kilometerlangen, zum Baden aber ungeeigneten Felsküste, vorbei an der flach ins Wasser abfallenden Badebucht auf der breiten und teils mit einem Fahrradweg ausgestatteten Uferpromenade. Folgt

Eines der ganz wenigen historischen Zeugnisse: Festungsturm San Bonaventura

man der Promenade längere Zeit nach Norden, erreicht man die südlich des Flughafens erbaute, wenig attraktive, auch unter dem Namen „Nuevo Horizonte“ bekannte Feriensiedlung **Costa de Antigua**; außer einigen Pubs und Restaurants ist hier nicht viel zu sehen.

Historisch erwähnenswert ist einzig der am Hafen stehende **Festungsturm San Bonaventura** aus dem 18. Jahrhundert. Das wegen seiner Form auch „Quesera“, Käseglocke, genannte Bauwerk erinnert an die Burg in El Cotillo. In der Tat wurden beide Militärbauten von dem Militäringenieur Claudio Lila geplant, der sie zum Schutz vor Piraten konzipiert hatte. Noch in den 1970er Jahren standen hier an der Bucht neben dem aus schwarzem Stein errichteten Bollwerk noch ein paar Fischerhütten. Historische Fotos aus dieser Zeit, zum Beispiel in der Lobby des *Barcello Beach Hotels* zu sehen, überraschen durch ihre Kargheit und Einfachheit.

Playa del Castillo: Der helle Hauptstrand liegt geschützt in einer großen Bucht und bietet meist ruhige See, ist also für Familien mit Kindern ideal. Der angrenzende *Jachthafen* mit über 120 Anlegestellen für sechs bis achtzehn Meter lange Boote und den geschmackvollen Restaurants und Bars gewann in den letzten Jahren aufgrund der gelungenen Modernisierung deutlich an Attraktivität. Heute ist die Playa ein beliebter Treffpunkt, um in angenehmer Umgebung und mit Blick aufs Meer die Zeit zu genießen.

Mountainbike-Tour 9:
Von Caleta de Fuste nach Pozo Negro und La Atalayita → S. 242
Für sportliche Radler entlang der Küste mit Bademöglichkeiten und Kultur

Basis-Infos

Information Oficina de Turismo, Mo–Fr 8.30–14.30 Uhr. Calle Juan Ramón Soto Morales 10, 35610 Caleta de Fuste. ✆ 928-163286, www.caletadefuste.es.

Hin & Weg Bus: Linie 3 fährt zwischen Puerto del Rosario über Caleta de Fuste nach Las Salinas. Linie 10 fährt zwischen Puerto del Rosario über Caleta de Fuste nach Morro Jable, Linie 16 fährt von Puerto del Rosario über Caleta de Fuste nach Gran Tarajal.

Zum Flughafen sind es 6,5 km. Sammeltransfer mit Bus vom Flughafen nach Caleta de Fuste. Hin-/Rückfahrt insgesamt 7,50 €. ✆ 971-369992, www.shuttlefuerteventura.com.

Arzt **Dr. med. Bludau**, Facharzt für Innere Medizin, Dermatologie, Frauen- und Kinderheilkunde, Orthopädie. Mo–Fr 9–14 Uhr; Termine/Haus- und Hotelbesuche auch nach Vereinbarung. Calle La Galera 1, Urb. Pueblo de Pescadores, 35610 Caleta de Fuste. 24-Stunden-Service ✆ 928-163732 und ✆ 628-424231, www.fuerteventura-arzt.eu.

Polizei ✆ 928-878024 und ✆ 609-774323.

Tankstelle Am Kreisverkehr beim Shopping Center Atlántico, neben McDonalds.

Taxi Z. B. am Shopping Center Broncemar Beach. Fahrt zum Flughafen 12 €, nach Pozo Negro 25 €. Eine 6-Std.-Tour durch das Zentrum von Fuerteventura mit Besuch von Betancuria, Ajuy, Vega del Rio Palma u. a. kostet 150 €. Auch Touren in den Norden oder nach Süden möglich. ✆ 928-164004.

Aktivitäten

Baden Caleta de Fuste hat zwar keinen kilometerlangen Traumstrand, doch die in einer Bucht herrlich geschützte **Playa del Castillo** ist durchaus einen Besuch wert; besonders beliebt ist sie bei Familien mit Kindern wegen ihrer langsam ins Meer abfallenden Beschaffenheit und dem meist ruhigen Wasser. Sonnenhungrigen, die sich sportlich betätigen wollen, stehen Volleyballplätze zur Verfügung. Bars und Restaurants sind nur ein paar Schritte entfernt. Etwas abseits vom eigentlichen Zentrum beim Sheraton Hotel, den Elba-Hotels und dem Casino erstreckt sich die **Playa La Guirra** mit einigen historischen Kalköfen.

Einkaufen In Caleta de Fuste mit seinen nah beieinander liegenden Einkaufszentren *(Centro Commercial)* ist die Auswahl an Geschäften riesig. Kaum ein Produkt, das nicht zu finden wäre.

Fahrrad/Mountainbike **Caleta Cycles**, seit bald 10 Jahren verleiht der Engländer Jeff Fahrräder für Touren auf eigene Faust, er organisiert aber auch geführte Touren. Mountain-Bike 24 Gang 15 €/Tag, 27 Gang 17,50 €/Tag, jeweils inklusive Helm, Flickzeug, Luftpumpe, Werkzeug; weitere Räder auf Anfrage. Preisnachlass bei längerer Anmietung. Personalausweis und Kaution von 50 € erforderlich. Mo, Mi, Fr, Sa, So 10–14 und 15–17 Uhr, Di und Do 10–13.30 und 14.30–17 Uhr; Samstagnachmittag geschlossen. Beim Hotel Los Geranios Suite, Local 3. ✆ 676-600190. www.caletacycles.com.

Mountainbike-Tour nach Las Salinas und weiter nach Pozo Negro, mit dem Rad gelangt man schon nach 3 km auf gut ausgebautem Radweg nach Las Salinas del Carmen und zum dortigen sehenswerten Museum (→ Las Salinas del Carmen). Wer Kondition und Lust auf eine längere Tour hat, kann auf einer Schotterpiste bis nach Pozo Negro strampeln (→ „Kleiner Wanderführer", Mountainbike-Tour 9).

Museum **Dreams House Museum**, kurz hinter Costa de Antigua an der FV-2, rechts der Straße in einem Industriegebiet. Das 2014 eröffnete Museum hat sich auf den Modellbau im Kleinformat spezialisiert. Zu sehen sind Autos und Motorräder aller Couleur, Schiffe, Puppenhäuser, Eisenbahnanlagen und Militärfahrzeuge. Erw. 6 €, Kind bis 100 cm frei. Di–So 10–18 Uhr, Mo geschlossen. Polígono industrial ZEC USup7, Calle Tabajoste 5, Costa de Antigua.

Surfen **Canary Surf Academy**, Schule mit einem breiten Kursangebot: Surfen, Stand-Up-Paddle, Bodyboard für Anfänger und Fortgeschrittene. Surfkurs 1 Tag (4/5 Std.) 45 €, SUP-Anfängerkurs 3 Std. 45 €. Mo–Sa 9–17 Uhr. Paseo Maritimo, beim Hotel Los Geranios, Local 5. ✆ 667-590229 und ✆ 928-948845, www.canarysurfacademy.com.

Amanay Surf School, angeboten werden Kurse für alle ab 7 Jahren, gesurft wird an den besten Stränden der Insel. Einführungskurs (4–5 Std.) mit maximal 8 Schülern 45 €, 3-Tageskurs 120 €, Material inklusive. Calle Alcalde Juan Evora Suárez 23, ✆ 622-432213, www.amanaysurfschool.com.

Übernachten

Barceló Castillo Beach Resort, sehr geschmackvolles Resort-Hotel am Jachthafen und dem nahen Strand mit 380 Superior-Bungalows. Die Bungalows sind mit Kitchenette, Kühlschrank, Mikrowelle und Balkon oder Terrasse ausgestattet. Weitläufige, familienfreundliche Anlage mit üppiger Begrünung. Eine Infotafel am Haupteingang

Ostküste und Hinterland → Karte S. 93

listet die Namen der im Garten wachsenden und gekennzeichneten Pflanzen auf. Die Lobby schmücken Schwarzweißbilder, die Caleta de Fuste vor rund 50 Jahren zeigen. 3 große Poolanlagen. Thalassotherapiezentrum. Noch exklusiver präsentiert sich der räumlich abgetrennte **Barceló Castillo Club** mit 31 luxuriösen Appartements und eigenem Pool mit Meerblick. Angrenzend der *Puerto del Castillo* mit zum Hotel gehörenden Restaurants und Bars, wie im 1. Stock das angenehme, überschaubare *Restaurant El Ancla* mit ausgezeichneter internationaler Küche. Ein Großteil der Lokale sind auch für die Öffentlichkeit zugänglich. Zwei 18-Loch-Golfplätze sind nur wenige Kilometer entfernt. Avenida del Castillo, 35610 Caleta de Fuste. ✆ 928-163100, www.barcelo.com.

››› Mein Tipp: **Hotel La Casita**, der Name ist Programm: Das kleine Haus in ruhiger Lage in einer Seitenstraße verfügt über nur 17 geschmackvoll eingerichtete Zimmer, alle mit Balkon bzw. Terrasse. Pool und Frühstücksraum. In der obersten Etage sind die Zimmer besonders großzügig geschnitten und nicht nur wegen ihrer Größe, sondern auch wegen des Preises zu empfehlen: Alle Zimmer im Hotel kosten gleich viel. Offenes Treppenhaus mit viel Holz und Pflanzen. Eine Oase für individuell Reisende und Liebhaber kleiner Hotels. In der Nähe zahlreiche Bars und Restaurants, der feinsandige helle Strand ist rund 500 m entfernt. Gerne versorgen die aus Italien stammende Cinzia und ihr Team die Gäste mit Tipps zu Ausflügen in die Umgebung. Nebensaison: DZ 33 €, DZ inkl. Frühstück 43 €. Hochsaison: DZ 38 €, DZ inkl. Frühstück 48 €. Insgesamt sehr gutes Preis-/Leistungsverhältnis. Parken kostenlos an der Straße möglich, je nach Verfügbarkeit. Calle Alcalde Francisco, Berriel Jordán 8, ✆ 928-857099, www.lacasitahotel.com. ‹‹‹

Apartamentos Villa Florida, Anlage mit 146 Appartements mitten im Zentrum. Die rund 35 m² großen Unterkünfte verfügen über Terrasse oder Balkon sowie ein separates Schlaf- und Wohnzimmer, in letzterem ist auch die Küchenzeile untergebracht. Nacht ab 70 €. Calle Juan R. Soto Morales 17. ✆ 928-163080, ✆ 618 289752. Auch über diverse Hotelportale buchbar.

Barceló Thalasso Spa, Hotel am breiten, hellen Sandstrand mit 462 Zimmern, großem Spa-Bereich mit Meerwasserbecken, Dampfbad, Sauna, Fitnessraum und Thalassotherapiezentrum, Minigolf, Tennisplatz. Abendunterhaltungsprogramm. DZ inkl. Frühstück ab ca. 100 €. Avenida de El Castillo. ✆ 928-547517, www.barcelo.com.

Elba Sara Beach & Golf Resort, familienfreundliches Hotel mit auf sechs Stockwerken verteilten 266 Zimmern, rund 500 m vom Zentrum an der *Playa La Guirra*. Zum Meer hin weitläufige Poollandschaft. Von den höher gelegenen Zimmern und Suiten lassen sich die gepflegte Anlage und der weite Atlantik bestens überblicken. Im Wellnessbereich werden diverse Massagen und Therapien angeboten. Ganz in der Nähe locken zwei Golfclubs mit 18-Loch-Greens zum Abschlag. Und wenige Minuten zu Fuß vom Hotel entfernt laden das größte Einkaufszentrum von Caleta de Fuste und ein Casino dazu ein, die Urlaubskasse zu leeren. DZ mit Meerblick und Frühstück ab ca. 85 €. Avenida de las Marismas 7, ✆ 902-172182, www.hoteleselba.com.

Essen & Trinken

Einige Restaurants haben sich am Jachthafen angesiedelt, andere befinden sich in einem der zahlreichen Einkaufszentren (Centro Comercial), wie dem C. C. Castillo Plaza, dem C. C. El Castillo, dem C. C. Happy Center oder dem C. C. Broncemar Beach.

La Barca del Pescador, eines der wenigen Restaurants an der Uferpromenade im Bereich der felsigen Küste, also eher im Norden des Orts, nördlich des Jachthafens. Das an das Dorado Suites Hotel angrenzende Lokal bietet eine windgeschützte Terrasse und als kostenlose Zugabe den weiten Atlantik. Auf der Speisekarte wird der spanischen Küche der Vorzug gegeben. Paella mit Fleisch oder Fisch für 2 Pers. inkl. Wein oder Sangria 25 €, gebratener Ziegenkäse ab 3 € (kleine Portion), Pimientos de Padron (kleine Paprikaschoten mit Salz) ab 3 €, Baby-Calamaris ab 3 €. Küche à la carte 8–22 Uhr. Büffet zu speziellen Zeiten über den Tag verteilt ebenfalls im Angebot. An der Promenade beim Dorado Suites Hotel. ✆ 928-857101.

Restaurant 15, im unteren Bereich der Castillo Plaza. Die 15 im Namen des mit Bougainvillea geschmückten Lokals bezieht sich auf die 15 Speisen, die auf einer an der Wand hängenden Tafel notiert sind. Das Konzept funktioniert so: Nach jeweils einer Woche rückt das beliebteste Gericht an die erste Stelle der Liste, während das unbeliebteste von der Karte gestrichen und durch ein neues ersetzt wird. Gutes Essen, Entenbrust mit karamellisierten Zwiebeln und Portweinsoße 16,50 €; Lammschulter mit gegrilltem Gemüse 16,50 €. Auch vegetarische Gerichte. Hausgemachter Schokoladenkuchen mit Eis 5,50 €. Tägl. 11–23 Uhr. Castillo Centro, Local 11. Calle Juan Ramon Soto Morales. ✆ 619-010881.

››› Mein Tipp: **The Chocolate Shop**, hinter dem nicht sehr originellen Namen versteckt sich ein überaus originelles Juwel abseits der Einkaufszentren. Seit 2015 zaubert die Irin Monica Poole hier allerlei schokoladige Köstlichkeiten, die auf der Terrasse verköstigt oder nach Hause mitgenommen werden können. In der an den Verkaufsraum angrenzenden „Schokoladen-Küche" entstehen täglich zahllose feine Pralinen aus bester belgischer Schokolade. Steht man vor den prall gefüllten Auslagen, fällt es schwer, sich für eine der rund zwei Dutzend Geschmackrichtungen zu entscheiden. Wer sich wundert, dass die zuckerhaltigen Exponate unbeleuchtet in der Vitrine präsentiert werden, wird freundlich aufgeklärt, dass schon die geringe Wärme der Leuchten die Qualität der Pralinen mindern würde. U. a. folgende Sorten sind im Angebot, das stets durch neue Kreationen ergänzt wird: Maracuja-Toffee, Schokolade-Orange-Creme, Rose und Orange, Vanille und Zimt, Kokosnusscreme, Marc de Champagne und viele, viele mehr. Kreativ gestaltete Geburtstagstorten, Schokokuchen, heiße Schokolade und Kaffeespezialitäten runden das Angebot ab. Mi–Sa 9–19, So 10–18 Uhr. Mo & Di geschlossen. In der Nähe des C. C. Castillo Centro. Bahia Sol 7c, Major Marcial Sánchez Velázquez 13. ✆ 928-163119, fuertechocolates@gmail.com. ‹‹‹

El Faro Lounge Bar, Bar an einer wunderschön exponierten Stelle im Jachthafen, in einem modernen Kubus mit viel Glas und Sichtbeton. Auf der Terrasse zahlreiche Sitzplätze und freier Rundumblick über den offenen Atlantik, die Bucht samt Sandstrand und die an den Stegen vertäuten Boote. Stimmungsvolle Abendbeleuchtung. Die Bar gehört zu den Barcelo-Hotels, ist jedoch für alle Besucher offen. Im Erdgeschoss ist eine *Tauchschule* untergebracht. Pina Colada 7,50 €, Bloody Mary 7,50 €, Bier vom Fass 2,70 €, 0,5 l Sangria 8,50 €. Tägl. 10–1 Uhr. Am Jachthafen, ✆ 928-949835.

La Taberna del Capitán, beliebtes Restaurant, gemütlich-rustikaler Außen- und Innenbereich. Der österreichische Inhaber serviert als Spezialität spanische Tapas und Fischgerichte. Abends ab und an Livemusik, z. B. Jazz. Tägl. 8–22 Uhr. Calle Alcalde Juan Evora, ✆ 928-163723.

El Patio, auf Fisch, Meeresfrüchte und Paella spezialisiertes Restaurant mit täglichem Unterhaltungsprogramm am Abend. Großer Außenbereich. Gegrillte Seezunge 10,50 €. Mo–Do und So 12–23.30, Fr/Sa 12–24 Uhr. Avenida Alcalde Juan Ramon Soto Morales 6, ✆ 928-547721.

Legends Bar, über einige Treppen geht es hinab in die Bar, die seit 1999 an sieben Tagen in der Woche Gäste mit Livemusik aus den 50ern und 60ern beschallt. Auf der Bühne begeistern Acts mit Songs von Elvis über Roy Orbison bis Buddy Holly. Auch „wichtige" Sportereignisse werden übertragen. Großes Bier ab 2 €. Mo–Fr und So 20.30–2, Sa 12–2 Uhr. C. C. La Cupula, ✆ 609-774889.

Ostküste und Hinterland → Karte S. 93

Las Salinas del Carmen

Verschlafener kleiner Fischerort abseits der Touristenströme, rund 4,5 km südlich von Caleta de Fuste, zwischen Atlantik und der zur Halbinsel Jandía führenden Schnellstraße FV-2. Eine winzige Bucht, ein rund 200 m langer, kaum 10 m breiter, sandiger, mit Felsen durchsetzter Strand und ein, wie das Plakat schon von weitem verrät, auf Fisch und Meerestiere spezialisiertes Restaurant mit Meerblick-Terrasse sind die Standbeine dieser Ansiedlung. Während der am Hang gewachsene Ort mit seinen weißen Häusern, den leuchtend blau gestrichenen Türen und steilen Wegen möglicherweise rasch vergessen ist, sorgt das örtliche *Museo de la Sal* eher für bleibende Erinnerungen.

Der Name des Ortes geht zurück auf die hier seit dem 18. Jahrhundert existierenden Salzwerke; auf Anordnung des Inselgouverneurs *Francisco Bautista de Lugo y Saavedra* wurden damals auf Fuerteventura die ersten Salinen gebaut. 1910 wurde die Salzgewinnungsanlage renoviert und vergrößert, die in rund 900 Kristallisierungsbecken einige Jahrzehnte durchaus nennenswerte Gewinne erwirtschaften konnte. Doch im Lauf der Zeit wurde das Salz immer seltener zur Konservierung von Fisch genutzt, die Exporte nach Übersee nahmen ab, der Preis für den einstmals kostbaren Rohstoff rutschte ins Bodenlose. Die *Salinas del Carmen* rechneten sich nicht mehr, und so schloss der Betrieb 1988 endgültig seine Tore. 1995 erwarb die Inselverwaltung das Terrain mit seinen Anlagen und Gebäuden von den Erben und ließ es restaurieren. Seit 2002 ist das heutige Industriemuseum als schützenswertes Kulturgut klassifiziert.

Noch heute wird in den Salinen bestes Meersalz gewonnen

Museo de La Sal – Salzmuseum: Der architektonisch gelungene Bau aus Stein, Glas und Holz erinnert aus der Vogelperspektive in seiner Form mit etwas Phantasie an eine Garnele, wobei das weiß getünchte Gebäude mit der Cafeteria der Schwanz des imaginären Meerestieres sein könnte. Vielleicht eine Anspielung auf die Anwendungsmöglichkeiten des Salzes, das hier meist zur Konservierung von Meerestieren genutzt wurde.

Die hohen, lichten Räume beherbergen eine Abteilung mit temporären Objekten wie Fotos von Vögeln und Fischen der Region, einen Projektionsraum und eine Dauerausstellung, die ausführlich über spannende Themen rund um das „weiße Gold“ informieren. Ein 8-minütiger Film mit deutschen Untertiteln, Fotografien, Texte und Exponate erläutern auf anschauliche Weise die Geschichte, Bräuche und Verwendung dieses dem Meer abgerungenen Rohstoffs.

Im großen Außenbereich führt ein Rundweg an Überflutungspools, Wasserreservoirs, Kristallisationsbecken und einem riesigen Walskelett vorbei. Dabei handelt es sich um das Skelett eines im Jahr 2000 in Majanicho gestrandeten Finnwals. Es ist 19,5 Meter lang und wiegt 1,6 Tonnen. Anfang 2016 demontierte man das durch die Witterung angegriffene Skelett und die von Rost befallene Stützkonstruktion, um beides zu restaurieren.

Mit etwas Glück treffen Sie auf dem Gelände einen Salzwerker bei der Arbeit und mit halbwegs guten Spanischkenntnissen erfahren Sie aus erster Hand Interessantes über dieses Traditionshandwerk. Da fast alle Tafeln nur auf Spanisch informieren, gibt es an der Kasse erfreulicherweise ein kostenloses Begleitheft auf Deutsch erhältlich, das nach dem Besuch aber wieder zurückgegeben werden muss.

Heute werden in der rund 26.000 m^2 großen Salina del Carmen wieder zirka 70 Tonnen Salz pro Jahr produziert. Ausgerichtet ist die Anlage auf eine Kapazität von etwa 700 t pro Jahr. Da jedoch viele Becken und Wasserreservoirs nicht mehr zu gebrauchen sind und einer Restaurierung bedürfen, wird zurzeit deutlich weniger Salz gewonnen, als es möglich wäre.

Von den einstmals vier Salzwerken, die auf Fuerteventura existierten, ist die Anlage in Salinas del Carmen immerhin die letzte aktive, allerdings stattlich geförderte Einrichtung zur Salzgewinnung. Ein kleines Café im Innenraum lädt ein, die Eindrücke bei einem Café con leche oder einer Portion Patatas fritas Revue passieren zu lassen.

Di–Sa 10–18 Uhr, Montag geschlossen. An der Straße FV-2 in Las Salinas del Carmen, ausgeschildert, nicht zu übersehen. Parkplätze vorhanden. ✆ 928-174926 und ✆ 928-858998, emuseos@gmail.com.

Hin & Weg **Bus**: Die Linie 3 fährt von Puerto del Rosario über Caleta de Fuste nach Las Salinas del Carmen.

Der **Flughafen** ist 10 km entfernt. Fahrzeit mit Taxi oder Auto ca. 15 Min. nach Las Salinas del Carmen.

Fahrrad: Auf sehr gut ausgebautem Radweg von Caleta del Fuste nach Las Salinas del Carmen (4,5 km).

Baden Kleine Bucht mit 200 m langem Sandstrand in der Nähe des Restaurants Los Caracolitos. Parkplatz vorhanden.

Wandern/MTB-Tour »» Mein Tipp: Von Las Salinas del Carmen nach Pozo Negro. Von Las Salinas del Carmen führt ein ausgeschilderter, 6,5 km langer Weg entlang der unberührten Ostküste in Richtung Süden nach Pozo Negro. Auf dieser einfachen bis mittelschweren Wanderung kommen Sie vorbei an typischer Salzvegetation mit Tamarisken und einem wunderschönen Palmenhain. In der La-Torre-Schlucht stoßen Sie auf denkmalgeschützte Zeugnisse wie Kalköfen und alte Anbaufelder. Zwischendurch gibt es immer wieder Gelegenheiten zum Baden und zur Naturbeobachtung – die Strecke führt durch ein Vogelschutzgebiet. Eine Infotafel am Ende des Parkplatzes des *Museo de la Sal* gibt eine gute Übersichtung über die Wanderroute. Dauer der Tour: einfache Strecke ca. 2 bis 2½ Std. Trinkwasser und Kopfbedeckung nicht vergessen.

Mountainbike-Tour: Die mittelschwere Strecke ist ebenfalls mit dem MTB zu meistern. Sie sollten etwa eine Stunde für die Tour einplanen. Eine Infotafel zu dieser Tour steht am Ortseingang von Pozo Negro.

Einkehrmöglichkeiten in Pozo Negro. Es gibt *keine* direkte Busverbindung von Pozo Negro zurück nach Las Salinas del Carmen. ««

Essen & Trinken **Los Caracolitos**, direkt am Strand; mit Außenterrasse und Blick auf's Meer und die Saline. Das einfach und gemütlich-rustikal eingerichtete Restaurant serviert kanarische Küche und ist auch bei Einheimischen beliebt. Auf den Teller kommen hauptsächlich frischer Fisch und Meeresfrüchte wie gegrillter Thunfisch oder *Cipirones*, frittierte kleine Tintenfische. Ausreichendes Angebot an Tapas. Hauptgericht ab 11 €. Tägl. 12–22.30 Uhr, Mi Ruhetag. Parkplätze vor der Tür. Lugar Diseminado Salinas Del Carmen 22, Las Salinas, 35610 Antigua. ✆ 928-174242.

Cafè im Museum Las Salinas → s. o., Museo de La Sal.

Pozo Negro

Pozo Negro – das sind kaum mehr als ein Dutzend meist weiß-blau getünchte Häuser am Strand, in einer von Vulkanausbrüchen geprägten Landschaft, nahe dem Lavafeld *Malpaís Grande*. Eine Ansiedlung fernab des Tourismus, rau und romantisch. Je nachdem, zu welcher Jahreszeit man vorbeischaut, macht dieses Fleckchen Erde mal einen fast ausgestorbenen Eindruck, ein anderes Mal herrscht vergnügliche Stimmung am Strand und in den Gassen. Ein Ort, der gern von Einheimischen aufgesucht wird.

Das über eine kilometerlange Stichstraße zu erreichende Fischerdorf liegt in einer von Felswänden begrenzten weiten Bucht. Das Schwimmen und Baden ist hier auch für Kinder gut möglich. Am Ende der asphaltierten Straße führt eine kurze Schotterpiste bis zu den ersten Häusern und zum großen unbefestigten Parkplatz, der selten überfüllt ist. Der Strand besteht aus dunklen Kieseln und einem schmalen Sandstreifen.

Zwei Restaurants unmittelbar am Strand werben mit frischem Fisch um die Gunst der Gäste. Einige Fischerboote verschönern auf authentische Weise das Erscheinungsbild des Orts, in dem hauptsächlich noch Spanisch gesprochen wird. Am Ortseingang bauten die Einwohner einen Brunnen aus schwarzem Lavagestein *(Pozo Negro)*, der Namensgeber für die Ansiedlung. Hier ergoss sich vor rund zehntausend Jahren ein gewaltiger Lavastrom durch den *Barranco de la Poca de Pozo Negro*.

Im Freilichtmuseum wandelt man auf den Spuren der Ureinwohner

Sehenswertes

Freilichtmuseum und Ureinwohnerdorf La Atalayita *(Centro de Interpretacion poblado de La Atalayita):* Das Freilichtmuseum mit seinen altkanarischen Wohnstätten erreicht man über eine rund 1 km lange Schotterpiste, die von der nach Pozo Negro führenden FV-420 abzweigt. Auf dem Terrain des Landschaftsschutzgebiets *Malpaís Grande* folgt man am besten den vorgegebenen Wegen, um zu den einzelnen restaurierten Steinbauten zu gelangen.

Zu sehen sind zahlreiche von den Majoreros erbaute Gebäude mit rundem Grundriss und teils mehr als ein Meter tieferem Bodenniveau. Das Museum vermittelt Einblicke in die Lebensweise der Ureinwohner und wie sie in dieser unwirtlichen Gegend ihr Überleben meisterten. Vom nahen, aus der Ebene herausragenden 88 m hohen Hügel *La Atalayita* lässt sich die einzigartige geschichtliche Stätte gut überblicken.

Hin und wieder wird dieser nachts nicht durch künstliche Lichtquellen „verschmutzte“ und abgeschiedene Ort z. B. für astronomische Veranstaltungen genutzt. In dieser tiefen Dunkelheit und angesichts der hervorragenden Sichtverhältnisse können Besucher Planeten und Sterne hier besonders gut beobachten. Diese ungewöhnlichen Umstände würdigte die UNESCO, indem sie den Himmel über Fuerteventura zum Weltnaturerbe erklärte.

Eintritt frei, das Museum und Besucherzentrum ist jedoch seit geraumer Zeit geschlossen. Informationen zu den wissenschaftlich erforschten Relikten entlang der Pfade auf den Hinweisschildern nur auf Spanisch.

Landwirtschaftliches Versuchsgut Granja Experimental Pozo Negro: Das Versuchsgut befindet sich an der FV-420 kurz nach dem Abzweig von der FV-2 Richtung Pozo Negro. Auf dem von der Inselverwaltung betriebenen experimentellen

Ostküste und Hinterland → Karte S. 93

Bauernhof werden unterschiedlichste Obst- und Gemüsesorten angebaut. Hier wachsen Ananas, Tomaten oder auch Avocados für die Agrarforschung um die Wette. Unter professioneller Aufsicht wird eruiert, welche Pflanzen für den Anbau unter den speziellen klimatischen Bedingungen der Insel besonders geeignet sind.

Seit 2006 ist hier auch eine Olivenpresse in Betrieb, um die mit Olivenanbau beschäftigten Landwirte zu fördern. Die von den Bauern gelieferten Mengen betrugen in den letzten Jahren jeweils rund 70.000 kg, aus denen rund 7000 l Olivenöl gepresst werden konnten. 2015 produzierte man aus 80 Tonnen Oliven über 10.000 l Öl. In den letzten Jahren wurde der Anbau von Oliven deutlich erhöht.

Hier in Pozo Negro arbeitet man mit der sogenannten Kaltextraktion. Dabei werden die Oliven samt Kern und Fruchtfleisch durch die Presse zunächst zu einer homogenen Paste verarbeitet. Anschließend trennt eine Zentrifuge flüssige und feste Bestandteile voneinander. Das so erhaltene Rohöl füllt man in riesige Behälter, in denen sich die restlichen Unreinheiten absetzen können.

Landwirtschaftsmesse FAEGA: Alljährlich im April/Mai findet auf dem Gelände die „FAEGA“ *(Feria Agrícola, Ganadera y Pesquera de Fuerteventura)* statt, bei der man Esel, Schafe, Ziegen und Brieftauben begutachten und natürlich Produkte der Region wie Käse und Wein verköstigen und kaufen kann.

Mountainbike-Tour 9:
Von Caleta de Fuste nach Pozo Negro und La Atalayita → S. 242
Für sportliche Radler entlang der Küste mit Bademöglichkeiten und Kultur

Hin & Weg Keine Busstation. Pozo Negro ist nur mit dem Auto von der FV-2 über die FV-420 Richtung Meer zu erreichen – und natürlich mit der eigenen Jacht oder dem Boot. Mit dem Mountainbike oder zu Fuß führt der Weg von Las Salinas del Carmen bzw. Caleta des Fuste.

Der Flughafen ist 22 km entfernt.

Baden Der rund 500 m lange, dunkle Strand ist gut zum Baden geeignet.

Fiesta Fiestas en honar a San Juan: 3- bis 4-tägiges Fest im Juni zur Sommersonnwende (21. Juni) mit Musik, Folklore, Kinderhüpfburg und der Nacht des San Juan mit Sonnwendfeuer.

Mountainbike Mountainbiker können von Pozo Negro die ausgeschilderte Tour nach Las Salinas del Carmen und zurück fahren. Es gibt keine besonderen Schwierigkeiten, die Wege sind breit und klar erkennbar. Jedoch sind teils sehr steile Auf- und Abstiege zu bewältigen, die Kondition erfordern. Anfänger, die mit dem MTB nicht sehr gut vertraut sind, sollten bei steilen Passagen lieber absteigen, da es auf den Schotterpisten rutschig werden kann. Insgesamt mittelschwere Tour. Fahrzeit einfache Strecke ca. 1 Std., Länge 6,8 km. Viele Auf- und Abstiege. Mehr Infos → „Kleiner Wanderführer“, Mountainbike-Tour 9.

Übernachten Ferienwohnungen und Ferienhäuser in Pozo Negro werden angeboten auf www.casamundo.de, www.hometogo.de und anderen Portalen.

In Sachen Zimmervermietung kann man z. B. auch im Restaurant Los Caracoles nachfragen.

Albergue Pozo Negro, eine Art Jugendherberge und Unterkunft für Gruppen mit rund 60 Schlafplätzen in Mehrbettzimmern. Großer Innenhof für sportliche Aktivitäten. Info und Reservierung unter ✆ 928-174666 und ✆ 629-169734, https://alberguepozonegro.wordpress.com.

Essen & Trinken Los Caracoles, direkt am Strand; einfaches, gemütliches, mit Holztischen eingerichtetes Restaurant, einige Tische im Außenbereich mit Blick auf's Meer. Frischer Fisch und Paella, sehr leckere Fischsuppe (6,50 €), Portion Paella 9 €, *Filete de Pescado con papas arrugadas* 13 €. Wer auf einer Wander- oder Mountain-

Das abgeschiedene Pozo Negro ist unbedingt einen Abstecher wert

biketour unterwegs ist, kann hier auch den Getränkevorrat auffüllen. Im Sommer vermietet der Besitzer Tretboote im Schwanendesign (20 Min. 15 €). Tägl. 12–18 Uhr. Am Strand, 35638 Pozo Negro, ✆ 928-174617.

Los Pescadores, ebenfalls am Strand gelegenes Restaurant mit frischem Fisch und Paella im Angebot. Terrasse mit Blick auf Strand und Meer. Die Fischgerichte sind sehr empfehlenswert. ✆ 928-174653.

Umgebung von Pozo Negro

Wer noch abgeschiedener als am Strand von Pozo Negro baden oder relaxen möchte, packt seine Sachen und unternimmt einen Spaziergang in Richtung Norden auf dem am Ortsausgang ausgewiesenen Weg nach **Las Salinas del Carmen** zur nächsten oder übernächsten Bucht bzw. zu den Mini-Stränden **Playa de Leandro** und **Playa Majada Cabras**.

Die Region zwischen Puerto de la Torre im Norden und Pozo Negro zeigt sich wüstenhaft. Eben diese Lebensbedingungen kommen etwa dem Wiedehopf zugute. Das Areal zählt übrigens zum „Netzwerk Natura 2000“, das sich die Erhaltung der Biodiversität in der Europäischen Union zum Ziel gesetzt hat.

Nach Süden hin erreicht man zu Fuß die **Playa de las Chopas**. Dass man sich hier in einem Vogelschutzgebiet namens *ZEPA (Zona de Especial Protección para las Aves)* befindet, ist auf den ersten Blick nicht erkennbar.

Cuchillos de Vigán: Dieses Naturschutzgebiet, das als „Naturdenkmal“ klassifiziert ist, breitet sich südlich von Pozo Negro bis nach Las Playitas aus. Die Cuchillos de Vigán (benannt nach ihren „messerscharfen“ Felsformationen – Cuchillos bedeutet Messer) sind ein Rückzugsgebiet für Schmutzgeier, Fischadler und Wanderfalken.

Bei der Führung über die Bio-Farm Verde Aurora

Tenicosquey

Ein Hinweisschild an der FV-2, wenige Kilometer südlich von Pozo Negro, weist zu einem Weiler mit ein paar Häusern – das ist Tenicosquey.

Einkaufen **Bio-Farm Verde Aurora**, Familie Mesa Méndez baut auf ihrem Grund Aloe Vera und Oliven an, alles auf hochwertiger und ökologisch zertifizierter Basis (europäische und kanarische Zertifikate). 600 Olivenbäume versorgen die hauseigene Ölpresse, die nach der Ernte aus 10 Kilo Oliven der Sorten Arbequina und Picual etwa 1 Liter bestes Öl extrahiert. Jedoch wird nicht die gesamte Ernte zum „flüssigen Gold" verarbeitet, ein Teil gelangt als Frucht für den Verzehr in den Verkauf. Ebenso qualitätsorientiert ist die Herstellung der Aloe-Vera-Produkte auf dem Hof, 15.000 Pflanzen wachsen auf dem Gelände. Besucher können sich bei einem geführten, kostenlosen Rundgang ein Bild über die Produktion machen. Ein kleiner Shop, im einstigen Wohnzimmer des Familiensitzes eingerichtet, präsentiert die vor Ort hergestellten Artikel. Tägl. 10–13 und 15–18 Uhr. So & Mo geschlossen. www.verdeaurora.com.

Übernachten **Casa Rural Pilar, Casa Aurora**, zwei ländliche Unterkünfte der Familie Mesa Méndez. Die beiden bestens ausgestatteten Ferienwohnungen mit Küche sind für 4 Pers. (Casa Pilar 110 €/Nacht) bzw. 2 Pers. (Casa Aurora 100 €/Nacht) konzipiert, weitere Schlafplätze sind jeweils möglich (Sofa). Zu dem Anwesen gehören Pool, Solarium und viel Platz drumherum mit Terrasse und Grillmöglichkeiten. Der nächtliche Sternenhimmel ist wegen der abgeschiedenen Lage und der fehlenden Lichtquellen in der Umgebung bei klarem Wetter äußerst eindrucksvoll. Wer möchte, kann über Luis den Kontakt zu einem Experten in Sachen Sonne, Mond und Sterne aufnehmen, der bei einem nächtlichen Astronomiekurs (inklusive Fernrohr) manch Interessantes über Saturn, Jupiter und Co. zu berichten weiß. Verde Aurora, Tenicosquey 7, 35630 Tenicosquey. ✆ 659-610844, www.verdeaurora.com.

Las Playitas

Das Dorf erreicht man über die FV-512, die teils mit einem gut ausgebauten Fahrradweg seitlich der Straße ausgestattet ist. Dies und ein Fitnessparcours am Eingang zum Zentrum sind gewisse Indizien dafür, dass Las Playitas gern von sportlichen

Zeitgenossen als Urlaubsort gewählt wird. Das zeigt auch das nahe am schwarzen Strand gelegene Freibad mit 50-Meter-Schwimmbahnen, die vor allem zum Training und nicht zum Plantschen genutzt werden. Dazu bietet der beschauliche Ort etliche Hotels, die sich auf eine sportliche Klientel, darunter viele Triathleten, eingerichtet haben. Natürlich ist auch jeder andere herzlich willkommen im ruhigen und angenehmen Las Playitas, um auszuspannen.

Die weißgetünchten niedrigen Gebäude, oft an schmalen Einbahnstraßen errichtet, ziehen sich den Hügel hinauf oder stehen auf einer zum Meer abfallenden Klippe. An der Mole angeln die Einheimischen, am Kiosk kauft man sich ein kühles Getränk, Süßigkeiten oder ein Eis am Stiel. Von hieraus führt die kurze Uferpromenade *Paseo Mirama* vorbei an zwei Restaurants zum Strandbereich mit weiteren Restaurants, Shops und lokalen Anbietern, die beispielsweise auch Fahrradtouren organisieren.

Basis-Infos

Hin & Weg **Bus**: **Linie 1** fährt zwischen Puerto del Rosario und Morro Jable (über Antigua, Gran Tarajal, Costa Calma, teilweise auch über Triquivijate, Los Gorriones und Las Playitas).

Der **Flughafen** ist 44 km entfernt. Sammeltransfer mit dem Bus bis nach Morro Jable hin und zurück ca. 24 €. ✆ 971-369992, www.shuttlefuerteventura.com. Fahrzeit mit Auto oder Taxi ca. 45 Min. nach Las Playitas.

Baden Am dunklen, vulkanischen Sandstrand lässt es sich unterhalb des am Hang liegenden alten Dorfkerns im Bereich des *Playitas Resorts* gut sonnen und baden. Eine Beachbar („free WiFi") serviert Burger, Cocktails und Koffeinhaltiges.

Fiesta **Juni**: *Volksfest zu Ehren von San Pedro* mit Prozession, Grillen und Musik.

Golf **Playitas Golf**, 18-Loch-Platz mit Seen- und Hügellandschaft. Den 67-Par-Kurs kreierte der schottische Architekt John Chilver-Stainer. Urb. Las Playitas, 35629 Las Playitas. ✆ 928-860400, www.playitas.net.

Übernachten/Essen & Trinken

Übernachten **Hotel Playitas Resort**, weitläufiges, besonders auf Sportler ausgerichtetes Resort mit 167 Zimmern, 114 Studios, 96 Apartments; in der Nähe großzügige Villen mit zwei separaten Schlafzimmern; es gibt ein beheiztes olympisches Schwimmbecken (50 m, 8 Bahnen), Tennisplätze, einen von einem prominenten Architekten geplanten 18-Loch-Golfplatz und ein riesiges Fitnessstudio. Das Las Playitas Resort zählt zu den wichtigsten Trainingszentren für Triathlon in Europa und wird von internationalen Sportlern zur Vorbereitung genutzt. Modernste Mountainbikes und Rennräder, breites Angebot an Wassersportmöglichkeiten. Für das leibliche Wohl sorgen drei Restaurants und mehrere Bars. DZ ab ca. 80 €, Studio ab ca. 85 €, jeweils inkl. Frühstück. 35629 Las Playitas. ✆ 928-860400, www.playitas.net.

Essen & Trinken **Las Playas**, Restaurant im Bereich der Uferpromenade und des dunklen Strandes, hier genießt man seit 1998 gute kanarische Küche. Die bevorzugte Lage des Lokals mit seiner breiten Terrassenfront sorgt für guten Zulauf. Eintopf des Tages 3,50 €, Miesmuscheln 5 €, gebratene Tintenfische 7,50 €. Paseo Miramar 18, ✆ 928-870367.

La Rampa, Restaurant ebenfalls direkt am Strand und an der schmalen Promenade. Empfehlung: gegrillter Fisch. Tägl. 12.30–22 Uhr, Di Ruhetag. Paseo Miramar 1, ✆ 928-344180.

Casa Victor, unscheinbares Restaurant im Dorfzentrum, das sich auf frischen Fisch spezialisiert hat, auch Fleischgerichte. Eine empfehlenswerte Adresse für gute lokale Küche. Di–So 12–16.30 und 19–23 Uhr, Mo Ruhetag. Calle Juan Soler 1, ✆ 928-870910.

La Bodega, wenige Meter vom Strand entfernt; das zum *Playitas Resort* gehörende Restaurant serviert kanarische Tapas und andere Gerichte, nicht nur für Hotelgäste. Mo, Di und Fr–So 18.30–22 Uhr. ✆ 928-860400, www.playitas.net.

Ostküste und Hinterland → Karte S. 93

Umgebung von Las Playitas

Leuchtturm Faro de la Entallada: Der zweifellos schönste Leuchtturm Fuerteventuras steht in der Nähe von Las Playitas. Über eine 6 km lange Straße gelangt man zu diesem oberhalb der Steilküste auf rund 190 m Höhe stehenden außergewöhnlichen, U-förmigen Gebäude. Der 1954 eingeweihte Leuchtturm hat drei Türme, der mittlere verfügt über eine Glaskuppel mit dem elektrischen Leuchtfeuer, das Schiffen, in früheren Tagen aber auch Flugzeugen als Orientierungshilfe diente bzw. dient. Die rötlichen Steine, die zum Bau verwendet wurden, stammen aus der Nähe von Tetir von dem ca. 600 m hohen Vulkan Bermejo.

Ein wahres Schmuckstück ist der Leuchtturm „Faro de la Entallada"

Für die Zukunft ist geplant, in den Räumlichkeiten des Leuchtturms ein Museum einzurichten. Bis dahin ist der Faro leider nur von außen zu betrachten und dies auch nur von der Seite, an dem sich der Parkplatz und der über einen Holzsteg erreichbare Aussichtspunkt befindet. Der Innenhof mit seinen maurischen Bögen ist offiziell nicht begehbar. Der erste *Torrero de Faro*, der Turmwächter, der hier von 1954 bis 1989 wohnte und seinen Dienst tat, war Juan Estárico González. Danach übernahm bis 1993 sein Sohn diese Arbeit, so lange, bis der Turmwächter für immer abgeschafft wurde. Heute wird die Technik einmal die Woche kontrolliert und gegebenenfalls eine der beiden Lampen ausgetauscht, wobei immer nur eine Lampe die Nacht erleuchtet, während die andere sich automatisch einschaltet, sollte die erste erlöschen.

Gran Tarajal

Fuerteventuras zweitgrößte Stadt ist eine „echte", gewachsene Stadt mit einem für den Südteil der Insel nicht unbedeutenden Hafen. Keine reine Ansammlung von Etablissements des Massentourismus, sondern ein lebendiger Ort für Einheimische und Gäste gleichermaßen.

Viele junge Familien leben in der Stadt, in der im 17. und 18. Jahrhundert immer wieder Piraten anlandeten, um ins Landesinnere zum Beispiel nach Tuineje vorzudringen und zu plündern.

An der Ortskirche, an der *Plaza de la Candelaria* sitzen Menschen unter Bäumen im Schatten, der breite Strand samt meist ruhigem Meer und Promenade lädt zu erholsamen Stunden ein, genügend Restaurants und Bars stillen möglicherweise aufkommenden Hunger und Durst. Ab und an strecken sich im Stadtbild auch die typischen Tarajales-Bäumchen, ein Tamariskengewächs, gen blauen Himmel. Diese robuste, rosa-violett blühende Pflanze gab dem Ort seinen Namen, findet sich jedoch an vielen Stellen Fuerteventuras.

Geschäfte des täglichen Bedarfs wie Frisör, Maler, Handyläden oder Bäcker vermitteln ein wenig urbanen Charme. Ruhe findet man am mit Palmen und anderen Pflanzen verschönerten Platz mit Kneipen und Restaurants.

Als Ausgangspunkt für einen Stadtspaziergang eignet sich der Hafen mit Parkplatz, Restaurant an der Mole und Blick auf's Meer. Sollten die Pläne der Inselverwaltung und der Hafenbehörde Puertos Canarios umgesetzt werden, wird sich das Gesicht des Hafenviertels stark verändern. Entstehen soll ein modernes Passagierterminal mit Hafengebäude, Cafeteria, Besucher-Aussichtsplattform und Servicebüros, um Gran Tarajal für Kreuzfahrtschiffe und den Wassersporttourismus attraktiver zu machen.

Die Fischer von Gran Tarajal

70 Fischer waren 2016 in der *Cofradia de Pescadores de Gran Tarajal* zusammengeschlossen. Mit ihren 40 Booten betreiben sie rund um Fuerteventura einen nachhaltigen Fischfang, was bedeutet, dass nur „selektive Fangmethoden“ eingesetzt werden: Nur mit der Angel und nach vorgegebenen Quoten wird Jagd auf die maritimen Köstlichkeiten gemacht. Je nach Saison landet beispielsweise der Thunfisch im Eisfach des Kutters, um nach Rückkehr im Hafen sofort im Kühlhaus der Cofradia zu verschwinden. Zuvor wird der Fisch gewogen und der Fischer nach einem zuvor festgelegten Kilopreis entlohnt. Ein tägliches Feilschen um jeden Cent ist für Mitglieder der Fischereivereinigung also nicht vonnöten.

Garantiert frisch!

Später wird der frische *Viejas, Morena* oder *Mero* in der *Lonja*, der Fischbörse, oder auch im eigenen Fischgeschäft verkauft. Und natürlich landen einige der schmackhaften Flossentiere in der Küche des Restaurants der Fischereizunft.

Auf den Kanaren existieren 26 solcher Fischerei-Vereinigungen, drei davon auf Fuerteventura – neben Gran Tarajal auch in Morro Jable und Corralejo. Da die Fischerei ein hartes und nicht immer lukratives Geschäft ist, überlegten die Fischer, wie sie ihren Verdienst zumindest ein wenig steigern könnten, zum Beispiel, indem sie interessierten Touristen auf einer Bootstour ihr Handwerk näher bringen würden. Doch machte die Justiz dem bisher einen Strich durch die Rechnung. Während solche Fischereiausfahrten auf dem spanischen Festland erlaubt sind, verhindert die Gerichtsbarkeit auf Fuerteventura dieses höchstwahrscheinlich lukrative Geschäft. Nur eine Gesetzesänderung, für die die Fischer und ihre Vereinigung seit vielen Jahren kämpfen, würde dieses Projekt legalisieren und möglich machen.

Ostküste und Hinterland → Karte S. 93

Fantasievolle Wandgemälde zieren viele Häuser im Innenstadtbereich

Sehenswertes

Skelett eines Cuvier-Schnabelwals: An der Uferpromenade *Avenida Paco Hierro,* in der Nähe des Hafens und mit Blick auf den etwa 800 m langen schwarzen Strand von Gran Tarajal, findet sich das auf einem hohen Sockel installierte Skelett eines 5,5 Meter langen Cuvier-Schnabelwals *(Ziphius cavirostris),* der den Namen des Naturforschers *Georges Cuvier* trägt, der diese Walart 1823 erstmals beschrieb. Das hier präsentierte Exemplar strandete 2005 in der Nähe des Faro de la Entallada.

Schnabelwale können bis zu sieben Meter lang und drei Tonnen schwer werden, ihre bevorzugte Nahrung sind Schalentiere, Kalmare und Tiefseefische. Wer über die Insel fährt, kann einige aufbereitete Skelette diverser Walarten entdecken; sie sind Teil des „Senda de Los Cetáceos“ (Der Weg der Meeressäuger), ein Projekt der Inselverwaltung, die die riesigen Skelette der Meeressäuger an mehreren Standorten aufstellen will, wie sie dies z. B. im Salzmuseum in Las Salinas del Carmen getan hat.

Iglesia de San Diego de Alcalá: Die Anfang des 20. Jahrhunderts erbaute Kirche wurde von Matias López gestiftet. Geweiht ist sie einem Missionar aus Sevilla, der sich im 15. Jahrhundert gegen eine Versklavung der Ureinwohner durch die Kolonialisten einsetzte. Diego starb am 12. November 1463.

Gottesdienste Di und Sa 20 Uhr, im Winter 19 Uhr, So 11 Uhr. Die Kirche ist auch unter dem Namen Iglesia Nuestra Señora de la Candelaria bekannt.

Park mit Seepferdchen-Springbrunnen: Unmittelbar neben der Ortskirche an der Calle Juan Carlos I erstreckt sich eine grüne Oase mit Palmen und einem großen Springbrunnen mit sechs wasserspeienden steinernen Seepferdchen. Hier an der *Plaza de la Candelaria* befinden sich auch ein Kiosk und das in einem weithin sichtbaren Gebäude untergebrachte Postamt, deren Turm samt Uhr an den Glockenturm der Kirche gegenüber erinnert.

Wandmalereien: In der Stadt lohnt es, einen Blick auf die zahlreichen Hausfassaden zu werfen, die durch farbenfrohe Malereien unterschiedlichster Art das Auge erfreuen. Da entdeckt man eine riesige Schildkröte, einen kämpfenden Tintenfisch oder auch Fensterläden und Wäscheleinen, die keine sind.

Skulpturen: Neben den bunten Wandmalereien ziehen einige Skulpturen an der Uferpromenade die Blicke auf sich. Beispielsweise „A ti Mujer" von Juan Miguel Cubas Sanchez, ein Bildhauer aus Pájara, dessen Werke überall auf der Insel zu entdecken sind. Sein Werk in Gran Tarajal – eine Frau trägt einen Eimer auf dem Kopf, während das Kind an ihrer Kleidung zerrt – wurde 2009 im Rahmen des Internationalen Tags gegen Gewalt gegen Frauen der Öffentlichkeit übergegeben.

Eine weitere Skulptur von Sanchez, ebenfalls an der Promenade zu sehen, ist eine Hommage an die Brieftaubenfreunde von Fuerteventura. Blickt man beim Spaziergang in die oberen Etagen und Balkone der Häuser, entdeckt man hier und da einen Taubenschlag. Auf der alljährlich in Pozo Negro stattfindenden Landwirtschaftsmesse FAEGA, die auch von Touristen gern besucht wird, gibt es zahlreiche Veranstaltungen und Ausstellungen mit Brieftauben *(Colombofilia)*, die bei der Bevölkerung sehr beliebt sind.

WOMAD Fuerteventura: Die mächtige Skulptur zeigt in bunten Großbuchstaben das Wort „WOMAD" samt Fuerteventura-Schriftzug. Seit 2015 ziert sie den Ortseingang von Gran Tarajal, manchmal wird sie auch am Kreisverkehr Richtung Gran Tarajal platziert. WOMAD steht für das von dem berühmten Sänger *Peter Gabriel* mitgegründete internationale *Festival World of Music, Arts & Dance*. Das mobile Werk aus Stahl besticht durch seine Länge von neun und eine Höhe von zweieinhalb Metern, es kann jedoch problemlos auch an einem anderen Standort aufgestellt werden werden. Das WOMAD-Festival fand bereits zweimal in Gran Tarajal statt, das letzte Mal 2015 (www.womad.org).

Ostküste und Hinterland → Karte S. 93

Basis-Infos

Information Touristbüro, Mo–Fr 9–17 Uhr, Sa/So geschlossen. Calle Artis Tirma 11, 35620 Gran Tarajal. ✆ 689-925806, www.tuineje.es.

Hin & Weg **Bus**: Folgende Linien halten in Gran Tarajal: **Linie 1** und **Linie 10** fährt jeweils zwischen Puerto del Rosario und Morro Jable. **Linie 9** fährt zwischen Pájara und Morro Jable. **Linie 12** fährt zwischen Las Playitas und Gran Tarajal. **Linie 16** verbindet Puerto del Rosario mit Gran Tarajal. **Linie 18** fährt zwischen Pájara und Gran Tarajal.

Der **Flughafen** ist 40 km entfernt. Fahrzeit mit Taxi oder Auto ca. 35 Min. nach Gran Tarajal.

Apotheke **Farmacia Rosario Martín Balmes**, tägl. 9–21 Uhr. Atis Tirma, ✆ 928-870839.

Baden Schwarzer, ca. 800 m langer Sandstrand mit meist geringem Wellengang.

Einkaufen **Aloe Vera Fabrica Shop**, Infozentrum und Fabrikshop für Aloe-Vera-Produkte. Kostenlose Vorführung. 10–18 Uhr. Plaza de La Candelaria 2, ✆ 928-858397.

››› Mein Tipp: **Pescaderia Cofradia de Pescadores**, frischer bekommt Fischers Fritze Fische kaum. Das Geschäft der Fischergewerkschaft am Hafen verkauft den am Morgen gelieferten Fang am Stück oder küchenfertig ohne Zwischenhändler. Der Kilopreis ist deutlich geringer als in den Läden im Ort. Di–Fr 8–13, Sa 8–15 Uhr, So & Mo geschlossen. Muelle Gran Tarajal. ‹‹‹

Fiestas/Veranstaltungen **Februar**: *Fiesta de Nuestra Senora de la Candelaria* zu

Ehren der Schutzheiligen.

Februar/März: *Fiesta de Carnaval* – Bunte Karnevalfeierlichkeiten mit großem Umzug.

August/September: *Fiesta de la Juventud* – mehrtägiges Jugendvolksfest.

September: *Open Internacional de Pesca de Altura.* Mehrtägige internationale Wettbewerbe im Tiefseeangeln, 2015 nahmen 75 Boote teil, 2017 wiederholte sich das Event zum 23. Mal.

November: *Fiesta de San Diego de Alcala* zu Ehren des Franziskanermönchs.

Kultur **Auditorio**, in der 380 Personen fassenden Halle finden unterschiedlichste, auch für Familien geeignete Aufführungen statt: Marionetten-Musical, Magier-Shows, Konzerte, Ausstellungen ... Alcalde Jaime del Castillo Olvares 1, ✆ 928162449.

Recinto Ferial de Gran Tarajal, das Freiluftstadion mit 4000 Plätzen dient als Veranstaltungsort für Konzerte, Festivals und andere kulturelle Angebote. Calle Hierro.

Casa de la Cultura, das Kulturzentrum der Gemeinde Tuineje, zu der Gran Tarajal gehört. Mo–Fr 8–15 und 17–23 Uhr. Av. Paco Hierro S/N, ✆ 928162449.

Markt Freitag Gemeindemarkt auf der Plaza Mercado, 9–14 Uhr.

Polizei **Guardia Civil de Gran Tarajal**, Polizeistation am Ortseingang an der Hauptstraße. Av. de la Constitución 2, ✆ 928-162766, www.facebook.com/guardiacivilgrantarajal.

Post/Correos An der Plaza de la Candelaria.

Skaten **Skater-Park**, von stadtauswärts kommend, findet sich am Kreisverkehr zwischen der Hauptstraße Av. de la Constitución und dem Flussbett eine kleine Grünfläche mit Palmen, Spielplatz und Boule-Platz. Für Skaterfreunde gib es dort einen Übungs-Parcours.

Tankstelle Am Orteingang, beim Kreisverkehr.

Taxi Plaza de la Candelaria, bei der Post.

Tierarzt Clínica Veterinaria, Calle Mahan 10, ✆ 928-870789, www.veterinariogran tarajal.com.

Übernachten/Essen & Trinken

Übernachten **Hostal Tamonante**, zum Strand sind es rund 100 m. Einfache Unterkunft mit Zimmern mit Balkonen auf die Straße, die seitlichen Zimmer mit Blick auf's Meer. DZ ab 35 €. Calle Juan Carlos I 17. ✆ 607-774976. Auch über einschlägige Hotelportale buchbar.

Ferienwohnungen werden über klassische Vermietportale angeboten → Kapitel „Übernachten".

Essen & Trinken **Restaurant Cofradia de Pescadores de Gran Tarajal**, unscheinbares Restaurant der Fischergewerkschaft mit einfacher Einrichtung, am Hafen in einem blau-weißen Gebäude. Auch Möglichkeit zum Draußensitzen. Sehr gute Fischgerichte, Fischauswahl je nach Tagesfang. Roter Thunfisch 12 €, Sardinen 7 €, Roja 10,70 €. Ziegenfleisch 9,50 €. Eine große Bildtafel zeigt die unterschiedlichsten Fischarten mit spanischer, deutscher und englischer Bezeichnung. Mo–Sa 8.30–22.30, So 9–18 Uhr, Mi Ruhetag. Muelle Gran Tarajal S/N, ✆ 928-162074.

Pizzeria Don Cangrejo, Restaurant direkt an der Promenade; seit 2012 servieren Vincente und Josefain ausgezeichnete Pizzen, leckere mallorquinische Paella oder frische Sardinen. Vom Innen- und Außenbereich Blick auf den Strand und das Meer. Pizza ab 5,50 €. Tägl. 11–16 und 19–23 Uhr, Do Ruhetag. Avenida Paco Hierro 5, ✆ 928-165352.

La Marisma Casa Juana, am Hauptplatz des Orts; Familie Soisa kocht in ihrem Restaurant mit Strandblick kanarische Gerichte wie *Carne de cabra* (Ziege, 10 €), *Pucheromajorero* (Eintopf, 13 €) oder *Sancocho-cherne* (Eintopf mit Fisch, 12 €). Avenida Paco Hierro/Esquina Amanay, ✆ 662-643721 und ✆ 617-974952.

El Tanquito Bar/Cafeteria, kleine, einfache, nicht uncharmante Bar in einer Seitenstraße, mit Holzmöblierung und übersichtlicher Speisekarte. Es gibt Tapas, Bocadillos, verschiedene Fleischgerichte. Happyhour 18–20 Uhr. Übertragung von Fußballspielen. Mo, Do, So 10–2, Sa 10–3 Uhr. Calle Princesa Tibiabin 14, ✆ 928-162068.

Wer einen geruhsamen Tag am Strand verbringen möchte, ist in Giniginámar richtig

Ostküste und Hinterland → Karte S. 93

Giniginámar

Das verschlafene Fischerörtchen am Ende des gleichnamigen Tals steht selten auf dem touristischen Tourplan. Nennenswerte Sehenswürdigkeiten in der 550-Seelen-Gemeinde gibt es nicht, dafür eine weite Bucht mit einem kieseligen, dunklen und meist leeren, mehrere hundert Meter breiten Strand, dazu ein Restaurant mit Blick aufs Meer. Die bunten, auf Autoreifen aufgebockten Fischerboote harmonieren mit den bunten Türen der Kirche an der *Calle el Carmen*, der parallel zur Küste verlaufenden „Hauptstraße" der Siedlung. Giniginámar ist ein Ausflugsziel für alle, die Ruhe genießen wollen und auf Spektakuläres gern verzichten.

Giniginámar liegt zwischen Gran Tarajal und Tarajalejo und ist nur über die 3,5 km lange, von der FV-2 abbiegende Stichstraße FV-525 zu erreichen. Entlang dieser am Rio del Giniginámar verlaufenden Strecke sieht man einige schöne Exemplare von *Gavias*, die traditionellen von Steinwällen umgrenzten Felder.

Aktivitäten An der Calle el Carmen befinden sich ein Sportplatz und ein Kinderspielplatz.

Fiesta Am 16. Juli feiert das Dorf eine Fiesta zu Ehren der Schutzpatronin *Nuestra Señora del Carmen*.

Übernachten Cala Apartamentos, 7 komplett ausgestattete Appartements unweit des Strandes mit 1 oder 2 Schlafzimmern für bis zu 3 oder 4 Pers. 50 €/Nacht, Mindestaufenthalt zwei Nächte. Calle Los Marineros 16, 35629 Giniginámar. ✆ 928-162300, www.apartamentoscala.com.

Weitere Ferienhäuser und Wohnungen über die einschlägigen Portale wie www.fewo-direkt.de.

Essen & Trinken Olas del Sur, am Strand, an der Calle el Carmen; einfaches Restaurant mit Bartresen, Terrasse und, wie der Name sagt, mit Blick auf die „Wellen des Südens" (Olas del Sur). Gern von Einheimischen besucht. Sardinen 8,50 €, Ziegengulasch *(Carne de Cabra)* 11,50 €. Keine Kreditkarten. Mai–Sept. tägl. 12–22, Küche bis 21 Uhr, Okt.–April 12–21, Küche bis 20 Uhr. Mo Ruhetag. Calle el Carmen 5, ✆ 928-344973.

Don Carlos, unweit vom Strand, auf dem Weg zur außerhalb am Hang liegenden Wohnsiedlung. Von deutschem Paar betriebenes Restaurant/Bar mit schöner Terrasse. Deutsche und spanische Gerichte, deutsches Bier. Tägl. 16–23.30 Uhr, Sonntag Brunch ab 11 Uhr, Do Ruhetag. Avenida Las Palmeras 2, ✆ 651-572248 und ✆ 928-344931.

In der Bucht von Tarajalejo ist Schwimmen ein Vergnügen

Tarajalejo

Obwohl Tarajalejo an der Küste, 4 km von La Lajita entfernt und an der stark befahrenen, von Nord nach Süd verlaufenden FV-2 liegt, lassen die meisten Urlauber das einfache Fischerdorf links liegen. Wohl deshalb hat der Ort, der durch die Straße zweigeteilt ist, seinen Charme auf angenehme Weise bewahrt. Das strandnahe alte Zentrum mit Wohnhäusern, Geschäften, Bars und Dorfkirche gruppiert sich um die Calle Plaza und die angrenzenden Gassen. Den großen freien Platz nutzen die Kinder zum Spielen, während in den Abendstunden hier die Erwachsenen zusammenkommen.

Unweit des Dorfplatzes öffnet sich der lange, schwarze Sandstrand von Tarajalejo, der zum Baden gut geeignet ist. Dem Lavasand wird nachgesagt, er sei magnetithaltig, was angesichts der geologischen Entstehung der Insel durchaus wahrscheinlich ist. Ob die dem magnetischen Erz zugesprochene Kraft zur Aktivierung der geistigen und körperlichen Ressourcen jedoch der Realität entspricht, bedarf wohl noch tiefergehender Erforschung.

Die die Bucht entlangführende, schön angelegte und mit Bänken und Palmen gesäumte auto- und geschäftsfreie Uferpromenade lädt zum Flanieren ein. Wer länger im Ort bleibt, stellt schnell fest, dass sich hier eine kleine deutsche Gemeinde etabliert hat, die mit einigen Shops und Galerien das Leben in der erst vor wenigen Jahrzehnten entstandenen Ansiedlung bereichert. Im nördlich der FV-2 gelegenen Ortsteil überwiegen Wohn- und Appartementhäuser.

„Fishing for compliments“: Wer von Norden kommend auf der FV-2 am zweiten Kreisverkehr in Tarajalejo ankommt, erblickt dort ein imposantes blaues Kunstwerk. Bei genauer Betrachtung zeigt sich die meterhohe Skulptur als riesiges Ruderblatt eines Bootes. Die im Jahre 2014 geschaffene Skulptur ist ein Werk des in Tarajalejo und in Berlin lebenden Künstlers *Klaus Berends*. Sein Atelier befindet sich an der Calle Isidro Diaz (→ „Einkaufen“).

Basis-Infos

Hin & Weg Bus: **Linie 1** fährt zwischen Puerto del Rosario und Morro Jable (über Antigua, Gran Tarajal, Costa Calma, teilweise auch über Triquivijate, Los Gorriones und Las Playitas). **Linie 9** fährt zwischen Pájara und Morro Jable (über Toto, Tuineje, Gran Tarajal, Costa Calma).

Der **Flughafen** ist 50 km entfernt. Fahrzeit mit Auto oder Taxi ca. 45 Min. nach Tarajalejo.

Baden Breite Bucht mit fast 1,5 km langem, teils kieseligem schwarzen Sand- und Badestrand. Volleyballnetz am Strand.

Einkaufen **Kunstgalerie d7**, seit 1988 betreibt *Klaus Berends* seine Galerie, in der sich im hinteren Bereich sein Atelier befindet. Der 1958 in Papenburg geborene Künstler, der in Berlin und auf Fuerteventura lebt, beschäftigt sich mit den nicht immer positiven „anthropogenen Einflüssen" auf die Welt. Die Umwelt und bedrohte Völker sind oft Themen seiner Werke, die auch schon zusammen mit Objekten beispielsweise des weltberühmten OP-Art-Künstlers *Robert Rauschenberg* ausgestellt wurden. Seine aus einem aufgeblasenen Traktor-Reifenschlauch geschaffene Skulptur „Luftreserve für einen Fischer" fand den Weg ans Ende der Welt zur „3. Bienla del fin del mundo" nach Feuerland in Argentinien. Auch Ausstellungen z. B. im Kunstmuseum von Valencia machten den Deutschen bekannt. In Tarajalejo weisen an der Straße stehende Werke den Weg in seine Galerie. Dort kann man auch schon für kleines Geld einen echten „Berends" erstehen. Der Künstler veranstaltet auch ein- bis zweitägige Workshops. Mo, Di, Mi 11–14 Uhr, Mo, Do, Fr 18.30–21.30 Uhr. Calle Isidro Diaz 5, ✆ 928-872093 und ✆ 605-229307.

Juweliergeschäft Jansen, Goldschmiedemeister Dirk Jansen lebt und arbeitet seit vielen Jahren auf Fuerteventura. In seinem gut bestückten Laden, der auch eine Werkstatt umfasst, verkauft er selbst designten Gold- und Silberschmuck. Gerne setzt er die Ideen seiner Kunden in Einzelanfertigungen um, wenn beispielsweise ein Strandfund zum Schmuckstück werden soll. In den Vitrinen findet sich eine große Auswahl an erschwinglichem Modeschmuck und Souvenirs. So kann man sich sein eigenes Porträt auf Stahl, Gold oder Silber als Andenken reproduzieren lassen. Di–Sa 10–13 und 17–20, So 10–14 Uhr. Mo geschlossen. Auch Termine nach Vereinbarung. Calle Plaza, ✆ 680-966432 und ✆ 658-411016.

Tierarzt **Kalamazoo**, Tierarztpraxis mit Notfalldienst. Mo–Fr 9.30–13.30 und 17–20.30, Sa 9.30–13.30 Uhr. ✆ 616-064306 und ✆ 928-161020.

Wandern **Time for Nature**, Wolfgang Miebs und sein Team organisieren geführte Wanderungen, die den Gästen die versteckten Schönheiten Fuerteventuras zeigen und dabei viel Wissenswertes vermitteln. Wolfgang, der seit ca. 20 Jahren auf Fuerteventura lebt, kennt „seine" Insel wie die Westentasche und ist ein von der Insel-Regierung lizenzierter Tour-Guide. Angeboten wird täglich, außer Samstag, eine Wanderung durch jeweils einen anderen Teil von Fuerteventura. Gehzeit meist ca. 3½ Std., Gruppengröße maximal 8 Personen. Im Preis von 44 €/Pers. ist ein kleiner

„Fishing for compliments"
Kunstwerk von Klaus Berends

Ostküste und Hinterland → Karte S. 93

Imbiss und der Hoteltransfer von Las Playitas bis Morro Jable enthalten. Übrigens: Die Wanderung muss man nur bezahlen, wenn sie einem gefallen hat, also eine Art von „Geld-zurück-Garantie". Wolfgang vermietet auch Appartements im Ort (→ Übernachten). Calle Fuerteventura 41, 35629 Tarajalejo. Buchung von Wanderungen unter ✆ 699-915552 oder www.timefornature.de.

Wellness **Cura Natura, Praxis für Naturheilkunde und Kosmetik**, die Heilpraktikerin und Kosmetikerin Manuela Ludwig offeriert ein breites Angebot an Anwendungen und Therapien, z. B. Fußreflexzonenmassagen, eine „Cura Natura"-Massage mit warmen Kräuterstempeln und Aromaölen, Gesichts- und Fußmassagen ... Die gebürtige Moerserin, die seit einigen Jahren auf Fuerteventura lebt, lädt auch zweimal wöchentlich zum Bewegungstraining „YoKraBa" ein. Die Abkürzung steht für Yoga, Kraft und Balance. Di–Fr 10–14.30, Sa 10–13 Uhr. Termine auch nach Vereinbarung. Calle Plaza, ✆ 662-032381, www.curanatura.es.

Übernachten/Essen & Trinken

Übernachten **R 2 Hotel Bahia Playa**, 4-Sterne-Haus in sehr schöner Lage an der Uferpromenade. Die in diese Richtung liegenden Zimmer mit veritablem Balkon haben den besten Blick auf den Strand und das Meer. Das Bahia Playa ist das einzige Hotel in Tarajalejo und verfügt über 163 Zimmer, Spa mit Meerblick, zwei Pools, Fitnessraum. Einrichtung und Räumlichkeiten sind modern und geschmackvoll gestaltet. Im großzügig und mit hohen Decken luftig gestalteten *Restaurant* herrscht ruhige und entspannte Atmosphäre, die sich im Außenbereich, wo auch gefrühstückt werden kann, fortsetzt. DZ all inklusive 128 €, mit Meerblick 148 €. Ctra. Tarajalejo, ✆ 928-161001, www.r2hotels.com.

Casa Tamarco/Appartements, Ferienhaus außerhalb des Zentrums, nördlich der FV-2, mit mehreren Appartements. Kontakt über den Tour-Guide Wolfgang Miebs (→ Kapitel „Wandern", „Time for Nature"). Wohnung mit einem Schlafzimmer (2 Pers.) 33 €, mit zwei Schlafzimmern (4 Pers.) 43 €, Endreinigung eine Tagesmiete. Mindestaufenthalt 3 Nächte. Urb Puerto Azul, Calle Fuerteventura 41, ✆ 928-872545 und ✆ 609-562875, www.casa-tamarco.de.

Charmante Restaurants am Strand warten auf hungrige Gäste

Weitere Ferienwohnungen werden über die klassischen Portale angeboten. In Tarajalejo z. B. über www.fuerteventura-alternativ.de (→ Kapitel „Übernachten", S. 45).

Essen & Trinken **Cafetería Bar El Dragó**, an der Plaza; schlichter und beliebter Familienbetrieb mit ein paar Tischen an der Straße. Es gibt gute Tapas, *Bocadillos* (belegte Baguettes) und andere inseltypische Gerichte. Sehr guter Kaffee. Calle Plaza, ✆ 928-872085.

La Barraca, einfaches, von Vincente und seiner Familie liebevoll geführtes Restaurant mit schöner, großer Terrasse am Meer und umfangreicher Speisekarte mit günstigen, guten Gerichten. Gegrilltes Thunfischfilet 8,50 €, Seezunge mit Knoblauch 11,30 €, Spaghetti 5,70 €, Fischsuppe 3,80 €. Lecker ist der frittierte Ziegenkäse mit Honig *(Queso de Cabra Frito con Miel de Palma)* für 4,80 €. Tägl. 12–16 und 18–22 Uhr, Di Ruhetag. Calle Isidro Diaz 14, ✆ 928-161089.

Piscolabis Adeyu, Restaurant am Strand mit schöner Aussicht und riesiger Auswahl; z. B. Omelette (Tortillas), Pasta, Pizza (Margherita 5,20 €), Fleisch- und Fischgerichte (Seezunge 8,40 €), Hamburger, Tapas und Bocadillos. Tägl. 8–23 Uhr, Mo Ruhetag. Calle Isidro Diaz, ✆ 928-161085.

La Lajita

La Lajita liegt zwischen Tarajalejo und Costa Calma und ist über die FV-2 und die aus Richtung Norden kommende FV-56 zu erreichen. Der Ort mit rund 1700 Einwohnern breitet sich ein paar hundert Meter von der vielbefahrenen FV-2 entfernt direkt am Meer aus.

Bekannt ist La Lajita vor allem wegen des riesigen *Oasis-Parks* mit Tierpark und botanischem Garten. Das Städtchen selbst wird von den meisten Urlaubern auf dem Weg nach Süden kaum beachtet. Ein Grund vielleicht, warum sich der Ort eine gute Portion an Ursprünglichkeit bewahren konnte und daher durchaus den Abstecher wert ist.

Im Ortszentrum wartet ein knapp ein Kilometer langer, mit Steinen durchsetzter dunkler Sandstrand samt einiger Fischerboote und Palmen, die der Idylle

El Brasero, Restaurant an der FV-2, von Norden kommend kurz vor Tarajalejo; stilvolles Lokal mit Schwimmbad und angeschlossenem Reitstall. Serviert werden Fisch-, Steak- und Grillspezialitäten. Die parkähnliche Freizeitanlage nennt sich „Centro de Ocio" und gehört zur R2-Hotelgruppe. Di–So 10–17.30 Uhr. Ctra. Tarajalejo Tuineje, ✆ 928-161182.

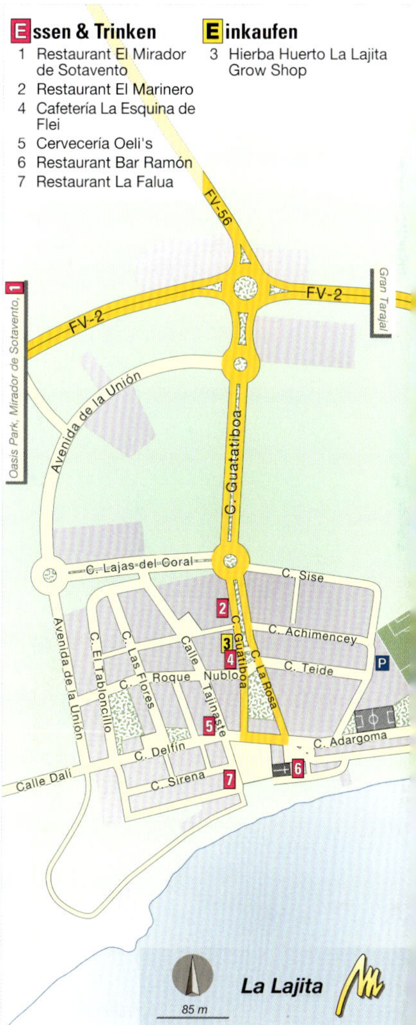

ein paar farbige Tupfen geben. Ein schöner Platz, der auch von einheimischen Fotografen gern als Shooting-Location gewählt wird. Rund um den Strand und den begrünten Dorfplatz mit seiner stattlichen Kirche laden mehrere Restaurants zum Verweilen und Speisen ein. In den teils am Hang liegenden Seitenstraßen trifft man auf einfache Bars für ein kühles Bier oder ein gepflegtes Billardspiel. Weitere Lokale und Geschäfte finden sich an der palmenbestandenen *Calle Guatatiboa*, der zum Meer führenden Hauptstraße. La Lajita ist ein Ort, in dem man kanarischen Alltag erleben und seine Spanischkenntnisse an die Frau oder den Mann bringen kann, wenn nicht gar muss.

Oasis Park: Der Park etwas südlich des eigentlichen Orts, direkt an der Straße nach Costa Calma gelegen, erstreckt sich auf einem riesigen, über 800.000 m² großen Gelände, auf dem rund 3000 Tiere und weit über 200 Tierarten leben: Giraffen, Lemuren, Elefanten, Gazellen, Affen und zahllose weitere Exemplare aus dem Reich der internationalen Fauna. Während zahlreicher Shows, die zwei bis dreimal täglich verstreut auf dem Gelände stattfinden, kann man Greifvögel, Papageien oder auch Seelöwen in Aktion sehen.

Eindrucksvoll ist auch der **botanische Garten** mit seiner schier endlosen Zahl an Kakteen aus aller Welt. Besucher dürfen hier einen Ritt auf dem Kamel wagen, auf der Kinderfarm schlagen die Herzen der Kleinen höher. Wer sonntags kommt, kann von 10 bis 14 Uhr auf dem *Agra- und Handwerkermarkt* Kanarisches erstehen. Übrigens wurden Dutzende der hier lebenden Kamele für den Hollywood-Film „Exodus" ausgeliehen, um als tierische Statisten vor der Kamera zu agieren. Wer

Im wunderbaren botanischen Garten im Oasis Park sprießen tausende Pflanzen …

kein eigenes Auto zur Verfügung hat bzw. nicht den öffentlichen Bus benutzen möchte, für den bietet der Park von zahlreichen Orten – z. B. Jandía, Esquinzo, Costa Calma, Caleta de Fuste, Corralejo und einigen anderen – bzw. von den dortigen Hotels einen kostenlosen Shuttleservice an. Die Abfahrtszeiten entnimmt man einem Oasis-Park-Prospekt. Auf dem Areal stillen drei Restaurants Hunger und Durst.

Ganzjährig tägl. 9–18 Uhr. Erw. 33 €, Kind 4–11 J. 19,50 €. Kamelsafari Erw. 12 €, Kind 8 €. Ermäßigung für Senioren ab 60 J. und Behinderte, ebenso für auf Fuerteventura gemeldete Personen. ✆ 928-161102, www.fuerteventuraoasispark.com.

Mirador de Sotavento: Der Aussichtspunkt, der sich einige Kilometer südlich von La Lajita an der FV-2 sich auftut, bietet einen einzigartigen Blick auf die südliche Ostküste mit Costa Calma und die dortigen Strände. Im Außenbereich stehen Bänke und Tische; im gemütlich eingerichteten gleichnamigen *Restaurant* mit windgeschützter Terrasse wird kanarische Küche serviert.

Hin & Weg **Bus:** **Linie 10** fährt zwischen Puerto del Rosario und Morro Jable (über Flughafen, Caleta de Fuste, Gran Tarajal, La Lajita, Costa Calma).

Einkaufen **Hierba Huerto La Lajita Grow Shop 3**, an der Hauptstraße; hier gibt es alles zum Thema Hanf. Ein Gemälde an der Fassade zeigt einen Braumeister samt Bottich, der einen „La Poción del Brujo" (Hexentrank) mischt. Mo–Fr 10–13 und 17–20.30 Uhr. Calle Guatatiboa 8, ✆ 651-083478.

... darunter nicht nur Kakteen

Essen & Trinken **Restaurant Mirador de Sotavento 1**, Spezialität des Hauses sind Paellas und Reisgerichte *(Arroces)*. Auch Tapas, Salate und Fleischgerichte stehen auf der Karte. Tägl. 13–22 Uhr, Mi Ruhetag. Calle Cuesta de la Pared s/n, 35627 Pájara, ✆ 692-066582.

La Falua 7, am Dorfplatz und unmittelbar am Strand gelegen. Modern und ansprechend eingerichtetes Restaurant mit großer Glasfront, großzügigem Innenraum und empfehlenswerter kanarischer Küche. Gegrillter Fisch des Tages, z. B. *Vieja* 13 €, *Bicuda* 11 €, Kanarischer Eintopf 3,90 €, Ziegenfleischragout 9,90 €. 1 Liter Hauswein 12,90 €. Di–Sa 12.30–15.45 und 18–22, So 12.30–21 Uhr, Mo Ruhetag. Calle Tajonaste 11, ✆ 928-343259.

El Marinero 2, an der zum Strand führenden Hauptstraße; landestypisch eingerichtetes Restaurant mit Außenbereich. Pizza, frischer Fisch und Fleisch vom Grill. Tägl. 6 Uhr morgens bis 1 Uhr nachts, Di Ruhetag. Calle Guatatiboa 2, ✆ 928-343186.

Ramón 6, Restaurant/Bar am Strand neben der Kirche. Muscheln nach Seemannsart 7,50 €, Kanarische Runzelkartoffeln *(Papas arrugadas)* 4 €, gegrillte Sardinen 8 €, frischer Fisch nach Gewicht. Tägl. 11–22.30 Uhr, Küche 12.30–22 Uhr, Di Ruhetag. Calle Fragata 13, ✆ 928-872126.

Cafetería La Esquinade Flei 4, eine Art Schnellimbiss direkt an der Hauptstraße. Es gibt Hamburger, Hähnchenschnitzel, Thunfischsteak vom Grill ... Calle Guatatiboa.

Cervecería Oeli's 5, einfache Bierkneipe unweit des Dorfplatzes mit Außenbereich, Theke mit Barhockern und Billardtisch. Calle Delfín 2, Ecke Calle Tajinaste.

Ostküste und Hinterland → Karte S. 93

Blick auf die Höhlen von Ajuy

Westküste und Westliches Bergland

Im Westen zeigt sich Fuerteventura von seiner rauen und einsamen Seite. Entlang der Küste sucht man eine Panoramastraße oder gar eine Autobahn wie an der Ostküste vergebens. Die wenigen Orte am Meer wie Ajuy oder Los Molinos erreicht man nur über kilometerlange Stichstraßen.

Über weite Strecken ist die Region zwischen *El Cotillo* im Norden und *La Pared* im Süden wild und ungezähmt, erreichbar ist sie meist nur zu Fuß. Breite, feinsandige, flach ins Meer abfallende Badestrände gehören hier ins Reich der Märchen. Meist ist die Brandung stark, die Küste felsig und nur vereinzelt öffnen sich Buchten, die eine Besiedlung erlauben und zum Schwimmen einladen.

Wer sich Zeit nimmt und auf den Weg zu den abgelegenen Ecken der Westküste aufmacht, wird belohnt durch eine unvergessliche Landschaft ohne Menschen, Siedlungen und Verkehr. Natur pur. Zieht man sich etwas ins Landesinnere zurück, erhebt sich das bergige *Inselinnere rund um Betancuria*. Dieser Teil der Insel gilt als die älteste Region Fuerteventuras. Einst, vor vielen, vielen Millionen Jahren, hätten Wanderer und Bergsteiger hier mehr als 3000 m hohe Gipfel erklimmen können. Heute ist das kaum mehr Gebirge zu nennende Betancuria-Massiv durch die Erosion auf eine Höhe von kaum über 700 m geschrumpft.

Versteckt in dieser Hügellandschaft, zum Schutz vor Piraten, gründete der Normanne *Jean de Béthencourt* Anfang des 15. Jahrhunderts die nach ihm benannte und erste Hauptstadt Fuerteventuras. Ein sehenswerter Ort mit restaurierter Altstadt und historischer Atmosphäre. Nicht unbeachtet lassen sollte man die Dörfer

östlich und südlich des alten Bergmassivs. Und unbedingt einen Besuch wert sind das idyllische *Antigua* oder die Gemeindehauptstadt *Pájara* mit ihrem kanarischen Flair, üppigen alten Baumbestand sowie einer Kirche, die mit einigen Überraschungen aufwartet.

Betancuria

Betancuria ist einer der schönsten, wenn nicht der schönste Ort auf Fuerteventura. Umgeben von Bergen und fast im Mittelpunkt der Insel gelegen, zeigt er ein historisches Gebäudeensemble, das so selten zu finden ist. Fuerteventuras einstige Hauptstadt nimmt den Besucher mit ihrem Charme gefangen.

Die älteste Siedlung der Insel zählt mit ihren alten Gassen und eindrucksvollen Kirchen und Museen zu den beliebtesten Ausflugszielen in ganz Spanien – was sich auch in der Anzahl der Besucher zeigt. Mancher Reisebus findet den Weg hierher in die Berge. Man sollte deshalb das kanarische Schmuckstück am Morgen oder am Abend besuchen, wenn die meisten Besucher wieder abgereist sind. Oder man bleibt und übernachtet, um die Reize von Betancuria in Ruhe genießen zu können.

Stadtgeschichte

Betancuria, wohl Fuerteventuras älteste Stadt, wurde 1404 von dem normannischen Eroberer *Jean de Béthencourt* .gegründet und nach ihm benannt. Den Siedlungsplatz wählte man bewusst weit entfernt von der Küste und umringt von Bergen, um gegen Angriffe von Piraten bestmöglich geschützt zu sein. Wie die Geschichte der Inselhauptstadt jedoch zeigt, ließen sich solche Überfälle nicht verhindern, schlimmer noch: eine 1593 von Piraten entfachte Feuersbrunst zerstörte Betancuria fast vollständig. Einige Steinhäuser entlang der heutigen Hauptstraße *Calle Roberto Roldán* trotzten den Flammen und zeugen bis heute von der von den Normanen inspirierten Architektur. Betancuria, auch Villa de Santa María de Betancuria genannt, erholte sich nur langsam von der Katastrophe, fast ein Jahrhundert dauerte es, bis die Kirche Santa María wieder in altem Glanz erstrahlte.

Nach der blutigen Eroberung Fuerteventuras durch die Europäer Anfang des 15. Jahrhunderts, die viele Ureinwohner nicht überlebten, erhob man Betancuria zum Regierungssitz und zur Hauptstadt der Insel. Die Macht hatten die Grundherren, die die öffentlichen Ämter und das Land vergaben sowie die Gerichtsbarkeit innehatten, und die Inselverwaltung *(cabildo)*, auf deren Aufgabe Organisatorisches war. Betancuria entwickelte sich zum religiösen Zentrum Fuerteventuras und der gesamten Kanarischen Inseln. Im Laufe der Zeit vermischten sich Ureinwohner und Europäer. Die Bevölkerung sicherte ihren Lebensunterhalt vor allem mit Landwirtschaft, Fischerei und etwas Handel. Auf den Feldern, die im Trockenanbau bestellt wurden, wuchs hauptsächlich Getreide, auf den kargen Flächen weideten Ziegen.

Das Leben unter den oft extremen Klimaverhältnissen mit langen Trockenperioden war hart und zwang die Bewohner immer wieder, auszuwandern, um ihr Glück in Europa zu suchen. Besonders im 17. und 18. Jahrhundert ging die Bevölkerung stark zurück. Doch mit besseren Getreideernten und dem Anbau gefragter landwirtschaftlicher Exportgüter, wie dem zur Herstellung von Natron nötigen Salzkraut, kam wieder Schwung in den Handel und Orte wie Antigua und Pájara wuchsen.

Betancuria selbst verlor ab dem 18. Jahrhundert mehr und mehr an politischer und religiöser Bedeutung. Die militärische Führung zog nach La Oliva um und kontrollierte von dort aus die Insel – La Oliva wurde ab 1835 zur neuen Hauptstadt Fuerteventuras. Währenddessen veränderten sich auch die kirchlichen Strukturen: Weitere Kirchen wurden zum Beispiel in Tetir und Antigua gebaut, immer mehr eigenständige Pfarreien entstanden. Betancuria verlor an Einfluss, aber nicht seine kulturellen Schätze und seine Schönheit – seit 1979 steht der Ort mit seinen historischen Bauten unter Denkmalschutz.

Rundgang durch den Ort

Ein guter Ausgangspunkt für einen Rundgang ist die unübersehbare *Kirche Santa María* im autofreien historischen Zentrum. Alle Sehenswürdigkeiten sind von hier aus in wenigen Minuten zu Fuß erreichbar, zum Beispiel das bekannte *Restaurant Casa Santa María*.

Geht man auf der aus der Altstadt führenden *Calle Alcalde Carmelo Silvera* abwärts Richtung *Barranco del Coventa*, trifft man auf die urige, etwas abseits vom Touristenstrom gelegene Wein- und Tapas Bar *Don Carmelo*. Wer sich sportlich betätigen möchte, kann sich im kleinen *Fitnesspark Margarita* an Gerätschaften üben oder an der „Fingertreppe" sein Geschickt testen. Das *Archäologisch-ethnographische Museum* befindet sich wenige Meter entfernt direkt an der Hauptstraße, der *Calle Roberto Roldán*. Hungrige und Durstige finden auch an diesem Teilstück der Straße Restaurants, Shops und ein Aloe-Vera-Geschäft. *Parkmöglichkeiten* gibt es am großen Hauptparkplatz im Süden des Ortes (über die Hauptstraße erreichbar) sowie am nördlichen Ende von Betancuria.

Wanderung 10: Von Betancuria durch die Bergwelt → S. 245
Kurze Tour durch den Landschaftspark von Betancuria

Océano Atlántico
La Oliva
Playa de Jarugo
Monumento a Don Miguel de Unamuno
Montaña Blanca 251
Bco. de Jarugo
Punta del Salvaje
FV-207
Los Molinos
Punta de la Vega Vieja
Bco. de Molinos
Las Parcelas
FV-221
Tefía
Salinas 333
Ecomuseo de la Alcogida
Ermita de San Agustín
Caleta Grande
Bermeja 320
Pico de la Fortaleza 595
Piedra de Fuera
Embalse de los Molinos
Playa de los Mozos
Morro del Sol 351
Montaña de Tao 417
Puerto del Rosario
Playa del Valle
Bco. del Valle
Ermita de Nuestra Señora de la Concepción
Aguas Verdes
Llanos de la Concepción
Punta de los Caletones
Parque Rural de Betancuria
La Ampuyenta
Ermita de San Bartolomé
Valle de Santa Inés
Ermita de San Pedro de Alcántara
FV-30
Morro de la Fuente Vieja 666
Mirador de la Cruz
FV-20
Punta de la Herradura
Montaña Aceituno 419
Mirador de Morro Velosa
Ensenada de la Herradura
Betancuria
Museo Arqueológico
Museo del Queso Majorero
Nuestra Señora de la Concepcion
Iglesia Nuestra Señora de Antigua
Caleta de la Peña Vieja
Bco. de la Peña
Antigua
Montaña Atalaya (Pico de Betancuria) 724
Morro de la Vieja
Arco del Jurado
Las Cuevas de Ajuy
Bco. de la Antigua
Morro Janana 674
Caleta Negra
Bco. de las Peñitas
FV-50
Puerto de la Peña
Ajuy
Vega de Río Palmas
Presa de las Peñitas
Playa de los Muertos
Nuestra Señora de la Peña
El Jarde
Valles de Ortega
Buen Paso
Mirador Risco de las Peñas
Ermita de San Roque
Mirador Las Peñitas
Pico Lima 630
Casillas de Morales
Fenduca 616
Gran Montaña 711
Agua de Bueyes
Bco. de Pájara
Bco. de Teguereyde
Mézquez 416
Ermita de Guadalupe
Montaña Gairia 463
Ermita de San Antonio
Toto
Tiscamanita
Montaña Blanca 273
Ermita de San Marcos
Los Molinos Centro de Interpretacion
Malpaís Chico
Playa de Garcey
Iglesia Nuestra Señora de Regla
FV-30
Bco. de Garcey
Pájara
FV-20
La Laguna de las Mujeres
Punta Peñón Blanco
Bco. de Vigocho
Carbón 609
Montaña Entresalas 334
Tuineje
Caldera de Liria 254
Montaña Gavioto 385
Montaña de la Fuente 501
FV-605
Casas de Florida
Caldera de los Arrabales 242
Montañeta del Tamacite 354
Zona Militar
Bco. de la Mata
Montaña de Melingrada 625
FV-550
FV-20
Caleta de Fuste
Sisacumbre 528
Mirador Astronómico Sicasumbre
Tesejerague
FV-511
Montaña de Tirba 345
FV-512
FV-2
Ermita Virgen del Tanquito
El Cardón
Bco. de la Palma
Montaña Cardón 694
Gran Tarajal
Montaña Areguia 437
FV-618
FV-617
FV-2
Costa Calma
Las Hermosas
Tarajalejo
FV-525

Iglesia de Santa María

Iglesia de Santa María: In der historischen Dorfmitte dominiert die Santa-María-Kirche, manchmal auch Iglesia Nuestra Señora de la Concepcion genannt, mit ihrem Ziegelsatteldach. Der Überlieferung nach stand hier einmal ein einfaches normannisches Gebetshaus, bis Jean de Béthencourt um 1410 dieses Gotteshaus errichten ließ, das 1424 von Papst Martin V. zur Kathedrale erhoben wurde. Ende des 16. Jahrhunderts zerstörten Piraten die Kirche, ihr Wiederaufbau war erst rund 100 Jahre später im Jahr 1691 vollendet. Den Bewohnern zeigte sich nun eine mit mächtigen Mauern bewehrte Kathedrale, mit aus drei über Rundbögen miteinander verbundenen Schiffen. Bis ins 18. Jahrhundert war Santa María, abgesehen von einigen Wallfahrtskapellen, die einzige Kirche auf Fuerteventura.

Das Kirchenmuseum für Sakrale Kunst residiert zurzeit in der Kirche. Tägl. 10–12.30 und 13–15.50 Uhr. Eintritt 1,50 €.

Convento de San Buenaventura: Aus den Anfängen der Eroberungsjahre stammen die Ruinen des Franziskanerklosters am nördlichen Ortsrand von Betancuria. Die 1416 erfolgte Gründung des Klosters, das erste auf den Kanarischen Inseln, geht auf Papst Benedikt XIII. zurück, der die Genehmigung zum Bau des Gotteshauses gab. Einer der ersten Mönche im Kloster, das zu Ehren des heiligen Buenaventura errichtet wurde, soll u. a. ein Ureinwohner gewesen sein, der als Dolmetscher zwischen seinen Landsleuten und den Eroberern vermittelte. Ansonsten lebten dort aus Kastilien stammende Franziskanermönche.

1593 entdeckten Piraten das im Landesinneren versteckte Betancuria und brannten es nieder. Das Kloster, die Kirche wie auch die meisten Gebäude der Stadt wurden schwer beschädigt oder zerstört. Im folgenden 17. Jahrhundert wurde die Klosteranlage wieder aufgebaut und um eine Kirche erweitert. Im 19. Jahrhundert, nach der Säkularisierung der Einrichtungen, verfiel die Anlage oder wurde von den Einwohnern als Steinbruch genutzt. Erst in jüngerer Zeit wurde damit begonnen, die Ruinen rudimentär zu restaurieren und einen Park anzulegen. Heute sind nur noch die Wände der Klosterkirche erhalten, man erkennt jedoch deutlich den historischen Grundriss, ein lateinisches Kreuz. Vom eigentlichen Kloster existieren noch Reste des Fundaments.

Ermita de San Diego de Alcalá: Die in der zweiten Hälfte des 17. Jh. erbaute Kapelle, die bei dem Piratenangriff von 1593 ebenfalls schwer gelitten hatte, steht bei der Klosterruine im Norden der Stadt. Sie soll an der Stelle einer Höhle erbaut worden sein, in der der Franziskanermönch *Diego de Alcalá* einst betete und meditierte. Diego de Alcalá, der 1441-1449 im Kloster von Betancuria lebte, war eigentlich ein Hirte und später zunächst Laienbruder in Andalusien, bis er nach Fuerteventura kam. Man sagt, er sei dem Eroberer Béthencourt ein Dorn im Auge gewesen, da er die Majos, die Ureinwohner, als Brüder und nicht als Sklaven sah und sich auch sonst für die Belange der Armen einsetzte. 1449 kehrte er aufs Festland zurück und verstarb 1463 in Alcalá de Henares, wo er in der Kathedrale begraben liegt. Schon 1588 wurde Alcalá wegen einiger Wundertaten heiliggesprochen. So soll er zusammen mit seinem Klosterbruder Juan de Santorcaz die verschollen geglaubte Madonnenfigur der Virgin de la Peña, die sich heute in der Kirche von Vega de Río Palmas befindet, wiederentdeckt haben. Ein Licht habe ihnen den Weg gewiesen und so konnten sie die heilige Figur aus dem Fels des heutigen Barranco de las Peñitas befreien. Juan de Santorcaz starb 1485 auf Fuerteventura und wurde im Convento de San Buenaventura begraben.

Historische Wasserräder im Stadtgebiet: In Betancuria drehen sich zwei bestens restaurierte alte Wasserräder, sogenannte *Norias*. Der Name Noria stammt aus dem arabischen und bedeutet „Wasserrad". Die von Tieren angetrieben Konstruktionen, *Noria de tiro*, waren geeignet, Wasser aus tiefen Brunnen heraufzubefördern. Die Räder wurden in der zweiten Hälfte des 19. Jahrhunderts auf Fuerteventura eingeführt und waren bis in die 50er Jahre in Betrieb. Man baute sie vorwiegend aus dem harten Holz der Kanarischen Kiefer oder des Maulbeerbaums, da diese Hölzer dem Wasser am besten standhielten.

Eine dieser interessanten Konstruktionen, die **Noria del Pozo de la Calle**, findet man im Süden des Orts zwischen den Tapas Bars La Casa de Caeso und Bodegon Don Carmelo an der *Calle Hermanos Martín Fajardo*. Dieses Wasserrad besteht aus zwei großen Rädern, das sich waagerecht drehende Rad (Luftrad) wird über eine lange Holzstange von einem Tier, das um den Brunnen herum läuft, angetrieben. Dabei setzt es ein zweites Rad, das vertikale Wasserrad, mittels einer Verzahnung in Bewegung. An letzterem sind Krüge oder Eimer aus Messing befestigt, die das Wasser in einen „Artesa" genannten Behälter nach oben schaufeln. Danach fließt das Wasser über eine Rinne *(Atarjea)* in einen Auffangteich.

Ein zweites Wasserrad, die **Noria del Pozo de los Peña**, befindet sich unweit der Hauptstraße Calle Roberto Roldán, auf einem Seitenweg Richtung Osten in die umliegende Berglandschaft.

Informationszentrum Casa Santa María: In dem historischen Gebäude erhält der Besucher einen Einblick in kanarische Traditionen, das Kunsthandwerk und die Über- und Unterwasserlandschaften Fuerteventuras. Hier wird live gestickt und gewebt, hier und da kann man lokale Gaumengenüsse wie Ziegenkäse oder Marmeladen probieren, und eine 10-minütige 3-D-Show entführt den Zuschauer in das marine Leben von Rochen, Schildkröten und Co. An anderer Stelle flimmern während einer 15-minütigen Vorstellung Bilder von den Hauptsehenswürdigkeiten Fuerteventuras über eine Panoramaleinwand. Eine weitere Ausstellung informiert über die Flora und Fauna des Naturparks Betancuria.

Mo–Sa 10–15.30 Uhr. Eintritt 6 €. Nähe Plaza Santa María.

Museo Arqueológico de Fuerteventura: Über einen von historischen Kanonen flankierten Weg gelangt man in das interessante und aufschlussreiche archäologische Museum. In mehreren Räumen werden Funde und Informationen präsentiert, die Eindrücke von der Kultur und den Traditionen der Ureinwohner, der Majos, vermitteln. Thematisiert werden auch wirtschaftliche und gesellschaftliche Aspekte, wie die damalige Stellung der Frau, aber auch der Glauben an die Gestirne, die Ehrung der Ahnen oder die Ernährung rund um Viehwirtschaft und Fischfang spielen eine Rolle.

Di–Sa 10–18 Uhr, So & Mo geschlossen. Calle de Roberto Roldán 12-14. ✆ 928-878241.

Basis-Infos

Information Touristbüro im Rathaus, Mo–Fr 8–15 Uhr. Calle Amador Rodríguez 4, 35637 Betancuria, ✆ 928-878092, www.ayto betancuria.org. Webseite auch auf Deutsch.

Hin & Weg Bus: Die Linie 2 von Puerto del Rosario nach Vega Rio Palma hält in Betancuria.

Der **Flughafen** ist etwa 31 km entfernt. Fahrzeit mit Taxi oder Auto ca. 35 Min. nach Betancuria.

Parken In der historischen Altstadt ist das Parken nicht möglich. **Großer Parkplatz** am südlichen Ende des Orts, wenige Parkplätze auch im nördlichen Bereich der Durchgangsstraße.

Aktivitäten/Einkaufen

Automobilrennen **Rallye Subida de Betancuria**, die spektakuläre Rallye alljährlich Anfang Oktober führt über kurvenreiche Straßen und durch den Ort Betancuria. Infos unter www.atodomotor.com oder vor Ort.

Einkaufen In der historischen Altstadt gibt es etliche Geschäfte, die Souvenirs, Töpferwaren oder Schmuck feilbieten.

Souvenirs Betancuria **1**, direkt hinter der Kirche, bei dem schön gestalteten privaten

Casa Princess Arminda

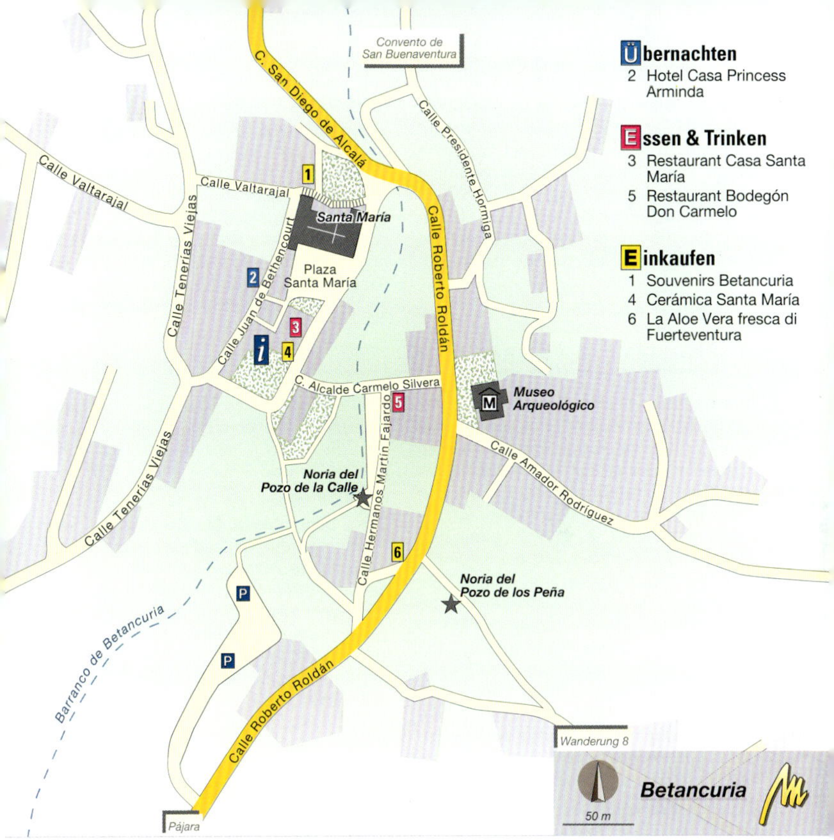

Garten *El Osario*, mit reicher Auswahl an originellen kanarischen Produkten, z. B. eine Tomaten- oder Kaktusmarmelade mit überraschendem Geschmack, ein Rum mit Honig oder ein 18 %iger Kaktuslikör. Mo–So 10–17 Uhr. Calle Valtaral 2, ✆ 928-878111.

Ceramica Santa María **4**, wenige Schritte vom Kirchplatz; hier gibt es Töpferwaren in allen Farben und Formen, Schmuck aus Lavagestein, T-Shirts und allerlei Krimskrams. Mo–So 10–17 Uhr. Calle Inmaculada Concepción.

La Aloe Vera frecsa di Fuerteventura **6**, die 2006 in Betancuria gegründete Firma mit zahlreichen Filialen auf der Insel bietet Aloe-Vera-Produkte in sehr guter Qualität. Mo–So 10–18 Uhr. An der Durchgangsstraße beim großen Parkplatz, Calle Roberto Roldán, ✆ 699-669558.

Fiestas **Alljährlich am 14. Juli** wird seit fast 500 Jahren das *prachtvolle Fest zu Ehren von San Buenaventura*, dem Schutzheiligen von Fuerteventura, gefeiert. Menschen aus allen Teilen der Insel säumen die Wege und erfreuen sich an der Prozession.

8. Dezember: *Mariä Empfängnis*; die deutlich kleinere Prozession zu Ehren der Nuestra Señora de la Inmaculada Concepción wird ebenfalls sehr feierlich begangen.

13. November: *Fiesta zu Ehren von San Diego* in der gleichnamigen Kapelle neben der Klosterruine.

Wandern **Von Betancuria zum Kiefernwald**, familienfreundliche, knapp 7 km lange Rundwanderung zu einem auf Fuerteventura seltenen Kiefernwald und dem dortigen Grill- und Picknickplatz (→ „Kleiner Wanderführer", Wanderung 10).

Zur Ermita de San Roque, von Betancuria aus führt eine ausgeschilderte Wanderung auf einfacher Wegstrecke in den Ort Valles de Ortega bis zur Ermita de San Roque. Für die 9,6 km lange Wanderung auf dem SL-FV 10 sind 4½ Std. angesetzt. Zunächst erreicht man den in einem Kiefernwald liegenden Picknickplatz *Castillo de Lara*, danach geht es über den 674 m hohen Berg Morro Jarana bis zum Endpunkt, der Ermita. Unterwegs hat man herrliche Ausblicke auf die Nordküste bis zur Halbinsel von Jandía.

Nach Pájara, durch Betancuria verläuft der Weitwanderweg GR 131. Von hier aus kann man auf der ausgeschilderten Etappe 5 nach Süden ins 16,5 km entfernte Pájara wandern. Die über 7 Stunden dauernde Tour führt zum Bergsattel Degollada de la Villa, dann weiter Richtung Süden bis nach Pájara. Nach Norden sind es 5,9 km ins Valle de Santa Inés. Nach Corralejo sind es 60 km, nach Punta de Jandía 90 km.

Übernachten/Essen & Trinken

Übernachten **Hotel Casa Princess Arminda 2**, historisches Herrenhaus aus dem 17. Jh. unmittelbar in Kirchennähe. Die 5 gefliesten Zimmer mit hohen Holzdecken und kleinen Fenstern sind fast alle um den lauschigen Innenhof angeordnet, der bei schönem Wetter zum Frühstücksraum wird. Die Zimmer sind wie das gesamte Haus gemütlich rustikal mit Holzmöbeln eingerichtet. DZ mit Bad inkl. Frühstück ab 45 €. Besucher können das Ambiente des Hauses auch bei einem Mittagessen, bei einem Abendessen oder abends an der Bar genießen (→ Essen & Trinken). Da das Princess Arminda Betancurias einzige Herberge ist, sollte man frühzeitig reservieren. Calle Juan de Béthencourt 2, ✆ 928-878979, juan@princessarinda.com.

Essen & Trinken **Casa Princess Arminda**, Restaurant in historischem Ambiente mit gemütlichem Innenhof, zum gleichnamigen Hotel gehörig. Hier kommt kanarische Küche auf den Tisch. Lecker ist das *Carne de Cabra* (Ziegenfleisch) oder der Nachtischteller mit Bananen- und Feigenkuchen (3,50 €); es gibt Salate, Suppen, Tortillas und die traditionellen *Papas Arrugadas con mojo* (4,50 €), kleine Runzelkartoffeln mit Knoblauch- und Paprikasoße. Bei schlechtem Wetter kann man in den Innenbereichen speisen. Tägl. 12–17 Uhr. Calle Juan de Béthencourt 2, ✆ 928-878979, juan@princessarinda.com.

Restaurant Bodegon Don Carmelo 5, ruhig und idyllisch gelegene Tapas-Bar am Barranco del Coventa, zwischen Altstadt und Durchgangsstraße. Mit Gartenecke und ein paar Tischen vor dem weißgetünchten Gebäude. Eliana Silvera und ihr Team servieren köstliche hausgemachte Tapas, vegetarische Varianten inklusive. Das Angebot wechselt je nach Saison. Tapa 3,60 €, drei Tapas 10,50 €, Kuchen und Torte ab 3 €. Salate und Suppen stehen ebenfalls auf der Karte. Tägl. 10–18 Uhr, Küche 10–17.30 Uhr. Calle Alcalde Carmelo Silvera 4, ✆ 928-878391 und ✆ 636-068912.

Casa Santa María 3, Reiner Loos, ein deutscher Fotograf und Designer, der in Vega de Río Palmas das Don Antonio und die Casa de la Naturaleza betreibt, zeichnet auch verantwortlich für dieses in einem schön restaurierten Bauernhaus aus dem 17. Jh. untergebrachte stilvolle Restaurant mit üppig begrüntem Innenhof. Hier wird gehobene Küche aufgetischt. Spezialität des Hauses: Zicklein im Ofen gebraten mit Rosmarin-Sauce, dazu Saisongemüse und Kartoffelgratin (23,50 €); zudem u. a. Rinderfilet an Steinpilzsauce oder Riesengarnelen mit Safransauce und Reis. Dazu gibt es Suppen, Tapas und süße Desserts. Einen Blick sollte man auch auf die große Fotogalerie werfen, hier entdeckt man neben historischen Aufnahmen z. B. den Inhaber zusammen mit Musiker Peter Maffay. Mo–Sa 10–17.30 Uhr, Küche 12–17 Uhr. Fr/Sa nur mit Reservierung 19–21 Uhr. So Ruhetag. Plaza Santa María 1, ✆ 928-878282, www.casasantamaria.net.

La Casa de Caeso, an der Durchgangsstraße, am südlichen Ortsende beim großen Parkplatz; das „Käsehaus" ist einfache Tapas-Bar mit angegliedertem Supermarkt und Souvenirladen und wird oft von Einheimischen frequentiert. Vor dem Gebäude stehen ein paar Holzbänke, es gibt einen überschaubaren Innenbereich zum Essen. Das freundliche Personal serviert vor allem Tapas wie *Papas Arrugadas* (Schrumpelkartoffeln), *Queso frito* (gebratener Käse, 5 €), *Tortilla española* (spanisches Omelett, 4 €) oder *Pimientos de Padron* (frittierte grüne Paprika mit grobem Salz, 4,50 €). Im Laden kann man an der Theke den Ziegenkäse „La Villa" aus Betancuria, aber auch Wurstwaren kaufen. Tägl. 9–20 Uhr. Sa/So abweichende Zeiten. Calle Roberto Roldán.

Bar Valtarajal, schlichtes Restaurant an der Durchgangsstraße mit einem halben Dutzend Holztischen. Auf der Karte stehen kanarische Spezialitäten. Ziegengulasch 9 €, Kichererbsengericht 8,50 €, Kaninchen in Sauce 9 €. Mo–Fr 9–16.30, So 10.30–16.30 Uhr. Calle Roberto Roldán 23, ✆ 679-579697.

Umgebung von Betancuria

Mirador de Morro Velosa und Museum: Ein herrlicher Blick eröffnet sich hier an dem Aussichtspunkt auf 675 m Höhe. Aber auch das moderne Naturkundemuseum mit angeschlossener Cafeteria ist den Besuch wert; es informiert über die Entstehungsgeschichte der Kanaren, den heiligen Berg von Tindaya, den Naturpark Betancuria sowie das Naturreservat der Insel Lobos. Auf der Rundumterrasse kann man die faszinierende Weite der Insel auf schönste Weise erfahren. Von Betancuria aus führt auch ein Wanderweg hinauf zum Morro Velosa.

Museum: Di–Sa 10–18 Uhr. Anfahrt über die FV-30 Richtung Norden. Nach rund 3 km ab Betancuria führt ein Sträßchen zum Mirador. Auf Hinweisschild achten. Sollte die Straße gesperrt sein, erreicht man den Aussichtspunkt zu Fuß in wenigen Minuten. ✆ 928-174727.

Mirador de la Cruz mit Königsstatuen Guize und Ayoze: Dieser Aussichtspunkt liegt Richtung Norden wenige Kilometer von Betancuria entfernt direkt an der FV-30, zum Mirador de Morro Velosa sind es nur wenige Schritte. Hier öffnet sich der Blick auf Betancuria und nach Westen. Glanzlicht des Miradors sind die beiden rund viereinhalb Meter hohen Bronzestatuen der Könige Guize und Ayoze, die vor der Eroberung von Béthencourt die beiden Königreiche auf Fuerteventura regierten. Die Grenze zwischen dem südlichen und nördlichen Reich soll hier in der Region rund um Betancuria verlaufen sein. Die eindrucksvollen Figuren wurden von *Emiliano Hernandez* geschaffen und 2008 hier aufgestellt.

Mirador de Morro Velosa mit Museum und herrlichem Rundumblick

Westküste und Westliches Bergland → Karte S. 153

Naturschutz auf Fuerteventura

Fuerteventura besitzt 13 Naturschutzgebiete, knapp 30 % der rund 1700 km² großen Insel stehen unter Schutz. Dabei wird unterschieden zwischen Naturpark, Landschaftspark, Naturdenkmal und „Orten von wissenschaftlichem Interesse". Es gibt die drei *Naturparks Isla de Lobos*, die *Dünen von Corralejo* und den großflächigen *Naturpark Jandía*. Diese Gebiete und ihre als erhaltenswert eingestufte Natur sollen geschützt werden, dürfen jedoch zugleich angemessen touristisch genutzt werden. Davon abgesehen gibt es – als einzigen seiner Art auf Fuerteventura – den *Landschaftspark Betancuri – Parque Rural de Betancuria.*

„Landschaftsparks" zeichnen sich durch strengere Auflage aus und widmen sich neben Natur und Landschaft auch dem kulturellen Leben der dort lebenden Bevölkerung – traditionelle Strukturen werden geschützt, gefördert und gegebenenfalls wiederhergestellt. So wird versucht, die typischen *Gavias* – mit Wällen abgrenzte Felder – als Zeugnis einer einst bedeutenden Landwirtschaft zu erhalten.

Der Landschaftspark Betancuria ist ein 16.500 Hektar großes Schutzgebiet mit einer bemerkenswerten Gebirgsflora und -fauna. Hier lebt der kleinste aasfressende Raubvogel Europas, der *Guirre*, die einzige Geierart der Kanarischen Inseln. Geologisch Interessierte finden in dieser Region die ältesten Felsformationen der gesamten Kanaren.

Daneben gibt es auf sechs Naturdenkmäler *(Monumento Natural):*

Malpaís de la Arena: Das Lavafeld bei La Oliva wird überragt von dem weniger als 10.000 Jahre alten, geologisch also noch recht jungen Vulkan Montaña de la Arena (→ Wanderung 7).

Montaña Tindaya: Der von Einheimischen wegen seiner prähistorischen Felsritzungen als „heiliger" Berg bezeichnete Tindaya darf nur mit Genehmigung bestiegen werden. Im gleichnamigen Ort befindet sich ein Museum, dessen Ausstellung sich im Detail dem Montaña Tindaya widmet.

Caldera de Gairía: „Junger" Vulkan im Landesinneren bei Tiscamanita mit seltener Vegetation, die sich den extrem trockenen Verhältnissen angepasst hat.

Cuchillos de Vigán: Bergmassiv an der Ostküste zwischen Pozo Negro und Gran Tarajal mit „messerscharfen" Felsformationen (Cuchillos = Messer). Rückzugsgebiet für Schmutzgeier, Fischadler und Wanderfalken.

Montaña Cardón: Dieser Vulkankegel erhebt sich beim gleichnamigen Ort. Seine vornehmlich auf Felsen gedeihende Flora ist teilweise vom Aussterben bedroht.

Ajuy: Am Strand des Ortes finden sich die ältesten Ablagerungen und Sedimentschichten der gesamten Kanarischen Inseln.

Ebenfalls zum Netz der Naturschutzgebiete der Kanarischen Inseln zählen die Landschaftsschutzgebiete **Malpaís Grande** und **Vallebrón** sowie die **Playa del Matorral bei Jandía**. Fuerteventura als ganzes ist seit 2009 ein „Biosphärenreservat" der UNESCO.

Für den Erhalt der natürlichen Ressourcen setzen sich Organisationen auf den unterschiedlichsten Ebenen ein, von der Inselregierung bis zu einzelnen Privatleuten. In Morro Jable existiert beispielswiese eine Aufzuchtstation für Meeresschildkröten, die besichtigt werden kann. Initiativen kümmern sich um den Schutz der in den Gewässern vor der Küste lebenden Haiarten und in Lajares engagieren sich Händler und eine Umweltorganisation für eine Einkaufkultur ohne Plastiktüten ...

Los Molinos: ruhiger Ort für ein leckeres Mittagessen

Westküste und Westliches Bergland → Karte S. 153

Los Molinos

Das winzige Fischerdorf an der Westküste ist zwischen Steilfelsen in eine Bucht eingebettet. Neben ein paar wenigen Häusern und einer Art Kapelle sticht das an prominenter Stelle liegende einzige Lokal im Dorf hervor. Wanderer, die den GR 131 entlanglaufen, kommen auf dem Weg von Tindaya nach Betancuria hier vorbei. Der Weiler gehörte in der Gründungszeit zunächst zur Gemeinde von Casillas del Ángel, später zur Gemeinde von Puerto de Cabras, dem heutigen Puerto del Rosario.

Am zum Baden wenig geeigneten Strand lässt sich der Sonnenuntergang beobachten oder ein Spaziergang beginnen, der entlang des wasserführenden *Barrancos de los Molinos* moderat bergauf ins Landesinnere führt. Im Bereich der Mündung bildet sich ein kleines Staubecken, in dem sich Süßwasser und Meerwasser vermengen, Raum für eine Population von Enten.

Fahrradtour Von Los Molinos führt ein ausgeschilderter Radweg (Route 7) nach Norden an den **Jarubia-Strand**. Eine Infotafel erläutert die Besonderheiten der knapp 4 km langen Tour. Neben interessanter Flora und Fauna ist ein stattlicher *Gambuesa*, ein aus Naturstein erbauter runder Viehpferch zu sehen, der beim traditionellen Zusammentrieb der frei lebenden Tiere, der *Apañada*, genutzt wird. Die Apañada findet meist einmal jährlich statt, um Jungtiere zu zählen, zu markieren und den Gesundheitszustand der „Cabras" zu prüfen.

Essen & Trinken **Casa Pon**, das mit wunderbarer Lage aufwartende Restaurant ist spezialisiert auf kanarische Fischgerichte. Natürlich gibt es auch eine gute Auswahl an Tapas und Bocadillos. Der Strand und das Meer breiten sich direkt vor der überdachten Terrasse aus. Ziegenkäse 6 €, Oktopus vom Grill 10,50 €, frischer frittierter Fisch 10 €. Tägl. Mo–Fr 10–18, Sa/So 10–19 Uhr, im Sommer 10–22 Uhr. Caseno Puertito de los Molinos, 35600 Los Molinos, ✆ 654-931181.

Umgebung von Los Molinos

Las Parcelas: Auf dem Weg an die Küste nach Los Molinos kommt man durch diesen Ort, der neben einer Kapelle wenig zu bieten hat. Interessant ist, dass Las Parcelas das jüngste Dorf der Gemeinde Puerto del Rosario ist und offiziell „Colonia Rural García Escámez“ heißt. Die nach einer kanarischen Politikergröße benannte Ansiedlung entstand Anfang der 1940er Jahre und war als landwirtschaftliches Experiment gedacht. Die Idee war, den Landstrich in Parzellen einzuteilen, um diese mit dem Wasser des nahen Stausees von Los Molinos zu kultivieren. Das Anpflanzungsgebiet von Las Parcelas und die Talsperre wurden 1946 eröffnet. 30 Familien aus dem früheren Puerto Cabras erhielten jeweils zwei Hektar Ackerland, eine Wohnung, das Recht, das Stauseewasser zu nutzen und einmalig 56 Peseten, um Saatgut kaufen zu können. Angebaut wurde vorwiegend Getreide. Insgesamt verlief das Projekt nicht sehr erfolgreich – schon Ende der 1970er hatten die meisten Eigentümer den Ort Richtung Puerto de Rosario oder Gran Canaria verlassen. Heute wohnt in Las Parcelas nur noch eine Handvoll Familien.

Valle de Santa Inés

Der Ort besteht aus ein paar wenigen im ländlichen Stil erbauten weißen Häusern. An der Durchgangstraße liegen die „Highlights“, wenn man sie denn so nennen mag: Das Restaurant *Abuelo* (Großvater) *Alfredo* soll bei Appetit auf kanarische Küche einen Stopp wert sein. Ein Minimarket, in dem nicht nur kanarische Produkte die Auslagen füllen, sondern auch Tabak und Postkarten verkauft werden sowie ein stattlicher schattenspendender Baum vervollständigen das Ortsbild. Eine einfache Ermita findet sich abseits der Straße.

Abuelo Alfredo, gute, schmackhafte kanarische Küche in ländlichem Ambiente, fernab der touristischen Hochburgen. Man spricht vorwiegend Spanisch, Speisekarte auch auf Deutsch. Auswahl verschiedener Ziegenkäse *(Tabla de Quesos)* 7 €, gebratenes Zicklein *(Cabrito frito)* 14 €. Tische im Innenbereich, Bartresen und ein paar Tische vor dem Lokal. Küche 12–16.40 Uhr, Bar von morgens bis 22 Uhr. Calle Real (Calle Coronel), 35637 Valle de Santa Inés. ✆ 928-878764.

Vega de Río Palmas

Zwischen Pájara und Betancuria an der Straße FV-30 erstreckt sich das schmale lange, reizvolle Vega de Río Palmas. Während man den größten Teil des auf rund 270 m Höhe liegenden Orts von der Straße aus nicht erkennen kann, ist seine Hauptattraktion, die Kirche *Nuestra Señora de la Peña* mit dem Platz und seinen Palmen davor bei der Durchfahrt nicht zu übersehen. Direkt an der Kirche findet sich auch eines der wenigen Restaurants. Neben dem Gotteshaus – es ist Fuerteventuras berühmteste Wallfahrtskirche – sollte man auch dem Rest der Siedlung mit seinen wunderschönen Dattelpalmen und Tamarisken Beachtung schenken.

Schon bei einem kleinen Spaziergang zeigt sich die Schönheit dieses Tals mit dem Rio del Palmas, dem Palmenfluss, der früher ganzjährig Wasser führte. Zu empfehlen ist auch die einfache, nicht sehr anstrengende Wanderung zur etwa 3,5 km entfernten *Kapelle Virgin de la Peña*, auf die man in einer Felsenschlucht unmittelbar am Stausee mit dem Barranco de las Peñitas stößt (→ „Kleiner Wanderführer“, Wanderung 11).

Iglesia de Nuestra Señora

Rund um die oft schmucken Häuser breiten sich bewirtschaftete Felder aus, Windräder pumpen Grundwasser herauf, und man kann mit Fug und Recht sagen, dass sich nur wenige Ortschaften auf Fuerteventura so grün und lieblich zeigen wie Vega de Río Palmas.

Iglesia de Nuestra Señora de la Peña: Die einschiffige Wallfahrtskirche mit ihrem im Renaissancestil erbauten, von Säulen gesäumten Hauptportal stammt aus dem 17./18. Jahrhundert. Darüber thront ein schmaler, steinerner Glockenstuhl samt zweier Glocken. Umrundet man das Gotteshaus, zeigt es einen eher schlichten Baustil. Prunkvoll dagegen präsentiert sich die nur 23 Zentimeter große Alabaster-Madonnenskulptur der Virgin de la Peña, die den Bereich des Hauptaltars schmückt; die Figur im Stil der französischen Spätgotik soll Jean de Béthencourt Anfang des 15. Jh. auf die Insel gebracht und der Kirche von Betancuria gestiftet haben. Wegen der häufigen Piratenüberfälle entschloss man sich, die Marienstatue in der Felsschlucht des Barranco de las Peñitas zu verstecken. Der Legende nach sollen die Franziskanermönche Diego de Alcalá und Juan de Santorcaz das heilige Kunstwerk Jahre später im Fels entdeckt haben, nachdem ein Licht ihnen den Weg gewiesen hatte. So wurde die heilige Maria zur Inselschutzheiligen erklärt. Jahr für Jahr, insbesondere alljährlich im September, zieht die kleine Skulptur Gläubige und Pilger an (→ Fiesta).

Besichtigung tägl. 10.30–15.15 Uhr. Messe Sonntag um 12 Uhr.

Wanderung 11: Von Vega de Río Palmas zur Ermita de Nuestra Señora de la Peña → S. 248

Landschaftlich reizvolle Tour zur Schluchten-Kapelle

Westküste und Westliches Bergland → Karte S. 153

Hin & Weg **Bus**: Linie 2 fährt 3-mal tägl. von Puerto del Rosario nach Vega de Río Palmas und zurück.

Fiesta **Alljährlich am 3. Sonntag im September** findet eine eindrucksvolle *Prozession zu Ehren der Virgin de la Peña* statt. Zu diesem wichtigsten Feiertag der Insel reisen nicht nur einheimische Pilger an, auch Gläubige aus allen Regionen der Kanarischen Inseln und sogar vom spanischen Festland strömen nach Vega de Río Palmas.

Essen & Trinken **Don Antonio**, Restaurant der gehobenen Klasse mit idyllischem Innenhof direkt an der Kirche. Der Deutsche Reiner Loos und sein Team zaubern köstliche, an die kanarische Küche angelehnte Gerichte auf den Teller, z. B. Tintenfischringe mit Tomaten und Kartoffeln oder Hähnchenbrust mit Knoblauch und Kanarischen Kartoffeln (jeweils 9,50 €). Tägl. 11–17 Uhr, Mo Ruhetag. Calle Teófilo Perera s/n, ✆ 928-878757, www.restaurantedon antonio.net.

Casa de la Naturaleza, liebevoll eingerichtetes Restaurant mit großer Terrasse und gepflegter Gartenanlage. Auf den Tisch kommen ausgezeichnete Tapas, Ziegenkäse aus der Region und andere Gerichte der Insel. Gebratene Pilze mit Knoblauch *(Cetas al ajillo)* 7,50 €, gemischter Tapas-Teller 14 €, Riesengarnelen in Knoblauch mit Brandy flambiert 18,50 €.

Angeschlossen ist ein sehenswertes **Informationszentrum über die Natur- und Kulturschätze Fuerteventuras**. Auch dieses Projekt hat Rainer Loos ins Leben gerufen. Di–So 10–17 Uhr, Mo Ruhetag. Calle San Sebastián, kurz vor dem Wanderplatz Richtung Ermita. ✆ 928-654138, www.casa naturaleza.net.

Umgebung von Vega de Río Palmas

Wer Lust hat, kann nach der Ermita de la Virgin de la Peña weiter abwärts durch das Tal in Richtung Westküste wandern. Am Ende des Tals bei **Buen Paso** trifft man auf eine grandiose, karge und felsige Landschaft samt üppigem Palmenhain, die dem Hollywoodstreifen „Exodus“ als Kulisse diente. Auf Infotafeln werden die hier am „Palmeral de Buen Paso“ wachsenden Pflanzen vorgestellt, zum Beispiel die nur auf den Kanaren vorkommende Krummblüte *(Campylanthus salsoloides)*, der grün-gelblich blühende Strauchige Krapp *(Tasaigo)* oder die Kanarische Tamariske *(Tarajal canario)* mit ihren rosafarbenen Blüten.

Anfahrt: Buen Paso erreicht man über die zwischen Ajuy und Pájara verlaufende FV-621, von der die FV-627 abbiegt.

Mirador Las Peñitas: Auf dem Weg von Pájara auf der kurvenreichen FV-30 nach Vega de Río Palmas ist ein Stopp am Mirador „Las Peñitas“, der zur Gemeinde Betancuria gehört, ein Muss. Von hier oben in 338 m Höhe hat man einen herrlichen Blick auf den Stausee *Presa de las Peñitas*, den *Barranco* (Schlucht) *de las Peñitas* und die *Kapelle Virgen de la Peña*. Mit dem Bau des Stausees wurde 1939 begonnen, zunächst errichtete man eine 11 Meter hohe Staumauer, die vier Jahre später um weitere 11 Meter erhöht wurde. Im Lauf der Jahrzehnte verlandete der See durch massive Bodenerosion, sodass die Menge an speicherbarem Wasser rapide abnahm. Dagegen nahm die Salzkonzentration zu, weshalb das Wasser nicht mehr für die Bewirtschaftung der Felder nutzbar war.

Wie an vielen Aussichtspunkten in Pájara, und nicht nur dort, trifft man auf kleine quirlige Gesellen: nordafrikanische Streifenhörnchen mit zwei braunen und zwei weißen Längsstreifen auf Körper und Schwanz. Die nur auf dem Boden lebenden Tiere brachte man Mitte des 20. Jahrhunderts nach Fuerteventura. Ursprünglich kommt diese Art aus Marokko, der Sahara und Nordwest-Algerien. Auch wenn die Tierchen noch so zutraulich und possierlich erscheinen, sollten Sie sie auf keinen Fall füttern. Es sind und bleiben wilde Tiere.

Wanderung: Zur Kapelle Virgin de la Peña führt vom nicht weit entfernten Vega de Río Palmas ein ausgeschilderter Wanderweg (→ „Kleiner Wanderführer“, Wanderung 11).

Aula de la Naturaleza Parra medina, Parque Rural de Betancuria: Fährt man auf der FV-30 von Vega de Río Palmas knapp 2 km nach Norden in Richtung Betancuria, trifft man auf der rechten Seite auf ein Hinweisschild mit der Aufschrift „Aula de la Naturaleza Parra Medina 1,5 km". Eine Tafel mit Fotos und auch deutschem Text informiert über die Flora und Fauna des angrenzenden Landschaftsparks Betancuria. Die „Aula de la Naturaleza" ist das Naturinformationszentrum für die Region, die seit 1994 als „Landschaftspark" („Parque Rural") zertifiziert ist. Die Einrichtung ist jedoch nur für Organisationen und Vereine zum Zwecke pädagogischer Umweltarbeit zugänglich.

Der Landschaftspark Betancuria mit einer mittleren Höhe von 380 m ist Lebensraum für den Turmfalken, den Schmutzgeier und den Mäusebussard. Wie in vielen Gebieten auf Fuerteventura wachsen auch hier die Kanarische Wolfsmilch und andere endemische Arten wie das Kanarische Sternauge oder die Burchards-Fliegenblume. Mit etwas Glück kann man die Kanarenspitzmaus entdecken, die sich an das heiße und trockene Klima sehr gut angepasst hat. Eine Besonderheit dieser Spitzmaus ist, dass sie als eine der wenigen Mausarten Gift in ihre Beute injiziert, um sie zu lähmen. So bleibt beispielsweise die nur wenige Gramm schwere Kanarische Eidechse bis zu 24 Stunden bewegungsunfähig – genug Zeit für die Spitzmaus, ihr Opfer in Ruhe zu verzehren.

Von der Informationstafel an der FV-30 führt ein Weg durch das Areal Richtung Naturinformationszentrum. Da dieser nicht mit dem Auto befahren werden darf, muss man zu Fuß oder mit dem Fahrrad von Vega de Río Palmas starten. Auch wenn das Naturinformationszentrum für Privatpersonen nicht zugänglich ist, lohnt ein Spaziergang durch den Park mit seiner vielfältigen Tier- und Pflanzenwelt.

Will man sich auf einer Karte oder im Umkreis orientieren, wo man sich befindet, hält man Ausschau nach dem 674 m hohen Berg *Morro Janana*, der höchsten Erhebung des Gebiets.

Buen Paso diente dem Hollywoodfilm „Exodus" als Kulisse

Playa de los Muertos, trotz des Namens ein schöner Ort zum Entspannen

Ajuy

Ajuy ist ein unspektakulärer, aber angenehmer Ort an der Westküste. Ein paar bunte Fischerboote liegen am schwarzen Sandstrand und warten auf ihren Einsatz. Die *Playa de los Muertos* (Strand der Toten) ist selten überfüllt, das Meer wegen der Strömungen nicht immer zum Baden geeignet. Die auch unter dem Namen *Puerto de la Peña* (Hafen der Jungfrau) bekannte Siedlung liegt an der Costa de Barlovento und gehört zur Gemeinde Pájara. Sollte das Schwimmen nicht möglich sein, laden einige Restaurants für einen kulinarischen Stopp ein.

Hauptbesuchermagnet sind ganz klar die nur wenige Gehminuten vom Ortskern entfernten *Höhlen von Ajuy*, die sich wesentlich imposanter präsentieren als das Dorf selbst. Nicht weniger faszinierend ist die Historie des Ortes, wenn man bedenkt, dass 1402 Jean de Béthencourt und seine Mannen hier den Boden von Fuerteventura betraten, um die Insel einzunehmen. Ajuy kam aufgrund seiner Rolle als Hafen von Betancuria und der Verschiffung von Kalk zu den Nachbarinseln im 15. Jahrhundert zu bescheidenem Wohlstand. Auf dem Spaziergang zu den Höhlen von Ajuy wird die Geschichte rund um den ertragreichen Kalkhandel anhand von restaurierten Kalköfen und der früheren Anlegestelle zur einen lebendigen Ausflug in die Vergangenheit.

Bei einem Gang durchs Dorf, das erst in den 1980er Jahren an das Stromnetz angeschlossen wurde, passiert man eine überschaubare Anzahl von Häusern, Restaurants und Läden, die sich an einem Hang bis hinunter zur nahen Küste verteilen. Blickt man vom Strand zurück Richtung Dorf, fallen auf der rechten Hangseite zwei farbige Gebäude mit davorliegender Terrasse auf: eines davon ist das *Café Galeria de Arte Puesta de Sol* (→ Essen & Trinken). Wer hier bei einem kühlen Getränk und einer leckeren Kleinigkeit den Sonnenuntergang in herzlicher Atmosphäre erleben möchte, wird an der Westküste kaum einen besseren Ort finden. Zwischendurch kann man die liebevoll von Chari und ihrem Mann Inami gestaltete Ausstellung über das Fischerleben nebenan im *Trece Peces Shop* begutachten (→ Einkaufen).

Sehenswertes

Spaziergang zu den Höhlen von Ajuy *(Las Cuevas de Ajuy):* Vom Ortskern und dem Parkplatz direkt am Strand kann man einen Abstecher zu den Höhlen am rechten Ende des Strandes machen. Von dort führt ein gut markierter Weg mit durch Holzgeländer gesicherten Treppen zunächst aufwärts, dann vorbei an Kalköfen und später hinunter an's düstere Ziel unmittelbar am Meer. Länge: rund 500 m für den Hin- und Rückweg, reine Gehzeit insgesamt ca. 30 Min.

Kurz bevor der Weg vom Meeresniveau hinauf auf die Steilküste führt, sind die geologischen Schichten an der Küste sehr schön sichtbar. Nach Einschätzung der Geologen entstand diese Region vulkanischen Ursprungs vor rund 100 Millionen Jahren – sie ist somit die älteste des gesamten Archipels. Vor Ihnen zeigen sich **die ältesten Ablagerungen und Sedimentschichten** der Kanarischen Inseln. Rechter Hand im untersten Bereich der Felswand erkennt man einen *dutzende Meter breiten Basaltkomplex*, der wie schon erwähnt, zu den ältesten Entstehungsrelikten gehört und ein Alter von mehr als 100 Mio. Jahren (Kreide- und Jurazeit) aufweist. Dabei handelt es sich um ozeanische und vulkanische Gesteine (Plutonit, Phtanit), die in ferner Vergangenheit einmal den Ozeanboden bedeckten. Unmittelbar darüber sehen Sie ein *schmales Felsband* mit etwa 5 Mio. alten Fossilien. Die oberste, mehrere Meter dicke Gesteinsschicht besteht aus Lavamaterial aus dem Pliozän (vor 10 bis 2,3 Mio. Jahren), deren Ursprung auf einen Ausbruch des Vulkans „Morro Valdés" bei Betancuria zurückgeführt wird.

Gehen Sie nun vom Strand die vor Rampe Ihnen hinauf und gönnen sich einen Blick zurück auf Ajuy und den schwarzen Strand mit seiner schäumenden Brandung.

Folgen Sie anschließend dem Weg zu den ausgeschilderten **Kalköfen**. Eine Tafel informiert darüber, dass die Kalkproduktion auf Fuerteventura vom 19. Jh. bis Ende der 1960er Jahre seine Blütezeit hatte. Die Kalköfen (Hinweisschild „Emarcadero Cantera Hornos") wurden in den Fels gehauen, um dort den an Calciumcarbonat reichen Kalkstein mittels Feuer zu hochwertigem Branntkalk zu verarbeiten, der zum Streichen der Häuser genutzt wurde. Den reinen Kalkstein wie auch den verarbeiteten Kalk verschiffte man direkt von Ajuy. Eine Rampe am Wasser und das **Zollhaus** *(Casa de la Aduana)* auf der Klippenebene erinnern daran.

Folgen Sie nun dem Schild Richtung *Caleta Negra/Cantil*, das auf einen mehr oder weniger steigungslosen Weg entlang der Küstenlinie führt. Halten Sie ab und an inne und genießen Sie die herrliche Landschaft mit dem offenen Atlantik, der schwarzen Bucht *(Caleta Negra)* und der nicht nur geologisch interessanten Küstenformation.

Zum Schluss führt eine steile Treppe zu einem winzigen Aussichtplateau und dann weiter zum Endpunkt der kleinen Wanderung: **die Höhlen von Ajuy**. Diese befinden sich auf Meeresniveau und reichen tief in den Fels hinein. Klaustrophobie kommt kaum auf, da sich die von der Natur geschaffenen Meisterwerke zum Atlantik hin offen gestalten. Die Höhlen sind durch einen wenige Meter breiten Felsspalt miteinander verbunden, den man mittels leichter Kletterei durchschreiten kann. Sollten sich auf dem Areal hin und wieder Vögel zeigen, könnte es der kleine Kanarenschmätzer *(Tarabilla Canaria)* sein. Der Singvogel ist mit dem Schwarz- und Braunkehlchen verwandt und lebt nur noch auf Fuerteventura. Aber auch der Turmfalke *(Falco tinnunculus)* und der Gelbschnabel-Sturmtaucher *(Calonectris diomedea)* lassen sich mit etwas Glück entdecken.

Auf gleichem Weg geht es zurück nach Ajuy.

Baden

Playa de los Muertos: Der schwarze, knapp 300 m lange Sandstrand zwischen schroffen Felsformationen grenzt unmittelbar an den Ort und an die zahlreichen Restaurants. Der martialische Name erinnert an die in alter Zeit oft blutigen Piratenüberfälle. Beim Baden am „Strand der Toten" sollte man trotz des einladenden blauen Wassers wegen der starken Strömungen und der oft tosenden Brandung sehr vorsichtig sein und auf die Hinweise vor Ort achten. Grund für die oft raue See sind die hier typischen Passatwinde.

Basis-Infos

→ Karte S. 167

Hin & Weg Ajuy erreicht man über die FV-621, die von der FV-605 bei Pájara abzweigt. Trotz Bushaltestelle in Ajuy gibt es keine Buslinie!

Der **Flughafen** ist 50 km entfernt. Fahrzeit mit Taxi oder Auto von dort ca. 50 Min.

Parken Über einen Kreisverkehr mit Palmenhain erreicht man den Dorfeingang. Dort befindet sich auch die Bushaltestelle und ein größeres Parkareal, das genutzt werden sollte: Die Parkplätze am Strand sind meist belegt und der Weg dorthin ist zu Fuß in wenigen Minuten geschafft.

In Ajuy servieren Restaurants typisch kanarische Küche. Einfach mal ausprobieren

Einkaufen Trece Peces Shop **4** („Dreizehn Fische"), aus grobem Stein errichtetes Haus neben dem *Café Puesta de Sol*. Chari, die aus Fuerteventura stammt und lange Zeit im Hotelmanagement tätig war, und ihr Mann Inami haben sich damit 2014 ihren Traum erfüllt. Verkauft werden Kunsthandwerk, kanarische Produkte, T-Shirts und Souvenirs. Nebenan gibt es eine kleine Ausstellung mit Fotos und Schautafeln zum Thema Fischerei – eine Hommage an die Fischer der Insel. Mo–Fr 10.30–18.30, Sa 10.30–14.30. Calle Marinero 13. ✆ 928-174442, trecepecesfuerteventura@gmail.com.

Fiesta Am **24. Juni** wird mit Tanz, Musik, Prozession und Feuern am Strand die *Fiesta de San Juan* gefeiert, das Fest zur Sommersonnwende.

Wandern **Von Ajuy nach Vega de Río Palmas:** Mittelschwere Wanderung im Betancuria-Landschaftspark auf dem Weg SL-FV 6 von Ajuy nach Vega de Río Palma über „Madre del Agua" (Mutter des Wassers), Buen Paso und Presa de las Peñitas. Nach Vega de Río Palma sind knapp 300 Höhenmeter zu bewältigen. Die Strecke verläuft am Flussbett der Ajuy-Schlucht (Barranco) bergauf. Dieser Barranco führt ganzjährig Wasser, eine Seltenheit auf Fuerteventura. Entlang dieses Pfades sollen die ersten europäischen Eroberer im 14. Jh. den Weg ins Landesinnere gefunden haben. Eine Infotafel mit Details zu dieser Wanderung steht am Strand von Ajuy. Länge knapp 10 km. Gehzeit 4 Std.

Übernachten/Essen & Trinken

→ Karte S. 167

Übernachten Apartamento en Ajuy, zweckmäßig eingerichtetes Appartement für 4 Pers. unweit des Strandes von Ajuy. 30 €/Nacht. 35628 Ajuy, ✆ 620-195652.

Informationen zu weiteren Unterkünften beispielsweise im Restaurant „La Jaula de Oro" (s. unten) erfragen.

Essen & Trinken Alle genannten Restaurants servieren frischen Fisch, z. B. den *Vieja* (Papageienfisch) und andere typische Gerichte der Insel.

Cuevas de Ajuy **3**, eines der beiden fast direkt am Strand gelegenen Restaurants mit Terrasse; der Innenbereich ist mit inseltypischen Accessoires dekoriert. Vorspeise z. B. Ziegenkäse (8 €), gegrillter *Vieja* (14,50 €). *Carne de cabra* (typisches Ziegengericht) ca. 11 €. Calle Gallegada 2 b, ✆ 928-161720.

La Jaula de Oro **1** („Goldkäfig"), Restaurant mit schlichtem Innenraum und meist gutbesuchter Terrasse mit Blick auf Strand und Meer. Im Angebot kanarische Gerichte mit frischem Fisch, *Queso Majorero* (Ziegenkäse) und Fleisch. Avenida de los Barqueros, ✆ 928-161594.

Puerto de la Peña Casa Pepin **2**, Restaurant am Hang auf dem Weg zum Strand, im Innenbereich wird an einem Dutzend Holztischen frischer, gegrillter Fisch serviert, auch *Carne de Cabra* kommt auf den Teller. Terrasse mit 5 Tischen und erhöhtem Meerblick. Unterhalb der Terrasse stehen eine Skulptur eines Fischers und einige Kakteenpflanzen. Tägl. 9–18 Uhr. Calle Puerto Azul 4, ✆ 928-161468.

Café Galeria de Arte Puesta de Sol **5**, maisgelbes, einstöckiges Gebäude mit strahlendblauen Fensterläden am Hang unweit des Strandes. Das Café bietet ein paar wenige Sitzgelegenheiten und schmale Tische vor der Tür. Von hier reicht der Blick bei klarer Sicht bis nach Gran Canaria und Teneriffa mit dem 3718 m hohen Berg Teide. Ein wunderbarer Platz, um die Sonne am Horizont im Meer untergehen zu sehen. Inhaber Pedro stellt im hinteren Bereich einige seiner Ölbilder aus (wobei der Verkauf nicht seine eigentliche Intention ist). Schon als 8-Jähriger war er, nach eigener Aussage, beim Malen der Beste in der Klasse, und seine Begeisterung für Malerei und Kunst hielt über die Jahrzehnte an. Seine mit kräftigen Farben auf die Leinwand gebannten Werke zeigen u. a. Szenen aus Ajuy oder Morro Jable. Interessant sind auch die Skulpturen des bekannten Künstler *Juan Miguel Cubas*, der seit den 1980ern ein Freund des Barbetreibers ist. Mo–Fr 10 Uhr bis Sonnenuntergang, Sa 10–14 Uhr. Calle Marinero 15.

Ein schönes schattiges Plätzchen in Pájara

Pájara

Das ruhige, authentische Straßendorf liegt im hügeligen Landesinneren in einem Tal, ringsum gesäumt von über 600 Meter hohen Bergen, wie dem Fenduca. Alte Bäume, liebevoll restaurierte Steinhäuser und zahlreiche Restaurants und Bars an der Durchgangsstraße schaffen Atmosphäre und zeugen von Wohlstand.

Hier und da sitzen Menschen auf Plastikstühlen beim Kaffee oder genießen den floral bedingten Schatten um die stattliche, geschichtlich interessante Kirche herum, die der Hauptanziehungspunkt für Besucher der Siedlung ist. Pájara ist ein mehrere hundert Jahre alter Ort mit schön erhaltenen Bürgerhäusern wie der *Casa Isaitas*. Palmen, blühende Pflanzen, ein paar Sitzbänke und auf alt getrimmte Laternen säumen den vom Hauptparkplatz am Schwimmbad vorbeiführenden, schön gepflasterten Fußweg; der endet an der Hauptstraße *Calle Nuestra Señora de Regla* und gibt den Blick frei auf eine aus dem rotem Stein des Bermeja-Vulkans gemeißelte Skulptur mit Hirte und Ziege, ein Werk des in Pájara geborenen Künstlers *Juan Miguel Cubas* (→ Kastentext). Dank seines Kunstwerks wissen wir, die wir von Landwirtschaft wenig Ahnung haben, nun auch, dass die Ziege von hinten gemolken wird.

Ansonsten bietet Pájara, das Verwaltungszentrum der gleichnamigen, über 380 km^2 großen Gemeinde, die die nördlichen Bereiche mit Toto, El Cardón sowie die gesamte Halbinsel Jandía umfasst, ein Kino, ein Centro Cultural und ein erfrischendes Süßwasserschwimmbad; das war's schon.

Einst gehörte Pájara zum Königreich von Jandía, über seine Ursprünge ist wenig bekannt. Belegt ist die Siedlung seit dem 16. Jahrhundert, als in der Region hauptsächlich Fischer und Hirten lebten. Rund um Pájara und Betancuria etablierten sich seit dem Anfang des 17. Jahrhunderts Gerbereien. Das Handwerk wurde bis Mitte des 20. Jahrhunderts betrieben, den Rohstoff, das Leder, lieferten vor allem die zahlreichen Ziegen. Das gegerbte Leder verarbeitete man zu Schuhen und Behältnissen. 1711 machte sich die Kirchengemeinde Pájara von Betancuria unabhängig und erhielt ihre eigene Pfarrei. Heute gehört Pájara mit seinen rund 1000 Einwohnern zu den ältesten Orten auf Fuerteventura – und aufgrund der Steuereinnahmen aus dem Tourismusgeschäft, insbesondere in Jandía, Morro Jable und Costa Calma, zu den reichsten auf der Insel.

Nicht unerwähnt soll bleiben, dass zwischen La Pared und Pájara im Bereich der Küste ein riesiges Militärgelände liegt, dass nicht betreten werden darf und auf dem archäologische Zeugnisse aus der Zeit der Ureinwohner bzw. aus der frühen Eroberungsepoche des 15. Jahrhunderts vermutet werden. Schon in den 1980er Jahren erkundeten Wissenschaftler kleinere Areale, doch eine großflächige Begutachtung erfolgte bisher nicht. Um die Relikte der Vergangenheit nicht der Zerstörung durch Militärübungen anheimfallen zu lassen, ersucht die Inselverwaltung das spanische Verteidigungsministerium regelmäßig um eine endgültige Schließung Sperrgebiets.

Der Ortsname Pájara geht möglicherweise auf die in der Gegend in großer Anzahl vorkommenden Vögel (auf Spanisch „Pájaros“) zurück. Tierfreunde kommen in Pájara und Umgebung jedenfalls voll auf ihre Kosten; so kann man beispielsweise die Ostkanarische Blaumeise, die auf den Kanaren *Alegría* (Freude) heißt, beobachten, ein Singvogel, der aus Nordafrika eingewandert und an seinem blau-gelben Gefieder leicht zu erkennen ist.

Sehenswertes

Iglesia Nuestra Señora de Regla: Die Kirche von Pájara gehört zu den bedeutendsten kunsthistorischen Sehenswürdigkeiten der Insel. Mit dem Bau des Gotteshauses wurde im 17. Jahrhundert begonnen, das zweite Schiff wurde erst Anfang des 18. Jahrhunderts fertiggestellt. Bevor man in das Hauptschiff eintritt, kann man einen Blick auf das Portal mit seinen reichen Ornamenten werfen. Über dem Halbrund des hölzernen Eingangstors finden sich Schlangen- und Sonnenmotive, im Giebelbereich unter dem steinernen Kreuz drei Häupter, die mit ihrem Federschmuck an südamerikanische Indianer erinnern. Links und rechts darunter jeweils ein raubtierähnliches Wesen mit ausgestreckter Pranke.

In seiner Gestaltung erinnert das Portal an aztekische Kunst, manch einer nannte diese Stilrichtung „aztekischen Barock“. Die Geschichte dieser ungewöhnlichen Fassadenverzierung liegt mehr oder minder im Dunkeln. Gemutmaßt wird, dass das berühmte ikonographische Wörterbuch „Iconologia“ des 1622 in Rom verstorbenen Italieners Cesare Ripa als Ideenvorlage genutzt wurde.

Tritt man in die Kirche ein, beeindruckt vor allem der vergoldete Hauptaltar. In seiner Mitte zeigt sich dominant die Statue der Schutzheiligen Virgin de Regla, ein Werk, das Ende des 17. Jahrhunderts geschaffen wurde. Zum Erhalt der Kirche haben sich die Verantwortlichen eine spezielle Einnahmequelle erschlossen. Gleich nach dem Eingang in die Kirche befindet sich rechts ein mit Geld zu speisender

Automat. Füttert man ihn mit einem Euro, schaltet sich die Beleuchtung im Kirchenschiff für sechs Minuten ein.

Basis-Infos

Hin & Weg **Bus**: Die Linien 4 und 9 fahren zwischen Pájara und Morro Jable (über La Pared, Costa Calma).

Der **Flughafen** ist rund 40 km entfernt. Fahrzeit nach Pájara mit Auto oder Taxi ca. 45 Min.

Fiesta Zu Ehren der *Virgin de la Regla*, der Schutzheiligen des Orts, wird **alljährlich um den 2. Juli** herum ein großes, mehrtägiges Fest gefeiert.

Kino Wer Filme auf Spanisch sehen möchte, ist bei Kinoveranstaltungen im Rathaussaal von Pájara richtig. Auf Aushänge achten.

Übernachten/Essen & Trinken

Übernachten **Casa Isaítas** **2**, unweit der Kirche, wunderschöne Herberge in einem 200 Jahre alten Herrenhaus; 4 Zimmer auf zwei Etagen mit reizend bepflanztem Innenhof, der den Gästen des Restaurants zur Verfügung steht (→ Essen & Trinken). DZ mit Frühstück 84 €. Calle Guize 7, ✆ 928-161402 und ✆ 607-928307, www.casaisaitas.com.

Casa Andresito, ca. 1 km von Pájara entfernt, ländliche Unterkunft in einem Steinhaus *(Casa Rural)* aus dem 19. Jh., das 2002 und 2006 aufwendig restauriert wurde. Das gemütliche, komfortable Ferienhaus ist für maximal 6 Pers. geeignet. Im 60 m² großen Innenhof kann gegrillt und entspannt werden. 2 Pers. 60 €/Nacht, weitere Person 12 €. Anfahrt: Über die FV-30 Richtung Toto fahren, dann in die Calle La Mareta rechts abzweigen, die geradeaus in die Calle Malpei übergeht; hier steht die Casa auf Haus-Nr. 6. ✆ 928-161442 und ✆ 638-748146, www.casaandresito.com.

Berühmte Iglesia Nuestra Señora de Regla

Essen & Trinken **La Fonda 3**, Restaurant an der Hauptstraße in einem schön restaurierten, ortstypischen Steinhaus, einige Außenplätze unter Sonnenschirmen und alten Bäumen. Im gemütlichen Inneren dominiert eine lange Holztheke mit robusten Stühlen und das Kunstwerk eines kanarischen Malers, das eine Bauernszene mit den Feldern und Ziegen zeigt. Einige weitere Tische und inseltypische Accessoires schmücken Raum und Wände. Auf den Teller kommt Schmackhaftes wie Hase in pikanter Soße (7 €), gebratenes Huhn mit Kartoffeln (6 €) oder Kichererbseneintopf (5 €). Tägl. 11–20 Uhr, Mo Ruhetag. Calle Nuestra Señora de Regla 23, ✆ 663-218069 und ✆ 605-803890.

Centro Cultural 1, neben der Kirche; rustikal eingerichtetes, von Einheimischen gern besuchtes Restaurant mit kleiner Terrasse. Zu empfehlen sind die kanarischen Gerichte wie Ziegenfleisch (10,10 €), Eintopf als Vorspeise (3,80 €) oder das hausgemachte Gofiomousse (2,50 €). Dazu schmeckt ein Wein von Teneriffa oder Lanzarote. Mo–Fr 7.30–16 und 18–22, Sa/So 10–16 und 18–22 Uhr. Calle Nuestra Señora de Regla, ✆ 639-765837.

Casa Isaítas 2, Restaurant der gleichnamigen Herberge mit hübschem Innenhof (→ Übernachten). Auf den Teller kommen z. B. *Papas Arrugadas* (3,25 €), *Ropavieja vegetariana* (Kichererbseneintopf, 6 €) oder *Baifo al Horno* (Zicklein im Ofen gebacken, 14 €). Tägl. 10.30–16.30 Uhr. Calle Guize 7, ✆ 928-161402, www.casaisaitas.com.

Bar Tasca Mencey Amanay 4, einfaches Lokal mit gutem Preis- /Leistungsverhältnis und ein paar Tischen an der Straße. Eher von einheimischen Gästen besucht. Ziegenfleisch (6 €), Sandwich Mixto/Käse und Schinken (1,35 €). Calle Terrero (FV-605), Ecke Calle Cañada.

Der Künstler und sein Werk (in Pájara)

Juan Miguel Cubas

Bei einer Fahrt über Fuerteventura ist es fast unmöglich, seinen Skulpturen nicht zu begegnen. Rund 30 seiner Werke zieren den öffentlichen Raum, und eines seiner ersten Werke steht unübersehbar in der Mitte eines Kreisverkehrs am nördlichen Ausgang von Pájara. Die 2003 aus dem roten Stein des Bermeja-Vulkans herausgearbeitete Skulptur ist, wie der Titel „Homenaje al pastor" verrät, eine künstlerische Verneigung vor der Arbeit der Hirten.

Juan Miguel Cubas wurde im September 1969 in Pájara geboren. Lässt man seine Werke auf sich wirken, erkennt man schnell den roten Faden seiner zentralen Themen: Vor allem sind es die auf Fuerteventura lebenden Menschen und ihre Traditionen, mit denen er sich auseinandersetzt. Einmal wird die Arbeit des Fischers geehrt, ein anderes Mal die berufstätige Frau.

Neben seiner eigenen künstlerischen Arbeit organisiert Cubas mit großem Einsatz und in Zusammenarbeit mit Künstlerkollegen und der Gemeinde Pájara das alljährlich im September stattfindende *internationale Skulpturensymposium in Morro Jable*. Die aus Künstlerhand entstandenen Werke der Symposien finden sich in zahlreichen Ortschaften auf Fuerteventura wieder. Doch wird es immer problematischer, geeignete Steine für große Skulpturen zu beschaffen. Daher bedienen sich Cubas und seine Freunde bei ihren Arbeiten immer häufiger des Cortenstahls, eines wetterfesten Baustahls. Werke aus diesem modernen Werkstoff sind beispielsweise an der Promenade von Jandía aufgestellt.

Umgebung von Pájara

Mirador Risco de las Peñas: Fährt man von Pájara auf der FV-30 6 km nach Norden Richtung Vega de Río Palmas, erreicht man den Aussichtspunkt auf 426 m Höhe. Dieser liegt genau an der Grenze zwischen den beiden Gemeinden Betancuria und Pájara am Degollada de los Granadillos. Auf Karten heißt der Platz auch Mirador de Fenduca. Hier erhebt sich in kurzer Distanz, direkt gegenüber, der namensgebende Berg *Risco de las Peñas*. Links blickt man in das *Fénduca-Tal* und den *Barranco de Mal Paso*. Gut erkennbar sind die meist nicht mehr bewirtschafteten Anbauflächen, die daran erinnern, welch großen Stellenwert die Landwirtschaft einst hatte. In der Ferne erscheint der 292 m hohe *Montaña de la Teta* mit seinem Basaltgipfel und am Horizont der Atlantik und Ajuy. Rechter Hand befindet sich das *Tal von Los Granadillos*, auch hier waren einmal Terrassenfelder angelegt.

Der kurze Spaziergang vom Parkplatz aus über leicht unwegsames Gelände in Richtung *Risco de las Peñas* wird mit einem grandiosen Blick über die Region belohnt. Ebenso eindrucksvoll sind die weißen, sich vom dunklen Lavagestein abhebenden Steinquader, die die Straße begrenzen und aus der Ferne wie eine mit dem Pinsel gezogene, gestrichelte Linie wirken. Schilder bitten darum, die umherlaufenden nordafrikanischen Streifenhörnchen nicht zu füttern.

Nur rund einen Kilometer weiter Richtung Vega de Río Palmas erreicht man einen weiteren Aussichtspunkt, den *Mirador Las Peñitas* (→ Vega de Río Palmas).

Mirador Astronómico Sicasumbre: Dieser interessante und informative Aussichtspunkt liegt an der FV-605 in Richtung Süden nach La Pared, rund 11 km von Pájara entfernt. Wie der Name andeutet, dreht sich bei diesem Aussichtspunkt alles um das Thema Sonne, Mond und Sterne. Auch die Naturphänomene der Region werden an verschiedenen Stationen, die auf einem kurzen Spaziergang erreicht werden können, erläutert.

So wird beispielsweise erklärt, dass die Ureinwohner die Sternenkonstellation nutzten, um die Zeit zu messen. Quellen berichten uns, dass sie Sonne und Mond von den Bergen beobachteten, die sie wiederum als heilige Orte zwischen Himmel und Erde ansahen. Einer dieser Berge ist der *Montaña Cardón*, der von hier oben gut zu erkennen ist. 2015 wurde Fuerteventura zur „Starlight Destination" erklärt, was darauf hinweisen will, dass die Bedingungen zur Beobachtung des Sternenhimmels hier exzellent sind. Fast über das gesamte Jahr ist es hier in vielen Regionen möglich, aufgrund fehlender Lichtquellen und geringer Luftverschmutzung einen klaren Sternenhimmel zu betrachten (mehr Infos dazu unter www.starsbynight.es). Dazu passt natürlich der „Welttag der Sterne", der alljährlich am 20. April gefeiert wird.

Eine weitere Station an dem Aussichtspunkt widmet sich dem Thema „analemmatische Sonnenuhr". Eine andere Tafel erläutert das Sonnensystem mit seinen Planeten Merkur, Venus, Erde, Mars, Jupiter, Saturn, Uranus, Neptun – inklusive detaillierter Daten wie Äquatorradius, Anzahl der Monde, Rotationszeit und sogar der jeweiligen Achs- und Bahnneigung.

Toto

2 km von Pájara an der FV-30 nach Tuineje gelegenes Dörfchen, ganz in der Nähe des 609 m hohen *Fénduca*. In der Mitte des Orts ist die **Ermita de San Antonio** aus dem Jahre 1795 der Blickfang. Sie ist dem Heiligen San Antonio de Padua geweiht, der alljährlich am 13. Juni mit einem Fest geehrt wird.

Das einschiffige Innere schmücken Figuren und Gemälde, darunter im Bereich des Altars die Figur des Heiligen San Antonio; in einer Mauernische steht der heilige San Diego, der in der Kutte der Franziskaner ein Kreuz umarmt, eine Statue der Jungfrau mit Kind sowie ein Bildnis von San Juan Bautista.

Bus: Linie 9 fährt zwischen und Pájara und Morro Jable – nur 1-mal am Tag.

Ermita de San Antonio in Toto

Einsame Ermitas

Neben Kirchen und Pfarrkirchen findet man auf Fuerteventura wie hier in Toto Dutzende sogenannter Ermitas. Eine Ermita ist eine kleine Kapelle oder heilige Stätte, die oft in einer gänzlich unbewohnten und einsamen Gegend errichtet wurde. Sie ist stets einem Heiligen gewidmet, dessen Skulptur oder Bild im Inneren zu finden ist. Es braucht ein wenig Glück, um einen Blick in diese Orte der Andacht werfen zu können. Meist sind sie verschlossen, eine Besichtigung ist oft nur während des Gottesdienstes oder zum Namenstag des Heiligen möglich.

Wanderung 12: Von Toto zum Pico Lima → S. 251
Nicht ganz einfache Tour in die faszinierende Bergwelt Fuerteventuras

Tesejerague

Wer aus dem Norden von Tuineje kommt, erreicht über eine schmale, einsame Asphaltstrecke, vorbei an *La Florida* (eine Handvoll unbewohnter alter Steinhäuser) die FV-511. Biegt man rechts ab, taucht nach 5 km Tesejerague auf.

Das zur Gemeinde Tuineje gehörende Bauerndorf mit seinen knapp 200 Einwohnern liegt abseits der Touristenströme ca. 10 km vom Küstenort Tarajalejo entfernt. Umgeben von nicht allzu hohen Bergen, wie dem 345 m hohen *Montaña de Tirba*, spielt sich das Leben im Wesentlichen im Bereich der wenig befahrenen, teils von Palmen gesäumten Durchgangsstraße FV-511 ab.

Hier steht die von Steinbänken umrahmte **Ermita de San José**, in der am 1. und 3. Freitag im Monat um 19 Uhr die Messe gefeiert wird. Die Kapelle aus der ersten Hälfte des 18. Jahrhunderts zeigt einige geschnitzte Figuren, u. a. eine Darstellung des heiligen José, zu dessen Ehren alljährlich am 1. Sonntag im August das Dorf ein Fest ausrichtet. Ansonsten gibt's ein Centro Cultural, einen Spielplatz und eine Bar, das war's. In der Umgebung haben sich einige große Ziegenfarmen breitgemacht.

Bar Cafetería Tesejeraque, Lokal mit winziger Außenterrasse in einer Kurve direkt an der FV-511, in der Nähe der Kirche. Es gibt kanarische Küche und Eis am Stiel. 35629 Tesejerague, ✆ 928-872030.

El Cardón

Das Dorf in reizvoller Lage an der Straße FV-618 liegt zwischen *Pájara* und dem Küstenort *La Pared* unmittelbar am *Montaña Cardón*, einem Gebiet rund um den 694 m hohen Berg Cardón. Von den wenigen Häusern öffnet sich ein schöner Blick in die Umgebung auf rund 200 m Höhe.

In El Cardón kann man im Minimarkt seinen Proviant auffüllen, einen Kaffee in der Dorfbar nehmen oder man lässt sich im nahegelegenen Restaurant (im Ort ausgeschildert) etwas Schmackhaftes servieren.

Wanderer brechen von hier zu einer überschaubaren Tour zur Felsenkapelle **Ermita Virgen del Tanquito** auf. Eine Wallfahrt dorthin gibt es zusammen mit hunderten Menschen alljährlich am 1. Sonntag im Mai.

Montaña Cardón: Der nahe Berg zählt zu den sechs Naturdenkmälern Fuerteventuras. Namensgeber ist die am Berg zu findende „Cardón"-Pflanze, auch Kanaren-Wolfsmilch genannt. Eine weitere – endemische – Pflanze ist einen suchenden Blick wert: der erst in jüngster Zeit entdeckte Fuerteventura-Salbei. Der 694 m hohe Vulkanberg bietet neben interessanter Flora und Fauna auch Mythisches. Die Legende erzählt, dass hier am Fuß des Berges ein über zwei Meter großer Ureinwohner namens Mahan, der sich den europäischen Eroberern tapfer entgegenstellte, begraben wurde. Eine mögliche Erklärung für diese Geschichte sind die Aufzeichnungen der ersten Chronisten, die die Ureinwohner als schöne und stattliche Menschen beschrieben.

Freunde des Motorsports entscheiden sich vielleicht für ein paar Runden auf der in Sichtweite befindlichen Kartbahn, eine der wenigen größeren Anlagen auf der gesamten Insel.

Kartbahn Ocios del Sur, ein paar hundert Meter von El Cardón entfernt. Auf dem riesigen Freigelände gibt es verschiedene asphaltierte Strecken. Die Piste für Erwachsene ist 1,5 km lang, die für Kinder und Jugendliche misst 500 m, und für die Kleinsten gibt es eine 125 m kurze Strecke. Cafeteria mit Terrasse und Parkplätze vorhanden. Sommer 11–20 Uhr, Winter 11–19 Uhr. An der FV-618 kurz vor El Cardón. In der Umgebung gut ausgeschildert. ✆ 620-504399 und ✆ 928-176444.

Westküste und Westliches Bergland → Karte S. 153

Parque Eólico de Jandía bei Costa Calma: über 40 Windräder drehen sich hier

Der Süden

Halbinsel Jandía: Südlich von La Pared beginnt die Halbinsel von Jandía, die zu großen Teilen ein Naturpark ist. Kommt man von Norden, trifft man zunächst auf die *Landenge von La Pared*, den *Istmo de la Pared*, der durch hohe Dünen, breite, kilometerlange Strände und eine flache Landschaft auffällt. Mit knapp vier Kilometern von West nach Ost ist der Istmo Fuerteventuras schmalste Stelle und verbindet die einst durch Wasser getrennten Vulkanmassive von Jandía und Betancuria.

Costa Calma mit seinen Hotels, Restaurants und vielen Möglichkeiten zum Wassersport ist auf der Jandía-Halbinsel das Ferienzentrum Nummer eins. Südlich dieses Touristenorts erstrecken sich an der *Playa de Sotavento* weltberühmte Spots für Wind- und Kitesurfer. Die internationale Surfer-Elite trifft sich an diesem Küstenabschnitt seit über 30 Jahren zum alljährlich dort ausgetragenen Welt-Cup und zeigt ihr Können auf dem Wasser.

Jandía ist der größte Urlaubsort im Süden, eine nicht gerade charmante Agglomeration von Hotels und touristischer Infrastruktur, dafür ein Ort mit einem wunderbaren breiten, hellen Sandstrand, der zum Baden einlädt und nie wirklich überfüllt ist. Wer am Strand einen Cocktail oder frischen Fisch in angenehm urbaner Atmosphäre genießen möchte, dem sei **Morro Jable** empfohlen, das von Jandía zu Fuß über den Strand erreichbar ist.

Trotz alledem: Der Süden Fuerteventuras bedeutet nicht nur Apartmenthäuser, Strandlife und touristisches Einerlei. Mit etwas Kondition und Spaß an Bewegung bietet der **Pico de la Zarza**, mit 807 m Fuerteventuras höchster Berg, ein lohnendes Wanderziel mit unvergesslichen Ausblicken über die Insel. Eindrucksvoll gestaltet sich auch der Besuch der entlegenen Westküste mit **Cofete** und der Villa Winter,

Der Süden

die zu Fuß durch das Gran Valle oder mit dem Auto oder dem öffentlichen Bus über eine holprige Schotterpiste zu erreichen ist.

La Pared

An der einsamen Westküste direkt am Meer liegt abseits der Tourismusströme der unspektakuläre, für manchen sogar langweilige Ort. Für Nächtedurchmacher und Freunde von Hotelanlagen mit mindestens 200 Zimmern ist La Pared wirklich die falsche Wahl.

La Pared ist einer der besten Wavespots Europas und findet seine Gäste eher unter wasser- und windliebenden Sportlern, Ruhesuchenden und Menschen, die im Urlaub eine Ferienwohnung oder einen Bungalow bevorzugen.

La Pared ist über die FV-605 erreichbar, die im Süden bei Costa Calma von der FV-2 abzweigt und im Norden bei Pájara in die FV-30 übergeht. Der Abzweig nach La Pared ist leicht zu übersehen, da zunächst nur eine kurze Schotterpiste (die aber bald in eine asphaltierte Straße übergeht) von der FV-605 Richtung La Pared führt.

La Pared liegt unmittelbar nördlich des **Parque Natural de Jandía** und dem *Istmo de la Pared*. Diese „Landenge der Mauer" bezeichnet die schmalste Region Fuerteventuras – nur rund 4,5 km sind es hier von der Ostküste zur Westküste. Es wird vermutet, dass hier in altkanarischer Zeit auf ganzer Breite eine Trockensteinmauer, also ein ohne Mörtel errichtetes Bauwerk aus Natursteinen, stand. Zwar wurden Mauerreste entdeckt, doch unzweifelhafte Belege für diese Theorie konnten Archäologen bis heute nicht entdecken. Eine andere Theorie vertritt eine Forschergruppe, die eine Mauer weiter im Norden vermutet, die sich nahe Betancuria vom westlich gelegenen Barranco de la Peña bei Ajuy bis ins östliche La Torre gezogen haben soll. In den Aufzeichnungen der Eroberer ist festgehalten, dass im Norden *König Guize* und im Süden *König Ayoze* herrschte (mehr zu beiden Königreichen im Ortskapitel Betancuria).

Istmo de la Pared: Die auch Istmo de Jandía genannte Landenge ist eine auf den ersten Blick lebensfeindliche, wüstenähnliche Region. Doch leben hier etliche Tierarten, wie das bis 35 cm große Sandflughuhn *(Pterocles orientalis)*, der Sahara-Rennvogel *(Curorius cursor bannermani)* oder die endemische Kragentrappe *(Chlaydotis undulata fuerteventurae)*, ein bis zu 65 cm großer Laufvogel, der trockene und offene Landschaften bevorzugt. In dieser von Vulkansand *(Jable)* bedeckten Landschaft finden sich auch Reste eines steinernen Pfades mit Namen „Camino de los Presos" (Weg der Gefangenen), der in den 1940er Jahren von politischen Gefangenen des Franco-Regimes angelegt wurde, heute aber meist von Sand bedeckt oder gänzlich verschwunden ist.

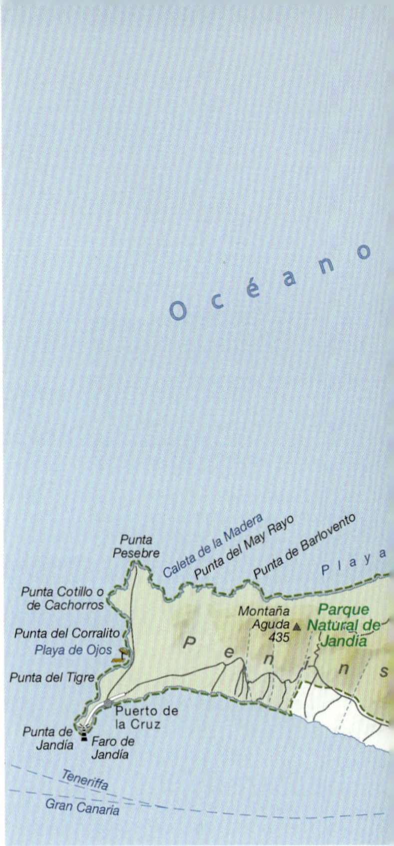

La Pared selbst mit seiner teils überdimensionierten, zweispurigen, palmengesäumten Allee und seinem winzigen „Zentrum" entlang der *Avenida de Istmo* zeigt keine kulturellen oder historischen Schätze. Einen Besuch wert sind die teils von hohen Felswänden begrenzten hellen Sandstrände. Die dort meist raue Brandung lässt das Herz von Surfern und Wellenreitern höher schlagen.

Playa del Viejo Rey: Der sich nach Süden hin erstreckende herrliche goldgelbe, 800 m lange „Strand des alten Königs" ist ein international geschätztes Eldorado für Liebhaber von Wellen und Wind. Der Strand ist vom Ortszentrum in wenigen Minuten zu Fuß erreichbar. Das Baden ist jedoch nur bei ruhiger See zu empfehlen.

Playa de la Pared: Der von Steilküste eingerahmte und oft menschenleere, 250 m lange Strand nördlich des Orts mit seinem dunklen Sand liegt beim *Restaurant Bahia La Pared* und ist ebenfalls nicht allzu gut zum Baden geeignet. Ein Schild warnt vor starken Strömungen. Doch ein Abstecher hierher lohnt trotzdem: In den von Wind und Wasser bizarr gestalten Felsenwänden brüten und leben zahlreiche Vogelarten. Und vom mächtigen an den Strand angrenzenden Plateau der **Punta de Guadelupe**, einer Landzunge, die ohne Risiko begehbar ist, hat man einen tollen Blick auf das in der Tiefe brausende Meer, die karge und raue Küstenlinie in Richtung Playa del Viejo Rey und zu den nördlich von Las Hermosas aufragenden Bergen *Areguía* (437 m) und *Cardón* (694 m).

Basis-Infos

Hin & Weg **Bus**: **Linie 4** von Morro Jable nach Pájara hält bei La Pared, allerdings nur einmal pro Tag je Richtung. Mit dem Auto über die FV-605 erreichbar.

Zum **Flughafen** sind es ist ca. 60 km. Fahrzeit mit Auto oder Taxi nach La Pared ca. 1 Std.

Einkaufen **Minimarket El Viejo Rey**, wenige Meter von der Durchgangsstraße, dort ausgeschildert. Kleiner Supermarkt mit Sitzgelegenheiten vor der Tür. Mo–So 9–14 und 15.30–20 Uhr. Sonntagnachmittag geschlossen. Calle Tina.

Enduro **Sahara-Sports Fuerteventura**, Inhaber Frank zeigt auf seinen Enduro-Touren Anfängern, Fortgeschrittenen und Profis die schönsten Off-Road-Strecken auf der Insel. Wer es individueller mag, bucht ein Enduro-Training für maximal zwei Personen (ab 159 €/Pers.). Auch Motorräder werden vermietet. Hotel-Shuttle-Service. Calle Tres Piedras 18, 35627 La Pared, ✆ 66-9797162, www.enduro-guru.com.

Klettern **Climbing Fuerteventura**, Kletterschule an der Westküste in Las Hermosas, bei La Pared. Inhaber Steffen Grade Schrödl und sein professionelles Team bieten Anfängern und Fortgeschrittenen Kletter- und Bergwandertouren; dazu gibt es einen kostenlosen Abholservice, Snacks und Smoothies. Es wird Deutsch, Englisch und Spanisch gesprochen. Gruppengröße max. 6 Pers. Klettertour (6 Std.) 75 €/Pers. Touren ganzjährig montags bis freitags. Las Hermosas 11, 35627 Las Hermosas. ✆ 670-715154, www.climbing-fuerteventura.com.

Reiten Reiterhof Rancho Barranco de los Caballos **1**, seit rund 20 Jahren bieten Walter Haag und Anke Reinhold Reitausflüge auf Fuerteventura an. Wer hier hoch zu Ross auf andalusischen Pferden die Gegend erkunden möchte, muss reiten können. 2-stündiger Ausritt 59 €/Pers. Für Kinder gibt's ein spezielles Rundreiten an der Longe, 10 Min. 10 €. Anfahrt: Wer aus Richtung La Pared kommt, achtet nach 2 km auf die Ausschilderung links der Straße. Eine Schotterpiste führt dann zum Reiterhof. Puerto Nuevo, 35627 La Pared, Anmeldung unter ✆ 928-174151 und ✆ 619-275389, www.reiten-fuerte.de.

Surfen Surfschule Waveguru **7**, an der Hauptstraße nahe dem Strand; die Schule mit angeschlossenem Surfcamp bietet seit 1998 Wellenreitkurse an. Willkommen sind Erwachsene und Kinder vom Anfänger bis zum Profi. Schnupperkurs mit maximal 6 Pers. und Material ab 49 € inkl. Transfer von Costa Calma, Jandía und Esquinzo. Surfbord 15 €, Sup Board 25 €, jeweils für 4 Std. Auch Vermittlung von Unterkünften in La Pared. Tägl. 10–18 Uhr. Avenida del Istmo 17. ✆ 619-804447 und ✆ 928-549122, www.waveguru.de.

Surfschule Adrenalin **4**, am Ortseingang von La Pared, blaue Surfbretter weisen den

Klaus Lemke – Filmemacher auf Fuerteventura

Nicht jeder Cineast kennt ihn, und doch ist er in der deutschen Filmszene eine kreative und unangepasste Größe fernab des Mainstreams: Klaus Lemke, der Filmemacher, der für seine Streifen immer wieder Fuerteventura als Kulisse wählte.

Lemke kam am 13. Oktober 1940 in Landsberg/Warthe in Pommern zur Welt und gelangte als Flüchtlingskind mit Mutter und Schwester von Pommern über Gera nach Herne in die Bundesrepublik Deutschland. Schon früh entdeckte er sein Faible für den Film und arbeitete seit den 60er Jahren als Regisseur und Drehbuchautor. In seinen teils preisgekrönten Werken sind die Hauptakteure meistens ortsansässige Laiendarsteller, denen er üblicherweise kein bis ins Detail ausgearbeitetes Drehbuch vorlegt. Bekannt wurde unter anderen der aus dem Jahr 1972 stammende Streifen mit dem Titel „Rocker", der die Geschichte eines aus dem Knast entlassenen Kleinkriminellen erzählt, der in Freiheit mit seiner Motorradgang den Hamburger Kiez aufmischt.

Lemke drehte im Lauf seiner Karriere auch mit Schauspielgrößen wie *Cleo Kretschmer* und *Wolfgang Fierek*, darunter den Grimme-prämierten Film „Amore" aus den späten 70ern. Lemke gilt als Entdecker von Iris Berben und Christine Zierl alias „Dolly Dollar". Bereits in seinem 1969 gedrehten Film „Brandstifter" spielte Iris Berben, damals 18 Jahre alt, eine ihrer ersten Rollen.

Nach Fuerteventura zog es Klaus Lemke 2011. Dort drehte er unter anderem in La Pared im *Café Plan B* Szenen des Films „3 Kreuze für einen Bestseller", der auf der Viennale 2011, dem internationalen Wiener Filmfestival, der Öffentlichkeit präsentiert wurde. Das ZDF zeigte die schwarze Komödie im Jahr 2014. Die Story dreht sich um eine junge Autorin, die ihrem Freund Enthaltsamkeit verordnet und sich nach Fuerteventura absetzt, um dort ihren ersten Roman auf Papier zu bringen, skurrile Überraschungen inklusive.

2015 kehrte Lemke mit seiner Filmcrew nach Fuerteventura zurück, zeigte in Corralejo seinen Film „3 Kreuze für einen Bestseller", um anschließend wiederum mit Laiendarstellern Szenen für seinen Thriller „A Story from Hell" (Eine Geschichte aus der Hölle) abzudrehen. Dabei geht es um einen Filmregisseur, der seine verlorene Tochter sucht. Man munkelt, dass es, wie meist bei Lemke, kein Happy-End gibt. Bisher wurde der Film nicht öffentlich gezeigt, möglicherweise wird dies noch 2017 geschehen.

Weg. Die 2007 eröffnete Surfschule bietet Kurse mit max. 8 Pers., inklusive Board, Versicherung und Neoprenanzug ab 45 € (2 Std). Valle Ancho 12, ✆ 661-936484 und ✆ 928-549002, www.adrenalin-surfschool.com.

Der Süden → Karte S. 180/181

Übernachten/Essen & Trinken

Übernachten In La Pared gibt es nur ein Hotel, aber zahlreiche Ferienwohnungen. Die Vermittlung von Unterkünften läuft teilweise auch über die Surfschulen wie Waveguru (s. o.).

La Pared powered by Playitas 3 & 5, Hotel und Bungalowanlage, das einzige Hotel vor Ort, 2016 renoviert. Pool, Restaurant und Sport/Kursangebote. DZ mit Frühstück ab ca. 85 €. Zum Hotel gehört eine moderne Ferienanlage mit 18 Bungalows für 1–3 und 2–4 Personen, jeweils mit Terrasse, teils auch mit Balkon. Bungalow mit 1 Schlafzimmer ab rund 120 €. Das Meer und die Playa del Viejo Rey sind in wenigen Minuten zu Fuß erreicht. Avenida del Istmo № 6, ✆ 928-860400, www.playitas.net. Zu buchen auch über Reiseveranstalter Hotelplattformen.

Weitere Ferienwohnungen/-bungalows werden auf diversen Portalen angeboten → Kapitel „Übernachten".

Essen & Trinken **Café Plan B. 6**, das einzige Lokal an der Durchgangsstraße, mit Herzblut geführt von Pavlina und Thomas. Der Name des Cafés rührt daher, dass die heutigen Besitzer für ihr Vorhaben, ein Café zu eröffnen, zunächst eine andere Immobilie im Visier hatten. Doch Plan A zerschlug sich, und so trat Plan B in Kraft – mit etwas Verzögerung wurde das Café hier am neuen Standort realisiert. „Plan B" war 2011 übrigens Drehort für Szenen des Films „3 Kreuze für einen Bestseller" des Regisseurs Klaus Lemke (→ Kastentext), in dem Pavlina als Tanzpartnerin des Regisseurs zu sehen ist. Ein Muss in kulinarischer Hin-

Die Playa de la Pared ist zum Baden leider nicht geeignet – zum Sonnen und Relaxen jedoch perfekt

sicht sind der selbstgemachte Apfel- und Käsekuchen (3 €), den man auf der gemütlichen Terrasse oder im kleinen Innenbereich verkosten kann. Tapas-Teller mit Serranoschinken 6,50 €, mit Ziegenkäse 5,50 €, Oliven 3 €, zudem gibt's Toast und belegte Brötchen. Mo 10.30–20, Di–So 10.30–23 Uhr. Avenida del Istmo 8 a, ✆ 928-549100.

Bahia La Pared **2**, großes Restaurant an einer wunderschönen Bucht, ca. 500 m nordwestlich vom Ortskern über eine asphaltierte Straße erreichbar (ausgeschildert). Neben einem windgeschützten Terrassenbereich gibt es einen Wasserspielplatz mit bunten Rutschen und eine Poolanlage, die nur den Gästen vorbehalten sind. Die Speisekarte bietet vornehmlich frischen Fisch an: Papageienfisch *(Viejas)* 15 €, Goldbrasse *(Salema)* 14 €. Tägl. 12–22 Uhr. ✆ 928-549030.

Umgebung von La Pared

Las Hermosas: Etwa 2,5 km von La Pared entfernt, Richtung Norden, weist ein Hinweisschild von der FV-605 nach rechts auf die FV-617 zu der winzigen Siedlung. Las Hermosas hat touristisch eigentlich nichts zu bieten, doch Sportbegeisterte finden hier ein modernes Stadion mit Flutlichtanlage – das 1991 eröffnete, 1997 mit einer Rasenfläche versehene *Estadio Benito Alonso.* Zu dieser Zeit spielte der Fußballverein UD Pájara Playas de Jandía hier auf, der seit einigen Jahren nicht mehr existiert. Gegenüber dem Fußballplatz steht mit auffallendem Treppenaufgang die weißgetünchte *Kirche San Benito de Abad.* Übrigens verläuft der Weitwanderweg GR 131 auf seiner Strecke von Süd nach Nord durch diese zu La Pared gehörende Siedlung.

Wandern: Von La Pared kann man über den Weitwanderweg GR 131 in rund 1½ Std. nach Costa Calma wandern – oder in umgekehrter Richtung. Detaillierte Infos im „Kleinen Wanderführer" am Ende des Buchs.

Wanderung 13: Von Costa Calma nach La Pared und zurück → S. 253
Eindrucksvolle Küstenabschnitte, Einsamkeit im Landesinneren

Costa Calma

Charmant ist anders. Der Ort mit seinem eindrucksvollen weißen Sandstrand, den zahlreichen, teils riesigen Hotels mit Meerblick und einem breiten Freizeitangebot entwickelte sich seit den 1970ern zu einem beliebten, aber gesichtslosen Ferienzentrum im Süden der Insel.

Auf den ersten Blick besticht der Küstenort durch die kilometerlange Palmenallee links und rechts der Durchgangsstraße. Angrenzend eine Parkanlage mit Restaurant, Bar und Kunstpavillon, die zum Spaziergang und schattigen Verweilen einlädt. Das touristische Leben spielt sich hauptsächlich um die diversen Einkaufszentren (Centro Comercial) ab, die in offener Bauweise Restaurants, Boutiquen, Supermärkte und Cafés vereinen.

Einen gewachsenen Ortskern, eine Strandpromenade oder kulturelle Sehenswürdigkeiten sucht man vergebens. In Costa Calma stehen Sonne, Strand und Wassersport im Fokus, abends sorgen Bars und Discos für ein respektables Nachtleben und Ausgehvergnügen – ein Pluspunkt im Vergleich zu den vielen ruhigen Orten der Insel.

Canada del Rio Park: Der Park erstreckt sich an der Straße FV-2 neben der Touristinformation und grenzt, von Norden kommend, an den ersten Kreisverkehr stadteinwärts. Hier gedeihen unterschiedlichste, teils exotische Baumarten, ein paar Holz- und Steinbänke bieten bequeme Sitzgelegenheiten. Als kulturelle Oase erweist sich der dortige *Kunst- und Werkstattpavillon* der Künstlerin *Lisbet Fernández Ramos*. Zusammen mit ihrem Ehemann Rafael Gómez González, ebenfalls Künstler, kam sie vor rund zehn Jahren aus Kuba und ließ sich auf der Insel nieder. Lisbet Fernández Ramos ist bekannt für ihre aus Terrakotta gefertigten Figuren.

Costa Calma zeigt sich wunderbar grün

Der Süden → Karte S. 180/181

Auf Fuerteventura berühmt ist ihre 2007 geschaffene Skulpturengruppe „Caminos“, die im Kreisverkehr beim Club Aldiana in Jandía zu sehen ist (www.lisbet fernandez.com).

Basis-Infos

Hin & Weg Bus: Die **Linie 4** fährt zwischen Pájara und Morro Jable (über La Pared, Costa Calma). **Linie 9** fährt zwischen Pájara und Morro Jable (über Toto, Tuineje, Gran Tarajal, Costa Calma). **Linie 10** verbindet Puerto del Rosario und Morro Jable (über Flughafen, Caleta de Fuste, Gran Tarajal, La Lajita, Costa Calma).

Der **Flughafen** ist ca. 65 km entfernt. Fahrzeit nach Costa Calma über die FV-2 ca. 1 Stunde.

Ärzte Deutschsprachige Gemeinschaftspraxis **Dr. Karola Simoni** **3** und Söhne: Allgemeinmedizin, Kinderheilkunde, Homöopathie, Innere Medizin, Notfall- und Tauchmedizin. Mo–Sa 9–11, Mo, Di, Do, Fr 17–18.30 Uhr und nach Vereinbarung. Calle Entresalas 4, ✆ 616-235121 und ✆ 928-876227.

Gottesdienst Deutschsprachige Messe – evangelisch und ökumenisch – sonntags im Restaurant „El Jardin“ um 16 Uhr. Tourismuspfarramt der Evangelischen Kirche in Deutschland, ✆ 928-875247.

Markt „Afrikanischer Markt“ am südlichen Ortseingang direkt an der Hauptstraße: So und Mi 9–13 Uhr.

Polizei Policia Local ✆ 649-811544, Guardia Civil ✆ 928-541107.

Tankstelle An der Hauptstraße Richtung Süden, beim C. C. International.

Taxi Taxis de Pájara. 24-Stunden-Service. Nach Jandía rund 24 €, Flughafen ab 72 €. Hapag-Lloyd-Platz, ✆ 928-541257.

Aktivitäten

Ausfüge **Fuerteventura Individual Tour**, das Team veranstaltet bestens organisierte Tagesausflüge (8 Std.) mit Wanderungen über die gesamte Insel. Es geht zu den Dünen nach Corralejo oder ins abgelegene Cofete. Informationen zu Natur und Kultur kommen nicht zu kurz. Gruppen bis maximal 8 Personen, 69 €/Pers. Zudem im Angebot Quad- und Buggy-Safari, Trike-Tour, U-Boot-Fahrt. Mo–Sa 9.30–11 und 17–18.30, So 9.30–11 Uhr. Urb. Mirador del Sur 81, ✆ 678-260222 und ✆ 928-875630, www.fuerteventura-individual-tour.com.

Baden Mehrere Kilometer breiter heller, teils bewachter Sandstrand mit öffentlichen Toiletten. Im Norden beginnend bei den Hotels *R 2 Rio Calma* und *Fuerteventura Playa*, teils recht steinig und schmal. Nach Süden hin beim Hotel *Costa Calma Palace* ein breiter, feinsandiger Abschnitt mit Beachbar „Horizonte“ und Surfclub „Mistral“. Gut zum Baden und Surfen geeignet, auch für Familien mit Kindern. Liege/Schirm je 4 € pro Tag.

Einkaufen **Kunu Nua** **18**, kleine, in einem weißen, einstöckigen Gebäude untergebrachte Boutique am C. C. Costa Calma. Neben einer gut sortierten Auswahl an Damen- und Kinderkleidung und Accessoires sind in den Vitrinen handgefertigte Stücke des Goldschmiedemeisters Santiago Martínez aus seiner Werkstatt (El Taller) in Gran Tarajal ausgestellt. Inspiriert durch die Kultur und Natur der Insel entstehen in seinen Händen individuelle Kunstwerke. Mo–Sa 9.30–13 und 16.30–20, So 9.30–13 Uhr. Calle Punta Molinillos, ✆ 928-875236.

Buch-/Zeitschriftenladen, deutsche Bücher, Zeitschriften und Schreibwaren bekommt man hier in großer Auswahl. Fotokopien- und Faxservice. Mo–Fr 9.30–18, Sa 9.30–13 Uhr. C. C. Costa Calma, ✆ 928-875077.

Fahrrad **Volcano Bike** **8**, der seit 1994 bestehende Laden mit seinem freundlichen und kompetenten Personal verleiht verschiedenste Fahrräder mit Hotelanlieferung zwischen Esquinzo und Jandía. Auch einfache Radwanderungen (Betancuria-Tour 59 €/Pers.), Mountainbiketouren (ab 49 €) und sogar 75 km lange Rennradtouren (49 €) für ganz Sportliche werden organisiert. Wasser inklusive, Verpflegung nur teilweise. Für die Ausleihe Ausweis und 50 € Kaution mitbringen. Mountainbike 24 Gang 14 €/Tag,

La Latija
La Latija
C. Punta Pesebre
C. Entresalas
Av. Hapag Lloyd
C. Valle de los Mosquitos
Centro Comercial Cañada del Río
BUS
TAXI
Markt
FV-2
Parque Cañada del Río
Calle A. Millares
Calle Hapag Lloyd
Calle Hapag Lloyd
Calle Playa de la Jaqueta
C. Puerto de la Cebada
Avenida de Jahn Reisen
Avenida de Jahn Reisen
Calle Punta de los Molinillos
Centro Comercial Botánico
C. Sicasumbre
Calle Punta Junquillo
Calle Punta del Roquito
Essen & Trinken
4 Las Tapas de la Abuela
6 El Jardín
10 Curry House
11 Pizzeria L'Aperi
12 Katrin's Bratkartoffel-Stübchen
13 Café und Kaffeerösterei Kapè
20 El Camino Taberna
21 Cafetería Molino
26 Café Berlin
Nachtleben
5 Queens
15 Synergy Lounge und Cocktailbar
16 Maria's Disco Pub
17 Rapa Nui Surfbar
19 Bar Los Piratas
23 DVN Disco Club
Einkaufen
18 Kunu Nua
Sonstiges
3 Dr. Simoni
8 Volcano-Bike
9 Xtreme Car Rental
25 Bistro-Shop Beach House
Übernachten
1 Hotel Best Age
2 Beverley Hills Villa
7 Hotel Fuerteventura Playa
14 SBH Hotel Costa Calma Palace
22 Golden Beach Hotel
24 Appartments/Häuser - Casitas Costa Calma
27 VIK Suite Hotel Risco del Gato
28 Hotel H10 Playa Esmeralda
170 m
Costa Calma

Rennrad 22 €/Tag, jeweils inkl. Helm, Repairkit, Pumpe, Schloss. Auch online buchbar. Tägl. 9–12 und 17–19 Uhr. Bike-Shop im Hotel Barlovento, Avenida Jahn Reisen 2. Hotline tägl. 9–12 und 16–19 Uhr, ✆ 639-738743, www.volcano-bike.com.

Trikes & Quads **Xtreme Car Rental 9**, die seit vielen Jahren bestehende Agentur hat sich auf Touren mit Trikes, Buggys und Quads spezialisiert. Die „klassische" Trike-Tour in kleiner Gruppe ist ca. 160 km lang und dauert ca. 6 Stunden. Die Gruppe fährt an die Westküste, in die Berge, besucht das Dorf Ajuy und das Inselinnere. Die Trikes sind für bis zu 3 Pers. geeignet. Der Fahrer benötigt einen Pkw-Führerschein. Kosten pro Trike 170 €, inkl. kostenlose Abholung aus zahlreichen Orten. Auch Motorräder, Scooter und Fahrräder werden vermietet. Mo–Sa 9.30–11 und 17–18.30 Uhr. Hotline tägl. 9–21 Uhr, ✆ 928-875630. Im Hotel Sunrise Taro Beach, Calle LTU 3. Neben dem Geschäft in Costa Calma gibt es auch einen Laden in Jandía im Shoppingcenter Cosmo. www.xtreme-car-rental.com, www.fuerte-trike.com.

Surfen **ION Club Costa Calma**, die Surfschule am Strand beim SBH-Hotel Costa Calma Palace hat sich auf Wind- und Kitesurfen spezialisiert, bietet aber auch SUP-Kurse an. Der Spot in Costa Calma ist bestens für Windsurfanfänger und Familien geeignet. Anfängerkurs 6 Std. ab 160 €, 10 Std. 210 €, Kind bis 11 J. 3 Std. 90 €, 6 Std. 145 €. Kitesurfkurse werden am Strand Risco del Paso durchgeführt. Kostenloser Shuttleservice von Costa Calma. Kite-Kurs mit 2 Pers. und einem Lehrer 2 Std. 120 €. Kursgebühr inklusive Equipment. Im Juli/Aug. etwas teurer. Beim SBH-Hotel Costa Calma Palace. ✆ 661-349689, www.ionclubfuerte.com.

Übernachten

→ Karte S. 187

SBH Fuerteventura Playa 7, Hotel am langen, hier noch teils steinigen Sandstrand. 300 Zimmer und großzügige Gartenanlage, durch die man vorbei am Pool zum weiten Sandstrand gelangt. Kurz vor dem öffentlichen Strand abgetrennter privater Hotelbereich. Zimmer teils mit Meer-, teils mit Poolblick. Tennisplätze. Restaurants und Bars in fußläufiger Entfernung. DZ all-inklusive ab 108 €. Playa de Jandía, Urb. Cañada del Rio, Avenida Jahn Reisen 1, ✆ 928-547344, www.sbhfue.com.

VIK Suite Hotel Risco del Gato 27, angenehm überschaubares 4-Sterne-Haus mit 51 Suiten, für Gäste, die Ruhe und das Besondere suchen. Die Suiten haben eine Außendusche und einen privaten Innenhof. Außergewöhnliche Architektur, schöne, gepflegte Pool- und Gartenanlage. Spa mit Sauna, Whirlpool und Dampfbad. Junior-Suite Superior ab 135 € ohne Frühstück. Unweit des Strandes, Calle Sicasumbre 2, ✆ 928-547175, www.vikhotels.com.

Best Age 1, Hotel am Hang gelegenes, knapp 1 km zum Strand. Der Shuttleservice bringt die Gäste kostenlos zum Meer. Die Zimmer sind ausreichend groß und zweckmäßig eingerichtet. Balkon. Pool, Spa, Sportangebot, Büffetrestaurant. Gutes Preis-/Leistungsverhältnis. DZ inkl. Frühstück ab 75 €. Urb. Mirador del Rio, Punta Pesebre 6, ✆ 928-875162.

H 10 Playa Esmeralda 28, weitläufiges, großes 4-Sterne-Hotel an einem kleinen feinsandigen Strand mit Strandbar „Palmita". 333 geräumige Zimmer, abseits der Restaurants und Bars von Costa Calma. Die niedrigstöckigen Gebäude Richtung Strand zwischen Palmen, Kakteen und bunten Blütenpflanzen bieten vom Balkon freie Sicht in Richtung Atlantik. Weitere Unterkünfte im Hauptgebäude. Hotelaußenanlage mit Pool und Kinderbecken. Hallenbad mit Spa, Sauna und Whirlpool. Fitnessraum. Schöne, erhöht gelegene Speiseterrasse mit weitem Blick zum Meer. DZ inkl. Frühstück ab 90 €. Strandliegen und Schirme jeweils 4,50 €/Tag. Punta del Roquito 2, ✆ 928-875353, www.h10hotels.com.

SBH Costa Calma Palace 14, das Hauptgebäude des achtstöckigen 4-Sterne-Hotels mit 370 Zimmern und getönter Glasfassade ist vom nahen breiten Sandstrand nicht zu übersehen. Zimmer mit Balkon und Meerblick. Von der imposanten Lobby und der Terrasse hervorragender Blick aufs Meer. Die Pool- und Gartenlandschaft erstreckt sich bis zum Strand. Gut ausgestatteter Wellnessbereich mit Sauna, Dampfbad und Pool. Behindertengerecht. DZ inkl. Frühstück ab 175 €. Avenida Jahn Reisen 1, ✆ 928-876010, www.sbhfue.com.

Golden Beach 22, ca. 400 m vom Strand entfernt, am C. C. Botanico. 4-Sterne-Haus

Eine Sünde wert: Hier gibt es leckere Kuchen und Torten

mit 150 Zimmern, davon die meisten mit Meerblick. Familienzimmer vorhanden. Pool mit separatem Kinderbecken. Spa-Bereich, Fitnessraum, Tennisplatz. Abendunterhaltung und Animation. DZ all-inklusive ab 125 €. Avenida Jahn Reisen, C. C. Botanico. ✆ 928-875000, www.goldenbeach-hotel.com.

Beverley Hills Villa 2, familiäre Unterkunft mit 20 Betten in Mehrbettzimmern, die sich auf drei Selbstversorger-Appartements mit voll ausgestatteter Küche verteilen. Im schönen Außenbereich der ansprechenden Villa kann man im Pool planschen, auf der Terrasse grillen oder sich auf der Liege sonnen. Surfbretter und Fahrräder können gemietet werden. Übernachtung ab 20 €/Person. ✆ 603-671280, www.beverleyhillsvilla.com.

Appartements/Häuser – Casitas Costa Calma 24, in der strandnahen Anlage „Ultra Ferien" gibt es zahlreiche Reihenbungalows, Appartements und freistehende Häuser. Meist ist ein Gemeinschaftspool vorhanden, die Unterkünfte bieten meist Meerblick. Internetzugang, sehr gute Ausstattung. Ausführliche Infos (Preise und Grundrisse) auf der Website. Vermietung in Deutschland unter ✆ 02235-9553014. Besichtigung und Rezeption vor Ort: Mo, Di, Do, Sa 9–13 und 16–19 Uhr, Mi und Fr 9–13, So und Feiertage 11–13 Uhr. Calle Risco Blanco 6, ✆ 928-875651, www.ultra-ferien.com.

Essen & Trinken/Nachtleben

→ Karte S. 187

Costa Calma besitzt neun Einkaufszentren (Centro Commercial) mit Apotheken, Bankautomaten, Boutiquen, Supermärkten, Optikern, Bars und Restaurants. An der Hauptstraße Richtung Landesinneres, im Bereich einer Tankstelle, finden sich das *Plaza*, das *El Palmeral* und das *International*. Das kleine *Cañado del Rio* mit ein paar wenigen Lokalen liegt am ersten Kreisverkehr, wenn man von Norden kommt. Als eine Art Ortsmitte kann man am ehesten die strandnahen und nebeneinander liegenden Centren *Costa Calma* und *Bahia Calma* bezeichnen, die Ausgehmeile des Orts. Hier ist abends einiges los. Dagegen ist das etwas abseits im südlichen Abschnitt von Costa Calma erbaute zweistöckige *Botánico* nur tagsüber mit Leben erfüllt.

Las Tapas de la Abuela 4, Tapas-Bar westlich der Hauptstraße, in der Nähe der Plaza de Hapag Lloyd. Gutes Angebot an Tapas. Windgeschützte Terrasse. Kanarische Schrumpelkartoffeln 3,50 €, Champignons in Knoblauch 6,50 €, Datteln mit Speck 4,50 €,

Der Süden → Karte S. 180/181

gegrillte Garnelen 8,50 €; zudem Salate, Rührei, Suppe. Tägl. 12–16.30 und 18.30–23 Uhr. Direkt nebenan gibt es einen *Minimarket*, der auch frisches Brot und gegrillte Hähnchen verkauft. Hähnchen mit Pommes 8,50 €. Calle Valle de los Mosquitos 2, ✆ 928-875158.

El Jardin 6, wie der Name vermuten lässt, bietet das am Palmenwald gelegene Gartenlokal einen großen, schön gestalteten Außenbereich mit Holztischen und Rattanmöbeln unter Bäumen. Die Küche ist ausgerichtet auf Pizza und Fleischgerichte. Pizza ab 9,20 €, abends bis 23 Uhr All-You-Can-Eat-Barbeque für 12 €. Tequila Sunrise 6,50 €, 0,4 l-Bier 3,40 €. Am Sonntag um 16 Uhr evangelischer Gottesdienst. Plaza de Hapag Lloyd.

Bistro-Shop Beach House 25, das freundliche Lokal liegt zwar nicht am Beach, dafür kann man das Frühstück oder den frisch gepressten Saft in einem mit Kissen gemütlich ausstaffierten Fischerboot genießen. In dem im Surfer-Look in bunten Farben dekorierten Café stehen ebenfalls Tapas, frisch geröstete Kaffeespezialitäten und Salate auf der Karte. Angeschlossen ist ein Shop mit fast allem, was man für seine Wassersportaktivitäten benötigt, sowie ein Infopoint, der über Wind- und Kitesurfkurse berät. Bistro tägl. 9–23 Uhr. Shopping Center Botanico. Bar ✆ 928-547068, Shop ✆ 928-875947, www.beachhouse-fuerteventura.com.

El Camino Taberna 20, Restaurant für gehobene Ansprüche in einem schönen, roten Haus. Terrasse. Köstliche Tapas und Gerichte mit ganz persönlicher Note. Modernes Ambiente, offene Küche. Hausgemachte Fischkroketten vom Zackenbarsch 7,80 €, *Queso Majorero* mit Tomaten-Feigen-Marmelade 7,50 €, Zicklein *(Cabrito)* von der Insel mit Steinpilzen 13,90 €. Tägl. 16–23.30 Uhr, Mi Ruhetag. Calle Risco Blanco 2, ✆ 928-074086.

Katrin's Bratkartoffel-Stübchen 12, wer auf deutsche Küche nicht verzichten will und das Ambiente eines Freiluft-Shoppingcenters nicht scheut, kann hier neben hausgemachten Bratkartoffeln Deftiges wie Gulasch, Hackbraten, Schnitzel und selbstgemachte Frikadellen oder Matjes probieren. Tagesgericht ab ca. 8 €. Selbstgemachter Kuchen. Fußball- und Formel-1-Übertragung. Di–So 11–22 Uhr, Küche 12–21 Uhr, Mo Ruhetag. Einkaufszentrum C. C. La Plaza. ✆ 928-547261.

Pizzeria L'Aperi 11, einfaches Lokal im Erdgeschoss des Shoppingcenters La Plaza mit Außenbereich. Die Pizzen sind empfehlenswert; Margherita 4,50 €, Tonno 6,50 €, Funghi 5,50 €. Mi–So 17–23.30, Mo 17–23.30 Uhr, Di Ruhetag. C. C. Plaza, Local D 2, ✆ 928-876370.

Cafetería Molino 21, deutsche Konditorei und Bäckerei an einer Straße mit zahlreichen Restaurants und Bars. Aus Meisterhand kommen hier im Familienbetrieb täglich frische Brotspezialitäten, Dutzende Kuchen und Torten. Allein die köstlichen Apfeltaschen sind den Besuch wert. Während deutsche Urlauber, wie das freundliche Personal weiß, mehr „Sahniges" bestellen, kommen die Spanier eher, um „Schokoladiges" zu probieren. Im Innen- und Außenbereich kann auch gefrühstückt werden. Di–Sa 7.30–18, So 8.30–17 Uhr, Mo Ruhetag. Calle del Risco Blanco 2, ✆ 691-848001.

Bäckerei & Konditorei Café Berlin 26, seit 2007 bestehende deutsche Lokalität mit roten Strandkörben auf der Terrasse und Meerblick. Bäckermeister Bernold aus Osnabrück und seine Frau verkaufen verschiedenste Brote (Dinkel, Roggen, Vollkorn), Leckereien wie Frankfurter Kranz,

aber auch frische Obstkuchen. Die meisten Kunden sind Deutsche, doch auch Spanier geben sich gelegentlich einer Schwarzwälderkirschtorte hin. Frühstück ab 4,50 €. Mo–Sa 7.30–18 Uhr. Botanico Shopping Center, ✆ 928-875369.

Rapa Nui Surfbar 17, mit allerlei Surfutensilien ausstaffierte gemütliche Bar am breiten, hellen Strand und mit großer Terrasse und angegliederter Surfschule. Frühstück mit Meerblick, selbstgemachtes Eis, Kuchen und abends in lockerer Atmosphäre Cocktails und ein paar Tapas. BBQ jeden Do ab 20 Uhr. Mi Happyhour ab 17 Uhr. Tägl. 8–24 Uhr, Office 9–18 Uhr. Rapa Nui Bar, Surfschool und Camp, Calle Punta de Los Molinillos, ✆ 928-549140.

Curry House 10, seit 2013 betreibt der gelernte Koch Andy sein kleines Currywurst-Haus in Costa Calma. In typischer Pommes-Schale, jedoch aus weißem Porzellan mit Edelstahl-Picker, reicht der Schalke-Fan die aus Deutschland importierte Wurst mit einer schmackhaften, selbstgemachten Currysoße über den Tresen (3 €). Ein paar Tische vor der Tür laden zum Openair-Verzehr ein. Dazu wird auf Wunsch selbstverständlich ein kühles Bier (1,50 €) gereicht. Alternativ zur Wurst gibt's Leberkäse im Brötchen (3 €), Pommes (1,50 €) Frikadelle (2,20 €) oder Kartoffelsalat (1,80 €). Tägl. 12–22 Uhr. Hinter dem Einkaufszentrum C. C. El Palmeral, ✆ 626-213830.

Café und Kaffeerösterei Kapè 13, hier frönt Annett ihrer Leidenschaft für Kaffee: Neun Sorten röstet sie hier, das Kilo ab 15,60 €. Die Bohnen kommen u. a. aus Kolumbien, Brasilien, Costa Rica, Kenia, Indien und Guatemala, die Röstungen können in den gemütlichen Räumlichkeiten natürlich verkostet werden. Show-Rösten auf Anfrage. Reichhaltiges Frühstücksangebot. Heiße Waffeln (ab 2,50 €), frische Säfte, Smoothies (4,50 €), Milchshakes. Salate ab 7,50 € sowie Tapas. In ein paar Regalen stehen zudem kanarische Spezialitäten sowie Schokolade und Kaffeegeschirr zum Verkauf. Mo–Fr 8.30–19, Sa/So 10–18 Uhr. Calle Parábola 3, Centro Plaza, Local F1y2, ✆ 646-053517, merbold@kape.es.

Nachtleben Als Bermudadreieck des „wilden" Nachtlebens werden oft die drei unten beschriebenen Bars bezeichnet. Als Ausgehabend gilt, neben dem Wochenende, besonders der Donnerstag. Man beginnt seine Tour im Los Piratas, wechselt dann gegenüber im C. C. Costa Calma ins María's und feiert später bis in die Morgenstunden

Der palmengesäumte Strand von Costa Calma

im Club El DVN. Je nach Lust und Kondition gibt es natürlich durchaus noch einige andere Lokalitäten zum nächtelangen Durchfeiern.

Bar Los Piratas 19, Tom und Steffi, die schon viele Jahre auf Fuerteventura leben, betreiben mit viel Engagement seit 2013 ihre Piraten-Bar in der 1. Etage des Einkaufszentrums Bahia. Samstags ist Mojito-Abend (Mojito 5,50 €), dienstags feiert man die Cocktailnacht und ansonsten vergnügen sich Urlauber und Einheimische zwischen Schiffs- und Fischfang-Interieur bei diversen Motto-Partys oder Karaoke-Veranstaltungen bis in den Morgen. Neben einer reichhaltigen Auswahl an Getränken gibt es ein paar Snacks (Bockwurst mit Brot) und Knabbereien – und die Übertragung von Bundesligaspielen. Tägl. 20–3 Uhr. C. C. Bahia Calma, Calle Punta de los Molinillos, ✆ 600-077186, www.bar-los-piratas-de-costa-calma.com.

Synergy Lounge und Cocktailbar 15, chillige kleine Cocktailbar mit lockerer Atmosphäre in einem einstöckigen Gebäude mit viel Glas, direkt am *Shopping Center Costa Calma*, wo sich einige Ausgehlokale und Discos befinden. Die Auswahl an Cocktails ist riesig (Mojito 5 €). Jeden Mittwoch kann man bei einem kostenlosen Tanzkurs Salsa lernen. Tägl. 20–3 Uhr, So Ruhetag. Beim C. C. Costa Calma 18, ✆ 928-876656.

Chillout Lounge & Sportbar Queens 5, über eine Holztreppe geht es neben dem Supermarkt am Hapag-Lloyd-Platz hinauf zum Lokal. Ab und an finden Partys statt, ansonsten werden Bier, Cocktails und Snacks serviert. Wer Bundesligaspiele live auf der Großbildleinwand sehen möchte, ist hier richtig. Welche Übertragungen anstehen, ist auf der Tafel im Innenhof notiert. Tägl. ab 21.30 Uhr. Calle Hapag Lloyd. C. C. Cañada del Rio.

DVN Disco Club 23, hier wird bis in die Morgenstunden in angenehmer Atmosphäre gefeiert und getanzt. Gute Getränkeauswahl mit umfangreicher Cocktailkarte. Do und Sa 22–3 Uhr. Risco Blanco 2, ✆ 928-547348.

Maria's Disco Pub 16, tägl. 23–5.30 Uhr. Calle Punta Los Molinillos, C. C. Costa Calma.

Umgebung von Costa Calma

Oasis Park: Ein über 800.000 m² großer Park mit Kakteengarten und tropischen Pflanzen, auf dem rund 3000 Tiere und weit über 200 Tierarten zu sehen sind. Viele Hotels bieten einen kostenlosen Shuttleservice zum Park an. Mehr Infos dazu im Kapitel „Der Osten“ im Ortskapitel La Lajita.

Neugieriger Bewohner des Oasis Parks

Majorero – Ziegenkäse aus Fuerteventura

Kaum ein Besucher verlässt Fuerteventura, ohne den typischen Käse im Gepäck zu haben, den Majorero. Zuvor kann man ihn in einer Bodego oder Tapas-Bar mit ein bisschen Salami oder Schinken probieren, und wem er schmeckt, der nimmt ihn mit nach Hause und serviert ihn bei einem spanischen Abend mit Freunden.

Der Majorero-Käse hat eine längere Geschichte hinter sich. Schon lange vor der Eroberung Fuerteventuras durch Jean de Béthencourt Anfang des 15. Jahrhunderts prägte auf der damals nicht gar so kargen Insel das Hirtenwesen das Leben der Majos oder auch Majoreros genannten Ureinwohner. Die Ziegen- und Schafshaltung sicherte ihnen den Lebensunterhalt und das Überleben.

Die Majoreros-Ziegen entwickelten sich im Lauf der Jahrhunderte zu einer eigenständigen, besonders robusten und widerstandsfähigen Rasse, der *la cabra majorera*, der Fuerteventura-Ziege. Die Qualität der Milch und die mit Sorgfalt ausgeübte traditionelle Herstellung machen aus dem regionalen Produkt eine Delikatesse von internationaler Bekanntheit. Schon 1996 würdigte eine Jury die Köstlichkeit mit der Verleihung der geschützten Herkunftsbezeichnung „Denominación de Origen Queso Majorero“. Damit ist der Majorero-Käse der erste spanische Ziegenkäse, der diesen Titel tragen darf. Doch erst 2014 wurde der Ziegenkäse „Maxorata Curado Pimentón“ der renommierten Käserei Maxorata beim internationalen Käsewettbewerb „World Cheese Awards“ in London mit der Auszeichnung „Super Gold“ prämiert – und errang somit einen Platz unter den 62 besten Käsesorten der Welt.

Der Majorero besteht nur aus Ziegenmilch der Rasse Majorera, gegebenenfalls wird er jedoch, wenn eine längere Reifungszeit vorgesehen ist, mit höchstens 15 % Schafsmilch gemischt. Der Geschmack und die Konsistenz reichen von mild bis pikant, von cremig bis hart, je nach Alter. Normalerweise hat der zylinderförmige, sechs bis neun Zentimeter hohe und 15 bis 35 Zentimeter im Durchmesser messende Laib eine weiße Rinde. Wird diese in einem längeren Reifungsprozess von Zeit zu Zeit mit geröstetem Maismehl (Gofio), Paprika (Pimentón) oder Öl eingerieben, verändert sich die Farbe ins Braune bis Rötliche. Ein junger Käse *(tierno)* reift acht bis 20 Tage, ein mittelalter *(semicurado)* 20 bis 60 Tage, ein alter *(curado)* bringt es auf über 60 Tage.

Freunde der Käsespezialität erfahren in dem in Antigua 2014 eröffneten „Museo del Queso de Fuerteventura“ auf rund 500 m² Ausstellungsfläche mehr über Herstellung und Geschichte der Insel-Delikatesse.

Rezept für eine Ziegenkäse-Tapa:

Zutaten für 2 Portionen: 2 Scheiben Majorero, 50 g Pinienkerne, 2 EL herber Honig, 2 Scheiben Weißbrot oder die entsprechende Menge Baguette, 250 g Rucolasalat.

Zubereitung: Backblech mit Backpapier auslegen, den Ofen auf 200°C vorheizen, das Weißbrot oder Baguette mit Majorero belegen, mit etwas Honig beträufeln und nun rund 10 Minuten überbacken. Zwischenzeitlich den Rucola waschen, kleinzupfen und auf einem Teller anrichten. Die Pinienkerne fettfrei kurz anrösten. Anschließend die heißen Ziegenkäsebrote auf den Rucola legen und die Pinienkerne drüberstreuen. Guten Appetit!

Los Gorriones (Playa Barca)

Los Gorriones, auf mitunter auch **Playa Barca** genannt, befindet sich südlich von Costa Calma und wie Risco del Paso ebenfalls im Bereich der Playa de Sotavento und des Istmo de la Pared. Der kilometerlange Strandabschnitt zählt mit seiner durch eine Nehrung abgetrennten Lagune nach Meinung vieler zum Schönsten, was Fuerteventura in Sachen Strand zu bieten hat. Manch einer empfindet jedoch die in Strandnähe auf großer Fläche erbaute Hotelanlage als Makel.

Aus aller Welt zieht es Surfer an die traumhaften Strände von Los Gorriones (oben) und Risco del Paso (unten)

Für Windsurfer und Kitesurfer ist das Terrain ohne Zweifel ein Traum. Kein Wunder, dass sich die absoluten Könner dieses Sports alljährlich im Sommer beim *Windsurfing- und Kitesurfing-World-Cup* an der **Playa de Sotavento** ein internationales Stelldichein geben. 2017 fand der Cup zum 32. Mal statt.

Surfen Wind-/Kitesurfschule René Egli by Meliá, direkt am World Cup-Surfspot und an der Lagune, 200 m vom Hotel Meliá Gorriones entfernt. Die Surfschule besteht an diesem Standort seit über 30 Jahren. Professionelle Kurse, Boardverleih. Kostenloser Shuttle-Service mit Abholung von den Hotels aus Costa Calma, Jandía und Esquinzo. Anfänger-Windsurfkurs inkl. Material ab 200 €/10 Std. Schnupperkurs Kitesurfen 140 €/3 Std. Hotel Meliã Gorriones, Playa Sotavento. ✆ 928-547483, www.rene-egli.com.

Übernachten Meliá Gorriones, 4-Sterne-Hotel mit rund 560 Zimmern mit Balkon, teils mit Meerblick. Vier Pools, darunter ein Kinderbecken mit Rutschen und Planschbecken. Fitnessraum, Tennisplätze, Kinderspielplatz, mehrere Restaurants. Exklusiver, sogenannter Level-Bereich. Spabereich mit Sauna, Dampfbad Sprudelbad und Massageservice. DZ ab 26 m² inkl. Frühstück 120 €. Auch All-inclusive-Angebote. Playa Barca, ✆ 928-547025, www.melia.com.

Risco del Paso

Der malerische, durchaus Südseeflair verströmende kilometerlange Strand von Risco del Paso erstreckt sich im Bereich der von Dünen geprägten Landenge des *Istmo de la Pared*. Über eine von der FV-2 abzweigende, 2,5 km lange Straße gelangt man zu einer überschaubaren Ansiedlung samt Surfcenter, Bar und Unterkünften. Vor allem

Surfer und Kitesurfer tummeln sich hier auf dem Meer, machen erste wackelige Stehversuche oder schöpfen bei entsprechenden Windverhältnissen ihr Talent aus. Die vorgelagerte Lagune an der *Playa de Sotavento* eignet sich besonders für Anfänger und als Schwimmbecken für die jüngeren Kids.

Von Risco del Paso kann man entlang der ewig langen Playa de Sotavento nach Süden in Richtung Esquinzo laufen – oder nach Norden in Richtung Costa Calma. Wer Lust auf Baden hat, wird mit glasklarem Wasser und feinsandigen Strandabschnitten verwöhnt.

Surfen Surfcenter ION Club, ein internationales, zertifiziertes Team trainiert Anfänger und Fortgeschrittene. Windsurfkurs Anfänger ab 160 €/6 Std. Privatstunde 70 €. Direkt am Strand von Risco del Paso Paso. ✆ 667-796688, www.ionclubfuerte.com.

Übernachten Villa Christina, im Angebot sind mehrere gut ausgestattete Ferienhäuser mit Wohn- und Essraum, Küche und Blick auf den nahen Strand und das Meer. Je nach Größe der Unterkunft ist Platz für 2–8 Personen. Haus für 2 Pers. ab ca. 125 €/Tag, größere Unterkünfte ab ca. 185 €/Tag. Keine Haustiere! Kontakt und Buchung nur über www.villa-christina.eu.

Butihondo und Esquinzo

Nördlich von Jandía wurden in jüngerer Vergangenheit zwei Feriensiedlungen an der Ostküste errichtet. Diese Butihondo und Esquinzo genannten Orte sind an die in diesem Abschnitt zur Schnellstraße ausgebaute FV-2 über die Ausfahrt 79 angeschlossen. Ein erster Kreisverkehr nötigt den Besucher, eine Entscheidung zu treffen, welchen der drei abzweigenden Wege er einschlagen will. Die beiden Siedlungen bestehen im Grunde jeweils nur aus größeren Hotelanlagen, in Kombination mit touristischer Infrastruktur.

Butihondo, im südlicheren Abschnitt, erreicht man von der FV-2 kommend über die Calle Gran Canaria, indem man am ersten Kreisverkehr die erste Straße nach rechts wählt. Sodann erreicht man einen weiteren Kreisverkehr, in dessen Mitte sich ein großer Supermarkt und angrenzend Tennisplätze, eine Tauchschule und zahlreiche Parkmöglichkeiten befinden. Nur ein paar Schritte entfernt, kann man im „Esquinzo Beach“, im „Club Jandía Princess“ oder im „Fuerteventura Princess“ nächtigen. Einige Meter weiter, unmittelbar neben der FV-20, bietet der „Club Magic Live“ weitere Übernachtungsmöglichkeiten an. Eine andere Straße, ebenfalls vom ersten Kreisverkehr nach der Abfahrt von der FV-2 abbiegend, führt, wie ausgeschildert, einzig zum Robinson Club Esquinzo Playa und der Clubanlage Marmara Fuerteventura.

Esquinzo: Der nördlichste Part von Esquinzo, der über die dritte im ersten Kreisverkehr abbiegende Straße FV-605 zu erreichen ist, ist etwas mehr auf Individualurlauber eingestellt. Dieses in nahezu quadratischer Form angelegte Areal oberhalb des Strandes beherbergt Ferienwohnungen, kleine Hotels, ein paar Geschäfte und Restaurants, wie das „Marabú“, das über die Grenzen von Esquinzo bekannt ist.

Gebadet, gesurft, relaxed und gesonnt wird an den unmittelbar an die Feriensiedlungen anschließenden hellen, rund 1,5 km langen Sandstränden *Playa de Butihondo* und *Playa de Esquinzo* mit Strandbar und Wassersportmöglichkeiten. Wer ohne Liege und Sonnenschirm nicht auskommt, leiht diese vor Ort gegen Gebühr. Bewegung verschafft man sich, in dem man bei Niedrigwasser am Meer bis nach Jandía läuft. Den Abend in Esquinzo und Butihondo verbringt man je nach Gusto beim Animationsprogramm im Hotel, in geselliger Runde in der Ferienwohnung, in einem der ortsansässigen Lokale oder man macht sich auf den kurzen Weg nach Jandía oder Morro Jable, um sich in einem der dortigen Restaurants oder Bars zu vergnügen.

Wanderung 14: Von Esquinzo nach Risco del Paso → S. 256
Sandige Tour an einem der schönsten Strände der Insel

Basis-Infos

Hin & Weg Der **Flughafen** ist 78 km entfernt, Fahrzeit mit Auto oder Taxi ca. 1 Std. **Sammeltransfer** mit dem Bus vom Flughafen bis nach Esquinzo Hin- und Rückfahrt ca. 28 €, buchbar beispielsweise unter ✆ 971-369992, www.shuttlefuerteventura.com.

Einkaufen **Mercadona Supermarkt**, Urlauber, die z. B. in Esquinzo ein Appartement gemietet haben, können im großen Supermarkt am Kreisverkehr im nahen Butihondo einkaufen. Mo–Sa 9–21.30 Uhr, So geschlossen. Calle Gran Canaria, 35626 Esquinzo.

Tauchen **Tauchcenter Ocean World** **6**, Tauchschule beim *Esquinzo Beach Hotel* am Kreisverkehr in Butihondo. Tauchgänge 9 und 14 Uhr. Tauchgang mit eigener Ausrüstung 33 €, mit Club-Ausrüstung 45 €. Kurs SSI Open Water Diver ab 15 Jahre 359 € plus Material. Auch Spezialkurse wie Nachttauchen oder Tieftauchen. Schnuppertauchen im Meer 74 €. So–Fr 9–12 und 14–18 Uhr, Sa geschlossen. Calle Gran Canaria 8, 35626 Esquinzo. ✆ 928-544327, www.tauchen-fuerteventura.com.

Tennis **Tennisschule Matchpoint** **8**, „Matchpoint Sports Canarias" betreibt zahlreiche Tennisschulen auf den Kanaren, vorwiegend auf Fuerteventura, auch die Sharky-Schwimmschule gehört zu dem von den Diplomsportlehrern und Tennislehrern Winfried Sobotta und Jiri Damm gegründeten Unternehmen. Hier in Esquinzo, am Kreisverkehr mit dem Supermarkt, stehen tennisbegeisterten Urlaubern drei Plätze zur Verfügung. Erwachsenenkurs: 1 Pers. 44 €/Std., 2 Pers. je 30 €/Std. Kurs für Kinder: 1 Kind 38 €/Std., 2 Kinder je 23 €/Std. Preise inkl. Trainer, Schläger, Platz und Bälle. Die Plätze können auch individuell für 14 €/Std. gemietet werden. Kontakt über Matchpoint Sports (auch online) oder über die nahen Hotels (Princess Hotels, Robinson Club und Allsun Hotel). Calle Gran Canaria 13, 35626 Esquinzo. ✆ 928-544307, www.matchpoint-world.de.

Übernachten

In Butihondo **Fuerteventura Princess Hotel** **9**, 472-Zimmer-Herberge in einer weitläufigen Gartenanlage, neben dem Hotel „Club Jandía Princess" und wie dieses mit 4 Sternen. Kein reines All-inclusive-Hotel, auch Übernachtung mit Frühstück möglich. Wie das Nachbarhotel mit direktem Zugang zum Strand von Butihondo. Neben den Annehmlichkeiten eines Hauses dieser Kategorie wie Poolanlage, Restaurants, Kinderclub und Fitness-Wellnessbereich verfügt das Fuerteventura Princess über eine in der Anlage abgetrennte exklusive Zone (mit zusätzlich 212 Zimmern), „Esencia de Fuerteventura" genannt. Für große und kleine Gäste stehen dort ein separater Pool, balinesische Betten, ein eigenes Restaurant und exquisite Zimmer zur Verfügung. DZ inkl. Frühstück ab ca. 85 €. Calle Gran Canaria 13. Urbanización Butihondo, 35626 Butihondo. ✆ 928-544136, www.princess-hotels.com.

Club Jandía Princess Hotel & Resort **7**, das 2012 komplett renovierte 4-Sterne-Haus empfängt mit einer in Weißtönen gehaltenen angenehm luftigen Lobby. Die 495 Zimmer sind in zehn weißen, höchstens dreistöckigen Gebäuden untergebracht. Die durch ihre insgesamt gelungene Architektur auffallende Anlage ist in zwei Bereiche eingeteilt. Zum einen das *Familienareal* mit

auf Kinder zugeschnittenen Räumlichkeiten, Miniclub, Kinderpool und der Farm Princess, wo die Kleinen allerlei Vierbeiner wie Schafe oder Kaninchen ins Herz schließen können. Die *Adult-Zone* ist für erwachsene Gäste reserviert und bietet u. a. einen Chill-out-Pool und einen Wellness- und Zen-Bereich. DZ all-inklusive ab ca. 166 €. Calle Gran Canaria 11, Urb. Butihondo, 35626 Butihondo. ✆ 928-544089, www.princess-hotels.com.

TUI Club Magic Life Fuerteventura **10**, die rund 100.000 m² große Anlage nahe der FV-2 verfügt über 668 Zimmer, davon gehören 59 zum „Private-Lodge-Bereich" mit exklusivem Panoramapool – für Urlauber ab 16 Jahre. Alle Zimmer wurden 2014 renoviert. Der Strand von Butihondo liegt quasi direkt vor der Tür. Vier Restaurants, sieben Pools, Kinderbetreuung, abwechslungsreiches Abendprogramm mit Shows und Partys, Sport- und Fitnessprogramm sowie täglich geführte Mountainbike- und Rennradtouren. Avenida de los Pueblos 1, Urb. Butihondo, 35626 Butihondo. ✆ 928-873600, www.magiclife.com.

In Esquinzo **Aparthotel Esquinzo/Monte del Mar** **1**, hinter dem Hotel Marina Playa, in zweiter Reihe liegende Unterkunft mit 150 Appartements, Poolbereich und Restaurant. 30 m²-Studio für 1–2 Pers. ab 50 €/Tag. Frühstück 7 €/Pers., Halbpension 12 €/Pers.

Blick vom Restaurant Marina Playa auf den Strand mit seinen „Steinburgen"

Über zahlreiche Veranstalter, aber auch individuell direkt über das Hotel buchbar. Calle Escanfraga 2, Urb. Esquinzo, 35626 Esquinzo. ✆ 928-544028, info@canariasturistica.eu.

Suitehotel Marina Playa, Monte Marina Naturist Resort, die schön über dem Meer gelegene Apartmentanlage der Familie Duffner bedient die unterschiedlichen Interessen der Gäste, die gern individuell und nicht nur bei den Reiseveranstaltern buchen. Ein Teil des mehrstöckigen Komplexes, besonders das *Monte Marina Naturist Resort*, ist reserviert für Anhänger von FKK. Die Apartments haben einen Küchenbereich und einen direkten Zugang zum nicht einsehbaren FKK-Pool und den Sonnenterrassen. Die rund 40 m² großen Apartments des *Suitehotel Marina Playa* sind weitgehend gleich ausgestattet. Teils mit Meerblick. Im angrenzenden Restaurant (→ Restaurant Marina Playa) wird das Frühstücksbuffet und Abendessen serviert. Die Rezeption für beide Unterkünfte findet sich im Marina Playa. Beheizbarer Meerwasser-Innenpool. Außenpools. Sauna.

Suitehotel Marina Playa 4: App./Suite bei Belegung mit 2 Pers. inkl. Frühstücksbüffet ab 92 €, bei mindestens 7 Übernachtungen. *Monte Marina Naturist Resort:* App. für 1–2 Pers. inkl. Saunanutzung ab 75 €, bei mind. 7 Übernachtungen. Belegung teils mit bis zu 4 Pers. möglich. Calle Volcán de Vayuyo 8, 35626 Esquinzo. ✆ 928-544052 (Fuerteventura) oder ✆ 07472-4303306 (Deutschland), www.montemarinaplaya.com.

Essen & Trinken

→ Karte S. 197

In Esquinzo **Marabu 5**, eines der wenigen besonderen Restaurants ist das von Eloisa und Ralf geführte und liebevoll hergerichtete Marabu. Betritt man das Restaurant, begibt man sich zuerst in einen wundervoll bepflanzten Garten, in dessen angenehmer Atmosphäre man ebenso angenehm speisen kann. Selbstverständlich gibt es auch einen schönen Innenbereich, sollte es einmal für ein Essen unter freiem Himmel zu kühl sein. Gegrillter Ziegenkäse *(Queso de Cabra)* mit Ingwer-Honig *(Miel y Gengibre)* 7 €, gegrillte Truthahnbrust *(Pechuga de Pavo)* auf Kürbis-Tomaten-Chutney mit Salat und Pommes *(Papas fritas)* 12 €, gebratenes Adlerfischfilet *(Filete de Corvina)* auf schwarzen Nudeln *(Tallarines negros)* 15 €, Knoblauchsüppchen *(Sopa de Ajos)* mit Röstbrot 3,50 €. Besonders an Wochenenden sollte man reservieren. Tägl.

13–23 Uhr, So Ruhetag. Calle Fuente de Hija, ✆ 928-544098, www.e-marabu.com.

Marina Playa **3**, oberhalb des Strandes von Esquinzo, zum Suitehotel Monte Marina Playa gehörendes Restaurant mit herrlichem Blick auf's Meer – nicht nur für Gäste des Hotels. Aussichtsterrasse. Frittierte Paprikaschoten mit Meersalz *(Pimientos de Padrón)* 7,20 €, Seezunge vom Grill *(Lenguado a la plancha)* an Knoblauchbutter 15,50 €. Frühstück 8–10 Uhr, Mittagskarte und Kuchen 13.30–16.30 Uhr, à la carte 18–21.30 Uhr, Fr Ruhetag. Vom Restaurant aus führt ein Weg direkt hinunter zum Strand. Calle Volcán de Vayuyo 8, ✆ 928-544052.

Safari-Bar **2**, nahe dem Suitehotel Monte Marina Playa, seit 1997 existierendes Lokal. Vor allem die ausgedehnte Terrasse mit Rattanmöbeln und Sonnenschirmen macht das „Safari" zu einer guten Adresse in Esquinzo. Das Interieur zeigt afrikanische Masken und Bilder. Der irische Inhaber setzt auf Übertragungen von Fußballspielen der 1. Bundesliga und abendliche Events mit Livemusik. Hauswein 0,5 l 4,50 €, Campari Orange 5,20 €, Caipirinha 6,80 €. Neben der reichen Getränkeauswahl kleine Snacks und Kuchen. Mo–Sa 10–1, So 14–1 Uhr. Esquinzo-Monte del Mar, ✆ 928-544030.

Umgebung von Esquinzo

Mirador de los Canarios: Um zu diesem abgelegenen, aber außergewöhnlich schönen Aussichtspunkt zu gelangen, braucht man ein Auto – oder ein Mountainbike samt guter Kondition. Fährt man von Esquinzo auf der sich neben der FV-2 entlangschlängelnden Landstraße gen Norden, erreicht man nach etwa 5 km, nachdem man die Schnellstraße unterquert hat, die aus wenigen Häusern bestehende Ansiedlung namens *Salmon*. Dort findet sich im Bereich einer Kurve eine Tankstelle mit Café.

An dieser Tankstelle führt links eine zunächst noch kurz asphaltierte, dann aber sandig-steinige Piste mehrere Kilometer hinauf Richtung Westküste. Am Ende der Strecke (knapp 6 km ab der Tankstelle) erreicht man den Mirador de los Canarios: ein großartiger Ort auf ca. 350 m Höhe, der eine grandiose Aussicht auf die Westküste mit der Playa de Barlovento, Cofete und der Villa Winter freigibt.

Die Inselverwaltung plant, hier oben ein großes Aussichtsgebäude zu errichten, das mit einer über dem Abgrund schwebenden gläsernen Plattform für Adrenalinkitzel sorgen soll. Das Bauwerk soll die Form einer Schnecke haben, wie sie der kanarische Künstler *Dámaso* im Barranco de los Canarios fand. Diese einzigartige Schneckenart inspirierte ihn dazu, ein ebenso geformtes architektonisches Kunstwerk an diesem ungewöhnlichen Aussichtspunkt zu planen.

Jandía

Jandía, fast ganz im Süden der gleichnamigen Halbinsel gelegen, ist neben Costa Calma das größte Ferienzentrum im Süden von Fuerteventura. Der Ort Jandía ist nicht viel mehr als eine parallel zur Küste erbaute Ansammlung von Hotels und Ferienapartments.

Dazu gesellen sich entlang der vierspurigen, meist zwischen Meer und Unterkünften verlaufenden, mit Palmen und Grünflächen verschönten Durchgangsstraße *Avenida del Saladar* zahllose Restaurants, Bars, Shops, Eisdielen und alle Arten von Geschäften, die für Touristen unverzichtbar zu sein scheinen.

Zu den ersten Touristen in der Region gehörte übrigens der frühere Berliner Bürgermeister und Bundeskanzler *Willi Brandt*, der 1972 hier Urlaub machte und sich

Der Süden → Karte S. 180/181

in dem warmen, trockenen Klima von einer Krankheit erholte. Der 1992 verstorbene Sozialdemokrat soll auf dieser Reise auch einen Teil seiner Regierungserklärung geschrieben haben. Brandt wohnte damals u. a. im Hotel Casa Atlantico, einem der ersten Hotels auf der Halbinsel, in der Nähe des kurze Zeit später eröffneten, weltweit ersten Robinson-Clubs. Damals gab es auf der Halbinsel nur Strand, Sand und wüstenähnliche Landschaft. Während das Casa Atlantico einem Einkaufszentrum weichen musste, gehört das Robinson-Hotelgebäude aus den 70ern noch heute zu dem Ferienclub. Zu Ehren von Willy Brandt, sozusagen einem der „Vorreiter" des Tourismus auf Fuerteventura, soll die Strandpromenade in Morro Jable künftig den Namen des weltweit bekannten Politikers tragen.

In den Jahrzehnten nach Willy Brandts Besuch entwickelte sich Jandía zu einem Urlaubsziel mit Annehmlichkeiten aller Art. Es gibt Souvenirläden mit den üblichen Andenken und Strandutensilien, Geschäfte mit hochpreisigen Markenartikeln von Armani und Kors bis Hilfiger & Co. Weiter südlich, fast am Übergang zu Morro Jable, breitet sich unterhalb der riesigen, terrassenförmig angelegten *Appartementanlage Palm Garden* eine halboffene Ladenzeile aus, mit weiteren Restaurants, Fotoläden, der Eisdiele „Chilli Chocolate" (hausgemachte Eissorten) und einem täglich geöffneten Supermarkt. Im weiter im Süden anschließenden *Cosmo Shopping Center* finden sich auch medizinische Praxen mit Notfalldienst. Kurz danach folgt ein großer Parkplatz, der Montag und Donnerstag als Marktplatz genutzt wird. Kurz: Jandía ist eine künstliche Urlaubswelt ohne gewachsene Altstadt oder Ortskern.

Nichtsdestotrotz ist Jandía ein sehr beliebtes Ziel von Reisenden aus ganz Europa, insbesondere von Deutschen. Absoluter Besuchermagnet und unbestritten eine Augenweide ist der kilometerlange, breite und feinsandige helle Strand von Jandía, die **Playa del Matorral**, die flach ins klare Wasser abfällt. Entlang des Strandes reihen sich in einheitlicher Architektur Beachbars, wie „Pasion Pirata" im nördlichen Bereich oder „El Faro" direkt am 60 m hohen Leuchtturm; weiter südlich warten die Bars „Heidi" und „El Rayon" auf Gäste.

Zwischen Meer und Hotels bzw. der durch Jandía führenden *Avenida del Saladar*, der Promenadenstraße, wurde eine breite, mehrspurige asphaltierte Strecke für Fußgänger, Jogger und Radfahrer geschaffen, die schon in den Morgenstunden gern zum Lauftraining genutzt wird. Die Strecke beginnt im Norden am Club Aldiana und endet nach knapp 3 km beim Robinson-Club am Strand. Fast über die gesamte Länge säumt diese Strecke ein breites, dichtbewachsenes Areal, das an den Strand angrenzt und regelmäßig vom Meerwasser überspült wird; es ist ein empfindliches Ökosystem mit salzliebender Vegetation, eine sogenannte Salzwiese, auch *Saladar de Jandía* genannt.

Hier wachsen vorwiegend *Salicornieta fruticosae*, sogenannte Queller-Pflanzen, aber auch das Gänsefußgewächs Balancón *(Traganum moquinii)*, das Desfontaines-Jochblatt *(Zygophillum fontanesii)* oder das Wurmförmige Salzkraut *(Salsola vermiculata)*. Noch vielfältiger zeigt sich die Tierwelt dieser Küstenzone. Wissenschaftler entdeckten hier 16 endemische, also nur hier vorkommende, wirbellose Tierarten. Bei den Reptilien fanden sich zwei endemische Arten: die Ostkanarische Eidechse *(Gallotia atlantica mahoratae)* und der Kanarische Mauergecko *(Tarentola angustimentalis)*, der auch auf Lanzarote heimisch ist. Vögel wie Seidenreiher *(Egretta garcetta)*, Löffelreiher *(Platalea leucordia)* oder der Seeregenpfeiffer *(Charadrius alexandrinus)* leben ebenfalls in dem Gebiet.

Um dieses Areal zu schützen, gelangt man nur auf Wegen und Holzstegen zum herrlichen Strand. Besucher sollten nur die ausgewiesenen Wege benutzen.

Der Sandstrand von Jandía sowie die gesamte üppig mit Sand gesegnete Halbinsel von Jandía samt der Landenge La Pared entstanden nicht, wie mitunter zu vernehmen ist, durch vom Wind herangetragenen Sahara-Sand. Der Sand sind schlicht die kalkigen Überreste von Muscheln, Schnecken oder Kalkalgen, die sich zunächst auf dem Meeresboden ablagerten und später vom Wind an Land geweht wurden. Das Wort „Jable", abgeleitet vom Französischen „Sable" (Sand), steht hier für aus Sand entstandene Landschaften – es ist ein nur auf Fuerteventura verwendeter Begriff (auf Spanisch heißt Sand „Arena").

Sehenswertes

Skulpturengruppe „Caminos": Auf einer Reise über Fuerteventura begegnet man immer wieder vor allem in der Mitte von Kreisverkehren Kunstwerken unterschiedlichster Ausprägung, Größe und Beschaffenheit. Nähert man sich Jandía auf der FV-2 von Norden, fällt am ersten Kreisverkehr, beim Club Aldiana, eine Gruppe aus Terrakotta-Kindern ins Auge, die in den Himmel blicken. Das von der Künstlerin *Lisbet Fernández Ramos* im Jahr 2007 geschaffene Werk versinnbildlicht die Suche nach dem eigenen Lebensweg, die jedem Individuum innewohnt. Auf dem runden Boden ihres Kunstwerkes erkennt man das Yin-Yang-Zeichen, das in der chinesischen Philosophie bekanntlich für die Gegensätze des Lebens steht. Nehmen Sie sich ein paar Minuten Zeit, gehen Sie auf die Insel des Kreisverkehrs und blicken Sie in die rund 30 Kindergesichter. Mehr Informationen zu Fernandez' Schaffen finden Sie unter www.lisbetfernandez.com.

Windspiel „Fobos": Ein anderes Kunstwerk erfreut die Vorbeifahrenden am Kreisverkehr nahe des Leuchtturms von Jandía. Hier bewegt die fast stetig wehende Brise aus Richtung Meer das mehrere Meter hohe imposante Windspiel, ein Werk

Die Skulpturengruppe „Caminos" der Künstlerin Lisbet Fernández Ramos

Der Süden → Karte S. 180/181

des weltbekannten Künstlers *César Manrique* aus Lanzarote. Die Rekonstruktion des Originalwerks, das zuvor an der nördlichen Zufahrt zur Costa Calma stand, kostete knapp 250.000 Euro.

Skelett eines Pottwals: von der Promenade aus nicht zu übersehendes Skelett eines stattlichen Pottwals *(Physeter macrocephalus)*. Das ungefähr 15 Meter lange und ursprünglich 16,5 Tonnen schwere erwachsene Tier aus der Familie der Zahnwale strandete 2004 an der Küste von Costa Calma in der Gemeinde Pájara. Das gigantische Säugetier kann bis zu 2000 Meter tief und über zwei Stunden lang tauchen; es ernährt sich von Tintenfischen und lebt das ganze Jahr über in den Gewässern rund um die Kanarischen Inseln, besonders häufig aber vor den Küsten Fuerteventuras. Die Todesursache dieses männlichen Wals war eine natürliche, heißt es.
Das auf einem Gestell befestigte Skelett findet man in der Nähe des Kreisverkehrs mit dem Windspiel von César Manrique.

Wanderung 15: Von Jandía auf den Pico de la Zarza → S. 258
Einzigartige Ausblicke auf Fuerteventuras höchstem Berg

Basis-Infos

Hin & Weg Bus: Die **Linie 1** fährt zwischen Puerto del Rosario und Morro Jable (über Antigua, Gran Tarajal, Costa Calma, teils auch über Triquivijate, Los Gorriones und Las Playitas). **Linie 4** fährt zwischen Pájara und Morro Jable (über La Pared, Costa Calma). **Linie 5** fährt zwischen Costa Calma und Morro Jable (über Playa Barca, Los Canarios). **Linie 10** verbindet Puerto del Rosario mit Morro Jable (über Flughafen, Caleta de Fuste, Gran Tarajal, La Lajita, Costa Calma).

Der **Flughafen** ist 88 km entfernt. Sammeltransfer mit dem Bus nach Jandía Hin- und Rückfahrt ca. 28 €, buchbar z. B. über ✆ 971-369992, www.shuttlefuerteventura.com. Fahrzeit mit dem Auto von dort ca. 1½ Std.

Apotheke Apotheken finden sich entlang der Durchgangsstraße, z. B. am Cosmo Shopping Center (Mo–Sa und Feiertage 9–21 Uhr) mit einer Liste von Notfallapotheken.

Arzt **Deutsche Gemeinschaftspraxis Dr. V. C. Horst**, tägl., auch an Sonn- und Feiertagen 9–12 und 17–20 Uhr. Avenida del Saladar, Shopping Center Faro Atlantica, ✆ 928-540758.

Medizinisches Zentrum Dr. Ever Grillo, das Team spricht Deutsch und andere Sprachen. Allgemeinmedizin, Hausbesuche, digitale Radiologie, Notfalldienst rund um die Uhr. Nach Abrechnungsmöglichkeiten über der Krankenkasse fragen. Im Shopping-Center Cosmo, Avenida del Saladar, C. C. Cosmo, Parcela 7, ✆ 928-542402.

Zahnarztpraxis Beate Karoline Pelka, Mo–Sa 9–13, Mo und Do 17–20 Uhr. Avenida del Saladar, Shopping Center Faro Atlantica, ✆ 928-541799.

Taxi Mehrere Stände *(Taxis de Pájara)* mit Preistafel entlang der Durchgangsstraße. Preisbeispiele ab Casa Atlantica: nach Esquinzo 7 €, Costa Calma 24 €, Flughafen 96 €. ✆ 928-541257.

Aktivitäten

→ Karte S. 210/211

Auto-/Fahrradvermietung **Ariza**, die Autovermietung im Shoppingcenter Ventura vermietet auch Motorräder (Harley Davidson u. a.) und Fahrräder, bietet Exkursionen/Ausflüge an und organisiert Flughafen-Transfers. Pkw ab 31 €/Tag, Fahrrad 10 €. Mo–So 8–13 und 17–20 Uhr. C. C. Ventura, L B 16, ✆ 928-871830 und ✆ 619-745120.

Autos Victoria, Leihwagen aller Kategorien vom Cabrio und Jeep bis zum Minibus. Fiat Panda 25 €/Tag, 144 €/Woche. Geländewagen Suzuki Jimny 60 €/Tag, 310 €/Woche.

Leihwagen wird zum Hotel gebracht. Auch So und Feiertage geöffnet. Avenida del Saladar 15, ✆ 928-541049.

Einkaufen **Rüdis Hodge Podge Boutique**, etablierter, von Rüdiger und seiner Frau Uli geführter Kleiderladen zwischen zahlreichen Souvenirläden; hauptsächlich sportliche und trendige Kleidung bekannter Marken. Exklusiv in Jandía gibt es die T-Shirts des Red-Shark-Labels oder des Tortuga-Boba-Labels. Zudem im Portfolio Stücke von Timezone und Banana Moon, Schmuck und modische Accessoires. Wem es mal zu windig ist, kann seinen sturmumtosten Kopf mit einer von Uli handgehäkelten Mütze, einer *Ganchillo*, schützen – jedes Stück ein Unikat. Rüdiger und Uli, die sich für den Schutz der Schildkröten einsetzen und deshalb oft im Schildkrötenzentrum in Morro Jable unterwegs sind, leben seit Jahrzehnten auf der Insel. Das Hodge Podge (umgangssprachlich für „Durcheinander") betreiben die beiden schon seit dem Jahr 2000. In dem keineswegs unordentlichen Laden berät der aus dem Schwäbischen stammende Rüdiger seine Kundschaft kompetent und gibt Stammgästen wie Neukunden bei einem Plausch gute Tipps für die Urlaubsgestaltung. Mo–So 10–21 Uhr. Avenida del Saladar, C. C. Playa Paraiso, Local 4. ✆ 928-542381, www.ruedis-hodge-podge.com.

The Mint Company, exklusives Modegeschäft für Männer und Frauen. Die Company unterhält nur Geschäfte auf den Kanarischen Inseln, drei davon gibt es auf Fuerteventura – ausschließlich in Jandía. U. a. finden sich hier die Marken Michael Kors, Marc Jacobs, Hackett, Tommy Hilfiger und DKNY. Mo–So 10.15–22 Uhr. Avenida del Saladar, Bajos Hotel Buganvilla, Parcela S 2. ✆ 928-140998.

Einkaufszentrum Ventura, im Norden von Jandía, direkt am Kreisverkehr und der Durchgangsstraße, bei den beiden Barceló-Hotels Jandía Playa und Jandía Mar. Das in offener Architektur gestaltete Shopping Center vereint zahlreiche einzelne Läden; u. a. gibt es dort einen Supermarkt, Autovermietung, Modegeschäfte, Parfümerie, Souvenirgeschäft und die Cafeteria Ventura. Supermarkt Mo–Sa 8–21 und So 8–13 Uhr.

Fahrrad/Trike **Volcano Bike**, der Laden im Club Aldiana verleiht Mountain- und Citybikes, Rennräder und Kinderräder. MTB/Citybike ab 15 €/Tag, Rennrad ab 30 €.

Das Windspiel „Fobos" des weltbekannten Künstlers César Manrique

Im Preis enthalten sind Helm, Minipumpe, Ersatzschlauch, Reifenheber, Radschloss. Das freundliche und kompetente Team organisiert auch geführte Touren, ab 49 €/Pers. inkl. Transfer, Fahrrad, Getränke. Angeboten werden zudem 7-Tage-Bikecamps inkl. Übernachtungen, Touren und Bike. Tägl. 8.30–12.30 und 15.30–18.30 Uhr, Sa geschlossen. Onlinereservierung möglich. Playa de Jandía, Calle Melindraga. Hotline für Anfragen und Reservierung tägl. 9–12 und 16–19 Uhr unter ✆ 639-738743.

Weitere Station von Volcano Bike in Costa Calma im Hotel Barlovento. www.volcano-bike.com.

XtremeCar Rental, die seit vielen Jahren bestehende Agentur hat sich auf Touren mit Trikes, Buggys und Quads spezialisiert. Die „klassische" Trike-Tour in kleiner Gruppe ist etwa 160 km lang und dauert ca. 6 Stunden. Die Gruppe fährt an die Westküste, in die Berge, besucht das Dorf Ajuy und

Der Süden → Karte S. 180/181

das Inselinnere. Die Trikes sind für bis zu 3 Personen geeignet, der Fahrer benötigt einen Pkw-Führerschein. Trike 170 €/Tag. Kostenlose Abholung aus zahlreichen Orten. Vermietet werden auch Motorräder, Scooter und Fahrräder. Mo–Fr 9.30–12.30 und 17–19, Sa 9.30–12.30. Im Shoppingcenter Cosmo an der Avenida del Saladar.

Weiterer Laden von XtremeCar in Costa Calma im Hotel Sunrise Taro Beach. Hotline tägl. 9–21 Uhr unter ✆ 928-875630, www.xtreme-car-rental.com und www.fuerte-trike.com.

Fußball **FUBADU, Fußballschule für Kinder**, in Zusammenarbeit mit dem Club Aldiana werden in den Schulferien mehrtägige Camps für Mädchen und Jungs zwischen 6 und 14 Jahren organisiert. 5-tägiges Camp 89 € pro Kind. Bardino 2, Casa Atlantica A 235, ✆ 620-043877, t.lewan@hotmail.de, www.fubadu.es.

Golf **Jandía Golf**, langgestreckter 18-Loch-Golfplatz wenige hundert Meter im Hinterland, quasi am Fuß des *Pico de la Zarza*, dem höchsten Berg Fuerteventuras. Von der von Ron Kirby geplanten Anlage, die 2014 eröffnet wurde, blickt man auf den Strand und den Leuchtturm von Jandía. Der Par-72-Platz mit über 5 km langem Kurs wartet zusätzlich mit einem Übungsplatz und einem Putting- und Chipping-Green auf. Verleih von Golf-Equipment. Kurse für Anfänger und Fortgeschrittene. Greenfee 56 €. Cafeteria/Bar vorhanden. Barranco Vinamar, ✆ 928-871979, www.jandiagolf.com.

Surfen **Surfers Island**, seit 1985 bestehende Kite- und Surfschule am Strand, unterhalb des Hotels Aldiana **1**. Freundliche und kompetente Betreuung, große Auswahl an Equipment. VDWS-lizensierte Trainer (Verband Deutscher Windsurfing- und Wassersportschulen). Kite-Einsteiger-Kurs 1 Tag/4 Std. 165 €, 2 Tage/7 Std. 279 €, inkl. Neoprenanzug, Trapez, Prallschutz-Weste, Helm und Transfer vom Hotel zum Spot. Zudem im Kurs-Angebot: Katamaran-Segeln, Wellenreiten, Windsurfen. Training auch in 1-wöchigen Camps möglich. Tägl. 9–18 Uhr. Calle Melindraga 2, ✆ 928-166349, www.surfers-island.de.

Tauchen **Tauchschule Werner Lau**, mit Tauchbasis auf dem Gelände des Aldiana Clubs in Jandía. Im Angebot sind unterschiedlichste Dive-Kurse sowie die Möglichkeit, das Freitauchen zu lernen. Try Freediving (inkl. Ausrüstung) 60 €. IAC/SSI/PADI Scuba Diver-Kurs 250 €. Sämtliches Equipment kann ausgeliehen werden. Tauchbasis Aldiana, Jandía. ✆ 928-542107 und ✆ 649-224826, www.wernerlau.com.

Übernachten

→ Karte S. 210/211

»› Mein Tipp: Hotel Ocean World 4, individuell geführtes 17-Zimmer-Haus, abseits von Strand und Trubel in einem ruhigen Wohnviertel. 6 Zimmer für 1–2 Pers., 11 Zimmer für bis zu 4 Pers.; fast alle mit Balkon oder Terrasse, alle sind hell und freundlich eingerichtet. Frühstück, Mittag- und Abendessen möglich. Die Betreiber bieten mit verschiedenen Kooperationspartnern auch Tauch-, Surf- und Enduro-Touren an. DZ inkl. Frühstück ab 70 €. Auch Urlaubspakete (Kurs und Übernachtung) sind buchbar. Im *Restaurant* mit Terrasse am Pool werden mediterrane Speisen serviert. Bar. Seezunge mit Knoblauch-Kapernbutter 11 €, scharfe Nudeln mit Paprika 8 €, Bier vom Fass 0,2 l 1,50 €. Restaurant 18–22 Uhr, Mo Ruhetag. Calle Flamenco 2, ✆ 928-540324, www.oceanworld-hotels.com. «‹

Appartements Villas Altamarena 20, Ferienanlage oberhalb des Strands mit direktem Zugang zu diesem und herrlichem Meerblick von der Unterkunft; zu Fuß nur wenige Minuten nach Morro Jable. Neun geräumige Bungalows mit Küche und Terrasse. Die Pools und das Restaurant des benachbarten IFA Altamarena Hotels können mitbenutzt werden. Frühstück, Halbpension oder All-inclusive möglich. Übernachtung im Bungalow (ab 2 Pers.) ab ca. 125 €. Avenida del Saladar 28, ✆ 928-540430, www.ifahotels.com.

Hotel Barceló Jandía Mar 2, familienfreundliches Vier-Sterne-Haus mit 440 Zimmern und Suiten nahe des Strands von Jandía, etwas oberhalb. Die Unterkünfte, die weitläufige Poollandschaft, der Spa- und Fitness-Bereich verteilen sich auf einer Fläche von 50.000 m². Kinder können seit 2016 im renovierten „Barcy-Club" spielen oder an einem der Animationsprogramme teilnehmen. Spaß bringt auch der „Pirates Island Wasserpark" mit Pools, Surfanlage und großem Piratenschiff, der 2016 eröffnet wurde. Kostenlose Angebote von Zaubern, Malen, Tanzen bis Theaterspielen. DZ all-inclusive ab 100 €. Calle Playa del Jable, ☏ 928-546500, www.barcelo.com.

Aparthotel Alameda de Jandía 14, Anlage mit drei dreistöckigen Gebäuden mit 261 Apartments. Zum Strand von Jandía sind es wenige hundert Meter, Morro Jable ist gut 1 km entfernt. Für die Gäste stehen ein Restaurant mit Terrassenbereich, eine Bar, Süßwasserpool und ein separates Kinderbecken zur Verfügung. Apt. für 2 Pers. mit 1 Schlafzimmer ab 54 €. Calle Bentejui 4. ☏ 928-541267 und ☏ 928-541528, www.alamedadejandia.com.

Iberostar Playa Gaviotas 3, 4-Sterne-Hotel mit 355 Zimmern am Nordende des Strands von Jandía. Besonders schön sind die Zimmer mit direktem Meerblick. Wer sich im „Star-Prestige-Bereich" einbucht (für Gäste ab 16 Jahren), schläft in komfortablen Zimmern mit Blick auf den Strand und erhält Zugang zu einer schönen Sonnenterrasse mit kleinem Pool und freiem Blick über das Meer. Für Kinder und Jugendliche gibt's ein breites Angebot an Aktivitäten. Miniclub (4–12 J.), Spabereich mit Whirlpool, Fitnessraum, Squash, Bowling. Disco. DZ all-inclusive ab ca. 200 €. Urbanización Las Gaviotas, Pasaje Playa 3. ☏ 928-166197, www.iberostar.com.

Hotel Faro Jandía 22, das 4-Sterne-Hotel mit seinen 214 Zimmern betritt man über die Promenadenstraße, es ist also nur wenige Schritte vom weiten Sandstrand entfernt. Die Unterkünfte bieten eine Terrasse mit Meer- oder Poolblick. Minigolf, Flutlicht-Tennisplätze mit Quarzsand, Fitnessraum, Wellnessbereich mit Whirlpool, Sauna, Dampfbad. Beheizbare Poollandschaft mit separatem Kinderbecken. Animation und Abendprogramm. DZ/HP ab 140 €. Avenida del Saladar 17. ☏ 928-545035, www.murhotels.com.

Der kilometerlange Strand von Jandía ist selten überlaufen

Essen & Trinken

→ Karte S. 210/211

An der Avenida del Saladar reihen sich die Restaurants mit Spezialitäten aus den Küchen dieser Welt. Die Beachbars am Strand von Jandía offerieren ein ähnliches Angebot. Die *Beachbar El Rayon* im südlichen Teil serviert z. B. Thunfischfilet für 11,65 €, Krabben in Knoblauchöl (10,50 €) oder Sardinen (8,90 €).

Taberuga Restaurant Pizzeria 16, ab vom Trubel, im 1. Stock des Shopping-Center Atlantic; große Terrasse und schöner Blick auf Meer und Leuchtturm. Ein Schild an der Promenade weist hinauf zu dem Italiener, der leckere Pizza und andere Spezialitäten, auch aus Fuerteventura, serviert. Dünn geschnittenes Rindfleisch mit Thunfischsoße *(Vitelo Tonato)* 10 €, Pizza Diavola 8 €, Tagliatelle mit Ragout vom Zicklein 11 €. Tägl. 12–24 Uhr. Cerrado el miercoles, Avenida del Saladar, C. C. Atlantica. ☏ 928-166600.

Eisdealer 24, an der Promenade, eine mächtige Eistüte weist den Weg; rund ein Dutzend Tische und sehr gelungene Eissorten (Kugel 1,20 €). Außerdem im Angebot: hausgemachte Limonade (3,50 €), Kuchen und Milchshakes. Avenida del Saladar 20, ☏ 928-540080.

Café/Bäckerei El Rincon de Abu 17, in zweiter Reihe hinter der Promenade, im Schatten einer Espritfiliale. Hier gibt es süße Leckereien, frisches Brot, Kaffee, belegte Brötchen und Kuchen. Kinder können sich in der Spielecke vergnügen. Tägl. 8–15 und 18–21.30, Sa 8–15 Uhr, So Ruhetag. Casa Atlantica Local 10.

Der Süden → Karte S. 180/181

Touristischer Hafenort Morro Jable, im Hintergrund der Leuchtturm von Jandía

Morro Jable

Morro Jable, ganz im Süden der Halbinsel Jandía, hat sich das Flair eines charmanten Hafenorts weitgehend bewahrt. Vor nicht allzu langer Zeit machte sich hier noch eine Handvoll ärmliche Fischerhäuser breit. Heute, 60 Jahre später, ist die zur Gemeinde Pájara gehörende Ansiedlung mit ihren knapp 8000 Einwohnern fest in touristischer Hand.

Fußgängerzone, Strandpromenade, die Wohnviertel und der etwas abgelegene Hafen strahlen eine natürliche kleinstädtische Lebendigkeit aus, die Jandía mit seiner Ballung von Hotelkomplexen, Appartementanlagen, Restaurants und Souvenirgeschäften vermissen lässt.

An Morro Jables Strandpromenade, die fast nahtlos in das nördliche Jandía übergeht, stehen die Restaurants, Bars, Cafés zwar auch dicht an dicht, und Touristen tummeln sich in großer Zahl. Doch die Aussicht auf Meer und feinsandigen Strand entspannt und die Atmosphäre ist sympathisch. Im Ort selbst, in der 2012 angelegten breiten *Fußgängerzone*, geht es dann deutlich ruhiger zu, die Zahl an Einheimischen steigt unverkennbar. Manch ein Bewohner sitzt hier im Straßencafé und plaudert, bucht im Reisebüro einen Flug nach Lissabon oder bestellt eine Torte für die Hochzeit. Die Fußgängerzone hat das Stadtbild deutlich aufgewertet und die Lebensqualität im Vergleich zu früher erhöht, als hier Auto an Auto parkte und sich die Wagen durch die engen Gassen quetschten.

Ein *Spaziergang zum Hafen* sollte ebenfalls auf dem Programm stehen. Am besten man nimmt den Treppenweg hinauf Richtung neue, große *Kirche Nuestra Señora del Carmen*. Auf dem Weg gibt es ein paar dutzend Meter oberhalb der Promenade schöne Aussichtspunkte über den Atlantik, auf den endlosen Strand und bis hin zum Leuchtturm von Jandía.

Durch ein Wohngebiet mit Ferienappartements geht es der Beschilderung folgend später wieder hinab zum in den 1980ern großzügig angelegten Hafen, in dem zwar neben Fischerbooten und Fähren einige Jachten und Motorboote ankern, jedoch keine besonders charmante Atmosphäre herrscht. Auch wenn meist nicht gerade Hochbetrieb herrscht, kann man hier den Arbeitsalltag beobachten; täglich machen noch ein paar Fischer an der Kaimauer fest, verkaufen vom Papageienfisch bis zur Moräne ihren Tagesfang direkt vom Boot, hier schippern die Fähren zu den benachbarten Inseln. Im Hafenrestaurant der Fischereigenossenschaft „Cofradía de Pescadores" kommt garantiert frischer Fisch auf den Teller – allein der Besuch dieses Lokals lohnt den Fußmarsch hierher.

Tatort Morro Jable

Wer Impressionen von Morro Jable und Fuerteventura aus den 90er Jahren tanken möchte, kann sich den „Tatort" *Tod einer alten Frau* aus dem Jahr 1993 zu Gemüte führen. Da schlendert der Berliner Schauspieler Günter Lamprecht im zweiten Teil des Films als Kommissar Franz Markowitz durch die Gassen, trotz Hitze mit einem Trenchcoat bekleidet. Beim Spaziergang mit Hund Murphy schweift sein Blick über den leeren Strand von Morro Jable bis hin zum Leuchtturm von Jandía.

Kein Mensch weit und breit. Nur Sand, das Meer und ein paar weiße Häuser. Hier und da eine Hotel- und Appartementanlage. Von einer bis Jandía ausgebauten Uferpromenade mit Restaurants und Cafés keine Spur. Morro Jable erweckt in den 90ern den Eindruck eines verschlafenen Dorfs. Schlussendlich macht Markowitz die böse Mörderin gottlob dingfest und tritt die Heimreise nach Deutschland an – im Trenchcoat.

Sehenswertes

Ermita de San Miguel: Die inmitten von Hotelanlagen an der Avenida de Jandía stehende weißstrahlende Kapelle mit ihrem großen, freien Vorplatz stammt aus dem Jahre 1948, wie die Aufschrift neben dem Eingangsportal verrät. Der hübsche, dem Erzengel St. Michael geweihte Bau wird heute von der „Evangelischen Kirche in Deutschland" für Gottesdienste der deutschen Gemeinde genutzt und für öffentliche, einmal pro Woche stattfindende Chorproben für „alle Menschen, die gerne singen".

Ökumenische Sonntagsgottesdienste auf Deutsch um 13 Uhr (außer im Juli & Aug.). Chorprobe jeden Do 16.30 Uhr. Hin und wieder gibt es einen ökumen. Gottesdienst zusammen mit der katholischen Gemeinde in Morro Jable in der großen Kirche Nuestra Señora del Carmen. Aktuelle Infos im Schaukasten an der Kapelle.

Kunstwerke im Stadtbild: Um das Stadtbild aufzufrischen und attraktiver zu gestalten, wurden in den letzten Jahren neben der Schaffung von Wandgemälden und historischen Fotografien einige lebensgroße Statuen von geachteten Persönlichkeiten im Bereich der neuen Fußgängerzone aufgestellt. So trifft man etwas zurückversetzt von der Uferpromenade auf einen stirnrunzelnden Mann mit Stock und Hut. Es ist *Cirilo López Umpiérrez*, der Morro Jable 1899 gegründet haben soll, nachdem er vor dem Kubanischen Unabhängigkeitskrieg geflohen war.

Eine weitere bronzene Statue zieht auf der autofreien Calle Nuestra Señora del Carmen die Blicke auf sich. Hier sitzt *Andrés Hierro Hernandez*, besser bekannt als *El*

Der Süden → Karte S. 180/181

Rubio, rücklings auf einem Stuhl. El Rubio erblickte am 4. Februar 1910 in Morro Jable das Licht der Welt. Die See, das Fischen und das Segeln wurden seine Leidenschaft. Dieses Wissen und Können nutzte er als Erwachsener, um Lebensmittel und Waren von Gran Tarajal oder von Lanzarote nach Morro Jable zu transportieren, da es hier damals kaum etwas zu kaufen gab. Schlussendlich eröffnete er in seinem Geburtsort zusammen mit seiner Frau Asuncion den ersten Dorfladen. Rubio wurde älter und älter, saß oft vor seinem Laden rücklings auf dem Stuhl und beobachtete das Treiben. Diese Szene verewigte der Bildhauer *Rafael Gómez González* in seiner „Rubio"-Skulptur.

Währenddessen steht rauchend und siegelringtragend *Matias Marrero Acosta* nahe der Strandpromenade. Acosta gilt als Pionier des Transportwesens in Morro Jable, sein bronzenes Ebenbild ist eine weitere Arbeit des kubanischen Bildhauers Rafael Gómez González.

Wanderung 16: Vom Gran Valle nach Cofete → S. 262
Wunderschöne Tour durch das Gran Valle ins abgelegene Dorf Cofete

Basis-Infos

→ Karte S. 210/211

Hin & Weg **Bus**: Die **Linie 4** fährt zwischen Pájara und Morro Jable (über La Pared, Costa Calma). **Linie 5** verbindet Costa Calma und Morro Jable (über Playa Barca, Los Canarios). **Linie 9** fährt zwischen Pájara und Morro Jable (über Toto, Tuineje, Gran Tarajal, Costa Calma). **Linie 10** fährt zwischen Puerto del Rosario und Morro Jable (über Flughafen, Caleta de Fuste, Gran Tarajal, La Lajita, Costa Calma).

Neuer Busbahnhof: 2015 eröffnete nahe dem Gesundheitszentrum am Barranco del Ciervo der fast zwei Millionen Euro teure riesige neue Busbahnhof der Stadt: mit 16 Bussteigen, Informationsbüro, Cafeteria sowie einer Bühne auf dem Dach des Komplexes – ein Ort für kulturelle Veranstaltungen. Hier am Busbahnhof startet übrigens auch der Geländewagenbus in den abgelegenen Süden nach *Punta de Jandía* und *Cofete*. Calle Góngora beim Gesundheitszentrum *(Centro de Salud von Morro Jable)*. ✆ 928-540446.

Geländewagenbus nach Cofete ab Busbahnhof Morro Jable (Estación de Guagas) tägl. 10 und 14 Uhr. Rückfahrt ab Playa de Cofete tägl. 12.45 und 16.45 Uhr. Einfache Strecke 8,70 €.

Der **Flughafen** ist 85 km entfernt. Fahrzeit mit Auto oder Taxi ca. 75 Min. nach Morro Jable.

Sammeltransfer vom Flughafen mit Bus nach Morro Jable, Hin-/Rückfahrt ca. 28 €. ✆ 971-369992, www.shuttlefuerteventura.com.

Baden **Morro Jable**: Der flache Ortsstrand mit seiner mit Restaurants, Bars und Eisdielen bestückten Promenade ist bei Urlaubern beliebt. Das Wasser ist türkisblau, kristallklar und geht flach ins Meer hinein. Ideal für einen Strandtag mit Kindern. Die Restaurants und Bars bieten oft einen herrlichen Blick auf Strand und Meer.

Playa del Matorral: Der weitläufige Sandstrand erstreckt sich vom benachbarten Jandía Playa bis nach Morro Jable. Vielfach schon wurde der Matorral-Strand mit der Blauen Flagge ausgezeichnet, dem Zeichen für beste Strand- und Wasserqualität. Weit und einladend schmiegt sich der Sandstrand an die Küste von Morro Jable bis hin zur nördlichen Landspitze, auf der sich der Club Aldiana Fuerteventura befindet.

Einkaufen **Golosinas Deliciosas** **8**, gut sortierter Süßwarenladen in der Fußgängerzone, der zusätzlich Spielzeug wie Puppen und Stofftiere verkauft. Im Portfolio sind bunte Lutscher, Bonbons und alles, was

Aufzuchtstation für Meeresschildkröten

Das Zentrum zum Schutz und zur Aufzucht von Meeresschildkröten in Morro Jable hat sich zur Aufgabe gemacht, die Tiere, die mehr als 100 Jahre alt werden können, auf Fuerteventura wieder heimisch zu machen sowie verletzten und kranken Tieren zu helfen.

Im Atlantik rund um die Kanarischen Inseln leben vier Arten von insgesamt nur sieben auf der Welt existierenden Meeresschildkröten. Dazu gehören die *Unechte Karettschildkröte,* die *Echte Karettschildkröte,* die *Grüne Meeresschildkröte* und die *Lederschildkröte,* die größte Schildkrötenart. In zwei der Wasserbecken in Morro Jable werden etwa neun Jahre alte, weibliche, rund 70 kg schwere Unechte Karettschildkröten gehalten, aufgezogen und ihr Verhalten wissenschaftlich erforscht.

Um die stark gefährdeten Schildkröten auf Fuerteventura wieder anzusiedeln, vergrub man 2006 erstmals hunderte von den Kapverden stammende Eier am Strand von Cofete. Von 2006 bis 2010 wurden so im Rahmen dieses Aufzuchtprogramms etwa 4000 Eier an der Westküste „verbuddelt". Die geschlüpften Winzlinge werden bis heute in die Station in Morro Jable gebracht, damit sie dort ihre erste Lebenszeit in Sicherheit verbringen können. Später werden sie individuell markiert in die Freiheit entlassen, in der Hoffnung, dass die nach rund acht bis 15 Jahren geschlechtsreifen Tiere wie üblich wieder an ihren Geburtsstrand zurückkehren, um dort ihre Eier abzulegen.

2016 war es tatsächlich soweit: Die Forscher und Mitarbeiter der Aufzuchtstation entdeckten die ersten Schildkröten, die 2006 in Cofete geschlüpft waren. Die Rückkehrerinnen legen jeweils bis zu 100 Eier in ein 60 bis 70 cm tiefes Loch am Strand, bedecken ihre Brut sorgfältig mit Sand und verschwinden dann wieder in der Weite des Meeres.

Unechte Karettschildkröte

Da die wenigen Mitarbeiter der Forschungsstation nicht immer am Strand präsent sein können, um ankommende, Eier legende oder gar frisch geschlüpfte Tiere registrieren und untersuchen zu können, sind sie auf die Mithilfe von Touristen und Einheimischen angewiesen. Auf Plakaten wird genau erläutert, was man tun bzw. nicht tun sollte, wenn man auf eine Meeresschildkröte oder ihre Abdrücke im Sand stößt. Es wird empfohlen, die Aufzuchtstation oder die lokalen Behörden zu benachrichtigen, gegebenenfalls wählt man die 112. Auf keinen Fall sollte man ein Tier anfassen, sich ihm in den Weg stellen oder es mit Blitzlicht fotografieren. Am besten bewahrt man einen Abstand von fünf Metern, folgt dem Tier langsam und bleibt hinter ihm.

In der Aufzuchtstation im Hafen erfährt man auf vielen Infotafeln Wissenswertes über das Projekt und die schützenswerten Tiere. Die Mitnahme von Meeresschildkröten ist nicht erlaubt. Mo–Fr 10–13 Uhr. Aufzuchtstation: ✆ 928-533602 und ✆ 928-861115.

Nachkatzen Freude bereitet. Auf Wunsch werden Kuchen und Torten für spezielle Anlässe wie Hochzeiten und Geburtstage gebacken. Mo–Sa 9–13.30 und 17–21.30, So 11–14 und 18–21 Uhr. Calle Diputado Velázquez Cabrera 28, ✆ 619-811847.

Micky la diferencia 13, Laden am Anfang der Fußgängerzone mit umfangreichem und ansprechendem Sortiment an Schmuck (UNO de 50 etc.) und Dekoartikeln. Sonnenhüte, Gürtel und manch anderes schönes Stück findet sich beim Stöbern. Mo–Sa 10–13.30 und 17–21 Uhr. Calle Estrella de Mar 2, ✆ 928-541436.

Fiesta Juli: Eine Besonderheit des Ortes ist das alljährliche Fest der Katholiken im Juli. Es heißt *Nuestra Señora del Carmen* und ist der Schutzheiligen der Fischer gewidmet. Die beeindruckende Fiesta zieht sich über zehn Tage und ebenso viele Nächte. Es finden Umzüge, Schauspiele und Tänze statt.

Übernachten

››› Mein Tipp: **Hotel Alta Vista 10**, mitten in Morro Jable, neben der neuen Kirche am Berg. 15 schöne große Zimmer und Apartments mit Küche, teils mit Balkon und Meerblick. Dachterrasse mit Liegen. Sehr gutes Preis-/Leistungsverhältnis. Apt. mit Balkon für 2 Pers. 60 €, ohne Balkon 50 €, jeweils ohne Frühstück. Calle Abubilla 8. ✆ 928-540164 und ✆ 608-847943, www.altavistafuerteventura.com. ‹‹‹

XQ El Palacete 15, komfortables 4-Sterne-Hotel mit 54 Zimmern auf zwei Etagen, direkt unterhalb der Kapelle am Strand, der über einige Stufen schnell erreicht ist. Vom Poolbereich mit Bar und allen Zimmern freier, schöner Blick auf das Meer. DZ inkl. Frühstück ab 200 €. Calle Acantilado S/N. ✆ 928-542070, www.xqhotels.com.

Apartamentos Igramar 12, überschaubare, nicht ganz neue Anlage, nur ca. 50 m bis zum Strand, mit 39 großzügigen Apartments und Studios mit Küche, teils auf zwei Etagen. Familienfreundlich. Unterkünfte mit Meer- oder Poolblick. Kinderpool. Gute Einkaufsmöglichkeiten in der Nähe. Garage. Calle Peatonal Las Gaviotas 3. ✆ 928-166423, www.igramarmorrojable.com.

Apartamentos Alberto 6, sehr schön am Berg gelegene ruhige Unterkunft mit 6 Apartments (bis 4 Pers.) und mit Fernsicht über den Ort und das Meer. Apt. 80 m² für 2 Pers. 75 €. Apt. 40 m² für 2 Pers. 65 €, Kind bis 10 J. 5 €, Haustier 10 €. Calle Mafasca 16, 35625 Morro Jable. ✆ 928-545109 und ✆ 696-438074, www.aptos-alberto.com.

Essen & Trinken

››› Mein Tipp: **Bar Bodega de la Jandía** 9, Ramon, der freundliche Chef, und sein angenehmes Team kredenzen den Gästen feine Tapas und guten Wein. Die seit 2014 bestehende Lokalität wertet die neue Einkaufszone rund um die Calle Diputado Velazquez und Calle del Carmen auf. Das Ambiente ist urig, geschmackvoll mit Holzmöbeln, die Wände zieren Zeichnungen und Bilder rund ums Fischerleben. Ein paar Tische im Freien. Datteln mit Bacon 1 €, Camembert mit Blaubeermarmelade 4 €, gebratener Fisch mit Pommes 8 €, Flasche Hauswein 12,50 €. Tägl. 12–15.30 und 18–23 Uhr. Calle Diputado Velazquez 4, ✆ 663-417973. ‹‹‹

Piccola Italia 5, viele Gäste kommen auf Empfehlung hierher, denn die Pizzeria liegt etwas abseits der Uferpromenade an einer der beiden verkehrsberuhigten Hauptstraßen von Morro Jable. Doch der kurze Weg vom Strand lohnt, die Teigfladen von Pizzero Alexandro aus Sizilien sind köstlich. Er und

Der Süden → Karte S. 180/181

sein Bruder betreiben das Lokal seit 1996. Pizza Margherita 5 €, Pizza Siciliana mit Sardellen, Oliven, Kapern 8 €, Risotto ab 8 €, Pasta Frutti di Mare 9,75 €. Tägl. 13–16 und 19–24 Uhr. Calle del Carmen 19, ✆ 928-541258.

Bar Cafeteria San Francisco 7, großes Lokal mit langem Tresen, an dem auch die Einheimischen bei Tapas, einem Kaffee und den hier besonders beliebten *Tostados* gern Zeitung lesen und plaudern. Von der überdachten Terrasse kann dem Treiben zusehen. Paprika de Padrón ab 4 €, Tintenfisch ab 5 €, Toast mit Serrano-Schinken und Majorero-Käse ab 2 €; es gibt auch halbe Portionen. Tägl. 13–24 Uhr. Calle Nuestra Sra del Carmen 14, ✆ 928-905628.

La Cofradía 11, im Hafen; Restaurant der örtlichen Fischereigenossenschaft, ihr Kühlhaus grenzt an das Lokal. Hier sollte man sich auf die Fischgerichte konzentrieren, die frisch und schmackhaft auf den Teller kommen. Auf der Karte findet u. a. man die Bernsteinmakrele *(Medregal)*, den ebenfalls zur Familie der Makrelen gehörenden Wahoo *(Peto)* oder den Papageienfisch *(Vieja)* (jeweils 13,90 €). Tägl. 9–24 Uhr. Jeden Mittwoch um 19 Uhr gibt es Livemusik. Muelle Pesquero, ✆ 928-166447.

La Laja 19, das seit fast 40 Jahren bestehende alteingesessene Restaurant findet sich am westlichen Ende der Strandpromenade. Schöner Außenbereich. Ähnliches Angebot wie das der Nachbarrestaurants. Chef Pedro serviert neben verschiedensten Tapas besonders frischen Fisch, der mundet. Morro-Jable-Fisch 14 €, gegrillte Miesmuscheln in Knoblauch 10,50 €. Tägl. 11–23 Uhr, Küche bis 22.30 Uhr. Avenida Tomas Grau Gurrea 1, ✆ 928-542054.

Cafè Eisdiele Coco Banana 13, das farbenfrohe helle Eiscafé an der Promenade lockt mit leckeren Eissorten und einem großen Angebot an Kuchen und Törtchen. Eisbecher ab 5,50 €, Apfelstrudel 2,80 €, Crepes mit frischen Erdbeeren 3,95 €. In einer großen Auslage sind die süßen Köstlichkeiten appetitanregend drapiert. Tägl. 10–23 Uhr. Avenida Tomas Grau Gurrea 2, ✆ 928-166287.

Restaurant Leo's 21, ebenfalls am Strand; der Besitzer aus Fuerteventura serviert schmackhafte Tapas, hat aber auch typische Fisch- und Fleischgerichte auf der Karte. Tolle Lage mit Aussicht. Gegrillte Sardinen 7,90 €, Zicklein „Fuerteventura Art" 17,90 €. Winter tägl. 11–22 Uhr, Sommer 12–23.30 Uhr. Avenida Tomas Grau Gurrea, ✆ 928-540724.

La Farola del Mar 18, leicht verstecktes Restaurant hinter der Uferpromenade in zweiter Reihe, mit winziger, toller Terrasse zum Meer hin. Nur frische Zutaten. Kanarischer Fischeintopf *(Zarzuela)* im Weißwein-Knoblauch-Tomatensud 16,80 €, Carpaccio vom Schwertfisch mit Sahnemeerrettich und Salat 11,50 €. Mo–So 12–22 Uhr. Gerichte von der Kinderkarte für Kids bis 10 Jahre umsonst. Avenida del Mar, ✆ 928-167166.

Ermita de San Miguel in Morro Jable

Geheimnisumwitterte Villa Winter

Cofete

Cofete ist eher ein Weiler als ein Dorf. Laut Definition besteht ein Weiler bekanntlich aus bis zu 15 Wohnstätten, was für Cofete zutreffen mag. Sicher ist, dass Cofete sich zu einem losen, durch Sandpisten und Schotterwege verbundenen Haufen einfacher Häuser entwickelt hat. Ein Ort an der fantastischen Westküste mit einer ganz eigenen Atmosphäre.

Einst diente Cofete als Weidegrund und Anbaugebiet für Getreide für die wenigen Bauern, die sich hierher verirrt hatten. Anfang des 19. Jahrhunderts lebten kaum mehr als 20 Menschen in dieser lebensfeindlichen Einöde. Nach mehreren Dürreperioden verließen die verbliebenen letzten Einwohner das Dorf, zwischenzeitlich harrte in Cofete nur noch eine Handvoll Menschen aus. Wer starb, fand seine letzte Ruhe auf dem *Friedhof* in der Nähe des Strandes – es wäre viel zu beschwerlich gewesen, die sterblichen Überreste beispielsweise nach Morro Jable zu überführen. Ein Hinweisschild bei Cofete weist den Weg zum Friedhof.

Cofete erreicht man am eindrucksvollsten auf einer Wanderung durch das **Gran Valle** bei Morro Jable (→ „Kleiner Wanderführer“, Wanderung 16). Vom anschließend zu Fuß erreichten Bergrücken *Degollada de Cofete* hebt sich Cofete in der unwirklichen Landschaft der rauen, von Wellen und weißer Gischt umtosten Westküste farblich kaum von der natürlichen Umgebung ab.

Während Wanderer auf ihrer Tour kaum mit Verkehr rechnen müssen, dürfen Autofahrer, die sich auf die Fahrt über eine mittlerweile recht gut präparierte Sandpiste machen (von Morro Jable aus 16 km), dies nicht immer erwarten. Zahlreiche Jeep-Safaris und private Ausflügler wählen Cofete täglich als Ziel. Und doch hat sich Cofete den Charme eines Ortes am „Ende der Welt“ bis heute bewahrt.

Die gut markierten Wanderwege machen ein Verlaufen nahezu unmöglich

Kleiner Wanderführer

hohen *Pico de la Zarza* auf der Halbinsel Jandía sowie im Betancuria-Bergmassivs erlebt man des Öfteren Wolkenbildung und gelegentlich Regen.

Ausrüstung

Trotz meist angenehmer Temperaturen kann es in den Bergen – bei stärkerem Wind oder wenn sich Wolken vor die Sonne schieben – kühl werden. Dann ist eine Wind- oder Fleecejacke oder ein dünner Pullover nützlich.

Für Wanderungen abseits vom Strand sollte man mindestens feste Turnschuhe, besser Wanderschuhe, sowie einen Sonnenschutz für den Kopf mitnehmen. Daneben sollte auch die Mitnahme von Proviant und Wasser/Getränken selbstverständlich sein.

Verdiente Pause auf dem Weg nach Cofete

Wegenetz

In den letzten Jahren hat die Inselverwaltung viel Geld investiert, um das Wandernetz auszubauen, mit Schilder zu markieren und Infotafeln zu installieren, die dem Wanderer interessante Hinweise auf den Naturraum geben. Die offiziell erschlossenen Wanderwege auf Fuerteventura sind in Fernwanderwege (GR = „Große Route"), Kurzwanderwege (PR = „Kleine Route") und lokale Wanderwege (SL = „Lokaler Weg") unterteilt.

Der GR-131: Der wichtigste und längste Wanderweg auf Fuerteventura ist der GR-131, der zum europäischen Fernwanderwegenetz zählt. Der mit rot-weißen Markierungen bestens gekennzeichnete GR-131 beginnt im Norden a uf der *Insel Lobos* und führt über *Corralejo* und *La Oliva* vorbei am Naturdenkmal *Montaña de Tindaya* an die Westküste. Von dort geht es weiter ins Landesinnere, in die Bergregion von Betancuria und nach Süden bis *Pájara*. Danach wandert man vorbei am Naturdenkmal *Montaña Cardón* bis nach La Pared an der Westküste und erreicht nach ein paar Kilometern die *Halbinsel von Jandía*.

Nach dem Durchqueren des Naturparks von Jandía verläuft der GR-131 eine Zeitlang an der abgeschiedenen Westküste entlang bis nach Cofete, um dann hinüber zur Ostküste zu wechseln und später am südlichsten Punkt von Fuerteventura – an der Punta de Jandía – zu enden.

Der GR-131 ist in neun Etappen eingeteilt und ist 155 km lang. Zu Beginn jeder der neun Touren findet man am Startpunkt bzw. an zentralen Punkten Hinweisschilder, die mit Kartenausschnitt, Höhenprofil, Kilometer- und Zeitangabe, Schwierigkeitsgrad ausführlich über die jeweilige Etappe informieren. Zusätzlich gibt es in drei Sprachen Informationen zu Geologie, Geomorphologie, Flora und Fauna sowie sonstigen Sehenswürdigkeiten auf der Strecke.

Neben dem GR-131 existieren wie schon erwähnt zahlreiche ebenfalls gut ausgeschilderte Kurzwanderwege (PR, Markierung weiß-gelb) sowie lokale Wanderwege (SL, Markierung weiß-grün).

Markierungen

Die wichtigsten Zeichen der Wanderwege (von links nach rechts):

1. Dem Weg geradeaus folgen
2. Falsche Richtung
3. und 4. Starker Richtungswechsel
5. Richtungswechsel

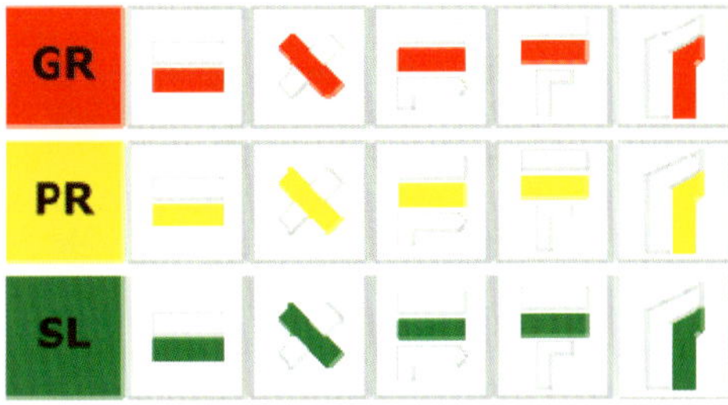

GR (GRAN RECORRIDO) – „GROSSE ROUTE“

PR (PEQUEÑO RECORRIDO) – „KLEINE ROUTE“

SL (SENDERO LOCAL) – „LOKALER WEG“

Die unten beschriebenen Wandertouren führen über alle drei genannten Wege-Typen, des Öfteren besteht eine Wanderung aus einer Kombination von GR-131, PR-Wegen und SL-Wegen.

Die Tourenbeschreibungen

Die in den Wandertouren angegebenen Zeiten sind reine Gehzeiten ohne Picknick und Pausen und daher nur Richtwerte. Jeder hat sein eigenes Tempo, ein Bad im Meer, falls in der Nähe, sollte man sich nicht entgehen lassen, und auch der Genuss der Landschaft braucht Zeit und Muße.

Karten

Ergänzend zu unseren Karten hier im Buch empfiehlt es sich, zur Orientierung bei den Touren eine Übersichtskarte mitzunehmen, z. B. die gute KOMPASS-Wanderkarte WK 240 im Maßstab 1:50.000.

Geführte Wanderungen

Wer keine Lust hat, auf eigene Faust loszumarschieren, kann sich einer geführten Tour mit ortskundigen Guides anschließen. Einige empfehlenswerte Anbieter:

Wanderungen Hannelore von der Twer: Hannelore von der Twer lebt seit rund 30 Jahren auf Fuerteventura und ist in Sachen Wanderungen eine Pionierin. Viele ihre Routen, die sich oft an den alten Wegen der Majoreros, den Camino Reales (Königswege), orientieren, hat sie selbst ausgearbeitet. Villa Volcana, Calle La Berlina 11, 35640 Villaverde. ✆ 608 928380, www.caminosano.eu.

TimeforNature: Wolfgang von „Time for Nature“ bietet ein großes Spektrum an Wandertouren an. Calle Fuerteventura 41, 35629 Tarajalejo. Buchungen über ✆ 699-915552 oder unter www.timefornature.de.

Fuertescout Wandern und Exkursionen: Andreas Caliman, ein von der Kanarischen Regierung lizensierter Reiseführer, bietet Gästen geführte Wanderungen und Exkursionen über die Insel an. Coronel Gonzalez del Hierro 62 c, 35650 Lajares. ✆ 686 088493, www.fuertescout.com.

Wanderung 1: Rund um die Insel Lobos

Charakteristik: Die Halbtages-Tour über die Insel Lobos („Insel der Robben") ist eine für die ganze Familie machbare einfache Rundwanderung ohne wesentliche Steigungen und Schwierigkeiten. Nur die Besteigung des ca. 127 m hohen Vulkans ist etwas anstrengend und der Pfad auf dem Caldera-Rand ist schmal und die Bergflanken sind teils steil abfallend. Von daher ist ein gewisser Grad an Schwindelfreiheit von Nutzen. Ein Muss ist der kurze und leichte Aufstieg zum Insel-Leuchtturm mit einem herrlichen Rundblick über Los Lobos und zur Nachbarinsel Lanzarote. Insgesamt ist der bestens ausgeschilderte Weg meist sandig, teils felsig, es gibt ein paar Treppenstufen und teilweise tiefsandiges Terrain. Mehr über die Insel Lobos im Kapitel „Der Norden".

Länge, Gehzeit: Rundweg ca. 11 km. Reine Gehzeit mit Aufstieg ca. 3 Std. Höhendifferenz +/- 150 m. Ausreichend Getränke mitnehmen – und Badesachen, wenn eine Schwimmpause gewünscht wird. **Markierung**: Auf der Strecke überall Wegweiser mit Zeitangaben; auf dem Rückweg zusätzlich rot-weiße Markierung für den Weitwanderweg GR 131 *(Camino Natural de Corralejo a Punta de Jandía)*. **Anfahrt**: Fährboote fahren ab dem Hafen in Corralejo in 20 Min. zur Insel Lobos. Wer das Glasbodenboot nutzt, sieht mit etwas Glück einen Hammerhai oder andere Meeresbewohner.

Wegbeschreibung: Wir starten an der *Mole* **1**, wo die meisten Fährboote aus Corralejo anlegen. Dort folgen wir der unübersehbaren Ausschilderung *Richtung El Puertito*, *Las Lagunitas* und *El Faro*. Zunächst geht es vorbei an einer rechts des Weges aufgestellten Büste zu Ehren von *Josefina Plá*. Laut Inschrift erblickte sie 1909 auf Los Lobos das Licht der Welt, andere Quellen sprechen von 1903. Nachdem sie Fuerteventura verlassen hatte, lernt sie den paraguayischen Künstler *Andres Campos Cervera* kennen und lieben und wandert 1927 nach Paraguay aus. Es folgt eine Karriere als Poetin und Schriftstellerin. Ihr erstes Buch erscheint 1934 und trägt den Titel „El precio de los sueños". Josefina Plá stirbt 1999 in Paraguay.

Von der Anmut literarischer Werke wenden wir uns wieder der Schönheit der Insel Lobos zu. Wenige Meter von „Frau Plá" entfernt präsentiert ein winziges, aber sehenswertes *Museum* interessante Inselaspekte rund um Tier, Pflanze, Mensch und Landschaft (Schautafeln auf Spanisch, Englisch, Deutsch). Ein Modell der Insel veranschaulicht die Topographie und ist für Wanderer eventuell aufschlussreich. Die Ausstellung können Sie vor oder nach der Wanderung aufsuchen – die Öffnungszeiten variieren stark.

Nun endgültig zurück auf den breiten Weg Richtung **El Puertito**. Diese klitzekleine an einer Bucht gelegene *Siedlung* mit ein paar Häusern, Fischerbooten, einem modernen, teils holzverkleideten Gebäude der Stadtverwaltung mit der Aufschrift „Árena de descanso" (Ruhezone) ist nach knapp 10 Min. erreicht **2**. Ein Schild weist auf das dortige Restaurant hin. Die Wanderung führt auf ebener Strecke weiter ins Inselinnere und später entlang der Küstenlinie zum nächsten Zielpunkt, dem Salzsee „Las Lagunitas", der rund 15 Min. von El Puertito entfernt liegt. Auf diesem Teil der Wanderung befinden sich einige nach unten führende Treppenstufen. Für Fahrradfahrer ist dies die einzige Hürde auf der Tour, die ansonsten auch gut zu fahren ist. Die vulkanische Landschaft ist geprägt von Mulden *(Hoyas)*, kleinen Hügeln *(Morros)* und Nebenkesseln *(Hornitos)* sowie einem eindrucksvollen Farbkontrast, resultierend aus der oft sattgrünen Vegetation in den flachen Bereichen und dem teils pechschwarzen Vulkangestein.

Entlang einer gemauerten Wegeinfriedung erreichen wir den **Salzsee Las Lagunitas** **3**. Von einer leichten Anhöhe aus öffnet sich ein herrlicher Blick auf die Ostküste, das Meer und das vor uns liegende Ökosystem, das Zugvögeln gerne als Ruhezone nutzen. Eine Informationstafel (auch deutschsprachig) gibt Auskunft über weitere Tier- und Pflanzenarten, wie der auf Fuerteventura wohl nur hier vorkommende, salztolerierende Meerlavendel *(Limonium ovalifolium ssp. Canariensis)*. Diese zur Familie der Bleiwurzgewächse gehörende Spezies ist auch als Strandflieder bekannt.

Wir folgen weiter dem sandigen breiten Weg und der *Ausschilderung zum El Faro*, dem Leuchtturm der Insel. Zwischen zahlreichen von Möwen als Aussichtspunkt genutzten kegelförmigen Hornitos hindurch schlängelt sich die Strecke teils leicht ansteigend über das Eiland. Hin und wieder taucht in der Ferne der Leuchtturm auf, um kurz darauf wieder hinter der hügeligen Vulkanlandschaft zu verschwinden.

Es geht vorbei an einigen Häuserruinen bis zum neoklassizistischen Leuchtturm **Faro de Martiño** **4** aus der zweiten Hälfte des 19. Jh., den wir über einen geteerten Weg an der Hügelflanke erreichen. Bis hier oben beträgt die reine Gehzeit knapp 60 Min. Das schon in die Jahre gekommene Lichtzeichen ist ein herrlicher Platz für eine Pause. Genießen Sie den Ausblick hinüber nach Lanzarote und Fuerteventura.

Es folgt der Abstieg hinunter auf Meeresniveau und die Fortsetzung der Tour auf dem ausgeschilderten Weg GR 131 Richtung Gipfel des *La Caldera* mit einer angegebenen Gehzeit von 50 Min. Der nun folgende Weg ist breit und einfach zu gehen und gewährt meist einen Blick auf die höchste Erhebung der Insel, dem in Gehrichtung rechts liegenden **Montaña La Caldera**. An der nächsten *Weggabelung mit Ausschilderung* **5** zum genannten Vulkankegel halten wir uns rechts und folgen dem mit Steinen eingefassten Pfad. Bitte hier ruhig verhalten – insbesondere von Februar bis Ende Juli – da wir uns in einer Vogelschutzzone befinden.

Nach wenigen Minuten flacher Strecke schlängelt sich die Etappe steil hinauf zum *Caldera-Rand* **6** auf knapp 130 m Höhe. Der oben am Vulkanrand flach verlaufende, schmale Pfad verlangt Vorsicht und an manchen Passagen auch etwas Schwindelfreiheit. Während der Rest der Lobos-Tour theoretisch mit Sandalen machbar ist, sollte für den Aufstieg festeres Schuhwerk getragen werden. Für den Auf- und Abstieg benötigen Sie ab dem Hinweisschild ca. 40 Min. Die dortige Angabe von 30 Min. für die einfache Strecke ist großzügig bemessen.

Nach erfolgreicher Vulkanbesteigung halten wir uns an der Weggabelung rechts und gehen zur nur wenige Minuten entfernten **Playa de la Concha** **7**. Ein wunderbarer Sandstrand und glasklares Wasser erwarten uns. Wer Badesachen mitgebracht hat, kann sich im kühlenden Nass erfrischen. Dabei aber die Abfahrtszeit der Fähre im Auge behalten. Vom Strand sind es noch rund 10 Gehminuten zur Mole und zu den Fähren.

Leichte Wanderung durch eine Vulkanlandschaft mit kegelförmigen Hornitos

Nach der unübersehbaren Bootsskulptur verlassen wir das Zentrum von Corralejo

Wanderung 2: Von Corralejo zum Gipfel des Bayuyo-Vulkans (271 m)

Charakteristik: Die als Halbtagestour für Jung und Alt gut zu schaffende Rundwanderung von Corralejo auf den 271 m hohen Gipfel des Vulkans Bayuyo verläuft weitgehend auf breiten, sandigen Schotterwegen ohne große Steigungen. Im Stadtbereich sind durchgehend Fußgängerwege vorhanden. Der Aufstieg auf den Bayuyo dauert etwa 30 Minuten und ist recht steil, aber nicht schwierig. Der Abstieg in nördliche Richtung bedarf Trittsicherheit und Konzentration. Festes Schuhwerk empfohlen. Die Gipfelstürmer werden durch eine großartige Weitsicht über den Norden Fuerteventuras belohnt. Eventuell dünne Windjacke/Pullover mitnehmen, da es auf dem Gipfel sehr windig und kühl sein kann.

Länge, Gehzeit: Hin- und Rückweg ca. 15 km. Reine Gehzeit 4 Std. Hinweg bis zum Gipfel ca. 2½ Std.; inklusive Pausen etwa 5 Std. einplanen. Höhendifferenz +/- 250 Meter. **Markierung**: Von Corralejo bis Morro Francisco keine Beschilderung, ab dort ist der Wanderweg als GR 131 nach Lajares mit weiß-roter Markierung gekennzeichnet. Der Pfad auf den Bayuyo-Vulkan ist durch Steinmännchen gut erkennbar. **An- und Rückfahrt**: Wer in Corralejo wohnt, gelangt zu Fuß zum Ausgangspunkt der Wanderung. Von außerhalb kommende Wanderer nehmen den Bus der Linie 6 (Puerto del Rosario nach Corralejo) oder die Buslinie 8 (El Cotillo nach Corralejo) und steigen an der Hauptstraße Avenida Ntra. Sra. del Carmen aus. **Einkehrmöglichkeit** in Corralejo.

Wegbeschreibung: Wir starten mitten in der Stadt am Platz an der *Ecke Calle Almirante Nelson und Calle La Milagrosa* **1**, gehen durch die Einbahnstraße vorbei an ein paar Bars geradeaus und biegen anschließend links ab auf die *Calle Antonio Hernández Páez,* bis wir nach rund 15 m die Haupteinkaufsstraße erreichen. Der Weg führt nach rechts entlang der Hauptstraße *Avenida Ntra. Sra. del Carmen.* Linker Hand befindet sich das El Torro Bravo Steakhause. Wir folgen dem Straßenverlauf, vorbei an Bankautomaten und Souvenirläden bis zum *Brisamar-Center.*

Langsam, nach gut 600 m geradeaus, verringert sich die Ladendichte, und nach dem **Las Palmeras Centro Commercial** treffen wir auf einen *Kreisverkehr* ❷. Wir halten uns rechts Richtung Hafen/Puerto. Auf der linken Seite dieser Straße, der *Calle Minerva*, verläuft ein breiter Fußweg. Am nächsten Kreisverkehr links abbiegen und dem Weg an der Straße entlang weiter folgen bis zum *dritten Kreisverkehr* ❸, dessen Mitte die **Skulptur eines Bootes mit Stahlsegel** ziert.

Bis hierher bewegten wir uns im Stadtgebiet und mussten Abstriche bezüglich der „Schönheit" der Strecke machen. Doch nun geht es langsam in die vulkanische Natur rund um Corralejo. Der Weg führt nach rechts und laut GR-131-Hinweisschild Richtung Lajares (11,5 km), La Oliva (23,8 km) und Morro Francisco. Auf den nächsten hundert Metern können uns einige Lkw entgegenkommen, da sich geradeaus ein Steinbruch *(Montañetas del Morro Francisco)* befindet. Am Ende der Straße treffen wir auf eine *Absperrschranke* ❹, von hier aus hat man einen eingeschränkten Blick auf das Abbaugelände. Wer will, kann die dortigen Arbeiter fragen, ob man das Gelände besuchen darf. Theoretisch wäre eine Durchquerung des Geländes möglich, um die als Ziel auserkorenen Vulkane zu erreichen. Gehen Sie nun einfach auf der linken Seite der Straße wieder etwas zurück und nehmen den ersten Abzweig nach links auf ein Gelände, das schon seit längerem für den Bau der Wohnanlage „Panorama Tres Islas" vorbereitet ist.

Wir gehen weiter auf dem linken Gehweg, an einer der Laternen ist der GR 131 ausgeschildert, vorbei an Stromkästen und biegen nach einigen Minuten am *Wanderschild nach links ab* ❺. Eine breite Schotterpiste führt in Kehren leicht bergauf bis zu einem Parkplatz auf der linken Seite und einer *Infotafel über Morro Francisco* ❻. Die Tafel erläutert, dass vor rund 50.000 Jahren die Vulkane rund um den Bayuyo, dessen Gipfel wir erklimmen wollen, mit explosiver Wucht ausbrachen und dadurch die umliegenden Lavafelder **Malpaís de Mascona** und **Malpaís del Bayuyo** sowie die Insel Lobos entstanden. Wir folgen dem Schotterweg weiter, bis wir in einer Rechtskurve auf einen *schmalen Trampelpfad* nach links abbiegen ❼,

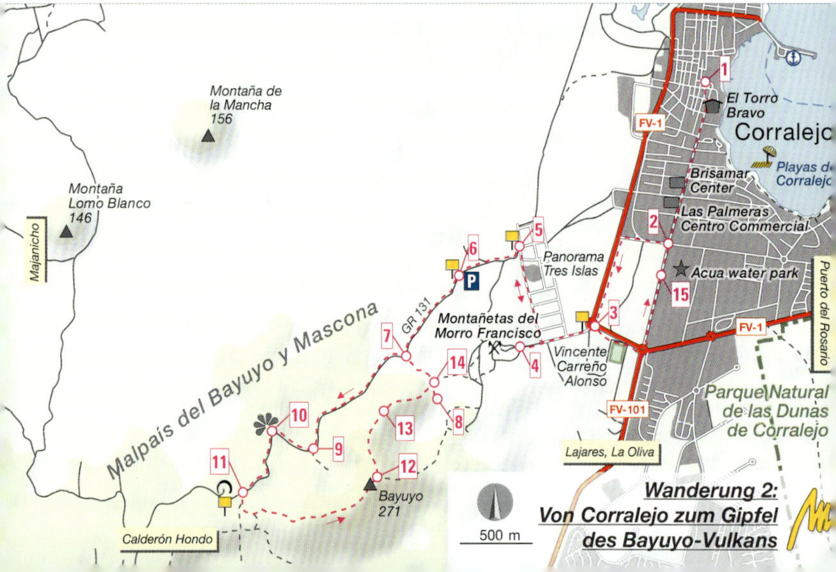

der uns zu einer Caldera führt. Mit Steinmännchen markiert, fällt der Weg zunächst leicht ab. Wir halten uns rechts, bis wir auf einen weiteren Pfad treffen, dem wir ebenfalls nach rechts folgen. Wir gehen im Weiteren jedoch nicht an der Bergflanke rechts nach oben, sondern nehmen den Weg nach links, *Richtung Calderaboden*, bis wir diesen erreicht haben **8**. Eine Caldera, ein Kraterkessel, entsteht, wenn die Ränder des Vulkans ausgesprengt werden oder einstürzen. Wir brauchen etwa 10 Min. für diesen Abstecher, der einen eindrucksvollen Blick in die vulkanische Vergangenheit der Insel freigibt.

Zurück zum Hauptweg nehmen wir den gleichen Weg. Dann heißt es nach links gehen, entlang eines V-förmigen Entwässerungsgrabens, der durch Holzpfähle gesichert ist. Nun folgt ein längeres Steigungsstück, bis es wieder flacher wird und sich die Umgebung weiträumiger zeigt. Rechter Hand ist der 156 m hohe **Montaña de la Mancha** zu erkennen und etwas weiter südlich der 146 m hohe **Montaña Lomo Blanco**. Über den weiterhin breiten Weg, den ab und zu auch ein Auto nutzt, gelangen wir langsam bergab zu einer weiteren Caldera und zum Bayuyo-Vulkan. An den Hängen sieht man des Öfteren Raubvögel, die auch mal knapp über die Köpfe der Wanderer hinwegfliegen und lautstark das Weite suchen. Mit ein wenig Glück bekommen Sie auch andere Vögel zu Gesicht, z. B. den nur rund 14 cm großen Wüstengimpel *(Bucanetes githagineus)*, dessen männliche Variante mit einem leuchtend roten Schnabel aufwartet, oder der endemische Kanarenschmätzer *(Saxicola dacotiae)*, der auch als *Caldereta* bekannt ist. Am Wanderweg weist ein Schild auf einen *Pfad zur Caldera* **9** und einen nur 20 m entfernten Aussichtspunkt hin. Von hier aus sieht man einen weiteren Pfad, der noch tiefer in den Vulkankessel hineinführt.

Zurück auf dem nahen Hauptweg führt der Weg nach links, die Caldera entzieht sich wieder unserem Blick. Es geht moderat hinauf und hinab, bis nach einem Steilstück eine Linkskurve erreicht wird und das *Meer und die Küste* zu sehen sind **10**. Nach der Linkskurve sieht man schon ein paar Steinmännchen auf dem linken Bergrücken, die den Weg auf den Bayuyo weisen – und rechts voraus öffnet sich eine *Lavahöhle*. Wer sich ihr nähert, trifft auf eine bildhafte Infotafel, die die nahen Landschaftsauffälligkeiten erklärt. Darunter die kegelhaften *„Hornitos“* (spanisch für kleiner Ofen), also kleine Vulkankegel, die entstanden, als aus dem darunter fließenden Lavastrom das unter Druck stehende Gas entweichen musste und seinen Weg an die Erdoberfläche suchte. Einem Abstecher zur Höhle steht natürlich nichts im Wege. Danach geht es hinauf auf den Bayuyo.

Kurz vor der Infotafel, aus Richtung Corralejo kommend, ist der nach links abzweigende, mit Steinmännchen markierte **Pfad zum Bayuyo** zu erkennen **11**. Von nun an wird es deutlich anstrengender, der Pfad ist steil und teilweise dem Wind ausgesetzt, aber gut markiert und ausgetreten. Wer schon die Tour von Lajares zum Hondo-Vulkan unternommen hat, erkennt in Richtung Süden die andere Seite, die *Nordflanke des Hondo*, des höchsten Berges dieser Vulkankette. Im Verlauf des Aufstiegs werden die Anstrengungen durch herrliche Ausblicke auf die Ost- und Westküste belohnt. Rechts – im Osten – tauchen die weitläufigen Dünen von Corralejo auf, links – im Westen bzw. Nordwesten – findet sich die Küstenlinie mit dem winzigen Fischerdorf Majanicho. Rund hundert Meter vor dem Gipfel, an einem eher flachen Streckenabschnitt, lohnt sich der Blick in Tiefe des Vulkankessels. Die letzten Minuten hinauf müssen wir noch einen steileren Zickzackweg bewältigen und dann, nach knapp zwei Stunden Gehzeit, ist es geschafft, der *höchste Punkt der Tour ist erreicht* **12**.

Der Norden von Fuerteventura liegt uns hier zu Füßen. Von hier oben auf 271 m Höhe ist der zurückgelegte Weg ab Corralejo in weiten Teilen gut erkennbar. Wer nicht ganz so gut zu Fuß ist, geht vom Gipfel den gleichen Weg zurück. Die anderen gehen geradeaus vorbei am unübersehbaren Steinhaufen Richtung Norden und Corralejo. Nun heißt es aufpassen. Der Pfad wird steil, schmal und aufgrund von Geröll und Sand auch rutschig. Dass diesen Weg auch Jogger als Trainingsstrecke verwenden, ist mehr als verwunderlich, aber nichtsdestotrotz Realität.

Die Tour verläuft nun den Bayuyo hinab. Nach rechts hin fällt der Hang steil ab zum Calderaboden, den wir zu Anfang der Wanderung erkundet hatten, links am Bergfuß können wir den breiten Hinweg ausmachen **13**. Achten Sie weiter auf Ihre Schritte und bleiben Sie zum Genießen der Landschaft besser stehen. Nach rund 20 Min. Abstieg treffen wir auf einen weiteren schmalen Pfad und biegen dann an der *ersten Pfadgabelung nach links ab* **14**. Sobald wir wieder auf dem bekannten Teilstück des GR 131 sind, laufen wir nach rechts. Hier ist eine Strecke zu sehen, die durch das anfängliche Abbaugebiet führt, aber natürlich nicht als offizieller Weg bezeichnet wird.

Wir folgen dem GR 131, bis wir wieder am Kreisverkehr und dem stählernen Segelboot angelangt sind. Diesmal geht es gerade aus, vorbei am **Fußballstadion** von Corralejo „Vincente Carreño Alonso" bis zum nächsten Kreisverkehr. Wir überqueren diesen vorsichtig, da keine Übergänge für Fußgänger vorhanden sind. Nun führt der Weg zurück nach Corralejo nach links auf die bekannte Hauptstraße Avenida Ntra. Sra. del Carmen. Nun heißt es nur noch geradeaus spazieren, vorbei am *Aqua Park* **15**, bis ins Zentrum mit seinen Bars, Cafés und Restaurants, wo wir eine Pause einlegen können, bevor wir wieder den Ausgangspunkt erreichen.

Wanderung 3: Durch die Dünen von Corralejo

Charakteristik: Die einfache Wanderung für die ganze Familie führt an den eindrucksvollen Sandstränden von Corralejo entlang durch den wunderschönen *Parque Natural de Corralejo* mit seinen meterhohen Dünen. Immer wieder gibt es auch für Kinder herrliche Gelegenheiten, in den Atlantik zu springen. Nicht unterschätzen sollten Sie das wohl eher ungewohnte und lange Barfußlaufen durch teils weichen Sand. Lassen Sie sich Zeit und genießen Sie die Landschaft. Ausreichend Getränke, Snacks und Badesachen mitnehmen, es gibt an der Strecke aber auch ein Strandrestaurant und eine Bar. Kontaktlinsen sollten, je nach Empfindlichkeit, wegen des Windes und der oft sandkorngeschwängerten Luft vor Beginn der Wanderung gegen eine Brille getauscht werden. Sonnenliegen und -schirme am Strand bei den Riu-Hotels kosten jeweils 3 €.

Länge, Gehzeit: Hin- und Rückweg 9,9 km. Reine Gehzeit etwa 3 Std. Keine nennenswerte Höhendifferenz. **Markierung**: keine. **An- und Rückfahrt**: Mit dem Auto von Corralejo auf der FV-1 in Richtung Süden. Parkmöglichkeit nach der ersten langgezogenen Rechtskurve auf dem Seitenstreifen. Zu Fuß zum Startpunkt der Wanderung kommt man von Corralejo-Stadt über die von der Haupteinfallstraße abzweigende *Calle Minerva* und die *Avenida Fuerteventura* oder über die an den Ortsstränden nach Süden verlaufende *Avenida Corralejo Grandes Playas*. Mit der *Buslinie 6* (Puerto del Rosario – Corralejo) kommt man bis zu den Riu-Hotels und auch zurück nach Corralejo. **Einkehr**: Bei den beiden Strandhotels gibt es einen Kiosk sowie ein Restaurant und im weiteren Tourverlauf eine weitere Beachbar.

Wegbeschreibung: Vom Seitenstreifen der FV-1 **1** an der Rechtskurve geht es zunächst Richtung Meer. Bitte auf den Verkehr achten. Wir befinden uns jetzt im

Parque Natural de Corralejo, dem Naturpark von Corralejo im Bereich der Sportzone. Ein großes Hinweisschild nahe der Straße zeigt, wie diese Zone („Sector Deportivo“) aufgeteilt ist. Richtung Norden und Corralejo-Stadt vergnügen sich die Kitesurfer, südlich davon rauschen die Windsurfer über das Wasser, im nächsten Abschnitt genießen die Wellensurfer die guten Bedingungen und kurz vor den Hotelkomplexen ist das Terrain für Schwimmer freigegeben. Wer also in diesem Bereich schwimmen möchte, sollte sich unbedingt an die Vorgaben halten.

Als Wanderer queren wir nun den Strand, achten auf den einen oder anderen entlangsausenden Strandsegler, gehen bis zum *Meer* **2** und laufen am Strand zu den in der Ferne sichtbaren, hohen Hotelgebäuden. Der schon hier empfehlenswerte Strand wird von Sonnenanbetern und Schwimmern wenig besucht, einige aus Steinen errichtete Windschutzwälle sind dennoch vorhanden, jedoch keine mietbaren Sonnenschirme und Sonnenliegen – und auch keine Möglichkeit zur Einkehr, um eine Kleinigkeit zu essen oder zu trinken.

Wir gehen bis zum **Hotel Riu Palace Tres Islas 3** und passieren dieses unmittelbar am Meer, im Außenbereich mit dem Tennisplatz. Für diesen kurzen Abschnitt sollte man Flip-Flops oder Sandalen parat haben, da mancher Stein die Fußsohlen malträtieren könnte. Sobald wir die kleine Felsnase umrundet haben, erreichen wir den Hauptstrand der beiden Riu-Hotels, der auch für die Öffentlichkeit zugänglich ist. Der Strand ist feinsandig, breit, flach ins Wasser abfallend, von Rettungsschwimmern bewacht, verfügt über Sonnenliegen- und Sonnenschirmverleih und in der Nähe des **Riu-Hotels Oliva Beach 4** gibt es einen Kiosk und ein Strandrestaurant. Dieser Strandabschnitt ist bestens für Familien geeignet.

Bis hierhin sind es gut 30 Min. Gehzeit. Auf einer Länge von etwa 600 m begegnen uns Liegen, und es wird voller. Danach, weiter gen Süden, nimmt die Zahl der Besucher stetig ab und der Strand zeigt sich an mancher Stelle bis ins Meer sehr steinig und felsig. In diesem Bereich herrschen nicht immer gute Badebedingungen. Runde Steingebilde, die dem Windschutz dienen, sind zahlreich vorhanden, jedoch je nach Tageszeit schon besetzt.

Nach knapp 4 km treffen wir auf einen Wegweiser am Strand, der *landeinwärts* zeigt und auf eine *Bar* aufmerksam macht **5**, die etwa 50 m entfernt ist. Übrigens wird der Abschnitt nach den beiden Riu-Hotels gerne von FKK-Freunden genutzt. Besonders die **Playa de los Matos** und die **Playa del Moro** erfreuen sich bei Freunden der Freikörperkultur großer Beliebtheit. Manche Karten weisen diese Strände extra als FKK-Refugien aus. Wir gelangen nach der Bar an einen weiteren Strand, die straßennahe **Playa del Dormidero** mit den *Resten eines Weltkriegsbunkers* **6**.

Eine Wanderung über die FV-1 hinweg weiter hinein in die **Dünenlandschaft** ist zum Schutz der einzigartigen Natur nicht erlaubt. Verbotsschilder weisen darauf hin. Für den Rückweg zu den Riu-Hotels und später zum Ausgangspunkt gibt es zwei Möglichkeiten. Entweder nehmen wir den bekannten Weg am Strand zurück oder wir gehen quer durch die Dünen, zwischen Strand und Straße, bis zum Hotelstrand **Playa Bajo Negro**. Wir entscheiden uns für die zweite Variante.

Als Orientierungspunkt peilen wir die ein paar Kilometer entfernten Riu-Hotels an, die fast immer am Horizont zu sehen sind. Nun laufen wir hunderte Meter durch teils völlig vegetationslose Dünenberge und Täler, so dass wir manchmal das Gefühl haben, durch die endlosen Weiten einer Wüste zu schreiten **7**. Manchmal ist es ratsam, die Sandalen wieder kurz anzuziehen, da der sandige Untergrund hart und rau ist. Es geht auf und ab und es ist faszinierend zu beobachten, wie der Wind die winzigen Sandkörner vor sich hertreibt und sich so fortwährend neue Strukturen im Gelände bilden.

Kurz vor den Gebäuden halten wir uns leicht rechts, gehen vorbei am **Strandrestaurant La Tasca** **8** zum Meer und auf dem bekannten Weg zurück zum Auto – oder weiter bis nach Corralejo. Wer von Corralejo zu Fuß gekommen ist, kann bei den Hotels auch den Bus zurück in den Ort nehmen.

Einsamkeit nur wenige Minuten vom Strand entfernt

Wanderung 4: Von Lajares auf den Hondo-Vulkan

Charakteristik: Die kurze Wanderung auf den 278 m hohen *Calderón Hondo* besticht durch einen tollen Blick in den tiefen Krater des Berges und auf die benachbarten Vulkane, deren Eruptionen rund 50.000 Jahre zurückliegen. Der Aufstieg und Abstieg auf den Hondo-Vulkan gestaltet sich nicht einfach, da die Flanke mit dem nicht immer eindeutigen Weg steil und wegen des losen Gerölls und Gesteins rutschig ist. Deshalb für kleinere Kinder ungeeignet. Kurz vor dem Kraterrand und dem oft windumtosten Plateau erhebt sich eine ein bis zwei Meter hohe Felsstufe, die mit Einsatz der Hände allerdings gefahrlos bewältigt werden kann. Festes Schuhwerk empfohlen. Eventuell dünne Windjacke/Pullover mitnehmen, da es auf dem Gipfel sehr windig und kühl sein kann.

Länge, Gehzeit: Hin- und Rückweg 4 km. Reine Gehzeit gut 1 Std. Mit Pausen gut 2 Std. einplanen. Höhendifferenz +/- 250 Meter. **Markierung**: Keine nennenswerte Markierung, außer einer leicht zu übersehenden Steinmarkierung an der ersten Abbiegestelle. Der restliche Weg ist – ausgenommen das letzte Stück hinauf zum Gipfel – sehr gut zu erkennen. **An- und Rückfahrt**: Entfernung vom Ort Lajares 700 m, mit dem Auto oder zu Fuß über die Straße nach Majanicho zu erreichen. Einige wenige Parkmöglichkeiten direkt am Startpunkt vorhanden. Anfahrt auch mit Buslinie 8 (Corralejo – El Cotillo) möglich.

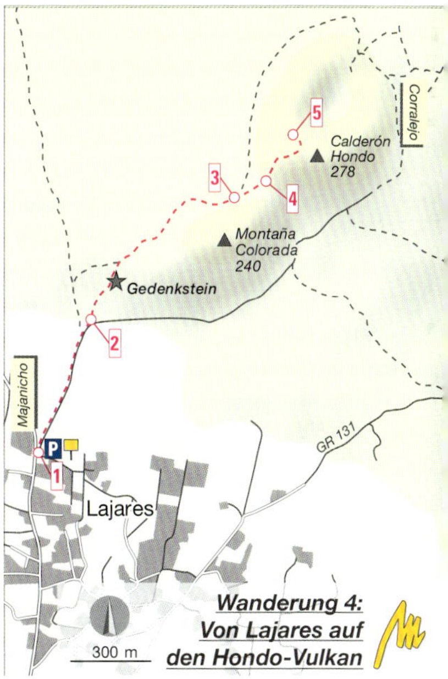

Wegbeschreibung: Von der *Infotafel und dem Parkplatz* **1** an der Straße nach Majanicho führt zunächst ein flacher, breiter und mit Steinen eingefasster Weg in Richtung *Calderón Hondo*, der zunächst wegen des vorgelagerten 240 m hohen *Montaña Colorada* nicht zu sehen ist. Während der Hauptweg (SL-FV 2) nach wenigen hundert Metern nach rechts abbiegt und später auf den GR 131 stößt, der nach Corralejo führt, folgen wir dem *nach links abbiegenden Pfad* **2**, der durch eine Steinmarkierung am Boden gekennzeichnet ist.

Der Etappe wird nun steiler und verläuft linksseitig an der ersten vulkanischen Erhebung, dem *Montaña Colorada*, entlang, vorbei an einem Gedenkstein, bis wir auf eine Ebene gelangen, die eine freie Sicht auf unser Ziel gewährt, den Gipfel des Hondo. Nach einer weiteren kurzen Strecke und insgesamt etwa zurückgelegten 1,4 km erkennen wir *rechts einen schmalen und stark ansteigenden Weg* **3**, den wir in Angriff nehmen und nach wenigen Minuten geschafft haben. Wir stehen nun unmittelbar vor dem *letzten Teilstück hinauf zum Kraterrand* **4**. Die letzte Etappe nach ganz oben gestaltet sich wegen des Untergrunds – kieseliges bis sandiges Material – und der Steilheit äußerst rutschig.

So einfach bleibt die Strecke nicht – bald wird es deutlich steiler

Kurz bevor wir das recht große Gipfelplateau erreichen, stoßen wir auf eine rund zwei Meter hohe Felswand. Hier suchen wir uns einige Trittstufen und nehmen die Hände zu Hilfe, um dann ohne große Schwierigkeiten das Ziel zu erreichen **5**. Merken Sie sich die Stelle, an der Sie hinaufgeklettert sind, damit Sie sie später beim Verlassen des ausgedehnten Plateaus wieder leicht finden. Je nach Witterung weht hier oben ein kräftiger Wind, der nicht zu unterschätzen ist und alles nicht Festgebundene davonsegeln lässt. Die Fernsicht über die nördliche Inselregion mit Corralejo belohnt für die manchmal staubige Krakselei. Nach Norden, zwischen Majanicho und Corralejo, erkennt man kurz vor der Küste zwei weitere Vulkane, dabei handelt es sich um die rund 150 Meter hohen *Montaña Lomo Blanco* und *Montaña de la Mancha*.

Der Rückweg folgt dem Hinweg. Besonders zu Beginn des Abstiegs ist Vorsicht geboten, um auf dem Geröll den Halt nicht zu verlieren.

Wanderung 5: Von El Cotillo zur Playa de Esquinzo

Charakteristik: Eine einfache, auch für Familien zu schaffende Wanderung entlang der Küste von El Cotillo nach Süden. Die gesamte Strecke über hat man herrliche Ausblicke auf die Steilküste, den Atlantik und goldgelbe Strände. Wer baden möchte, packt Badesachen ein. Nur die *Playa Piedra* zu Beginn der Tour ist bewacht. An der *Playa de Esquinzo* oder der *Playa del Águila* ist je nach Wind- und Wetterverhältnissen und wegen der Strömungen Vorsicht geboten. Ausreichend Getränke und Snacks mitnehmen. Turnschuhe empfohlen, besonders für die Strecke zurück, die durch leicht unwegsames Gelände verläuft, wenn Sie diese Route wählen. Die oft hohen Wellen sind bei Surfern höchst beliebt – meist weht hier ein starker Wind.

Länge, Gehzeit: Hin- und Rückweg ca. 12,2 km. Reine Gehzeit etwa 3½ Std. Mit Pausen etwa 4½ Std. einplanen. Minimale Höhendifferenz. **Markierung**: Zu Beginn keine Markierung, nach dem Strandabschnitt Markierung an Holzpfosten, teils mit Kilometerangaben. Die Abkürzung zurück auf eigenen Wegen ist nicht ausgeschildert. Hier kann man sich am vorausliegenden Ort El Cotillo und der parallel verlaufenden Küstenlinie orientieren. **An- und Rückfahrt**: Mit Buslinie 7 (Puerto del Rosario – El Cotillo) und Buslinie 8 (Corralejo – El Cotillo). Busbahnhof nur einige Meter vom Torre de El Tostón entfernt. Hier kann man auch das Auto parken.

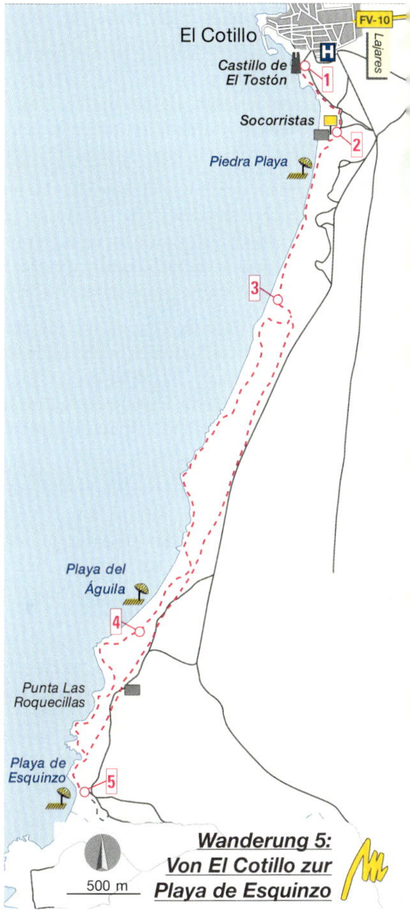

Wegbeschreibung: Startpunkt ist der *Turm Torre de El Tostón* **1**, der etwas außerhalb des Zentrums direkt an der Küste steht. Wir gehen an der Küstenlinie entlang nach Süden und entfernen uns vom Ort. Von dem Plateau, auf dem wir uns befinden, haben wir einen weiten Überblick über die vor uns liegende Strecke, die ein Stück am nahen Strand und dann auf höherem Niveau an der Steilküste entlang verläuft. Nach ein paar Minuten Fußmarsch halten wir uns rechts Richtung Strand und laufen bis zur Holzhütte der Rettungsschwimmer *(Socorristas)* und dem *Informationsschild zur Playa Piedra* **2**, die laut Tafel für ihre „traumhaften Bedingungen" für Kitesurfen, Windsurfen und Wellenreiten bekannt ist. Übrigens: Bei gehisster roter Flagge ist das Schwimmen und Surfen zu gefährlich und daher verboten.

Von der *Hütte der Lifeguards* führt ein sandiger, unbefestigter, kurzer Weg links hinunter zum Strand. Dann folgen wir einfach dem Strand über einige felsige Abschnitte, bis der Strand endet **3**. Dort kommen wir links wieder auf das ursprüngliche Plateauniveau. Der weitere Weg verläuft jetzt nach rechts den Holzpfosten folgend über mehrere Kilometer der Küstenlinie. Immer wieder öffnen sich schöne und spektakuläre Blicke hinunter zum Meer.

Zu Beginn des Weges teilweise Absicherung durch Holzpfosten und dicke Taue, um ein Abstürzen die Klippen hinunter zu verhindern. Bänke laden zum Rasten und zum Genießen des Ausblicks auf den Atlantik ein. Landeinwärts erstreckt sich eine mindestens einen Kilometer breite, steindurchsetzte, wüstenartige Ebene, die nur durch einige sich am Horizont abzeichnende Hügel begrenzt wird.

Der immer gut markierte und durch Steine abgegrenzte Pfad schlängelt sich weiter an der Küste entlang. Zwischendurch weist ein offizielles Schild den Weg zur *Playa de Esquinzo* (Entfernung 2,5 km). Kurz danach treffen wir auf eine sehr steil zur **Playa del Águila** hinabführende Treppe **4**. Der Strand ist nur bei Ebbe nutzbar, ansonsten reichen die Wellen bis zu den Felsen.

Wir lassen die Treppe rechts liegen und folgen dem Weg weiter. Teilweise führt nun ein sehr schmaler Weg nah an der Klippe entlang. Wir halten uns nach der Treppe besser links, bis die bekannten Wegmarkierungen erneut auftauchen. Für geologisch Interessierte öffnen sich immer wieder aufschlussreiche Aussichten auf die unterschiedlichen Gesteinsschichten der Klippenwände.

Nachdem wir einige kleinere Buchten ohne nennenswerte Strände hinter uns gelassen haben, erreichen wir nach einer Linkskehre eine große Bucht mit der **Playa de Esquinzo 5**. Auf Pisten ist es auch möglich, den Strand mit dem Auto zu erreichen. Davon macht jedoch kaum jemand Gebrauch und so sind wir möglicherweise nahezu allein an diesem schönen Küstenabschnitt. Bis hierhin sind es gut 6 km.

Rückweg: Zurück können wir die Strecke etwas abkürzen und Wüstenfeeling atmen, indem wir einfach mehr oder weniger geradeaus, ohne auf den Weg zu achten, in Richtung El Cotillo laufen. Am nahen *Gehöft* kurz nach dem Strand von Esquinzo bitte nicht erschrecken, hier wird man gerne von Hunden, die sich hinter dem Zaun befinden, lautstark angebellt. Von hier aus ist schon unser Ausgangsort zu erkennen.

Auf den letzten Kilometern überqueren wir eine flache Ebene aus Sand und Steinen mit niedriger Vegetation. Wir behalten El Cotillo im Auge und gelangen so am Ende der Tour wieder hinunter zum Strand. Hier lohnt es sich, nochmal eine Pause einzulegen und die Surfer zu beobachten, bevor wir das Ende unserer Wanderung – und unseren Startpunkt – am Torre de El Tostón erreichen.

Steil hinab führt die Treppe zur Playa del Águila

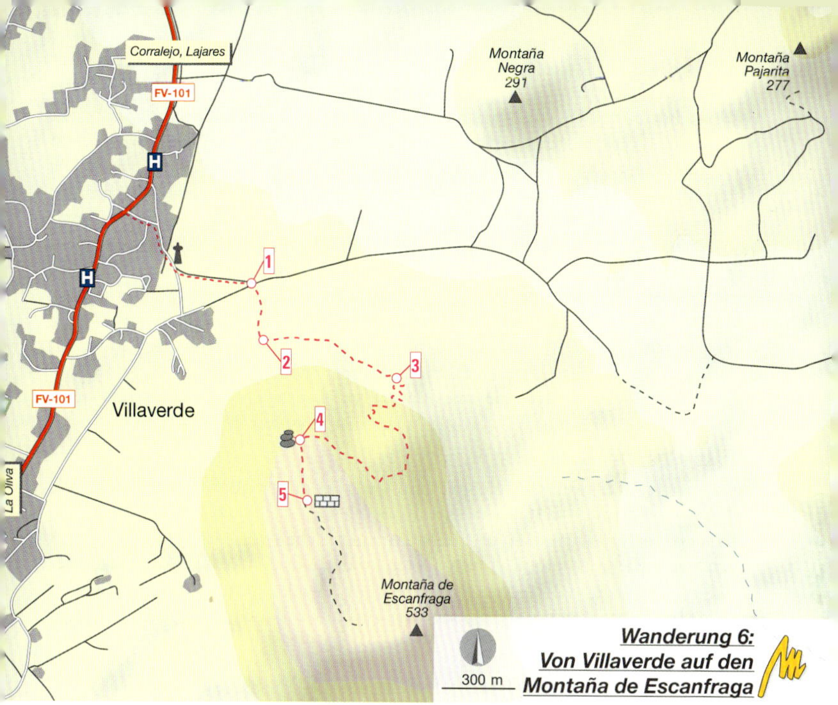

Wanderung 6: Von Villaverde auf den Montaña de Escanfraga

Charakteristik: Ohne große Schwierigkeiten begehbarer, ausschließlich mit Steinmännchen markierter Weg, der entlang der Nord- und Nordost-Flanke des 533 m hohen Montaña de Escanfraga zu einer Hochebene unterhalb des Kraterrands führt. Die Steigung auf der gesamten Strecke ist moderat, hin und wieder gibt es kürzere, steilere Anstiege. Trittsicherheit vonnöten. Teils etwas rutschige Abschnitte, besonders beim Bergabgehen. Es gibt keine ausgesetzten Passagen, die Schwindelfreiheit voraussetzen. Die an einem Vormittag oder Nachmittag gut zu bewältigende Wanderung öffnet auf dem Weg nach oben immer wieder herrliche Blicke über den Norden Fuerteventuras. Am Endpunkt auf ca. 420 m Höhe wird man mit einem einzigartigen Panorama belohnt, das sich von der Westküste bis hin zur Ostküste erstreckt – immerhin ist der Escanfraga der höchste Vulkan im Inselnorden.

Länge, Gehzeit: Hin- und Rückweg 5,2 km. Reine Gehzeit gut 1½ Std. Mit Pausen etwa 2½ Std. einplanen. Höhendifferenz +/- 180 Meter. **Markierung**: zahlreiche und gut sichtbare Steinmännchen. **An- und Rückfahrt**: Villaverde ist mit der Buslinie 8 (Corralejo – El Cotillo) zu erreichen. Der Startpunkt für Wanderer, die mit dem Bus ankommen, liegt an der *Calle de Caima*. Autofahrer biegen aus Richtung Corralejo kommend von der FV-101 links in die Calle de Caima ab. Folgen Sie dieser Straße bis zur *Calle del Valle Chico*, halten sich rechts und fahren geradeaus, bis Sie links einen Strommast entdecken. Fahren Sie an diesem vorbei und biegen Sie kurz danach links auf eine Schotterpiste ab. Nach etwa 200 m kommen Sie an eine Gabelung; hier können Sie das Auto parken. Oder Sie parken im Bereich der Hauptstraße und gehen das eben beschriebene Stück zu Fuß.

Wegbeschreibung: Von der Parkgelegenheit an der *Gabelung der Schotterpiste* **1** sind es nur wenige Meter Richtung Süden zum Einstieg auf den Wanderweg hinauf zum *Vulkan Escanfraga*. Der Berg erscheint direkt vor einem im Blickfeld. Die ersten Minuten geht es über einen breiten, hellen, leicht ansteigenden Weg mehr oder weniger frontal auf den Berg zu. Unweit, am Fuß des Vulkans, erkennt man eine Fläche mit dunklen, zu Mauern aufgeschichteten Steinen. Dabei handelt es sich um früher genutzte Terrassenfelder, die, versorgt durch das den Barranco hinabfließende Wasser, eine gute Ernte versprachen. Im Gegensatz zu den auf der Insel überall zu findenden *Gavias* (ebenfalls Felder mit Steinwällen) werden die Felder im Bereich von Barrancos *Nateros* genannt. Früher pflanzten die Bauern auf diesen gut mit Wasser versorgten Flächen überwiegend Feigen- und Obstbäume an. Diese Art Feldwirtschaft findet man überall auf Fuerteventura, wo es Barrancos gibt. Der Name *Natero* ist wohl von dem spanischen Wort für Sahne „nata" abgeleitet und bedeutet so viel wie „Sahnestückchen".

Sobald wir die Steinwälle erreichen, gehen wir an diesen rechtsseitig vorbei und halten uns im Grunde weiter geradeaus. Danach *biegt der Weg nach links ab* **2**, die links und rechts aufgetürmten Steinmännchen geben Orientierung, und führt durch einen Barranco nun Richtung Osten an der Nordflanke des Escanfraga entlang. Wir erblicken in der Ferne die Dünen von Corralejo und die nahen, vielleicht knapp 1 km entfernten nördlich gelegenen Vulkane, z. B. den *Montaña Negra* oder den *Montaña Pajarita*.

Nach rund 900 m *steigt der Weg etwas steiler die Flanke hinauf* **3**, es folgen einige mit niedrigen Steinmauern gekennzeichnete Spitzkehren, und der Weg ändert seine Richtung. Wir wandern nun nach Westen und erkennen unseren Startpunkt Villaverde. Die Vegetation auf unserer Tour ist insgesamt sehr spärlich, manchmal bedecken graue Flechten die Steine, und nur in den zu querenden Barrancos, in denen sich hin und wieder etwas Feuchtigkeit sammelt, wachsen üppigere Grünpflanzen. Nach einer weiteren gut gekennzeichneten Strecke – linker Hand ist der Kraterrand des Escanfraga nicht mehr zu übersehen – erreichen wir nach gut 2 km einen auffallend *großen Steinmann* **4**, der einen weiteren Richtungswechsel ankündigt. Es geht nun über eine Art Hochebene Richtung Kraterwand bis zu einem nur noch wenige hundert Meter entfernten, aus dunklen Steinen aufgetürmten, runden und *an einer Seite offenen Wall* **5**. Ein guter Ort auf etwa 420 m Höhe, um Pause zu machen, sich zu stärken und die grandiose Aussicht nach Westen mit dem Ort *La Oliva* und dahinter mit dem *heiligen Berg Tindaya* auszukosten. Im Norden lassen sich die *Insel Lobos* und im Osten die weißen Häuser von *Corralejo* ausmachen.

Bei der im Bereich des großen runden Steinwalls großflächig wachsenden und von Februar bis Juli weiß blühenden Pflanze handelt es sich um die Kristall-Mittagsblume *(Barilla)*, die durch ihre glitzernden Drüsenhaare auf den fleischigen Blättern sofort ins Auge fällt und ihrem Namen alle Ehre macht.

Rückweg: Für den Abstieg folgen wir dem bekannten Aufstieg, wandern zunächst wieder zu dem auffälligen Steinmann, halten uns dort nach rechts bzw. nach Osten und wandern zu unserem Ausgangspunkt zurück. Bitte beim Abstieg auf schotterige und sandige Passagen achten, da man hier leicht ins Rutschen kommen kann.

Wanderung 7: Von La Oliva zum Vulkan Montaña de la Arena

Charakteristik: Einfache, familienfreundliche, kurze Rundwanderung durch einen vulkanisch geprägten Naturpark mit interessanten siedlungsgeschichtlichen, botanischen und geologischen Aspekten. Die Tour führt entlang eines „jungen", nur 4000 Jahre alten Vulkans mit Panoramaaussichten auf die Dünen von Corralejo, den Ort Lajares und die gesamte nördliche Inselspitze. Nur auf einem kurzen Stück am Ende der Umrundung des Vulkans gibt es eine rutschige und sandige Wegstrecke am Hang, die schlecht gekennzeichnet ist. Die Orientierung ist jedoch einfach. Unterwegs ein überdachter Rastplatz mit Sitzgelegenheiten.

Länge, Gehzeit: Länge des Rundwegs 7,6 km. Reine Gehzeit gut 2 Std. Mit Pausen gut 3 Std. einplanen. Höhendifferenz +/- 160 Meter. **Markierung**: Zunächst Ausschilderung des GR 131 nach Lajares mit rot-weißer Markierung. Später keine wesentliche Ausschilderung mehr, der Weg ist jedoch meist gut zu erkennen. **An- und Rückfahrt**: Mit Buslinie 7 (Puerto del Rosario – El Cotillo) und Buslinie 8 (Corralejo – El Cotillo). Mit dem Auto von Corralejo nach La Oliva über die FV-101, von El Cotillo über die FV-10, von Tindaya über die FV-10 oder über die FV-102, von der Ostküste über Caldereta. Parkmöglichkeit am Postamt in La Oliva.

Wegbeschreibung: Die Tour um den 420 m hohen Vulkan *Montaña de la Arena* beginnt in La Oliva am dortigen *Postamt* **1**, gegenüber dem Aloe Vera Fabric-Shop. Im Supermarkt neben der Post kann man noch Proviant einkaufen. Von hier aus gehen wir auf dem rechten Fußweg entlang der Hauptstraße FV-101 in Richtung Villaverde in Richtung Nordosten.

Auf dem palmengesäumten Weg – linker Hand ist bald der Vulkan Montaña de la Arena zu sehen – laufen wir rund 200 m, bis wir auf das Hinweisschild des Weitwanderwegs GR 131 treffen. Unsere Tour führt nach links **Richtung Lajares** (9 km). Wir queren vorsichtig die Straße und halten uns links, um in die *Calle Volcan* zu kommen. Dort finden wir weitere Ausschilderungen.

Es geht nun geradeaus auf der geteerten Straße, vorbei an Häusern und der rechts abbiegenden Calle El Llano. An den auf alt getrimmten Laternen sind weiß-rote Markierungen des GR 131 angebracht. An der folgenden Gabelung biegen wir rechts ab in die *Calle María Reyes* mit weiteren Wegkennzeichnungen, vorbei an Gärten, in denen manchmal Ziegen weiden, bis zu der Stelle, an der es nur rechts oder links weitergeht. Wir wählen die linke Strecke und folgen dem ansteigenden Straßenverlauf. *Der Weg geht in eine Schotterpiste über* **2**, rechts auf dem Plateau eines Bergrückens entdecken wir zwei Windmühlen. Nachdem wir die letzten Gebäude passiert haben, verläuft der Pfad entlang einer rund 1 bis 2 Meter hohen, von Flechten überzogenen Mauer in Richtung Vulkan und Lajares. Die Flechten der Arten Orchilla und Ajican, die hier überall in feuchteren Bereichen wachsen und der Landschaft eine besondere Färbung geben, nutzte man früher zum Färben – für nicht wenige war die Färbepflanze ein wichtiger Teil ihres Einkommens.

Nach insgesamt knapp 2 km erreichen wir ein Schild mit der Aufschrift *„Monumento Natural – Malpaís de La Arena"* **3**. Hier beginnt der geschützte Naturpark mit seinem riesigen Lavafeld rund um den Vulkan Montaña de la Arena, der seit 1994 ein Naturdenkmal ist. Mit einem Alter von weniger als 10.000 Jahren zählt der Vulkan zu den jüngsten seiner Art – er entstand in der geologischen Epoche des Quartärs.

Betrachtet man die Landschaft, erkennt man durch Steinmauern in Quadrate geteilte Grundstücke, die für Viehzucht und Landwirtschaft genutzt wurden, aber auch Feigen, Agaven, Olivenbäume und Kakteen wachsen hier. Nachdem wir das Naturparkschild passiert haben, gehen wir der Markierung folgend weiter geradeaus und biegen dann, wenn es nicht mehr geradeaus geht, nach links ab. Wir befinden uns nun auf einer breiten Schotterpiste, die hin und wieder von Autos genutzt wird.

Der Vulkan ist nun zum Greifen nah, und nach einigen Minuten an erhöhter Stelle – nach rund 3 km Wegstrecke – öffnet sich die Landschaft und wir können rechts Richtung Meer und auf die östlich gelegenen Dünen von Corralejo schauen. Nach Norden in der tieferen Ebene breitet sich Lajares aus. Nur wenige Meter vor uns befindet sich ein kleiner, überdachter **Rastplatz** mit Sitzgelegenheiten und Tischen für ein Picknick **4**. Eine Tafel informiert auf Spanisch, Englisch und Deutsch über den **Naturpark Malpaís de La Arena**. Von hier aus führt der markierte GR 131 weiter nach Lajares. Wir gehen jedoch nicht Richtung Lajares, sondern in Richtung Vulkan auf einem schnurgeraden, einige hundert Meter langen Weg – immer mit Blick auf den Montaña de la Arena, rechter Hand in der Ferne liegt Lajares.

Der hier noch von Autos befahrbare schmale Weg steigt langsam an, die Autopiste endet an der Flanke des Vulkans. Von hier aus orientieren wir uns nach rechts und gehen an einer niedrigen Mauer entlang, während der Pfad immer steiniger wird. Manch eine Ziege quert die Strecke. Nach kurzer Zeit – bei Kilometer 4,6 – treffen wir auf eine quer vor uns verlaufende niedrige *Steinmauer mit einem Durchbruch* **5**. Dahinter zeigt sich der Weg deutlich schmaler und mit Lavagestein durchsetzt.

Eine offizielle Markierung findet sich hier nicht mehr, der Pfad schlängelt sich jedoch gut sichtbar rechts an der Flanke des Vulkans entlang und umrundet diesen zunächst auf mehr oder weniger gleicher Höhe. Wir nähern uns langsam wieder dem Ort La Oliva. Wenig später kommen wir in einen felsenumrahmten Kessel, dessen tiefer liegende Grundfläche wir in zwei bis drei Minuten durchquert haben. Am Ende der Ebene mit ihrer überraschend üppigen Vegetation gelangen wir über eine kurze, *felsige Trittstufe wieder auf ein höheres Niveau* **6**, das uns einen Blick auf La Oliva gewährt.

Zu Beginn der Wanderung zeigt sich der Montaña de la Arena in ganzer Pracht

Wir halten uns links und gehen weiter an der Bergflanke entlang, auch wenn der Weg nun nicht immer eindeutig zu erkennen ist und deutlich sandiger und rutschiger wird. Diese Strecke am Hang ist jedoch weiterhin leicht zu bewältigen. Am Ende der Vulkanumrundung treffen wir auf ein **Abbaugebiet des vulkanischen Picon**, ein kleiner, poröser, schwarzer Stein, der beispielsweise in Gärten oder Tomatenplantagen als Bodenauflage genutzt wird. Durch seine poröse Struktur speichert er den Morgentau oder den wenigen Niederschlag und bietet Schutz vor der starken Sonneneinstrahlung. Seine Feuchtigkeit gibt er dann sukzessive wieder ab. An dem Steinbruch stoßen wir auf eine *umzäunte Fläche samt größerer Ziegenherde* **7**.

Rückweg: Nun geht es zurück zum Startpunkt der Wanderung. Wir folgen der breiten Schotterpiste abwärts nach La Oliva. Mit gutem Auge erblicken wir in der Ferne das „**Haus der Obersten**" *(Casa de los Coroneles)*.

Nachdem unser Weg in eine asphaltierte Straße mit leichtem Gefälle übergegangen ist, folgt eine von verschiedensten Baum- und Palmenarten gesäumte Strecke. Dahinter verbirgt sich eine biologische Niederlassung der Gemeinde La Oliva, die sich um schützenswerte Pflanzen und den Erhalt von Wildtieren kümmert. Wir gehen weiter geradeaus, erste Laternen tauchen auf, wir befinden uns nun auf der *Calle Montaña de la Arena*. Am Ende dieser Straße gehen wir nach links auf die Calle del Boyajo und biegen nach wenigen Metern rechts in die Calle las Portadas ein, der wir, vorbei an Wohnhäusern und einer Bäckerei, bis zur *Hauptstraße FV-101 folgen* **8**.

Rechts steht die Kirche von La Oliva, wir biegen nach links ab und gehen einfach geradeaus, bis wir auf der rechten Seite den Ausgangspunkt unserer Wanderung beim Postamt **1** erreichen.

Wanderung 8: Von La Matilla zu den Chupadero-Quellen

Charakteristik: Die leichte, kurze Wanderung für Jung und Alt im Landschaftsschutzgebiet von Vallebrón führt auf den Bergrücken Las Mesas und bietet grandiose Ausblicke über den Norden Fuerteventuras. Unterwegs sehen wir zwei der Chupadero-Quellen und steinerne Zeitzeugen aus einer nicht allzu fernen Vergangenheit, als rund um den Montaña de la Muda noch Bauern und Hirten Landwirtschaft betrieben und von der Ziegenwirtschaft lebten. Entlang des gut erkennbaren Pfads informieren Tafeln über die Pflanzen am Wegesrand. Technisch und konditionell wenig anspruchsvoll.

Länge, Gehzeit: Hin- und Rückweg 3,7 km. Reine Gehzeit etwa 1½ Std. Inklusive Pausen rund 2 Std. einplanen. Höhendifferenz +/- 120 m. **Markierung**: Bei der Infotafel zu Beginn der Wanderung keine explizite Markierung des Weges, der jedoch aufgrund seiner Breite und des meist von Steinen flankierten Pfades leicht zu erkennen ist. **An- und Rückfahrt**: Die Buslinie 7 (Puerto del Rosario – El Cotillo) fährt auch durch La Matilla. Vom Dorf in Richtung Tindaya und Tefía gehen, zu Fuß sind es von dort rund 400 m bis zum Einstieg der Tour. Weil Busse nicht allzu oft fahren, empfiehlt es sich, mit dem Auto anzureisen. Parkmöglichkeit neben der Straße FV-10 auf einem Schotterstreifen, der durch Holzbohlen von der Fahrbahn abgegrenzt ist. Wer aus Richtung Tetir kommt, erreicht den Startpunkt der Tour kurz nach La Matilla und dem dortigen einzigen Restaurant. **Einkehr**: Im Restaurant La Matilla in La Matilla an der Straße, ungefähr 400 m vom Startpunkt der Wanderung entfernt; hier gibt es Getränke und kanarische Küche. Tägl. 8.30–16 und 18–23.30 Uhr, Mo Ruhetag. Calle La Matilla, ✆ 692-548134.

Die Wanderung kann beginnen – eine Agave ziert den Startpunkt

Wegbeschreibung: Wir starten unsere Tour an der Straße FV-10, an der *Informationstafel* **1**, die die Wanderung beschreibt, und den kaum zu übersehenden Agaven-Pflanzen. Ein Dutzend Steintreppen links der Tafel bilden den Einstieg hinauf zur Ebene Las Mesas und den *Chupadero-Quellen*. Nach den Stufen gehen wir auf einem breiten, leicht ansteigenden Weg vorbei an nicht mehr genutzten Terrassenfeldern entlang der Südseite des **Montaña de la Muda**. Wir befinden uns jetzt auf ca. 360 m Höhe im *Landschaftsschutzgebiet von Vallebrón*. Lässt man den Blick schweifen, erkennt man rechts auf einem nahen Hügel eine Radarstation und links bzw. gen Süden den Ort *Tefía*.

Zwischendurch machen uns rostige Metalltafeln auf die in der kargen Landschaft wachsenden, mal gelb, mal weiß blühenden Pflanzen mit ihren spanischen und botanischen Namen aufmerksam. Immer wieder treffen wir auf die auf Fuerteventura weitverbreitete *Aulaga*, ein von Januar bis Juni gelb blühender Strauch-Dornlattich. Ebenfalls häufig zu sehen ist die besonders im Norden der Insel auftretende Stumpfblättrige Wolfsmilch, auch *Tabaiba* genannt. Eine Tafel informiert über die Espino-Pflanze *(Lyceum intricatum)*, den Sparrigen Bocksdorn, ein dorniges Nachtschattengewächs, dessen Früchte an Mini-Tomaten erinnern. Als nächstes erreichen wir ein niedriges Steinkonstrukt, ein sog. *Gateras*, das der Unterbringung der Zicklein diente.

Der breite und weiterhin moderat ansteigende Pfad erreicht nach rund 700 m einen tief eingeschrittenen **Barranco 2**, der die meiste Zeit des Jahres kein Wasser führt. Danach gehen wir links und parallel des felsigen Trockenbettes weiter hinauf, bis wir über einen nach rechts führenden, ca. 10 m langen Abzweig die erste **Quelle Fuente El Risco o El Pozo 3** erreichen.

Wanderung 8: Von La Matilla zu den Chupadero-Quellen

Wieder zurück auf dem Hauptweg, treffen wir wenige Meter später und nach rund einem Kilometer Gehstrecke ab Beginn unserer Wanderung auf die zweite **Quelle Fuente el Pocito**. Über dem Wasserloch steht eine dreibeinige Holzkonstruktion samt Seilzug, mit dem daran hängenden Blecheimer kann man Wasser aus dem Tümpel schöpfen. Wenige Minuten danach stehen wir vor einem sogenannten **Gambuesal 4**, einem früheren Pferch, an dem die Esel und Kamele festgebunden wurden, während man aus der nahen Quelle das kostbare Nass schöpfte. Der von einer Steinmauer umringte, heute mit einem Steintisch und Steinbänken versehene Gambuesal lässt sich gut für ein Picknick nutzen.

Wir entfernen uns nun von dem Barranco und folgen dem ansteigenden Weg entlang der Bergflanke. Wir gewinnen schnell an Höhe – La Matilla, das Restaurant und der Ausgangspunkt unserer Wanderung sind von hier aus gut zu sehen. Wir treffen auf ein rundes, steinernes Areal, das als Dreschplatz für Getreide diente. Nun folgt ein letztes freies und ebenes Stück hinauf zum *Bergrücken Las Mesas*, ein Bereich sticht hier mit seinem kräftig-roten Erdreich ins Auge.

Nach gut 1,8 km ist das *Ziel der Tour* **5** erreicht, oft begrüßt den Wanderer ein kräftiger Wind, und das traumhafte Panorama begeistert. Wer den Norden Fuerteventuras ein wenig kennt, entdeckt die Insel Lobos, den Ort El Cotillo und den heiligen Berg Tindaya in der Ferne.

Zurück geht es auf dem bekannten Pfad hinunter bis zur Infotafel, dem Auto oder bis zur Bushaltestelle in La Matilla.

Mountainbike-Tour 9: Von Caleta de Fuste nach Pozo Negro und La Atalayita

Charakteristik: Die lange und streckenweise anstrengende Mountainbike-Tour führt zunächst kurze Zeit auf dem Radweg entlang der Landstraße FV-2 von Caleta de Fuste nach Las Salinas del Carmen. Meist sind es jedoch breite Schotterpisten, die immer wieder an einsamen Stränden und Buchten vorbeiführen. Nach etlichen Bergauf- und Bergabfahrten erreichen wir den idyllischen, etwas abgelegenen Ort Pozo Negro mit Bade- und Einkehrmöglichkeit. Die Tour ist auch für Radler ohne größere MTB-Erfahrung geeignet, durchschnittliche bis gute Kondition ist aber vonnöten. Bei steilen Abfahrten sollten es nicht nur Anfänger langsam angehen lassen, bei steilen, rutschigen Anstiegen ist Schieben manchmal eine Alternative. An Geschichte und Kultur Interessierte freuen sich auf La Atalayita und die Zeugnisse der Ureinwohner von Fuerteventura.

Länge, Fahrzeit: Hin- und Rückweg ca. 33 km. Reine Fahrzeit etwa 3½ Std. Inklusive Pausen und Besichtigung von Pozo Negro und „La Atalayita" mindestens 5 Std. einplanen. Höhendifferenz +/- 700 m. **Markierung**: keine wesentliche Markierung vorhanden, in Las Salinas del Carmen und Pozo Negro informiert jeweils eine Tafel über die Teilabschnitte der Tour. **An- und Rückfahrt**: Mit Buslinie 9 (Pájara – Morro Jable) und Buslinie 10 (Puerto del Rosario – Morro Jable) nach Caleta de Fuste. Mit dem Auto bis zum Hotel Geranios, Paseo Maritimo, 35610 Caleta de Fuste. **Fahrradverleih**: Caleta Cycles. Der Engländer Jeff verleiht Räder für Fahrten auf eigene Faust, organisiert aber auch geführte Touren. MTB 24 Gänge 15 €/Tag, 27 Gänge 17,50 €/Tag, jeweils inkl. Helm, Flickzeug, Pumpe etc. Ermäßigung bei mehrtätiger Anmietung. Personalausweis und 50 € Kaution nötig. Mo, Mi, Fr–So 10–14 und 15–17 Uhr, Sa nachmittags geschlossen; Di & Do 10–13.30 und 14.30–17 Uhr. Beim Hotel Geranios Suite, Local 3, Caleta de Fuste, ✆ 676-600190.

Wegbeschreibung: Da wohl die wenigsten ein Mountainbike in den Urlaub mitgenommen haben, starten wir unsere Tour am *Fahrradgeschäft „Caleta Cycles"* **1** beim Hotel Geranios in Caleta de Fuste. Nachdem wir uns mit dem gemieteten Bike vertraut gemacht haben, fahren wir zur nahen Strandpromenade, biegen rechts ab und passieren das Hotel Geranios. Hinter dem Hotel halten wir uns rechts, überqueren einen Parkplatz, bewältigen eine minimale Steigung, nehmen die erste, nach rechts abbiegende Straße, die *Calle Verol*, und fahren kurz danach links in den nächsten Weg, die *Calle Aulaga*, in Richtung Hauptstraße FV-2. Kurz vor der Hauptstraße queren wir die *Calle Tabaiba* und fahren auf einer wenige Dutzend Meter kurzen Schotterstrecke links an einigen Häusern vorbei, bewältigen strampelnd oder schiebend einen steileren, zwei Meter hohen, erdigen Hang, bis wir auf den sehr gut ausgebauten *Fahrradweg entlang der Durchgangsstraße FV-2* treffen **2**.

Wir halten uns links in Richtung Süden in Richtung **Las Salinas del Carmen**. Die Tour verläuft nun ohne wesentliche Steigungen rund 3 km auf dem Radweg, vorbei an einigen Hotels und am *Einkaufszentrum Atlantico*. Hier überqueren wir den Kreisverkehr, fahren nicht nach rechts auf die Hauptstraße, sondern nehmen den Radweg, der ein paar Meter später wieder klar zu erkennen ist. Am **Salzmuseum Las Salinas** endet der ausgebaute Fahrradweg, wir überqueren den *Parkplatz am Museum* **3** (mehr zum Museum im Ortskapitel Caleta de Fuste) und fahren bis zu einer Tafel, die über die Wanderung von Las Salinas del Carmen nach Pozo Negro informiert.

Es geht nun auf der asphaltierten Straße mehr oder weniger geradeaus, bis diese in eine breite Schotterpiste übergeht und sich wenig später der Blick auf eine kleine

Bucht, einige Palmen und ein weißes Gebäude am Strand öffnet. Nach 200 m bergab erreichen wir den **Steinstrand am Puerto de la Torre** **4** nach insgesamt etwa 30 Minuten Fahrzeit.

Nach rechts ins Landesinnere führt ein ca. 1 km langer Weg zu einem ausdehnten **Palmenhain** **5** auf der linken Seite und einer eindrucksvollen vulkanischen Felsformation von beachtlichem Ausmaß rechter Hand. In dieser Schlucht wachsen die Kanarische Dattelpalme *(Phoenix canariensis)* und die Kanarischen Tamarisken *(Tamarix canariensis)*, hier leben der Kanarenschmätzer *(Saxicola dacotiae)*, eine nur auf Fuerteventura existierende Vogelart, sowie einige Seevögel, zum Beispiel der nur rund 60 cm groß werdende Seidenreiher *(Egretta garzetta)* und der Flussregenpfeiffer *(Charadrius dubuis)*.

Mountainbike-Tour 9: Von Caleta de Fuste nach Pozo Negro und La Atalayita

Zurück am Strand, führt die Strecke nun anspruchsvoll steil hinauf auf das allgemeine Klippenniveau. Hier heißt es in den ersten Gang schalten und die Herausforderung langsam meistern. Nach rund 250 m Steigung können wir ein wenig durchatmen und radeln parallel zur Küste weiter nach Süden. Wir bleiben auf dem breiten Hauptweg, biegen nicht in rechts abzweigende Wege ab, und halten uns nach links Richtung Meer. Tipp: Wer am Rand der Piste mit ihren waschbrettartigen Querrillen fährt, schont die Handgelenke und erleichtert sich das Fahren.

Nach gut 8 km führt eine Linkskurve hinunter zur Küste. Wir reduzieren wegen des sandig-schottrigen Untergrunds die Geschwindigkeit – bei zu hohem Tempo können auf dem Weg liegende faustgroße Steine dem Lenker einen ordentlichen Schlag verpassen. Besonders Anfänger sollten sich langsam an das unwegsame Gelände gewöhnen und ein Gefühl fürs Bremsen und Halten des Gleichgewichts bei rutschigem Untergrund bekommen. Das Terrain führt uns bergauf und bergab, bleiben Sie beim Aufwärtsfahren auf dem Sattel sitzen, da ansonsten schnell das Hinterrad durchdreht.

Eine weitere, sich über mehrere hundert Meter erstreckende Ebene sorgt für eine Erholungsphase. Die letzten 3 bis 4 km vor Pozo Negro müssen wir die stärksten und längsten Steigungen der gesamten Tour bewältigen. Es geht steil bergauf, vorbei an einer *Radarstation* **6**, hinab zur nächsten Bucht und unmittelbar danach wieder hinauf. Die Buchten und dazugehörigen, überwiegend steinigen Strände sind meist menschenleer. An der **Playa Majada Cabras** **7**, dem „Strand der Ziegenherde", stoßen wir auf einen steinernen Bau, der in noch nicht allzu ferner Vergangenheit als Kalkofen diente, einer von vielen dieser Art, wie sie bis heute meist an der Küste zu finden sind. Genutzt wurden Kalköfen vom 17. bis ins 20. Jahrhundert.

Da die Steigungen auf einigen Dutzend Metern teils sehr rutschig und schwer zu bewältigen sind, steigen Sie sicherheitshalber lieber ab und schieben **8**.

Nach Pozo Negro geht es in Kehren hinab **9**, bis wir nach rund einer Stunde Fahrzeit auf die Straße FV-420 treffen, die linker Hand bald in **Pozo Negro** endet. Am Übergang zwischen Piste und Asphaltstraße steht eine *Tafel* **10**, die über die Region und die Tour zurück nach Las Salinas del Carmen informiert.

An der Infotafel halten wir uns rechts und fahren gut 2,5 km auf der ansteigenden Straße, bis wir nach links Richtung *„Centro de Interpretación Poblado de La Atalayita"* **11** abbiegen können. Nun geht es über 1 km auf fast ebener und breiter Piste zum *Infopoint von „La Atalayita"* **12**. Leider ist das Gebäude seit längerem geschlossen und die Ausstellung nicht zugänglich. Wir können jedoch das Außengelände mit dem Rad oder zu Fuß erkunden (mehr Infos im Ortskapitel Pozo Negro). Danach fahren wir zurück nach *Pozo Negro* **13**, wo wir in einem der urigen Restaurants eine Pause einlegen oder einfach am Strand verschnaufen können.

Der Rückweg verläuft wie der Hinweg. In Las Salinas del Carmen gibt es nochmals einen Strand und ein Restaurant – und natürlich in Caleta de Fuste, unserem Ausgangspunkt.

Wohlverdiente Rast am Salzmuseum

Wanderung 10: Von Betancuria durch die Bergwelt zu einem schattigen Kiefernwald

Charakteristik: Die familienfreundliche kurze Tour führt vom historisch bedeutenden Ort Betancuria in die nahe Bergwelt rund um den 672 m hohen *Morro Janana*, den wir nicht besteigen, der uns jedoch als Orientierung dient. Unterwegs belohnen Aussichten auf den Ort Antigua, vielleicht ein paar in der Luft kreisende Raubvögel und ein Kiefernwald mit schattigem Grillplatz den Wanderer.

Länge, Gehzeit: Rundwanderweg 6,7 km. Reine Gehzeit etwa 2 Std. Mit Pausen rund 3 Std. einplanen. Höhendifferenz +/- 230 m. **Markierung**: Zunächst ist eine rot-weiße (GR 131) und weiß-grüne (SLV-29) Markierung vorhanden, später, nach dem Degollada del Marrubia bis zum Picknick-Areal, nur noch die rot-weiße Markierung des GR 131. Zum Schluss der Tour zurück nach Betancuria gibt es keine wesentliche Markierung mehr, die Orientierung ist jedoch leicht. **An- und Rückfahrt**: Mit Buslinie 2 (Puerto del Rosario – Vega de Río Palmas). Mit dem Auto über die FV-30. Parkmöglichkeiten in Betancuria. **Einkehr**: Am Ende der Wanderung können Sie in einem der vielen Restaurants und Cafés in Betancuria Hunger und Durst stillen.

Wegbeschreibung: Wir beginnen die Rundwanderung an der *Calle San Diego de Alcalá* **1**. Dort sind eine Infotafel und Wegweiser angebracht. Wir orientieren uns Richtung *Degollada del Marrubia* und gehen zunächst durch die historische Altstadt, vorbei an der Kirche *Santa María de Betancuria* an der Calle Inmaculada Concepción nach Süden. Der breite, gepflasterte Weg führt vorbei an der Casa de los Perez und der Casa de los Silvera. Sobald es im Ort nur noch nach rechts oben geht, halten wir nach einer Kombination aus rot-weißen (GR 131) und weiß-grünen (SLV-29) Markierungen Ausschau und gehen im Grunde geradeaus über mit einen mit Holzgeländer gesicherten Treppenweg bergab. Wir halten uns geradeaus und beachten die rot-weißen und weiß-grünen Wegmarkierungen. Nachdem wir uns wieder auf asphaltiertem Terrain bewegen, folgen wir der Straße, gehen an der nächsten Gabelung nach links, dann nach rechts und *überqueren die Durchgangsstraße (FV-30)* **2**, um in den Weg schräg links gegenüber zu kommen.

Wir gehen vorbei an dem restaurierten **Wasserrad Noria del Pozo de los Peña** (mehr darüber im Kapitel Betancuria). Danach führt ein kurzer, rund 20 m langer Anstieg über eine Art Trampelpfad erneut auf einen asphaltierte Straße, die *Calle*

San Buenaventura. Links leicht bergauf gehend und die letzten Häuser von Betancuria passierend, gelangen wir in Richtung Berge. Der geteerte Weg endet nun, und der ausgeschilderte Wanderweg, den nur noch autorisierte Fahrzeuge befahren dürfen, führt gerade aus in den *Landschaftspark Betancuria* **3**. Rund 10 Minuten dauert unser Spaziergang bis hierher.

Die Steigung zieht nun deutlich an und manch ein Raubvogel nutzt die Thermik zum entspannten Ausschauhalten nach Beute. Am Wegesrand fallen besonders die zahlreichen **Agaven** mit ihrem hohen Blütenschaft auf, die als natürlicher Schutz vor dem nahen steilen Abhang dienen. Bis in die 1960er nutzten die Einheimischen die unteren Pflanzenteile, um daraus Stricke und Matten herzustellen.

Nach einer langgezogenen Linkskurve öffnet sich ein toller Blick auf Betancuria samt winzig erscheinender Kirche, deren Glockengeläut jedoch noch deutlich zu vernehmen ist. Auf dem Weg zeigen sich nun erste niedrige Nadel- und gelbblühende Dornengewächse. Auf ca. 580 m Höhe treffen wir am Bergübergang **Degollada del Marrubia** („Pass" wäre etwas übertrieben) auf einen überdachten Rastplatz mit Tischen und Bänken **4**. Der Wegpunkt „Degollada del Marrubia" wird auf einigen Karten auch „Degollada de la Villa" genannt. Übrigens: Schaut man im Spanisch-Deutsch-Wörterbuch unter „Degollada" nach, stößt man auf die Verben „enthaupten" und „schächten". Eine mögliche Erklärung wäre, dass an diesem einsamen Ort die Ureinwohner ihren Göttern möglicherweise Ziegen geopfert haben. Nichtsdestotrotz genießen wir die Aussicht nach Antigua, das 3 km entfernt in der Ebene vor uns liegt. Der schmale Trampelpfad führt nun nach Süden in Richtung des 672 m hohen *Morro Janana* mit seinen weithin sichtbaren Sende- und Antennenmasten. Links von uns herrliche Blicke auf Antigua und die Ostküste, rechts von uns Betancuria und die Westküste mit Ajuy.

Entlang des Bergkamms gehen wir geradeaus auf dem GR 131 Richtung Pájara. Kurz vor dem Anstieg auf den Morro Janana treffen wir auf ein mit Draht verstärk-

Nur noch wenige Minuten bis zum Picknick-Areal Castillo de Lara …

tes *Holztor* mit der typischen *weiß-roten Markierung des GR 131* **5**. Wir öffnen es, gehen hindurch, schließen es wieder und folgen dem markierten abschüssigen breiten Schotterweg. Nun befinden wir uns auf einem weiten Areal mit ansonsten in dieser Zahl selten auf Fuerteventura anzutreffenden **Kiefernbäumen** *(Pinus canariensis)*. Die kaum mehr als fünf Meter hohen, manchmal auch nur einen Meter messenden Exemplare wurden aufgeforstet und trotzen hier in nicht allzu dichtem Abstand den klimatischen Widrigkeiten. Kiefern wuchsen früher auf Fuerteventura sehr viel häufiger, sie galten aufgrund ihres harten Kernholzes als ausgezeichnetes Baumaterial, zum Beispiel für Balkone. Auch die Gebäudedecken, wie die in der Kirche Santa Maria in Betancuria, baute man aus dem haltbaren Holz.

Der sich abwärts schlängelnde Weg endet wenig später zunächst in dem *Picknick-Areal Castillo de Lara* **6**. Den kurz zuvor auftauchenden Abzweig Richtung *Vega de Río Palmas* lassen wir links liegen. Auf dem großen Areal inmitten des Kiefernwaldes gibt es mehrere überdachte, halboffene Grillplätze. Hölzerne Sitzbänke und Tische, teils im Schatten gelegen, und ein Spielplatz mit Rutsche und Schaukeln ergänzen den idyllisch angelegten Ort, der täglich von 10 bis 18 Uhr genutzt werden darf. Dieses Erholungsgebiet *(Area recreativa)* ist auch von Betancuria aus über eine von der FV-30 abzweigende Nebenstraße zu erreichen.

Rückweg: Um von hier zu Fuß zurück nach Betancuria zu gelangen, orientieren wir uns an dem hölzernen Wegweiser am Parkplatz, der uns den 3,1 km langen Weg auf der SL-FV-10 nach Betancuria zeigt. Bis zur Straße hinunter bleibt die Strecke ungeteert und breit, kurz öffnet sich ein Ausblick auf Vega de Río Palmas.

An der Straße angekommen **7**, ist es nicht mehr weit bis ins Zentrum und zu unserem Ausgangspunkt. Wir müssen die FV-30 überqueren und uns links halten, um nach wenigen Metern hinter einem Überholverbotsschild rechts einen schlecht erkennbaren Trampelpfad hinunterzugehen. Sobald wir auf einen breiten Sandweg stoßen, biegen wir nach rechts ab und folgen dem links der Straße liegenden Weg. Wenige Minuten später zeigen sich auf der linken Seite die runden Becken der Kläranlage *des E.D.A.R. de Betancuria* **8**. Unmittelbar danach geht die Strecke in die Durchgangstraße FV-30 über; wir bleiben auf der linken Seite, passieren das Gebäude der **Casa de Queso**. Hier kann man etwas zu essen oder zu trinken kaufen oder einen Ziegenkäse erstehen.

... Tor schließen nicht vergessen!

Wir biegen nun links in die *Calle Hermanos Martín Fajardo* ab und halten kurz an dem Wasserrad „Noria del Pozo de la Calle". Geradeaus befindet sich gegenüber dem Restaurant „Bodegón Don Carmelo" ein Spiel- und Trimmdichplatz. Dahinter führt die *Calle Alcalde Carmelo Silvera* hinauf zur Altstadt und zur Calle Inmaculada Concepción. Von hier aus sind es noch ein paar Dutzend Meter zurück zu unserem Startpunkt bei der *Calle San Diego de Alcalá* **1**.

Wanderung 11: Von Vega de Río Palmas zur Ermita de Nuestra Señora de la Peña

Charakteristik: Die kurze Wanderung für Jung und Alt erfreut durch das einfach zu erreichende Ziel: die winzige Kapelle zu Ehren der Jungfrau de la Peña in einer eindrucksvollen Felsschlucht. Doch auch der Weg durch den *Barranco de las Peñitas* mit seinen am Wasserlauf aufgereihten Palmen lassen die Tour in der ansonsten oft so kargen Landschaft Fuerteventuras zu einem besonderen Erlebnis werden. Am Startpunkt in Vega de Río Palmas steht zudem eine sehr sehenswerte Kirche – und ein Restaurant lädt nach der Wanderung zur Einkehr ein. Der einzige etwas schwierigere Abschnitt zieht sich von der Staumauer bis zur Kapelle.

Länge, Gehzeit: Hin- und Rückweg 7,2 km. Reine Gehzeit gut 2 Std.; inklusive Pausen gut 3 Std. einplanen. Höhendifferenz +/- 150 Meter. **Markierung**: rot-weiße Kennzeichnung (GR 131) und Hinweisschilder mit Kilometerangaben. **An- und Rückfahrt**: Die Buslinie 2 fährt 3-mal tägl. die Strecke Puerto del Rosario – Vega de Río Palmas und zurück. **Einkehr**: Das *Restaurant Don Antonio*, direkt an der Kirche von Vega de Río Palmas, serviert gehobene kanarische Küche (tägl. 11–17 Uhr, Mo Ruhetag. Calle Teófilo Perera s/n, 35637 Betancuria, ✆ 928-878757). *Restaurant Casa de la Naturaleza*, Di–So 10–17 Uhr, Mo Ruhetag. Calle San Sebastián, kurz vor dem Wanderparkplatz Richtung Ermita. ✆ 928-654138.

Wegbeschreibung: Wir starten an der *Kirche von Vega de Río Palmas* **1**. Von hier aus gehen wir nach links abwärts und queren die Durchgangsstraße FV-30, bis wir rechts auf eine Infotafel und einen abbiegenden Weg treffen. Ab hier ist die Strecke mit der Markierung des Weitwanderwegs GR 131 gekennzeichnet. Wir wandern ein paar Meter hinunter und biegen dann links in den breiten, trockenen und sandigen Barranco ab. Nach einigen Minuten erreichen wir eine den Barranco querende Brücke. Vor der Brücke gehen wir links hinauf auf die Straße und gehen nach rechts am Straßenrand entlang. Die Strecke hier ist mit rot-weißen Holzpfosten

Inmitten der Schlucht steht sie: die weiße Ermita de Nuestra Señora de la Peña

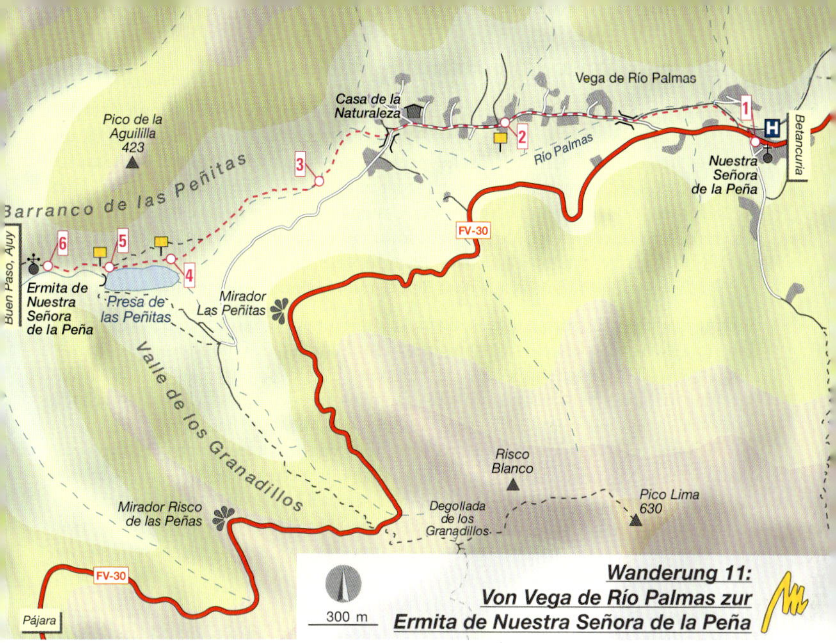

Wanderung 11: Von Vega de Río Palmas zur Ermita de Nuestra Señora de la Peña

(GR 131) markiert. Es geht nun ein Stück die Straße entlang, vorbei an Häusern und vielen Palmen, die dem in diesem Tal entspringenden „Fluss“ und dem Ort seinen Namen „Palmenflusstal“ gaben. Zwischendurch weist ein Schild auf eine nur 100 m entfernte Bäckerei an der Calle Miguel de Unamuno hin.

Bald gelangen wir an einen *Spielplatz und ein Gesundheitszentrum* **2**, die Grundstücke am Weg sind liebevoll gestaltet. Ein Hinweisschild zeigt die Richtung ins 2 km entfernte *Valle de los Granadillos* und ins 8 km entfernte *Pájara*. Wir spazieren auf dem asphaltierten, leicht bergab verlaufenden Weg, vorbei an der **Casa de la Naturaleza**, die wir jetzt oder auch auf dem Rückweg besuchen können, um die Ausstellung samt 15-minütigem Film anzusehen – oder um in dem geschmackvoll gestalteten Restaurant etwas zu essen oder zu trinken. Kurz nach der Casa de la Naturaleza trifft der Weg auf eine Brücke. Wir achten auf den Wegweiser Richtung *Presa de las Peñitas* und *Ermita de Las Peñitas* und biegen vor der Brücke rechts ab, überqueren den kleinen Schotterparkplatz und laufen auf das Schilf, die *Palmen und einen winzigen Bachlauf* **3** zu.

Nun verläuft der weiterhin markierte Weg entlang des von hohen Palmen gesäumten Bachbetts. Falls wir den Weg aus den Augen verlieren, orientieren wir uns einfach am Bach beziehungsweise am Flussbett. Zeitweise ist die Straße auf der linken Seite erkennbar, die durch die bergige Landschaft führt. Pflanzenliebhaber halten zwischen Basalt- und Granitgestein nach verschiedensten Pflanzen Ausschau. Hier gedeihen Verode, Rhizinus, Salado, die stachelige gelb blühende Aulaga oder der Blaugrüne Tabak, aus dessen gelben, kelchförmigen Blüten man einen süßen „Honigtropfen“ saugen kann, jedoch besser nur unter fachmännischer Anleitung, da die Pflanze ansonsten giftig ist. Sehr giftig ist der weißliche Saft der Tabaiba, die häufig am Wegesrand wächst und zur Familie der Wolfsmilchgewächse zählt. Auch die Tarajal gedeiht hier, die dem Ort Gran Tarajal seinen Namen gab und deren Blätter deutlich nach Salz schmecken.

Fast 3 km nach unserem Startpunkt steigt der Weg an und verläuft nun deutlich oberhalb des *Barranco de Las Peñitas*. Als nächstes erreichen wir eine *Tafel* **4**, die über geologische und ethnografische Aspekte der Region informiert. Der *Stausee Presa de las Peñitas* ist nun zu sehen, er ist zum größten Teil ausgetrocknet. Hier im Barranco de Las Peñitas hinter der Staumauer sollen der Legende nach die Franziskanermönche Diego de Alcalá und Juan de San Torcaz die Madonnenfigur der Virgin de la Peña entdeckt haben, nachdem ein Licht ihnen den Weg gewiesen und die Brüder die Madonna aus dem Fels befreit hatten.

Entlang des links liegenden Staubeckens, das mit einem Geländer aus dicken Tauen und Holzpfosten gesichert ist, gelangen wir zur Staumauer. Eine *Schautafel* **5** zeigt bildhaft die Namen der umliegenden Berge und Täler, wie den *Pico de la Aguililla* oder das *Valle de los Granadillos*. Die Staumauer wurde in zwei Schritten erbaut. Zunächst errichtete man 1939 eine 11 m hohe Mauer, die bald auf 22 m erhöht wurde. Im Lauf der Jahrzehnte versandete der See durch eingeschwemmte Sedimente immer mehr, so dass sich die Kapazität um mehr als 80 % verringerte und das Wasser versalzte – es war für die landwirtschaftliche Nutzung nicht mehr geeignet. So siedelten sich beispielsweise die hier am Uferrand zu sehenden Tamarisken *(Tamarix canariensis* an. Und durch die Lüfte segelt ab und an ein Schmutzgeier, ein Turmfalke oder ein Kolkrabe.

Danach geht es durch einen schmalen, felsigen, aus plutonischem Gestein bestehenden, über 20 Millionen Jahre alten Talabschnitt kontinuierlich abwärts, teils über Steintreppen, bis wir links im Barranco de Las Peñas die winzige weiße **Ermita de Nuestra Señora de la Peña** sehen, der an dieser Stelle auch *Barranco del Mal Paso* heißt. Ein ca. 15 m kurzer Pfad führt nach links zur *Kapelle* **6**. Lassen Sie sich Zeit, den Ort und seine Atmosphäre zu genießen und das Gemälde, auf dem die wundersame Entdeckung der Heiligenstatue durch die Franziskanermönche dargestellt ist, zu betrachten. Sie können auch einen Blick in die ausliegenden Notizbücher aus vergangenen Jahren werfen und an den Innenwänden der Ermita ein paar der unzähligen handschriftlichen Notizen lesen.

Der Rio Palmas macht seinem Namen Ehre

Blickt man von der Ermita de la Peña Richtung Westküste, ist zwischen den in Jahrmillionen vom Wasser geschliffenen Felsen ein idyllischer Palmenhain nicht zu übersehen. Diese an den Weiler *Buen Paso* grenzende abgelegene Naturoase hatte ihren großen Auftritt, als Ridley Scott an dieser Stelle eine Szene seines berühmten *Kinofilms „Exodus“* aufnahm.

Bevor Sie sich auf den bekannten Weg zurück nach **Vega de Río Palmas** begeben, bitte nicht vergessen, die Tür der Kapelle wieder zu schließen.

Wanderung 12: Von Toto zum Pico Lima

Charakteristik: Die weitgehend einfache Halbtagestour führt von dem fast vollkommen unberührten Ort Toto auf 280 m Höhe über meist sehr gut markierte und breite Wege durch ein Tal in die Bergwelt Fuerteventuras. Nur die letzten etwa 500 m bis zum fast 630 m hohen Pico Lima sind etwas schwerer zu gehen, hier sind Orientierungssinn und Trittsicherheit vonnöten. Diesen Teil der Tour kann man jedoch, so man möchte, auch weglassen. Eventuell dünne Windjacke/Pullover mitnehmen, da es an den freien und teils ausgesetzten Passagen sehr windig und kühl werden kann.

Länge, Gehzeit: Hin- und Rückweg rund 6 km. Reine Gehzeit etwa 2½ Std.; inklusive Pausen rund 3½ Std. einplanen. Höhendifferenz +/- 350 m. **Markierung**: Zu Beginn der Tour sehr gut ausgeschilderter und markierter Weg auf dem GR 131 bis zur *Degollada de los Granadillos*. Von dort teils unmarkierter, teils mit Steinmännchen gekennzeichneter Pfad. **An- und Rückfahrt**: Toto liegt an der FV-30 zwischen Pajara und Tuineje, beide Städte werden durch die wenige Male am Tag verkehrende Buslinie 9 verbunden. Besser ist es in diesem Falle, mit dem Auto anzureisen.

Wanderung 12: Von Toto zum Pico Lima

Wegbeschreibung: Wir starten unsere Wanderung an der Kirche **Ermita de San Antonio** im Zentrum des Dorfes Toto, am *Hinweisschild des Weitwanderwegs GR 131* **1**. Wir folgen der Hauptstraße *Calle Cuesta de San Antonio* bergauf auf dem GR 131 in Richtung Vega de Río Palmas. An den Laternen sind Wegmarkierungen angebracht. Die asphaltierte Straße geht nach wenigen Minuten in einen durch Steine markierten Weg über, den rechts eine *Steinmauer* begleitet **2**. Wir halten uns mehr oder weniger einfach geradeaus. Direkt vor uns erhebt sich schon das Ziel der Wanderung: Berge mit über 600 m hohen Gipfeln. Ein Verlaufen ist auf den nächsten Kilometern nicht möglich, es geht durch den **Barranco de Teguereyde**. Rechts mit Steinen eingefasste Felder, die *Gavias*, und ein im Wind scheppperndes Wasserrad. Schmale Barrancos queren wir über Brücken und oft begleiten uns Atlashörnchen oder Ziegen auf dem allmählich ansteigenden Weg in die Berge. Bei den Pflanzen entlang des Pfades handelt es sich u. a. um den von Januar bis Juni gelb blühenden Strauch-Dornlattich *(Launaea arborescens)*, der bis zu bis 150 cm hoch wird.

Der Gipfel des Risco Blanco direkt vor uns in der Ferne

Nach rund 1,6 km erreichen wir einen schön angelegten, überdachten **Picknick-Platz** *(Area de descanso)* mit Tischen und Bänken **3**. Der felsige Gipfel des *Risco Blanco* rückt näher. Nach dem Rastplatz wird der Weg etwas steiler und steigt nach weiteren 200 m deutlich an. Schmal und felsig schlängelt sich der Pfad gesäumt von Wolfsmilchgewächsen auf den fast 500 m hohen **Degollada de los Granadillos 4**, auf dem eine in die Jahre gekommene Schäferhütte steht. Von hier oben blickt man auf den in der Ferne liegenden *Stausee bei Vega de Río Palmas*. Vor der Steinhütte biegen wir nach rechts ab in Richtung Berg, vorbei an Steinmännchen und einem kleinen Drahtverhau zur Ziegenhaltung. Wir gehen nun rechts des Zaunes auf einem schmalen Pfad in Richtung *Risco Blanco*, an der Flanke des Berges entlang. Unterhalb des Risco Blanco ist ein Weg zu erkennen, der jedoch in wegloses, felsiges Terrain übergeht. Wir halten uns mehr oder weniger parallel zum Gipfel und zu den Felsplatten und bleiben in den nächsten Minuten auf etwa gleichem Höhenniveau.

Rechts unter uns liegt der Ort **Toto** und das Tal mit dem zuvor passierten Picknickplatz. Dann verliert sich unser Weg, nun heißt es im Zickzack aufwärts gehen, bis wir einige Dutzend Meter *unter dem felsigen Gipfel* angelangt sind **5**. Ab und zu treffen wir auf diesem Abschnitt jedoch auf schmale Pfade samt einigen Steinmännchen. Wenig später verliert sich der Weg erneut, wir halten uns, wie gesagt, einfach an die Richtung nach oben. Nun findet sich erneut ein deutlich sichtbarer Weg, dem wir auf gleichbleibendem Höhenniveau zunächst weiter nach Osten folgen. Wir achten auf den auch hier nicht immer klar erkennbaren Weg.

Kurz danach erreichen wir einen *Grat* **6**, der es uns erlaubt, auf die andere Seite nach Norden in **Richtung Vega de Río Palmas** zu schauen. Wer es sich zutraut, kann nach links auf den *Risco Blanco* steigen. Alle anderen halten sich nach rechts Richtung Osten. Auf der Vega de Río Palmas zugewandten Seite des Grats führt der Weg teils über blanken Fels weiter nach oben. Trittsicherheit ist hier vonnöten. Nun geht es am Hang entlang, vorbei an rechts liegenden Terrassenfeldern, und einen an einer Steinmauer entlang führenden breiten Weg hinauf zum knapp 630 m hohen *Pico Lima* **7**, ein eher unspektakulärer Berggipfel, der aber freie und weite Sicht auf die Region mit Toto bietet.

Von hier aus führt unsere Tour auf dem gleichen Weg zurück nach Toto.

Wanderung 13: Von Costa Calma nach La Pared und zurück

Charakteristik: Rundwanderung von der Ostküste zur Westküste und Rückweg durch das Inselinnere – eine lange Tour, auf der wir den unterschiedlichsten Landschaftsformen begegnen. Gute Kondition ist vonnöten. Eindrucksvoll, teils rau und abgeschieden präsentiert sich die Westküste. Beim Durchqueren der Dünenlandschaft ist Orientierungssinn gefordert, wenig später können wir in La Pared eine Pause mit Eis und kühlem Getränk genießen. Der Rückweg führt fast durchweg durch das Landesinnere zwischen Ost- und Westküste wieder nach Süden und nach Costa Calma.

Länge, Gehzeit: Hin- und Rückweg 17,8 km. Reine Gehzeit etwa 5 Std. (Hinweg etwa 3 Std., Rückweg gut 2 Std.); inklusive Pausen etwa 6½ Std. einplanen. Höhendifferenz +/- 470 m. **Markierung**: Nicht auf der gesamten Strecke markiert. Große Abschnitte sind jedoch mit Kilometer- und Richtungsangaben versehen. Der Wanderweg GR 131 ist mit rot-weißen Zeichen an Holzpfählen gekennzeichnet. **Anfahrt**: Costa Calma ist mit den Bussen der Linien 1, 4, 5 und 10 erreichbar. Der Startpunkt liegt hinter dem Einkaufcenter El Palmeral, am Ende der Calle Playa de la Jaqueta.

Wegbeschreibung: Unsere Rundwanderung beginnt am Rande von Costa Calma, am Ende der *Straße Playa de la Jaqueta* **1** hinter dem *El Palmeral Einkaufscenter*. Ein Strommast markiert den Startpunkt an der hier endenden asphaltierten Straße. Die hier beginnende breite, ebene Sandschotterpiste weist den Weg in Richtung Westküste. Schon wenige Dutzend Meter später betreten wir laut Hinweisschild den **Park Natural de Jandía**, eine weitere Tafel mit der Aufschrift „Zona del Jable" gibt mit einem Luftbild einen Überblick über das Wandergebiet mit der Ost- und Westküste und der Siedlung La Pared. Zudem wird erklärt, was im Naturschutzgebiet erlaubt ist und welche Strecken mit motorisierten Fahrzeugen befahren werden dürfen – zu Beginn der Tour kann uns also ab und an ein Auto begegnen.

Mehr oder weniger parallel zu unserem Weg erheben sich links über 40 bis zu 31 m hohe Windkrafträder, die zum *Parque Eólico de Jandía* gehören und vor allem in den windreichen Sommermonaten mehrere Gigawattstunden (1 GWh = 1 Mio. kWh) umweltfreundlichen Strom erzeugen (mehr zur Stromerzeugung auf Fuerteventura im Kapitel „Energie").

Die fast völlig flache und wüstenähnliche Strecke macht einige Schlenker und führt vorbei an zahlreichen dornigen Gewächsen, wie dem von Januar bis Juni gelb blühenden Strauch-Dornlattich *(Launaea arborescens)* aus der Familie der Korbblütler. Teilweise können Sie auf diesen Pflanzen ein seidig glänzendes Gestrüpp entdecken, dabei handelt es sich um schmarotzende sogenannte „Seide" *(Cuscuta approximata)*, die z. B. den Dornlattich in seinem Wachstum massiv stört und schädigt. Außerdem wächst entlang der Strecke u. a. das mit seinen dickfleischigen Blättern auffallende Orotava-Salzkraut.

Nach rund 2 km Fußweg stoßen wir auf einen *Wegweiser* **2**, der nach rechts den Weg nach La Pared weist. Aus dieser Richtung werden wir später auf dem Rückweg kommen. Wir gehen weiter geradeaus, auf der leicht abfallenden Strecke öffnet sich die Sicht auf das Meer, bis zur Küstenlinie und zum Klippenrand **3**. An einer sich rechts befindenden Bresche im auf Karten eingezeichneten Küstenbereich **Agua Liques** führt ein kurzer, steiler, sandiger Weg im Zickzack hinab bis fast zum Meer.

Entlang der wilden Westküste

Nach rund 60 Min. Gehzeit befinden wir uns nun auf einem mehrere Meter breiten Küstenabschnitt mit einer ein bis zwei Meter hohen, zum Meer hin abfallenden Felskante **4**.

Wir gehen nach rechts immer an der Küste entlang, mit Blick nach Norden in Richtung Los Boquetes. Bei überhängenden Felsen achten wir auf möglichen Steinschlag. Hierher „verirren" sich nur wenige, meist ist es menschenleer, und ab und an auftauchende kurze Sandstrände können wir in vollen Zügen für ein Sonnenbad nutzen. Das Schwimmen hinaus aufs Meer ist wegen der schwer einschätzbaren Strömungen und des Wellengangs dagegen nicht zu empfehlen.

Vorbei an von Menschenhand gestalteten „Kunstwerken" aus farbenfrohem Strandgut wandelt sich das Gesicht der Küste, die felsigen Klippen weichen einer ausgeprägten Dünenlandschaft. Am Ende der Küstenstrecke mit am Schluss teils tiefsandigen Passagen treffen wir nach einer guten Stunde Wanderung auf den Rand einer großen felsigen Bucht, die wir noch umrunden, um kurz danach fast eine 180°-Drehung nach rechts zu vollführen **5**. Geradeaus endet die Strecke an mächtigen schwarzen Felsen, daher führt der Weg gut erkennbar nun über sandiges Terrain und hinauf bis zu einer ersten Gabelung, an der wir uns links halten und weiter aufwärts laufen.

Der Weg verläuft nach links und trifft auf einen breiteren Pfad. Etwas weiter vor uns erhebt sich eine „Felsnase", die uns die Richtung weist. Nun ist Orientierungssinn vonnöten, aber wirklich verlaufen können wir uns nicht. Wir befinden uns nun wieder auf dem Niveau des Plateaus und laufen geradeaus, im Grunde parallel zu den jetzt nicht mehr sichtbaren Windrädern. Nach einigen hundert Metern treffen wir auf den nach Nord und Süd führenden, deutlich erkennbaren GR 131. Unsere Wanderung verläuft nach links gen Norden nach La Pared. Entlang des flachen Wegs finden sich nun wieder die offiziellen rot-weißen Markierungen an hüfthohen Holzpflöcken.

Nach insgesamt ca. 7,5 km zurückgelegter Strecke stehen wir vor einem weithin sichtbaren Schild mit der Kilometerangabe „La Pared 2,5 km“ **6**. Am Horizont, hinter dem Örtchen La Pared, zeichnet sich deutlich eine dunkle Bergkette ab. Wir folgen dem Weg bis zu der *Infotafel* über La Pared **7** und gehen bergab in den Ort, der nun direkt vor uns liegt. Am Ende des Pfades treffen wir nach rund 2¾ Std. Gehzeit auf die geteerte Durchgangsstraße **8**.

Linker Hand erstrecken sich die breiten Strände, das selten ruhige Meer wird vor allem von Wellenreitern geschätzt. Wer sich nicht in die Fluten stürzen will, geht nach rechts entlang der Durchgangsstraße ins „Zentrum“, bis auf der linken Seite das **Café Plan B** auftaucht **9**. Hier können wir eine Pause einlegen und den leckeren selbstgemachten Apfelkuchen probieren. Falls das Café geschlossen ist, kommt Plan C zum Tragen: Auf der gleichen Straßenseite, nur ein paar Dutzend Meter

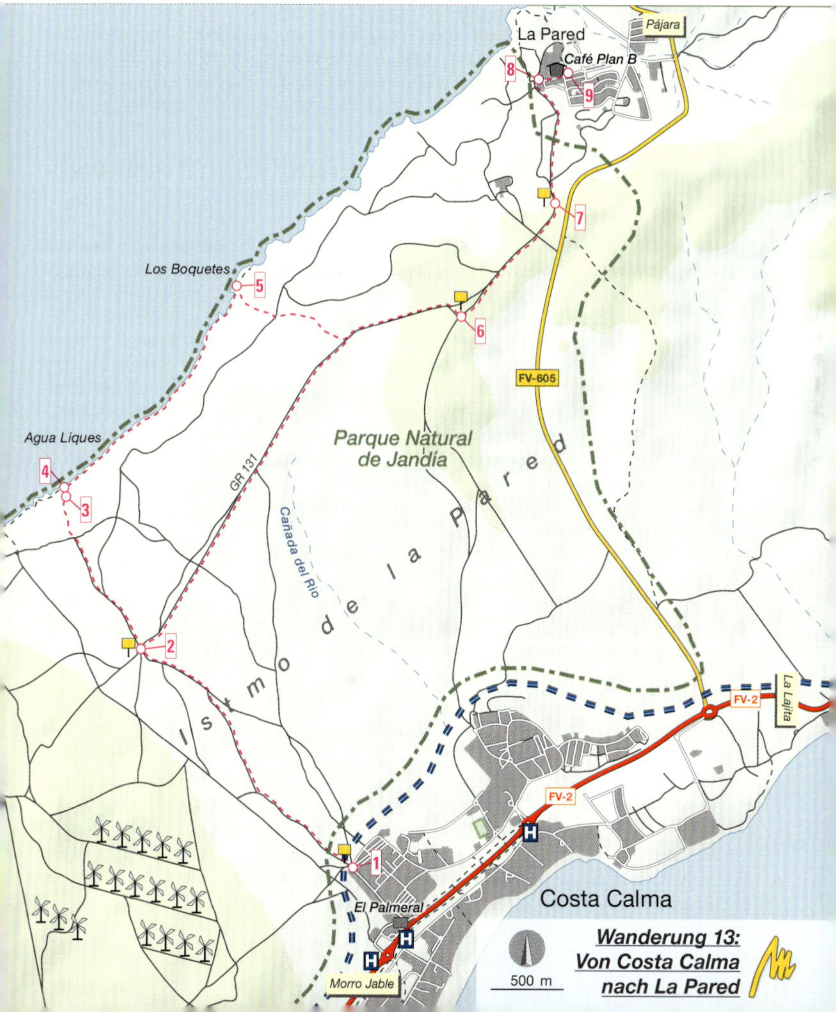

zurück, gibt es den **Minimarket El Viejo Rey** mit Getränken, Snacks und ein paar Sitzgelegenheiten vor der Tür.

Rückweg: Unser Rückweg führt auf dem bekannten Wanderweg GR 131 zurück nach Costa Calma. Die ersten Kilometer sind identisch mit dem Hinweg. Diesmal verlassen wir den GR 131 allerdings nicht, um wieder an die Küste zu gelangen, sondern bleiben auf dem gut erkennbaren und ausgeschilderten Weg für etliche Kilometer.

Die Strecke zurück zum Startpunkt in Costa Calma weist bis auf den Anstieg kurz nach La Pared nun kaum mehr Höhenunterschiede auf, ist leicht zu finden und führt kilometerlang schnurgerade durch wüstenähnliche Landschaft. Schalten Sie ab und genießen Sie die Einsamkeit und die Ruhe, die nur von Windgeräuschen und dem eigenen Atem unterbrochen wird.

Nach etwa 1¾ Std. Gehzeit seit unserem Aufbruch in La Pared erreichen wir das zu Beginn der Wanderung erwähnte und bereits von uns passierte *Hinweisschild* **2** mit der Zeitangabe „La Pared 1h 45" und „Carretera FV-2 2h 20". Wir folgen dem Wegweiser nach Carretera FV-2 und laufen den Rest der Tour auf bekanntem Gebiet zurück nach Costa Calma **1**.

Wanderung 14: Von Esquinzo am Strand entlang nach Risco del Paso

Charakteristik: Einfache Wanderung entlang eines feinsandigen, hellen, teils mit größeren Felsbrocken durchsetzten Strandes, die aufgrund des Terrains konditionell jedoch nicht zu unterschätzen ist. Ansonsten eine landschaftlich reizvolle, in weiten Teilen barfuß zu gehende Tour, mit einigen Einkehrmöglichkeiten direkt am Wasser. Je nach Jahreszeit und Windverhältnissen sind dem Badevergnügen unterwegs keine Grenzen gesetzt. Besonderes Augenmerk sollte man auf die Zeiten von Ebbe und Flut legen, da an manchen Passagen bei Flut ein Durchkommen trockenen Fußes nicht mehr möglich ist. Teilweise kann man dann überflutete Passagen auf nahen Pfaden umgehen. Die Zeiten von Ebbe und Flut erfährt man im Hotel oder in den kostenlos ausliegenden Zeitschriften wie dem „Magazin Hoy". Es empfiehlt sich, die Wanderung am Vormittag nach dem ersten Niedrigwasser zu beginnen. Je nach Laune kann man unterwegs in den Atlantik springen (Handtuch und Badesachen!), sonnenbaden oder bei Risco del Paso den Surfern zuschauen und so eine eventuelle Wartezeit auf die nächste Ebbephase nutzen.

Länge, Gehzeit: Hin- und Rückweg 13,5 km. Reine Gehzeit etwa 3½ Std. **Markierung**: Keine Markierung, der Weg führt fast ausschließlich am Strand entlang. **An- und Rückfahrt**: Butihondo und die Nachbarenklave Esquinzo erreicht man von der FV-2 über die Ausfahrt 79. Folgt man der Calle Gran Canaria, kommt man zu einem weiteren Kreisverkehr, in dessen Mitte sich ein Supermarkt befindet. Zahlreiche Parkmöglichkeit im Umfeld des Supermarkts und an den angrenzenden Straßen. **Einkehr**: In Esquinzo, Butihondo, Risco del Paso, und auch zwischendurch kann man in strandnahen Bars und Restaurants Durst und Hunger stillen; gegebenenfalls Getränke und Müsliriegel einpacken.

Wegbeschreibung: Wir folgen der *Calle Gran Canaria,* bis wir auf die zwischen dem „Hotel Club Jandía Princess" und „Fuerteventura Princess" verlaufende schmale, asphaltierte und abwärts in Richtung Strand führende *Calle el Hierro* **1** stoßen. Wir gehen diese geradeaus, nach wenigen Minuten enden die Hotelgebäude rechts und links des Weges und wir erblicken den Strand. Wir gehen den links abzweigenden Pfad hinunter *zum Strand bis zum Wasser* **2**.

Unsere Wanderung führt nun an der Küste entlang immer nach Norden in *Richtung Costa Calma*. Immer wieder treffen wir auf unserer Tour auf Anhänger der Freikörperkultur, die auf Fuerteventura zwar offiziell verboten ist, hier jedoch geduldet wird. Kurz nachdem wir die Bars und Liegen an der **Playa de Butihondo** hinter uns gelassen haben, tauchen vor uns einige runde, nebeneinander aufgereihte, aus schwarzen Steinen aufgetürmte wind- und sichtgeschützte Bauwerke auf, die meist schon seit den frühen Vormittagsstunden von Strandbesuchern genutzt werden. Blickt man in diesem Bereich den Hang hinauf, fällt bei genauerem Hinsehen das *Restaurant Marina Playa in Esquinzo* **3** ins Auge. Das Lokal ist vom Strand aus über einen Pfad zu erreichen und lädt auf der Panorama-Terrasse zu einem Stopp ein, eventuell auf dem Rückweg.

Wenige Minuten später, wir gehen weiterhin am Strand in Richtung Norden, schiebt sich landeinwärts eine beeindruckende Brücke über einen Barranco ins Blickfeld, über die die gut ausgebaute FV-2 führt. Nach rund 3,6 km Gehstrecke, die teils an schmaleren, auch mit Felsen und Steinen durchsetzten Abschnitten und an meterhohen Basaltaufschlüssen vorbeiführte, lädt die abgelegene, aber mit dem Auto erreichbare *Bar bei Tierra Dorada* **4** zur Einkehr ein. Und wenn Sie nach einer guten Stunde am Strand stehen und im Landesinneren nahe der **Ansiedlung Salmo** **5** eine unschöne Hotelbauruine erblicken, genießen Sie lieber die Weite des Atlantiks.

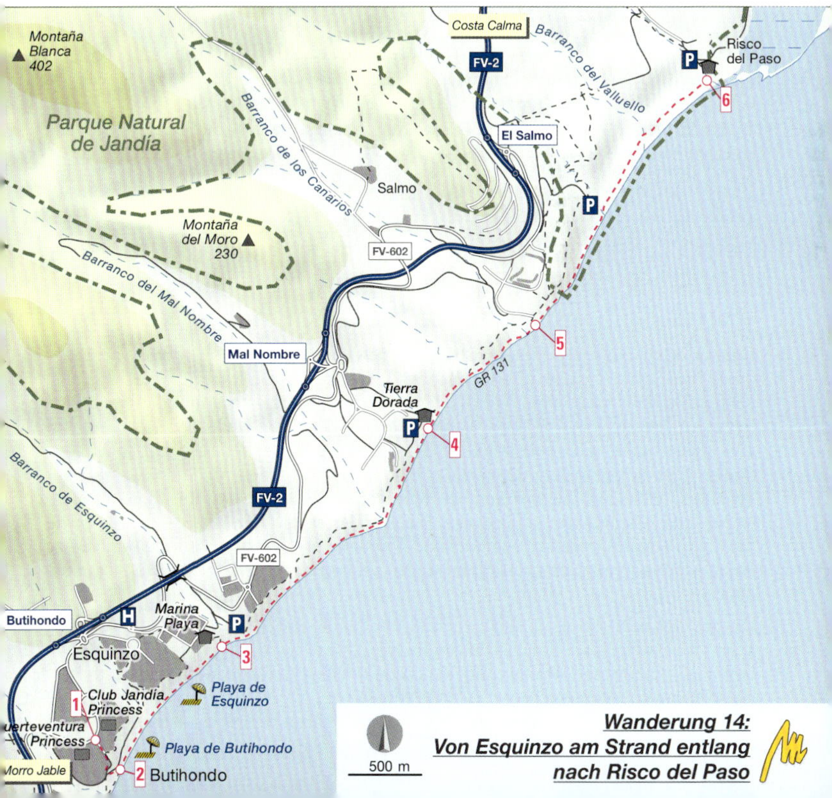

Barfußwandern am Strand Richtung Riso del Paso

Die verbleibende halbe Stunde Gehzeit bis nach Risco del Paso trüben keine weiteren von Menschenhand geschaffenen Schandflecke, sondern erfreut mit einer reizvollen, von der Natur geschaffenen Landschaft. In **Risco del Paso**, nach rund 6,7 km **6**, erwarten uns am Strand eine Surfschule, eine Bar und jede Menge Platz zum Nichtstun.

Unser Rückweg gleicht dem Hinweg. Achten Sie beim Start zurück nach Esquinzo auf die Zeiten von Ebbe und Flut.

Wanderung 15: Von Jandía auf den Pico de la Zarza

Charakteristik: Die Wanderung auf den höchsten Berg Fuerteventuras verspricht grandiose Fernsicht und überraschende Ausblicke über die Insel. Gute Kondition sollten Sie aber mitbringen, wenn Sie die rund 800 Höhenmeter auf den Pico de la Zarza gut und sicher bewältigen wollen. Die Tour führt von Jandía aus stetig bergauf über meist breite, gut begehbare Wege bis zum Gipfel. Ausgesetzte und gefährliche Stellen gibt es nicht. Zum Schluss der Etappe ist eine etwas steilere Passage über steiniges, leicht rutschiges Terrain zu bewältigen. Doch dann ist der Gipfel erreicht und brillante Eindrücke sind die Ihren. Die Wanderung auf den Pico de la Zarza sollte man als Tagestour planen. Ausreichend Getränke und eventuell dünne Windjacke/Pullover mitnehmen, da es auf dem Gipfel sehr windig und kühl sein kann, besonders, wenn man verschwitzt auf dem Dach von Fuerteventura ankommt.

Länge, Gehzeit: Hin- und Rückweg 15,8 km. Reine Gehzeit gut 5 Std. (Hinweg gut 3 Std., Rückweg 1½–2 Std.); inklusive Pausen etwa 6½–7 Std. einplanen. Höhendifferenz +/- 800 Meter. **Markierung**: Offizielle weiß-gelbe Markierung an hüfthohen Holzpflöcken, Hinweisschilder mit Kilometerangaben. Zu Beginn im Bereich der Hotels teils schlechte Ausschilderung. **Anfahrt**: Startpunkt ist der Kreisverkehr am

Parkplatz des Venturia Shopping Centers in Jandía. Hier befindet sich ein großer Supermarkt, in dem man Getränke kaufen und Müsliriegel erstehen kann. Wer nicht in Jandía wohnt, kann hier sein Auto abstellen. Jandía ist mit den Buslinien 5, 9 und 10 erreichbar.

Wegbeschreibung: Unsere Wanderung beginnt am Kreisverkehr am Parkplatz des Venturia Shopping Centers **1** und führt die dortige Straße steil bergauf. Ein *Wegweiser* nennt 7,8 km als Entfernung zum Gipfel des **Pico de la Zarza** („Gipfel des Bromberstrauchs"). Auf dem Fußweg neben der Straße geht es vorbei am *Hotel Jandía Playa*, um dann vor dem *Hotel Jandía Mar* links in eine kleine Straße einzubiegen, ein Schild mit der Aufschrift „Camo de Golf 18 hojos" markiert diesen Punkt. Zwischen den beiden *Hotelanlagen* **2** geht es nun langsam ansteigend geradeaus bis zu einer Rechtskurve. Hier öffnet sich schon der erste Blick aufs Meer, den Leuchtturm von Jandía und einen großen 18-Loch Golfplatz. Vom Wind gebogene Bäume zeugen davon, dass hier oft eine steife Brise weht.

Auf dem rechtseitigen Fußweg entlang der asphaltierten Straße geht es weiter bis zu einem unübersehbaren *Holzpfosten mit weißem Hinweisschild* **3**, das die Richtung zum Pico de la Zarza (La Tablada) weist und eine Wanderzeit von drei Stunden und 20 Min. nennt. Ab nun verlassen wir asphaltiertes Terrain. Es geht, vorbei an einem eingezäunten weißen Gebäude, auf einem breiten Schotterweg bergan. An einer weiteren Rechtskehre findet sich an einem Holzpfahl ein Schild mit der Aufschrift *„Parque Natural Jandía – Entra usted de un Espacio Natural Protegido"*. Links davon schlängelt sich ein schmaler Pfad mit Steinmännchen-Markierung zu einem Hügel hinauf, wer Lust und genügend Kondition mitbringt, kommt über die verfrühte Gipfeltour später wieder zurück auf den Hauptweg, den wir, wenn wir uns rechts halten, nicht verlassen. Wir halten uns also rechts und treffen bald wieder auf die typische Wegmarkierung mit gelb-weiß markierten Holzpflöcken.

Die letzten Meter auf gepflastertem Weg

Grandiose Aussicht auf die Westküste vom Pico de la Zarza

Nach weiteren Kehren öffnet sich der Blick nach rechts auf einen großen Steinbruch, während der Wanderweg in Richtung Inselinneres und Pico de la Zarza an einer Hügelflanke entlangführt. Grundsätzlich ist hier ein Verlaufen nicht möglich, der Weg ist gut markiert, immer klar erkennbar, und außerdem fällt die Orientierung leicht, da meist der Blick Richtung Meer oder Gipfel gegeben ist. Zwischendurch schreien Esel, meckern Ziegen oder huschen Atlashörnchen über unseren Weg.

Dann treffen wir auf das Ende des bereits erwähnten kurzen Gipfelwegs und gehen unter einer parallel zur Küste verlaufenden *Stromtrasse* **4** hindurch. Die Steigung zieht etwas an, die vulkanische Landschaft zeigt wenig Bewuchs und links und rechts öffnen sich im wahrsten Wortsinn überschaubare Täler und eindrucksvolle Ausblicke auf den Atlantischen Ozean und die Bergwelt von Jandía. Hier und da haben Besucher aus Vulkansteinen Herzen auf dem kargen Boden geformt, um ihre Liebe zueinander oder auch die zu Fuerteventura zu zeigen.

Auf der weiteren Strecke behalten wir den Gipfel des Pico de la Zarza meist im Blick, was der Orientierung, aber auch der Motivation zugutekommt. Zwischendurch, insbesondere nach der *Wegmarkierung* mit dem Hinweis „Pico de la Zarza 3,6 km – Morro Jable 4 km" **5** gibt es Abschnitte mit stärkerer Steigung, um dann später in ein auffällig waagerechtes Teilstück überzugehen, das zum Durchatmen und zur Verschnaufpause einlädt.

Das Bild der Landschaft ändert sich auch insofern, als sich streckenweise die Pflanzenvielfalt und -dichte erhöht, der sandige Untergrund eine rötliche Färbung annimmt und immer stattlichere Felsen den Wegesrand säumen. Beim *Hinweisschild* „Pico de la Zarza 1,6 km" **6** und rund 6 km zurückgelegter Wanderung wird der nun mit Steinen eingefasste Weg schmaler, und man gewinnt über Felsstufen und

Kehren rasch an Höhenmetern. Besonders bei nassen oder feuchten Verhältnissen ist Vorsicht geboten, um nicht auszurutschen. Aber auch bei trockenem, sonnigem Wetter sollte man auf dieser Etappe auf seine Schritte achten und für die schönen Blicke zurück zur Küste lieber stehenbleiben.

Kurz vor dem Gipfel stoßen wir auf einen eingezäunten Bereich, der mit einem Stahltor versehen ist. Nach dem Öffnen bitte hinter sich wieder gut verschließen – die hier wachsenden Pflanzen sollen vor den gefräßigen Ziegen geschützt werden. Oben am *Gipfel* **7** erwartet uns ein phänomenaler Rundblick über den Süden der Insel mit Cofete und der Villa Winter.

Rückweg: Unser Rückweg ist identisch mit dem Hinweg. Man sollte beim Bergabgehen jedoch gut aufpassen, da es immer wieder mal rutschig werden kann. Endpunkt unserer Wanderung ist wieder das *Venturia Shopping Center in Jandía* **1**.

Wanderung 15:
Von Jandía auf den
Pico de la Zarza

Auf dem Weg zur Villa Winter

Wanderung 16: Vom Gran Valle nach Cofete

Charakteristik: Diese Wanderung ist mittelschwer – wegen des schmaleren und leicht ausgesetzten Teilabschnitts von der *Degollada de Cofete* hinunter zur Küste. Nur bedingt für Kinder geeignet. Man sollte trittsicher sein und über eine durchschnittliche Kondition verfügen. Der Weg durch das Gran Valle ist einfach zu gehen. Die Steigung ist moderat und der Weg breit und bestens zu erkennen. Das gesamte Gebiet ist abgeschieden, schon der Ausgangspunkt ist nur über eine Piste erreichbar. *Cofete* selbst ist eine Ansammlung von wenigen Häusern, ein Restaurant bietet Speisen und Getränke an, und der Strand ist in dieser Art einmalig auf Fuerteventura. Ebenfalls eindrucksvoll gestaltet sich nach halber Strecke das Erreichen des 485 m hohen Aussichtspunkts Degollada de Cofete: Die Blicke auf die beiden Küsten sind unvergesslich.

Länge, Gehzeit: Hinweg über die *Villa Winter* nach Covete ca. 8 km. Reine Gehzeit etwa 3 Std.; inklusive Pausen und Besuch der Villa Winter etwa 4½ Std. einplanen. Höhendifferenz +/- 330 Meter. Zurück nimmt man den Bus von Cofete aus oder läuft die gleiche Strecke wieder zurück zum Gran Valle – dann verdoppelt sich die Gehzeit natürlich. **Markierung**: Gut erkennbare, mit offiziellen Hinweisschildern versehene Tour, der Abschnitt von der Degollada de Cofete bis zur Villa Winter ist nur mit Steinmännchen markiert, aber ebenfalls kaum zu verfehlen. **Einkehr**: Im Restaurant in Cofete kann man essen und trinken; Mo–So 10–19 Uhr, ✆ 928-174243. **An- und Rückfahrt**: Den Startpunkt im Gran Valle auf dem Parkplatz erreicht man mit dem Pkw von Morro Jable aus über ein Stück Piste – oder mit dem Geländebus, der am Busbahnhof in Morro Jable startet und u. a. im Gran Valle hält. Rückfahrt mit dem Bus vom Strand in Cofete oder vom dortigen Restaurant aus bis zum Parkplatz im Gran Valle oder bis zur Endhaltestelle in Morro Jable. *Anfahrt* mit dem Bus ab Morro Jable Busbahnhof *(Estación de Guagas)* tägl. 10 und 14 Uhr. *Rückfahrt* ab Playa de Cofete tägl. 12.45 und 16.45 Uhr. Einfache Strecke 8,70 €. Auskunft über die Busgesellschaft ✆ 928-855726, www.tiadhe.com.

Wegbeschreibung: Vom *Parkplatz im Gran Valle* **1** geht es vorbei an den Infoschildern auf einem breiten, mit Steinen eingefassten Pfad Richtung Norden hinein in das Tal. Rechter Hand befinden sich einige Gebäude samt Ziegenherde, im

Hintergrund erhebt sich der *Cuchillo del Ciervo* und nach Nordwesten hin der 528 m hohe *Morro de la Habana*. Wir befinden uns jetzt, geologisch gesehen, im alten Teil von Fuerteventura. Die durch kontinuierliche Erosion gestaltete Landschaft samt der Berge zeigte vor Millionen von Jahren ein zwei- bis dreimal so hohes Profil. Nach kurzer Wegstrecke erreichen wir ein Schild, das die Richtung nach Cofete anzeigt und als Zeit bis dorthin 2 Stunden 40 Minuten angibt. Etwas oberhalb der Talsohle, am Hang des *Cuchillo del Ciervo*, laufen wir auf einem breiten Pfad leicht bergauf nach Westen.

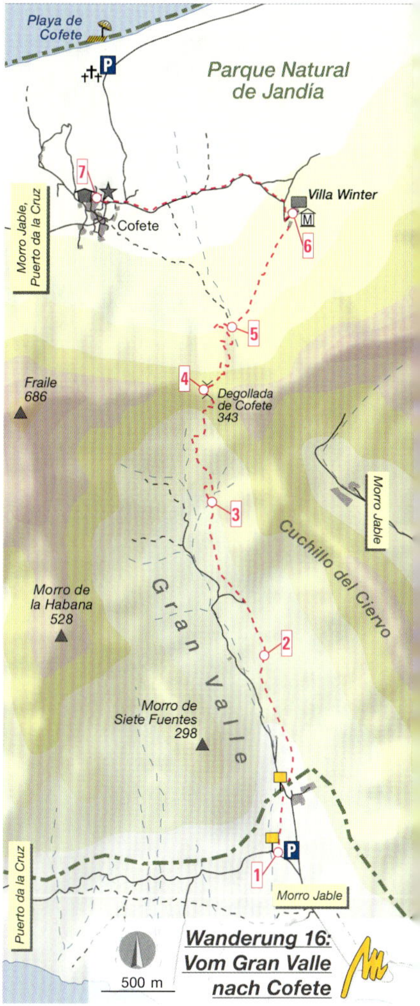

Wanderung 16: Vom Gran Valle nach Cofete

Unterwegs entdecken wir ein paar Exemplare der Kanaren-Wolfsmilch *(Euphorbia canariensis)* und die seltenere Jandía-Wolfsmilch *(Euphorbia handiensis)* sowie zahllose dornige Aulaga-Pflanzen. Bei Kilometer 2,6 durchqueren wir einen *Barranco* **2** und gehen auf einer Kurvenstrecke weiter den Berg hinauf. Zwischendurch treffen wir auf Bereiche mit meterhohen Gewächsen des Strauchtabaks *(Nicotiana glauca)* **3**, eine Pflanze, die ursprünglich aus Südamerika stammt und bei den dortigen indigenen Völkern mehr als Heil- denn als Genussmittel Verwendung findet. Die mehrere zentimeterlangen, sehr auffälligen Blüten sind gelb und trichterförmig. Unser Pfad gewinnt vor Erreichen des „Passes" zeitweise noch an Steigung, und nach etwa 1½ Stunden und 3,8 km stehen wir auf der **Degollada de Cofete** **4** und erfreuen uns an den Ausblicken auf die Ost- und die Westküste.

Unser nächstes Ziel ist die Villa Winter, von der es weiter nach Cofete geht. Der Pfad führt nun nach rechts in Richtung Nordosten, er wird schmaler und nach links hin abschüssiger. Wir folgen dem Weg hinunter, bis wir an einem Barranco einen nach *rechts abzweigenden Trampelpfad* **5** zur Villa Winter erkennen. Wir sind jetzt knapp über 5 km gegangen. Nach wenigen Metern überqueren wir den Barranco und orientieren uns an den gelegentlich am Wegesrand stehenden Steinmännchen. Die **Villa Winter** **6** rückt nach wenigen Minuten ins Blickfeld, ein Verlaufen ist nun garantiert nicht mehr möglich. Das sagenumwobene Gebäude, das Herr Winter einst bauen ließ, können wir besichtigen. Die von der Familie Matos seit 1965 bewohnte Villa und das von

Pedro Fumero und anderen gepflegte Museum bieten Einblicke in vergangene Zeiten; zu sehen sind historische Fotos über den Bau der Villa, landwirtschaftliches Gerät, Munitionskisten oder auch Utensilien für den Fischfang. Tritt man auf die Terrasse, liegen einem der weite Atlantik zu Füßen – und terrassenförmig angelegte, früher landwirtschaftlich genutzte Felder sowie ein Hubschrauberlandeplatz.

Die letzte Teilstrecke nach Cofete führt über eine breite, auch von Autos genutzte Piste in den Ort und zum *Restaurant Cofete* **7**. Dort steht eine Skulptur, die an den prominentesten Mann des Ortes erinnert: Herr Winter samt Hund. Zuvor zweigt noch ein Weg hinunter zum Strand und zum dortigen früheren Friedhof ab. Einem Abstecher dorthin steht natürlich nichts im Wege.

Rückweg: Der Weg zurück ist deutlich einfacher zu bewältigen, denn vom Restaurant oder vom Strand von Cofete aus bringt uns ein öffentlicher, geländegängiger *Linienbus* zurück zu unserem Ausgangspunkt, dem *Parkplatz von Gran Valle* **1**. Selbstverständlich können Sie, je nach Lust und Kondition, den Rückweg auf dem schon bekannten Wege erneut zu Fuß bewältigen.

Vor uns liegt das eindrucksvolle Gran Valle. Hinter den Bergen versteckt sich Cofete, unser Ziel

Etwas Spanisch

Für Ihren Urlaub müssen Sie nicht unbedingt Spanisch lernen. Deutsch, Englisch und die Gebärdensprache reichen meist völlig aus, um einzukaufen, ein Auto oder Zimmer zu mieten. Wer aber näher mit den Menschen im Land in Kontakt kommen möchte, wird schnell merken, wie erfreut und geduldig die Canarios reagieren, wenn man sich ein bisschen Mühe gibt. Der folgende kleine Spanisch-Sprachführer soll Ihnen helfen, sich in Standardsituationen besser zurechtzufinden. Vor Ort fällt es dann leicht, ein vorhandenes Grundvokabular weiter auszubauen. Scheuen Sie sich nicht, am Anfang auch einmal Sätze zu formulieren, die nicht gerade durch grammatikalischen Feinschliff glänzen – wer einfach drauflosredet, lernt am schnellsten.

Aussprache

c	vor a, o, u und Konsonanten wie k (caliente = kaliente), vor e und i wie engl. th (cero = thero)
ch	wie tsch (mucho = mutscho)
h	ist stumm (helado = elado)
j	wie ch (rojo = rocho)
ll	wie j (calle = caje), manchmal auch wie lj
ñ	wie nj (año = anjo)
qu	wie k (queso = keso)
v	wie leichtes b (vaso = baso), manchmal wie leichtes süddeutsches w (vino = wino)
y	wie j (yo = jo)
z	wie engl. th (zona = thona)

Zahlen

¼	un cuarto	13	trece	50	cincuenta
½	un medio	14	catorce	60	sesenta
0	cero	15	quince	70	setenta
1	un/una	16	dieciséis	80	ochenta
2	dos	17	diecisiete	90	noventa
3	tres	18	dieciocho	100	ciento, cien
4	cuatro	19	diecinueve	200	doscientos
5	cinco	20	veinte	300	trescientos
6	seis	21	veintiuno (-ún)	500	quinientos
7	siete	22	veintidós	1000	mil
8	ocho	23	veintitrés	2000	dos mil
9	nueve	30	treinta	5000	cinco mil
10	diez	31	treinta y uno	10.000	diez mil
11	once	32	treinta y dos	100.000	cien mil
12	doce	40	cuarenta	1.000.000	un millón

Elementares

Grüße

Guten Morgen	buenos días
Guten Tag (bis zum Abend)	buenas tardes
Guten Abend/ gute Nacht	buenas noches
Hallo	Hola (sehr gebräuchlich)
Auf Wiedersehen	adiós
Tschüss (= bis dann)	hasta luego
Gute Reise	buen viaje

Small Talk

Wie geht's?/ sonst:	qué tal? (bei Freunden), cómo está?
(Sehr) gut und Dir?	(muy) bién y tú?
Wie heißt Du?	cómo te llamas?
Ich heiße …	mi nombre es …
Woher kommst du?	de dónde vienes?
Ich komme aus …	soy de …
… Deutschland	Alemania
… Österreich	Austria
… Schweiz	Suiza
Sprechen Sie deutsch?	habla usted alemán?
englisch/französisch/ italienisch	inglés/francés/ italiano
Ich spreche nicht spanisch	yo no hablo español
Ich verstehe (nicht)	yo (no) comprendo/ entiendo
Verstehst du?	comprendes/entiendes?
Ist das schön!	qué bonito!
Ein bisschen langsamer, bitte	un poco más despacio, por favor
In Ordnung/passt so/ o.k. (auch als Frage sehr gebräuchlich)	vale? – vale!

Minimal-Wortschatz

Ja	sí
Nein	no
Bitte	por favor
Vielen Dank	muchas gracias
Entschuldigung	perdón
Verzeihung	disculpe/permiso
groß/klein	grande/pequeño
gut/schlecht	bueno/malo
viel/wenig	mucho/poco
heiß/kalt	caliente/frío
oben/unten	arriba/abajo
Ich	yo
Du	tú
Sie	usted
Können Sie mir sagen, wo …	podría decirme dónde está …?
verboten	prohibido
Mädchen	Chica, nena
Junge	chico
Frau	señora
junge Frau	señorita
Herr	señor

Fragen & Antworten

Gibt es …	hay?
Was kostet das?	cuánto cuesta esto?
Wie/wie bitte?	cómo?
Wissen Sie …?	sabe usted …?
Ich weiß nicht …	yo no sé
Wo?	dónde?
Von wo?	de dónde?
Wo ist …?	dónde está …?
Haben Sie …?	tiene usted …?
Ich möchte …	quisiera …
Um wie viel Uhr?	a qué hora?
Ist es möglich/kann ich?	está posible?
Warum?	por qué?
Weil	porque

Orientierung

Nach …	a/hacia
links	izquierda
rechts	derecha
geradeaus	recto
die nächste Straße	la próxima calle
hier	aquí
dort	allí, ahí
Adresse	dirección
Stadtplan	plano de la ciudad
Ist es weit?	está lejos?

Zeit

vormittag(s)	(por la) mañana
nachmittag(s)	(por la) tarde
abend(s)	(por la) noche
heute	hoy
morgen	mañana
übermorgen	pasado mañana
gestern	ayer
vorgestern	anteayer
Tag	el día
jeden Tag	todos los días
Woche	semana
Monat	mes
Jahr	año
stündlich	cada hora
Wann?	cuándo?

Wochentage

Montag	lunes
Dienstag	martes
Mittwoch	miércoles
Donnerstag	jueves
Freitag	viernes
Samstag	sábado
Sonntag	domingo

Jahreszeiten

Frühling	primavera
Sommer	verano
Herbst	otoño
Winter	invierno

Monate

Januar	enero
Februar	febrero
März	marzo
April	abril
Mai	mayo
Juni	junio
Juli	julio
August	agosto
September	septiembre
Oktober	octubre
November	noviembre
Dezember	diciembre

Uhrzeit

Stunde	hora
Um wie viel Uhr?	a qué hora?
Wie viel Uhr ist es?	Qué hora es?

Unterwegs

Wann kommt … an?	cuándo llega …?
Wie viel Kilometer sind es bis …?	cuántos kilómetros hay de aquí a …?
Ich möchte	quisiera salir,
bitte aussteigen!	por favor!
Hafen	puerto
Haltestelle	parada
Fahrkarte	tiket/boleto

Hin und zurück	ida y vuelta	*Busbahnhof*	terminal terrestre
Abfahrt	salida	*Flughafen*	aeropuerto
Ankunft	llegada	*das (nächste) Flugzeug*	el (próximo) avión
Information	información	*Hafen*	puerto
Kilometer	kilómetro	*Schiff*	barco/yate
Straße	calle	*Deck*	cubierta
Telefon	teléfono	*Fährschiff*	transbordador/ferry
Reservierung	reservación	*Reisebüro*	agencia de viajes
Weg	camino, sendero	*(der nächste) Bus*	(el próximo) bús
Autobus	bus	*Boot*	lancha/fibra/ panga/Zodiak
Bahnhof	estación de tren		

Auto/Zweirad

Ich möchte …	quisiera …	*(für 1 Tag)*	(por un día)
Wo ist …?	dónde está …?	*(die Bremse) ist kaputt*	(los frenos) no funcionan
… die nächste Tankstelle	… la próxima gasolinera	*Wie viel kostet es (am Tag)?*	cuánto cuesta (un día)
Bitte prüfen Sie, ob …	por favor, compruébe usted si …	*Benzin*	gasolina
Ich möchte mieten	quisiera alquilar	*bleifrei*	sin plomo

Diesel	diesel
(1/20) Liter	(un/veinte) litro(s)
Auto	carro/auto
Motorrad	moto
Moped	motoneta
Anlasser	starter
Auspuff	tubo de escape
Batterie	batería
Bremse	frenos
Ersatzteil	pieza de repuesto
Keilriemen	correa
Kühler	radiador
Kupplung	embrague
Licht	luces
Motor	motor
Öl	aceite
Reifen	rueda
Reparatur	reparación
Stoßdämpfer	amortiguador
Werkstatt	taller
Autobahn	autopista
Baustelle	obras
Kreuzung	cruce
Einbahnstraße	dirección única
Straße gesperrt	carretera cortada
Umleitung	desvío
parken	parquear/estacionar
Kann ich hier parken?	puedo estacionar aquí?

Bank/Post/Telefon

Wo ist …	dónde está …
Ich möchte …	quisiera …
… ein Tel.-Gespräch	… una llamada
Wie viel kostet das?	cuánto cuesta?
Bank	banco
Postamt	correos
Brief	carta
Karte	tarjeta
Briefkasten	buzón
Briefmarke	estampilla
eingeschrieben	por certificado
Reiseschecks	traveler cheques
Geld	dinero
mit Luftpost	por avión
Päckchen	pequeño paquete
Paket	paquete
postlagernd	lista de correos
Telefon	teléfono

Übernachten

Haben Sie …?	tiene usted …?
Gibt es …?	hay …?
Wie viel kostet es (das Zimmer)?	cuánto cuesta (la habitación)?
Ich möchte mieten (…)	quisiera alquilar (…)
für 5 Tage	por cinco días
Kann ich sehen …?	puedo ver …?
Kann ich haben …?	puedo tener …?
ein (billiges/ gutes) Hotel	un hotel (barato/ bueno)
Haben Sie nichts billigeres?	no tiene algo más barato?
Zimmer	habitación
ein Doppelzimmer	habitación doble
Einzelzimmer	habitación individual sencilla
Ehebettzimmer	habitación matrimonial
Bett	cama
Pension (Voll/Halb)	pensión (completa/media)
Haus	casa

Küche	cocina
Toilette	servicios higiénicos, baño
mit …	con …
ohne …	sin …
… Dusche/Bad	… ducha/baño
… Frühstück	… desayuno
Reservierung	reservación
Wasser (heiß/kalt)	agua (caliente/fría)
Hoch/Nebensaison	temporada alta/baja
Campingplatz	campamento
zelten („wild“)	acampar (libre)
Zelt	carpa
Hauszelt	tienda familiar
Schlafsack	saco de dormir
Wohnmobil	casa rodante

Im Restaurant/In der Bar

Kanarische Gerichte und Spezialitäten finden Sie im ausführlichen Kapitel „Essen und Trinken“ vorne im Buch.

Haben Sie …?	tiene usted …?
Ich möchte …	quisiera …
Speisekarte	menú
Wie viel kostet …?	cuánto cuesta …?
Ich möchte zahlen, bitte	quisiera pagar, por favor
Die Rechnung (bitte)	la cuenta (por favor) höflicher: la cuenta, quando pueda!
zum Mitnehmen	para llevar

Getränke

Glas/Flasche	vaso/botella
(Glas) Bier	cerveza
Weinglas	copa de vino
Mineralwasser (sprudelnd/still)	agua con/sin gas
Wasser	agua
Hauswein	vino de la casa
Rotwein	vino tinto
Weißwein	vino blanco
süß/herb	dulce/seco
Saft	jugo
Kaffee	café
Milchkaffee	café con leche
Zucker	azúcar
Tee	té
Milch	leche

Einkaufen

Was kostet …	cuánto cuesta …?
Haben Sie …?	tiene usted …?
Geben Sie mir bitte	déme … por favor
klein/groß	pequeño/grande
1 Pfund	una libra
1 Kilo/Liter	un kilo/litro
100 Gramm	cien gramos
geöffnet	abierto
geschlossen	cerrado
Geschäft	tienda
Supermarkt	supermercado
Einkaufszentrum	centro comercial
Bäckerei	panadería
Konditorei	pastelería
Metzgerei	carnicería
Friseur	peluquería
Buchhandlung	librería
Apfel	manzana
Brot	pan
Butter	mantequilla
Ei(er)	huevo(s)
Essig	vinagre

Gurke	pepino
Honig	miél
Joghurt	yogurt
Käse	queso
Klopapier	papel higiénico
Knoblauch	ajo
Kuchen	pastel
Marmelade	mermelada
Milch	leche
Öl	aceite
Orange	naranja
Pfeffer	pimienta
Salz	sal
Seife	jabón
Shampoo	champú
Sonnenöl	bronceador
Streichhölzer	fosforos
Tomaten	tomates
Wurst	embutido
Zeitung	periódico
Zeitschrift	revista
Zucker	azúcar
Kleidung	vestidos
Bluse	blusa
Hemd	camisa
Hose	pantalones
Pullover	saco/jersey
Rock	falda
Schuhe	zapatos
Kann ich probieren?	puedo probar?
Es gefällt mir	me gusta
Ich nehme es	lo tomo

Hilfe & Krankheit

Hilfe!	ayuda!
Helfen Sie mir bitte	ayudeme por favor
Ich habe Schmerzen (hier)	me duele (aquí)
Gibt es hier …?	hay aquí …?
Ich habe verloren …	he perdido …
Haben Sie …?	tiene usted …?
Wo ist (eine Apotheke)?	dónde hay (una farmácia)
Um welche Uhrzeit hat der Arzt Sprechstunde?	A qué hora es la consulta?
Ich bin allergisch gegen …	yo soy alérgico a …
Deutsche Botschaft	embajada alemana
Polizei	policía
Tourist-Information	oficina de turismo
Arzt	médico
Krankenhaus	hospital
Unfall	accidente
Zahnarzt	dentista
Ich möchte (ein) …	quisiera (un/una) …
… Abführmittel	laxante
… Aspirin	aspirina
… die „Pille"	la píldora
… Kondom	preservativo, condón
… Penicillin	penicilina
… Salbe	pomada
… Tabletten	pastillas
… Watte	algodón
Ich habe …	yo tengo …
Ich möchte ein	quiero una
Medikament gegen	medicina contra …
… Durchfall	diarrea
… Fieber	fiebre
… Grippe	gripe
… Halsschmerzen	dolor de garganta
… Kopf …	dolor de cabeza
… Magen …	dolor de estómago
… Zahn …	dolor de muelas
… Schnupfen	catarro, resfriado
… Sonnenbrand	quemadura del sol
… Verstopfung	estreñimiento

Plaza de la Candelaria in Gran Tarajal

Abruzzen • Ägypten • Algarve • Allgäu • Allgäuer Alpen • Altmühltal & Fränk. Seenland • Amsterdam • Andalusien • Andalusien • Apulien • Australien – der Osten • Azoren • Bali & Lombok • Barcelona • Bayerischer Wald • Bayerischer Wald • Berlin • Bodensee • Bretagne • Brüssel • Budapest • Chalkidiki • Chiemgauer Alpen • Chios • Cilento • Cornwall & Devon • Comer See • Costa Brava • Costa de la Luz • Côte d'Azur • Cuba • Dolomiten – Südtirol Ost • Dominikanische Republik • Dresden • Dublin • Düsseldorf • Ecuador • Eifel • Elba • Elsass • Elsass • England • Fehmarn • Franken • Fränkische Schweiz • Fränkische Schweiz • Friaul-Julisch Venetien • Gardasee • Gardasee • Genferseeregion • Golf von Neapel • Gomera • Gomera • Gran Canaria • Graubünden • Hamburg • Harz • Haute-Provence • Havanna • Ibiza • Irland • Island • Istanbul • Istrien • Italien • Italienische Adriaküste • Kalabrien & Basilikata • Kanada – Atlantische Provinzen Karpathos • Kärnten • Katalonien • Kefalonia & Ithaka • Köln • Kopenhagen • Korfu • Korsika • Korsika Fernwanderwege • Korsika • Kos • Krakau • Kreta • Kreta • Kroatische Inseln & Küstenstädte • Kykladen • Lago Maggiore • Lago Maggiore • La Palma • La Palma • Languedoc-Roussillon • Lanzarote • Lesbos • Ligurien – Italienische Riviera, Genua, Cinque Terre • Ligurien & Cinque Terre • Limousin & Auvergne • Limnos • Liparische Inseln • Lissabon & Umgebung • Lissabon • London • Lübeck • Madeira • Madeira • Madrid • Mainfranken • Mainz • Mallorca • Mallorca • Malta, Gozo, Comino • Marken • Mecklenburgische Seenplatte • Mecklenburg-Vorpommern • Menorca • Midi-Pyrénées • Mittel- und Süddalmatien • Montenegro • Moskau • München • Münchner Ausflugsberge • Naxos • Neuseeland • New York • Niederlande • Niltal • Norddalmatien • Norderney • Nord- u. Mittelengland • Nord- u. Mittelgriechenland • Nordkroatien – Zagreb & Kvarner Bucht • Nördliche Sporaden – Skiathos, Skopelos, Alonnisos, Skyros • Nordportugal • Nordspanien • Normandie • Norwegen • Nürnberg, Fürth, Erlangen • Oberbayerische Seen • Oberitalien • Oberitalienische Seen • Odenwald • Ostfriesland & Ostfriesische Inseln • Ostseeküste – Mecklenburg-Vorpommern • Ostseeküste – von Lübeck bis Kiel • Östliche Allgäuer Alpen • Paris • Peloponnes • Pfalz • Pfälzer Wald • Piemont & Aostatal • Piemont • Polnische Ostseeküste • Portugal • Prag • Provence & Côte d'Azur • Provence • Rhodos • Rom • Rügen, Stralsund, Hiddensee • Rumänien • Rund um Meran • Sächsische Schweiz • Salzburg & Salzkammergut • Samos • Santorini • Sardinien • Sardinien • Schottland • Schwarzwald Mitte/Nord • Schwarzwald Süd • Schwäbische Alb • Schwäbische Alb • Shanghai • Sinai & Rotes Meer • Sizilien • Sizilien • Slowakei • Slowenien • Spanien • Span. Jakobsweg • St. Petersburg • Steiermark • Südböhmen • Südengland • Südfrankreich • Südmarokko • Südnorwegen • Südschwarzwald • Südschweden • Südtirol • Südtoscana • Südwestfrankreich • Sylt • Teneriffa • Teneriffa • Tessin • Thassos & Samothraki • Toscana • Toscana • Tschechien • Türkei • Türkei – Lykische Küste • Türkei – Mittelmeerküste • Türkei – Südägäis • Türkische Riviera – Kappadokien • USA – Südwesten • Umbrien • Usedom • Varadero & Havanna • Venedig • Venetien • Wachau, Wald- u. Weinviertel • Westböhmen & Bäderdreieck • Wales • Warschau • Westliche Allgäuer Alpen und Kleinwalsertal • Wien • Zakynthos • Zentrale Allgäuer Alpen • Zypern

Reisehandbuch MM-City MM-Wandern

Register

Die in Klammern gesetzten Koordinaten verweisen auf die beigefügte Fuerteventura-Karte.

Zurück vom Wellenreiten in La Pared

Die in diesem Reisebuch enthaltenen Informationen wurden vom Autor nach bestem Wissen erstellt und von ihm und dem Verlag mit größtmöglicher Sorgfalt überprüft. Dennoch sind, wie wir im Sinne des Produkthaftungsrechts betonen müssen, inhaltliche Fehler nicht mit letzter Gewissheit auszuschließen. Daher erfolgen die Angaben ohne jegliche Verpflichtung oder Garantie des Autors bzw. des Verlags. Autor und Verlag übernehmen keinerlei Verantwortung bzw. Haftung für mögliche Unstimmigkeiten. Wir bitten um Verständnis und sind jederzeit für Anregungen und Verbesserungsvorschläge dankbar.

ISBN 978-3-95654-135-3

Alle Angaben ohne Gewähr. Druck: Westermann Druck Zwickau GmbH.

Was haben Sie entdeckt?

Haben Sie eine gemütliche Bar, ein empfehlenswertes Restaurant, eine schöne Wanderung oder ein nettes Hotel entdeckt?
Wenn Sie Ergänzungen, Verbesserungen oder neue Tipps zum Buch haben, lassen Sie es uns bitte wissen!

Schreiben Sie an: Thilo Scheu, Stichwort „Fuerteventura“
c/o Michael Müller Verlag GmbH
Gerberei 19, D – 91054 Erlangen
thilo.scheu@michael-mueller-verlag.de